경영혁신전략을 위한

중소기업경영 실무

문승권 · 김광동 · 김창도 · 하연자

pnc
publishing and culture
피앤씨미디어

추천사

우리나라는 대부분 일자리를 중소기업이 창출하고 있으나 인력, 재원, 기술 등에서 대기업에 비해 많이 부족하다. 중소기업의 경쟁력 강화를 위해 지식서비스 연구와 컨설팅산업의 발전을 위해 역량 강화가 필요하다.

17,000여 명의 경영기술지도사들이 중소기업과 소상공인의 산업 현장에서 4차 산업 혁명과 디지털경제 발전에 기여하기 위해 각 분야에서 활약하고 있다

저자들은 경영지도사로서 현장에서 경영컨설팅과 교육의 경험을 살려 연구하고 저술함이 돋보여 기본적 컨설팅 실무를 파악하는데 도움이 될 것이다.

이와 같은 융합과 산업전환 시대에 중소기업을 대상으로 전략과제 도출과 문제해결 위주의 경영혁신전략 컨설팅을 수행하기 위한 실무적 가이드라인으로써 시의성이 있다고 보아 본서를 추천하고자 한다.

한국경영기술지도사회 회장 **김 오 연**

추천사

중소기업은 기업가정신을 바탕으로 창업을 하여도 적은 인력과 규모의 영세성으로 기술·마케팅·인사·회계·정부 정책자금 등 전반적이고 체계적인 경영활동에 어려움을 겪고 있다.

특히 한국경제가 대기업에서 중소기업 중심으로 옮겨가기 위해서는 디지털 중심으로 글로벌 마케팅 전략 수립도 절실하다.

이 책은 그동안 중소기업 경영혁신과 고도화에 종사한 전문가들의 현장 경험을 바탕으로 기업가정신 사례, 합리적 인적자원관리, 회계정보, ICT 융합전략 등 최근 이슈를 이해하기 쉽도록 기술하고 있어서 교육과 실무자료로 적합하여 추천한다.

고객에 대한 감동과 감성을 바탕으로 창조경영을 수행하고 있는 중소기업 최고 경영자와 종사자들에게 일독을 권한다.

코글로닷컴 회장

(사)도전과나눔 이사장 **이 금 룡**

머리말

중소기업은 규모와 기술 수준, 경쟁력이 대기업에 비해 낮고, 4차 산업혁명시대에 적응과 디지털 전환을 하는데에도 어려움이 많다. 특히 자금조달의 문제는 마케팅과도 연계되어 고품질의 제품과 서비스 개발은 물론 디지털 혁신시대에 중소기업 경영자와 종사원들의 역량 강화가 매우 중요하다.

아울러 코로나19는 글로벌 밸류체인(GVC)의 해체와 재구성이 가속화되어 기회의 확대와 위기를 기회로 만드는 경영전략의 재조정, 비대면 산업과 같이 디지털 트랜스포메이션의 가속화이다. 이에 기존의 시장 및 생산 경쟁력을 유지하며 비용 절감 및 제품 경쟁력 강화, 새 비즈니스 모델의 개발이 필요해지고 있다.

우리나라 중소기업의 경쟁력을 키우고 혁신을 위해서도 제조업과 ICT 융합전략이 필요하다.

중소벤처기업부는 제조업과 서비스의 융합, 기술기반 서비스 창업 활성화, 스마트 공장 확산·고도화를 통한 제조업 혁신, 중소기업 R&D 혁신과 산학협력구조 개편 등 중소기업의 혁신을 위한 다양한 정책의 수립을 시도하고 있다.

이에 효율적인 중소기업 경영전략으로 중소기업 관련 법과 기업가정신, 인적자원관리와 전략적 ESG 경영, 회계원리와 회계정보화, 정책자금관리와 ICT 융합전략에 대한 이해도를 높이고자 가능한 본서의 저자들은 중소기업경영컨설팅과 기업경영 분야의 현장 실무, 대학에서 교육과 연구 경험을 바탕으로 새로운 중소기업경영 정보를 반영하고, 중소기업경영학의 기본 틀을 갖추고자 초점을 맞추었다.

중소기업경영 저술을 위해 1년 동안 준비와 거의 매주 저자들이 소속하고 있는 한국중소기업지원센터에서 워크숍을 열며 브레인스토밍기법에 의해 내용을 보완 작업을 해 왔다.

아무쪼록 중소기업경영자와 종사자, 경영학을 전공하는 대학생들에게 이론과 실무를 이해하는데 도움이 되기를 바랍니다. 경영학 이론에 경영컨설팅, 대학교육 경험에 비추어 실무적으로 접근을 시도하였지만, 부족한 점이 많을 것으로 보아 지도 편달을 바라며, 새로운 4차 산업혁명 트렌드에 맞추어 계속 보완하고자 합니다.

또한 본서가 나오기까지 지원을 아끼지 않는 피앤씨미디어 박노일 대표, 최준규 전무와 한국중소기업지원센터 및 경영기술지도법인 (유)한국 임직원들의 성원에 감사를 드립니다.

2022년 7월 4일

저자 일동

차 례

제 1 부 중소기업과 기업가정신 [김창도]

제 1 장 중소기업의 의의와 정책

제2부 중소기업 인적자원관리와 전략적 ESG 경영 [김광동]

제4장 중소기업 인적자원관리

제 5 장 중소기업의 성과관리

제 3 부 중소기업 회계의 재무보고와 순환과정 [하연자]

제 7 장 중소기업회계 기초이론과 회계순환과정

제8장 계정별 회계처리

제 4 부 정책자금관리와 ICT 융합전략 [문승권]

제 9 장 중소기업 정책자금관리

제10장 중소기업 경영분석과 신용관리

제13장 중소기업 디지털 전환(DX) 전략

제14장 중소기업 마케팅전략

제 1 부

중소기업과 기업가정신

제 1 장 중소기업의 의의와 정책

제 1 절 중소기업의 의의와 설립

1. 중소기업의 의의

중소기업은 대기업에 비해 비교적 규모가 작은 기업을 의미하며 중소기업기본법상 요건을 충족한 기업을 말한다. 중소기업법 시행령에는 자산총액이 5천억원 미만인 기업으로 한정하고 있다.[1]

중소기업기본법상 중소기업(small and medium business)이란 기업규모가 상대적으로 작은 기업군 또는 기업을 말하는데, 반드시 기업 규모만을 기준으로 분류할 수는 없다. 따라서 중소기업의 정의는 시대, 업종, 나라에 따라 다를 수 있다. 실정법에 규정된 중소기업은 종업원 수, 총자산, 자본금, 자기자본 및 매출액 등 여러 가지 양적 기준에 의하여 그 범위가 정해지며 대기업과 중소기업 간에 규모가 정해지고 있다.

2. 중소기업의 기준

1) 중소기업 기본법

제2조(중소기업자의 범위) ① 중소기업을 육성하기 위한 시책의 대상이 되는 중소기업

1) 중소기업기본법 시행령 제3조 제1항.

자는 다음 각 호의 어느 하나에 해당하는 기업 또는 조합 등을 영위하는 자로 한다.

2) 중소기업 기본법 시행령

제3조(중소기업의 범위) ①「중소기업기본법」 제2조 제1항 제1호에 따른 중소기업은 다음 각 호의 요건을 모두 갖춘 기업으로 한다.

1. 다음 각 목의 요건을 모두 갖춘 기업일 것

가. 해당 기업이 영위하는 주된 업종과 해당 기업의 평균매출액 또는 연간매출액이 별표 1(부록 6 참조)의 기준에 맞을 것

나. 자산총액이 5천억원 미만일 것

이와 같이 업종에 관계없이 자산총액 5,000억원 미만일 것으로 상한기준만 명시되어 있다.

※ 독립성 기준(계열관계에 따른 판단 기준)

다음 3가지 중 어느 하나에도 해당하지 아니할 것

① 공시 대상 기업집단에 속하는 회사

② 자산총액 5,000억원 이상인 법인(외국법인 포함, 비영리법인 등 제외)이 주식 등의 30% 이상을 직접적 또는 간접적으로 소유하면서 최다 출자자인 기업

③ 관계기업에 속하는 기업의 경우에는 출자 비율에 해당하는 평균매출액등을 합산하여 업종별 규모기준을 미충족하는 기업

* 관계기업: 외부감사 대상이 되는 기업이 기업 간의 주식등 출자로 지배·종속 관계에 있는 기업의 집단

3) 기업분류 기준

(1) 근거 법령

중소기업기본법 및 시행령, 중견기업 성장촉진 및 경쟁력 강화에 관한 특별법(약칭; 중견기업법), 공정거래법 등

(2) 기업의 분류

① 규모에 의한 분류: 기업의 크기는 매출액, 종업원 수, 자본금에 따라 기준이 정해지며 대기업, 중기업, 소기업 등으로 구분된다.

가. 대기업: 기업 또는 기업 집단의 자산규모가 10조원 이상이 되는 기업

나. 중기업: 중소기업 중 소기업을 제외한 기업

다. 소기업: 중소기업기본법 제2조 제2항에 따른 중소기업 중 해당기업이 영위하는 주된 업종별 평균 매출액이 아래 기준에 맞는 기업

- 10억원 이하: 숙박 및 음식점업, 교육 서비스업 등
- 30억원 이하: 예술, 스포츠 및 여가 관련 서비스업, 전문과학 및 기술 서비스 업 등
- 50억원 이하: 도매 및 소매업, 정보통신업 등
- 80억원 이하: 운수 및 창고업, 건설업, 광/농/임/어업, 섬유제품 제조업 등
- 120억원 이하: 식료품/음료 제조업, 금속가공제품 제조업, 전기장비 제조업

소상공인이란 소기업 중 상시근로자가 10명 미만 사업자로서 업종별 매출 10억~120억 이하로, 다음의 <표 1-1>의 기준에 해당하는 자를 말한다.

〈표 1-1〉 소상공인의 범위와 분류

구 분	소상공인 범위	소상공인 3년 평균 매출
제조업, 건설업, 광업, 운수업	상시근로자 수 10명 미만	10억원 이하(숙박 및 음식점업) ~120억원 이하(제조업)
그 외의 업종	상시근로자 수 5명 미만	

② 업종에 의한 분류

광업, 건설업, 서비스업, 공업, 상업, 금융업 등으로 구분된다.

③ 소유와 책임에 의한 분류

소유와 책임에 따라 공기업, 사기업, 공사공동기업으로 구분된다. 사기업은 개인기업과 공동기업으로 나누며 공동기업은 소수공동기업과 다수공동기업으로 구분한다.[2)]

가. 소수 공동기업

A. 합명회사: 무한책임사원만으로 구성되는 회사.

B. 합자회사: 무한책임사원과 유한책임사원으로 구성되는 이원적 조직의 회사를 말한다. 합자회사의 유한책임사원은 직접 경영에 참여할 수 없을 뿐만 아니라 전 사원의 동의가 없이는 자기자본을 인출할 수도 없다.

2) 중소벤처기업부 한국 경영기술지도사회, 경영학 2022, pp.31~32 참조.

C. 유한회사: 사원이 회사에 대하여 원칙적으로 출자금액을 한도로 책임을 질 뿐, 회사 채권자에 대하여는 아무 책임도 지지 않는 사원으로서 구성되는 사단법인

나. 다수 공동기업

A. 주식회사: 기업이 대규모화됨에 따라 대규모 자본이 필요하며 기업가 자신의 자본만으로는 이 문제를 해결할 수가 없다. 광범위하게 자본을 조달하는 제도가 주식회사 제도다. 주식회사는 주식을 발행하여 자본금을 충당하는 회사를 말한다. 주식회사의 3요소는 자본, 주식, 주주의 유한책임이다.

소규모 회사는 대표가 자기 돈으로 해결할 수 있지만, 회사 규모가 커지고 직원 수가 많아지면 자본금을 개인 돈으로 조달하는 데는 한계가 있다. 그러므로 타인의 돈도 필요하게 되고 그 대가를 주식으로 주게 된다.

B. 협동조합: 협동조합이란 재화 또는 용역의 구매·생산·판매·제공 등을 협동으로 영위함으로써 조합원의 권익을 향상하고 지역사회에 공헌하고자 하는 사업조직을 말한다(협동조합기본법 제2조).

3. 중소기업의 종류

1) 영리기업

영리기업은 이윤 획득을 목적으로 재화와 용역을 생산하고 판매하는 조직을 말한다. 생산·유통을 통하여 사회적 수요를 충족시키고 여기서 얻어진 수익을 생산에 대한 대로 대금·임금·세금·배당·이자와 같은 형태로 분배한다. 주주나 기업의 소유자를 위해 이윤을 추구하는 기업이다.

2) 비영리 사회적 기업

사회적 기업은 취약계층에게 사회서비스 또는 일자리를 제공하여 지역주민의 삶의 질을 높이는 등의 사회적 목적을 추구하면서 재화 및 서비스의 생산, 판매 등 영업활동을 수행하는 기업을 의미한다. 즉, '공익적 목적을 갖는 경제 사업 조직'이라고 표현할 수 있다. 사회적 기업은 영리기업과 비영리기업의 중간형태로 볼 수 있다. 기본적으로는 사회적 목적을 우선적으로 추구한다. 그리고 이에 재화와 서비스 생산 및 판매 등의 영업활동을 하는 기업과 조직을 의미하고 있다. 사회서비스를 제공하면서 취약계층에

게 일자리를 창출하는 등의 사회적 목적이 이 조직의 주된 목적이라고 볼 수 있다.

일반기업(영리기업)과의 차이점은 다음과 같다.

일반적으로 영리기업이 이윤추구를 경영목적으로 하는데 반해, 사회적 기업은 사회공헌을 경영목적으로 삼고 이를 위해 이윤의 대부분을 재투자하여 사회서비스의 제공 및 취약계층의 일자리를 창출한다는 점에서 차이를 보인다.

3) 협동조합 및 사회적 협동조합

협동조합은 재화 또는 용역의 구매·생산·판매·제공 등을 협동으로 영위함으로써 조합원의 권익을 향상하고 지역 사회에 공헌하고자 하는 사업조직을 말한다(협동조합 기본법 제2조).

협동조합의 설립 절차는 발기인 모집 → 정관 작성 → 설립 동의자 모집 → 창립총회 개최 → 설립신고 → 발기인의 이사장에 대한 사무 인계 → 조합원의 출자금 등 납입 → 설립등기의 단계를 거쳐 진행된다.

① 발기인 모집: 5명 이상

② 정관 작성: 협동조합의 목적, 조직, 운영방법 및 사업 활동 등에 관한 기본적 사항을 규정한 정관을 만들어야 한다.

③ 설립 동의자 모집: 발기인은 창립총회 전까지 설립동의자를 모아야 한다.

④ 창립총회 개최: 창립총회에서는 정관, 사업계획, 예산안, 이사장 및 임원·감사 선임 등에 대한 의결이 이루어지는데, 설립동의자 과반수 출석과 출석자의 2/3 이상의 찬성으로 의결된다.

⑤ 설립신고: 설립신고는 발기인이 주된 사무소의 소재지를 관할하는 특별시장·광역시장·특별자치시장·도지사·특별자치도지사에게 하며, 신고 시에는 협동조합 설립신고서에 정관 사본, 임원이력서와 사진이 포함된 임원 명부, 출자 1좌당 금액과 조합원 또는 회원별로 인수하려는 출자좌수를 적은 서류 등의 서류를 첨부하여 제출해야 한다.

⑥ 사무 인계: 발기인은 설립총회에서 선출된 이사장에게 사무를 인계한다.

⑦ 출자금 등 납입: 조합원이 되려는 자는 1좌 이상 출자해야 한다. 출자 형태는 정관이 정하는 바에 따라 현물 출자도 가능하다(협동조합 기본법 제22조 제1항).

⑧ 설립 등기: 협동조합은 출자금 납입이 끝난 날부터 14일 이내에 주된 사무소 소재지의 등기소에 설립등기를 해야 한다.

4. 개인기업 설립 절차

기업의 창업은 「사업 구상 → 사업타당성 검토 및 사업계획서 검토 → 해당업종의 인허가(해당하는 경우) → 법인설립등기(법인의 경우) → 사업자등록」의 과정을 거치게 된다.

창업의 실무에서 먼저 기업형태를 개인기업으로 할 것인지 법인으로 할 것인지를 결정해야 한다. 과세표준이 3,000만원 미만인 경우에는 개인사업자가 세금 면에서 유리하다.

개인기업의 설립절차는 비교적 간단하다.

회사설립을 희망할 경우, 관할 세무서(사업장 주소지에 있는 세무서)에 사업자등록 신청서를 제출하면 사업자등록증을 발급받을 수 있다.

※ 사업자등록 신청시 구비서류

1. 사업자등록신청서 1부(관할 세무서에 비치)
2. 사업인·허가증 사본 1부(해당자에 한함)
3. 주민등록등본 1부

※ 사업자등록 신청시 유의사항

사업자등록 신청하는 것은 어렵지 않으나 부가세 부과대상에 따라서 일반과세자, 간이 과세자, 과세특례자로 구별되기 때문에 창업자는 어느 것이 회사의 매출규모에 적합한지 고려하여야 한다.

특히 일반적으로 먼저 개인기업을 설립하여 개인사업자로 영업 활동을 하다가 개인기업의 업무확장 및 발전에 따라 인력의 보충 및 자본조달 등의 한계에 부딪쳐서 결국 법인기업으로 전환을 하게 되는 경우가 많다. 즉 개인기업에서 출발하여 법인기업의 형태로 발전해 나가는 경향이 있다.

※ 법인기업의 장점

1) 자본조달이 용이하고 설립 후에도 일반대중으로부터 소액자금을 신주발행이나 회사채발행등을 통하여 외부로부터 투자 받기가 용이하다.
2) 주주의 개인 재산과 회사의 재산이 명백히 구분되므로 투자자는 회사파산시에도 출자금액 범위 내에서 법적 유한책임을 지게 되어 안정적인 경영이 가능하다.
3) 전문 경영인에 의한 기업경영이 가능하므로 소유와 경영의 분리가 가능하다.

※ 법인기업의 단점

1) 법인의 경우는 설립절차가 다소 복잡하고 정관에 상호, 사업목적, 본점소재지, 자본금, 임원구성 등 필수기재사항이 있다.
2) 기업이윤이 주주의 출자지분에 따라 배당(이익배당 주식배당)되므로 대표자의 독점적인 이윤이 보장되지 않는다.
3) 소유와 경영이 분리되고 회사기관이 분리되어 있고 각기 견제장치가 있으므로 신속한 의사결정이 어려우며 주주 상호간의 이해관계 대립으로 갈등소지가 있다.

5. 간이과세자와 일반과세자 차이

1) 일반 과세자

연간 매출액이 1억 5천만원 이상인 경우에 해당된다.

2) 간이 과세자

연간 매출액이 4천 8백만원 이상, 1억 5천만원 미만인 경우 해당된다.

– 제조업(과자점·떡방앗간·도정·제분업·양복·양장·양화점 제외), 도매업, 광업, 부동산매매

3) 과세 특례자

연간 매출액이 4천 8백만원 미만인 경우에 해당된다.

– 건설업, 음식업, 숙박업

〈표 1-2〉 간이과세자와 일반과세자 비교

구 분	간이과세자	일반과세자
부가가치세 신고	연 1회	연 2회
부가세 신고시 매출세액	실제 수취한 매출세액의 5~30%	실제 수취한 매출세액 100%
부가세 신고시 매입세액	실제 부담한 매입세액 5~30%	실제 부담한 매입세액 100%
세금계산서	발급 불가	발급 가능
부가세 환급	환급 불가	환급 가능

6. 중소기업 업종별 구분

중소기업법 시행령 <중소기업의 업종별 상시 근로자 수, 자본금 또는 매출액의 규모기준(제3조 제1항 제1호 관련)>에 근거하면 다음과 같이 구분된다.

다음 각 목의 요건을 모두 갖춘 기업이어야 한다.

가. 해당 기업이 영위하는 주된 업종과 해당 기업의 평균매출액 또는 연간매출액이 별표 1(부록 6 참조)의 기준에 맞을 것

나. 자산총액이 5천억원 미만일 것

2. 소유와 경영의 실질적인 독립성이 다음 각 목의 어느 하나에 해당하지 아니하는 기업일 것

나. 자산총액이 5천억원 이상인 법인(외국법인을 포함하되, 비영리법인 및 제3조의2 제3항 각 호의 어느 하나에 해당하는 자는 제외한다)이 주식 등의 100분의 30 이상을 직접적 또는 간접적으로 소유한 경우로서 최다 출자자인 기업. 이 경우 최다 출자자는 해당 기업의 주식등을 소유한 법인 또는 개인으로서 단독으로 또는 다음의 어느 하나에 해당하는 자와 합산하여 해당 기업의 주식 등을 가장 많이 소유한 자를 말하며, 주식 등의 간접소유 비율에 관하여는 「국제조세조정에 관한 법률 시행령」 제2조 제3항을 준용한다.

1) 주식 등을 소유한 자가 법인인 경우: 그 법인의 임원

2) 주식 등을 소유한 자가 1)에 해당하지 아니하는 개인인 경우: 그 개인의 친족

다. 관계기업에 속하는 기업의 경우에는 제7조의 4에 따라 산정한 평균 매출액 등이 별표 1의 기준에 맞지 아니하는 기업

- 제조업(C): 상시 노동자 수 300명 미만 또는 자본금 80억원 이하
- 광업(B): 상시 노동자 수 300명 미만 또는 자본금 30억원 이하
- 건설업(F), 운수업(H), 출판, 영상, 방송통신 및 정보서비스(J): 상시 노동자 수 300명 미만 또는 매출액 300억원 이하
- 사업시설관리 및 사업지원서비스업(N), 보건 및 사회복지사업(Q), 농업, 임업 및 어업(A): 상시 노동자 수 200명 미만 또는 매출액 200억원 이하
- 전기, 가스, 증기 및 수도사업(D), 도매 및 소매업(G), 숙박 및 음식점업(I), 금융 및 보험업(K), 전문, 과학 및 기술 서비스업(M), 예술, 스포츠 및 여가 관련 사업

(R), 하수처리, 폐기물 처리 및 환경 복원업(E): 상시 근로자 수 100명 미만 또는 매출액 100억원 이하

- 교육 서비스업(P), 수리 및 기타서비스업(S), 부동산업 및 임대업(L): 상시 노동자 수 50명 미만 또는 매출액 50억원 이하

7. 중소기업 설립

1) 법인 설립 절차

(1) 사전조사

법인 설립을 하려면 먼저 관할 등기소 내에 설립하려는 법인 상호와 동일한 이름의 상호가 있는지 사전에 체크해야 한다. 또한 법인 설립을 할 때 당장의 사업만이 아닌 미래에 진행할 사업까지 구체적인 고려를 하여 사업목적을 설정한다.

(2) 상호 결정

사용할 법인 상호를 결정한다. 관할 등기소 내에 내가 작명할 법인명과 동일한 이름이 있는지 확인하기 위해 대법원 인터넷 등기소를 통해 확인하면 알 수 있다. 만약, 관할 등기소 내 같은 상호가 있다면 신규로 법인 설립을 할 수 없으므로 다른 이름을 선정해야 한다.

상법 제22조(상호등기의 효력) "타인이 등기한 상호는 동일한 특별시·광역시·시·군에서 동종영업의 상호로 등기하지 못한다."라고 규정되어 있다.

(3) 온라인 신청시 필요서류

- 설립등기 신청서
- 정관
- 발기인 회의 의사록
- 주식발행사항 동의서
- 주주명부
- 취임승낙서
- 잔고증명서
- 법인인감 신고서

(4) 사업자등록 신청시 필요 서류

- 사업자등록 신청서
- 법인등기부등본
- 법인인감증명서
- 정관
- 주주명부
- 임대차계약서(기타 사무실 사용 권한을 입증할 수 있는 서류)
- 대표자 신분증

법인 설립 절차를 도표로 제시하면 다음과 같다.

〈표 1-3〉 법인 설립 절차

법인 설립시 필요사항	등기 및 행정 사항
1. 상호 결정	1. 등기신청서
2. 사업목적 결정	2. 서류작성, 등록세 납부
3. 사업장 소재지 결정	3. 관할 등기소 접수
4. 임원(이사/감사결정)	4. 등기 완료
5. 자본금 규모 결정(잔고증명서)	
6. 주민등록 등본	
7. 인감증명서, 인감도장	
8. 사업자등록	

2) 법인 설립과 법인등기사항

법인 설립 절차는 법인 설립등기, 사업자등록, 법인계좌 개설 등 3가지 절차로 요약된다.

민법 제49조(법인의 등기사항) ① 법인 설립의 허가가 있는 때에는 3주간 내에 주된 사무소 소재지에서 설립등기를 하여야 한다.

② 등기사항은 다음과 같다.

1. 목적

2. 명칭
3. 사무소
4. 설립허가의 연월일
5. 존립시기나 해산 이유를 정한 때에는 그 시기 또는 사유
6. 자산의 총액
7. 출자의 방법을 정한 때에는 그 방법
8. 이사의 성명, 주소
9. 이사의 대표권을 제한한 때에는 그 제한

사업자등록은 개인사업자 등록이 되어 있더라도 별도의 법인을 설립하고 법인 사업자등록을 할 수 있다.

법인 설립은 자본금, 주주, 임원이 필요하다. 주주 한 명으로도 법인 설립이 가능하다. 임원은 이사, 감사가 있어야 하며 최소 이사 1명은 필수적으로 있어야 한다.

은행 계좌개설을 위해서는 법인 인감, 법인인감 증명서, 법인등기부, 대표자 신분증 등이 필요하다.

3) 주식회사 설립

(1) 설립의의

주식회사(株式會社)는 주식을 발행하여 자본금을 충당하는 회사를 말한다.

주식회사의 3요소는 자본, 주식, 주주의 유한책임이다.

소규모 회사는 대표가 자기 돈으로 해결할 수 있지만, 회사 규모가 커지고 직원 수가 많아지면 자본금을 개인 돈으로 조달하는 데는 한계가 있다. 그러므로 타인의 돈도 필요하게 되고 그 대가를 주식으로 주게 된다.

상법적으로 보면, 의사결정 기구는 이사들로 구성되는 이사회이며, 이사회에서 대표이사를 선출한다.

최초의 주식회사는 1602년 네덜란드에서 세워진 네덜란드 동인도 회사로, 신대륙과의 교역을 통해 초기에는 거대한 부를 획득할 수 있었으나 이후 주식회사가 망하게 되자 네덜란드 전체의 위기를 가져오게 되었다.

주식회사는 발기인 내지 발기인조합(발기인이 2인 이상)이 단체의 규칙인 정관을 작성하고 주식을 발행하는데 이때 '발행'은 주주가 주식을 인수하고 그 전액을 납입하는

전부를 포함한다. 이후 사업을 담당할 기관을 구성하고 최종적으로 설립등기를 마치면 주식회사는 권리능력을 취득한다. 주식회사는 청산(해산+파산) 사무가 종료되면 권리능력을 상실하게 된다.

주식회사의 설립은 엄격한 준칙주의를 채택한다. 인가나 허가, 특허가 필요없이 설립할 수 있지만 엄격한 법적 절차를 거쳐야 한다는 것이다. 왜냐하면 주식회사에서는 회사의 자본만이 채권자의 담보물이기 때문이다.

회사채는 주식회사만 발행할 수 있다.[3)]

주식회사가 하나의 법인으로 인정받기 위해서는 반드시 (1) 3인 이상의 발기인 구성, (2) 정관의 작성, (3) 출자, (4) 설립등기의 필요사항을 충족해야 한다.

발기인은 반드시 자연인이어야 하고 실제로 회사설립에 동의하는 자라야 하며, 정관은 절대적 기재사항, 상대적 기재사항, 임의 기재사항으로 되어 있다.

(2) 주식회사 설립 절차

- 발기인 선정
- 설립목적과 상호 선정
- 정관 작성
- 발행 주식 수와 종류 및 1주식의 가격 결정
- 주식 인수 및 출자
- 주식회사 설립 등기
- 법인설립 신고 및 사업자등록 신청
- 발기인회의의사록
- 주식발행사항동의서
- 주주명부
- 대표와 임원 취임승낙서
- 잔고증명서
- 법인인감신고서

정관은 두 가지 측면을 담고 있어야 한다. 첫 번째는 회사의 기본적인 구성요소가 있어야 하고 업무처리의 근거가 있어야 하며 상법에 근거해야 한다.

---

3) 인터넷 나무위키 자료를 토대로 재작성.

주식회사 법인을 설립하려면 기본적으로 주주 1명 이상, 사내이사 1명 이상이 필요하다. 자본금이 10억 미만인 법인은 감사를 두지 않아도 된다. 그러나 주주와 이사는 한 사람이 맡을 수 있어 상법상 1명으로 법인을 설립 할 수 있다. 소규모 기업은 주주가 이사직을 겸직하는 경우가 대부분이다. 그러나 주주와 이사는 법적으로 구별되는 개념이다. 주주는 자본금을 투자하고 주식을 소유한 사람이며 이사는 주주를 대신하여 상시 회사를 경영한다. 주주가 이사를 겸할 수 있다. 그러나 주주라고 무조건 대표가 되는 것이 아니며, 이사에게 무조건 주식을 줄 필요는 없다. 주식회사를 설립할 때 주식금액 납입, 발기인회, 이사회 등을 마치고 회의의 마지막으로 선출된 이사, 감사가 설립경과 및 주식금액 납입 등에 관한 사항이 법령, 정관에 위배됨이 없는지 여부를 면밀히 확인해야 한다.

8. 중소기업 육성 정책

헌법 제123조 제3항과 제5항에 중소기업 보호육성책이 규정되어 있다.

③ 국가는 중소기업을 보호·육성하여야 한다.

⑤ 국가는 농·어민과 중소기업의 자조조직을 육성하여야 하며, 그 자율적 활동과 발전을 보장한다.

중견기업법 제3조(정부와 지방자치단체의 책무) ① 정부와 지방자치단체는 중소기업이 중견기업으로 원활하게 성장하고, 중견기업이 국제경쟁력을 갖춘 전문기업으로 성장할 수 있는 사회적·경제적 환경을 조성하기 위한 시책을 수립·시행하여야 한다. ② 정부와 지방자치단체는 중견기업시책의 수립·시행에 필요한 예산·인력 등 자원을 배분하여야 한다.

제 2 절 중소기업 법무와 노무·세법 개요

1. 중소기업 법무 개요

중소기업 경영진은 민사, 상사, 형사, 행정, 조세, 노무, 해외 투자 등 중소기업과 관련한 문제 전반에 관하여 일정한 기본 지식이 필요하다.

법률의견서, 계약서, 각종 신청서 및 소송서류 등의 작성 실력도 필요하다.

대한민국은 각종 분쟁과 소송이 많은 나라다. 특히, 민사소송이 빈발하다. 소송이 벌어지면 계약서가 주요 포인트가 된다. 계약 당사자 사이에 분쟁이 발생한 경우에는 법률규정이 아니라 계약서의 기재 내용이 법원의 최우선적인 판단 기준이 된다.

계약이란 본질적으로 서로 다른 둘 이상의 경제주체가 특정한 목적물에 대한 권리와 의무를 상호간 주고받을 것을 정하는 법률적 관계를 의미한다. 일방 입장에서 일정한 목적물에 대한 권리취득은 상대방 입장에서 동일 목적물에 대한 의무 부담이며 일방 입장에서는 일정한 의무의 부담은 상대방 입장에서 그에 대한 권리의 취득이다.

계약이 체결되기 위해서는 계약 당사자들이 의사합치에 도달해야 할 내용 중 가장 기본적이고 중요한 부분은 계약체결의 목적이 특정목적물과 그 대가이다. 이러한 목적물에 대해서도 품질, 종류, 수량 등에 대해 구체적인 합의가 이루어져야 한다. 또한 이행시기, 이행장소, 이행방법, 하자발생시 조치, 담보기간, 계약 미이행시 조치 등에 대해서도 상대방과 합의가 필요하고 이에 대하여 분쟁을 예방하기 위해 계약서에 반영하는 것이 일반적이다.[4)]

계약이라는 행위는 사실 꼭 계약서 작성의 형태로 할 필요는 없다. 구두 합의도 계약의 한 형태다. 그러나 계약서를 작성하는 이유는 향후에 있을 수 있는 분쟁에 대비하기 위해서다. 현실적으로, 계약서 없는 구두계약은 계약이 있었다는 것 자체를 입증하는 것에서부터 서로 합의된 세부내용을 입증하는 것까지 매우 어렵다. 따라서. 계약은 반드시 문서로 작성하는게 바람직하며, 가급적 자세하게 모든 합의내용을 기재하는 것이 바람직하다.

근로계약서는 임금, 근로시간 등 핵심 근로조건을 명확히 정하는 것으로, 근로자와 사업주 모두의 권리보호를 위해 반드시 필요하다.

주식회사의 경우 근로자에게 임금을 지불하지 않더라도 대표이사나 대주주가 개인적으로 이를 변제할 책임은 없다. 하지만 대표이사는 근로기준법에 의해 3년 이하의 징역 또는 3천만원 이하의 벌금으로 형사처벌될 수 있다. 다만 근로자와 합의하면 처벌을 피할 수 있다(반의사 불벌죄).

---

4) 임재홍, 경영법률회계 조세의 상관관계, 지혜의샘, 2013, pp.115~123 참조.

2. 중소기업 노무 개요

노무관리는 사용자와 근로자(노동조합)간의 협력적 노사관계구축을 위한 경영활동으로 노사관계 계획, 단체교섭, 노동쟁의 대응, 노사협의회 운영, 근로자 고충처리, 노사관계 개선 등을 수행하는 일이다.

2022년 최저임금은 9,160원이며 최저 월통상 임금은 1,914,440원(9,160×209시간)이다.

주 52시간 근무제란, 1주일 당 법정 근로시간이 기존의 68시간에서 52시간으로 줄어드는 근로 제도를 칭한다. 기본 40시간 근무 원칙에 연장근무가 최대 12시간으로 제한된다. 또한 6개월 단위로 연장근무를 3개월 이상 할 수 없다

만약 근무자가 자발적으로 근무하여 52시간 이상의 근무를 하더라도 해당 사업체는 처벌 대상이다. 따라서 근무자가 수산 근로시긴이 52시간을 넘기지 않도록 퇴근을 강제하여야 한다.

기업의 발전을 위해 목표 항목은 매출, 이익, 생산성, 원가 절감, 품질 향상, 가동률 향상 등 다양하게 설정할 수 있으며, 정량적인 목표뿐 아니라 기본 준수, 관리 체계 구축, 개선 능력 향상, 인재 육성 등 정성적인 항목도 있다. 관리 체계의 경우에도 설비 관리 체계, 자재 관리 체계, 품질 관리 체계, 생산 관리 체계, 교육체계 등으로 세분화하여 추진할 수가 있다. 연 1회 이상 의무적으로 실시해야 하는 법정교육으로는 개인정보 보호교육, 직장내 성희롱 예방교육, 산업안전 보건교육, 직장 내 장애인식 개선교육, 직장 내 괴롭힘 예방교육 등이 있다.

노사관계는 근로자와 사용자와의 관계, 노동조합과 사용자 사이의 협력조직적 관계를 말한다.[5]

노사관계의 목표는 산업민주주의 이념을 바탕으로 하는 산업평화적 이념의 실현에 두고 왔다. 산업평화적 이념의 실현은 인격존중의 원리, 대화와 타협의 원리, 공동체 원리가 기본이 된다.[6]

노사관계는 경영이라는 조직체에서 노동자와 사용자라는 두 개의 기둥으로 대립과 협력을 하고 있다.

---

5) 김성수, 신노사관계론, 탑북스, 2018, p.2.

6) 김성수, 앞의 책, p.12.

노사관계론(고용관계론)은 노동시장에서 노동력을 제공하여 임금을 지급받는 노동자와 노동력의 수요자로서 사용자가 형성하는 관계에 대하여 연구하는 학문이다. 구체적으로 노동자와 노동자의 단체인 노동조합과 사용자단체, 단체교섭, 단체협약, 부당노동행위 및 쟁의행위와, 노사관계의 효율성과 공정성의 균형을 위한 협력적 노사관계, 경영참가, QWL(직장생활의 질, quality of working life) 등에 대하여 연구한다.

대한민국 헌법은 보장하고 근로자의 단결권, 단체행동권, 단체교섭권 등 근로자의 노동3권을 근로자의 기본권으로 보장하고 있다.

기업을 운영하다보면 여러 가지 경영상 이유로 직원을 해고시킬 필요성이 생기게 된다. 그러나 정리해고는 긴박한 경영상의 필요에 의한 해고를 말한다.

한국의 경우 IMF 사태 이후 정리해고가 급격하게 증가하였다. 긴박한 경영상의 필요가 있어야 한다. 해고회피 노력을 우선적으로 실시해야 한다. 합리적 기준의 선정과 공정성을 확보해야 한다. 노동조합 및 근로자 대표들과 성실히 협의를 해야 한다.

스캔론 플랜(Scanlon Plan)은 1930년대에 Joseph Scanlon에 의해 가장 먼저 개발된 집단성과 배분제도로 근로자의 이익참가 제도 중에서도 이익참가의 대표적인 제도이다. 스캔론 플랜은 제안제도의 도입으로 집단 중심적이고 조직구성원 구조에 초점을 두었다. 이 제도는 기업의 생산성 향상을 노사협조의 결과로 보고 총매출액에 대한 인건비 절약분으로서의 이윤을 주는 인센티브임금제 즉 상여금으로 종업원에게 배분하는 이윤분배제도이다.[7)]

근로기준법에는 다음과 같이 명시되어 있다.

> **제24조(경영상 이유에 의한 해고의 제한)** ① 사용자가 경영상 이유에 의하여 근로자를 해고하려면 긴박한 경영상의 필요가 있어야 한다. 이 경우 경영 악화를 방지하기 위한 사업의 양도·인수·합병은 긴박한 경영상의 필요가 있는 것으로 본다.
>
> ② 제1항의 경우에 사용자는 해고를 피하기 위한 노력을 다하여야 하며, 합리적이고 공정한 해고의 기준을 정하고 이에 따라 그 대상자를 선정하여야 한다. 이 경우 남녀의 성(性)을 이유로 차별하여서는 아니 된다.
>
> ③ 사용자는 제2항에 따른 해고를 피하기 위한 방법과 해고의 기준 등에 관하여 그 사업 또는 사업장에 근로자의 과반수로 조직된 노동조합이 있는 경우에는 그 노동조합에 해고를 하려는 날의 50일 전까지 통보하고 성실하게 협의하여야 한다.

---

7) 김성수, 신노사관계론, 탑북스, 2018, p.225.

④ 사용자는 제1항에 따라 대통령령으로 정하는 일정한 규모 이상의 인원을 해고하려면 대통령령으로 정하는 바에 따라 고용노동부장관에게 신고하여야 한다.

제27조(해고사유 등의 서면통지) ① 사용자는 근로자를 해고하려면 해고사유와 해고시기를 서면으로 통지하여야 한다.

② 근로자에 대한 해고는 제1항에 따라 서면으로 통지하여야 효력이 있다.

제28조(부당해고등의 구제신청) ① 사용자가 근로자에게 부당해고등을 하면 근로자는 노동위원회에 구제를 신청할 수 있다.

② 제1항에 따른 구제신청은 부당해고등이 있었던 날부터 3개월 이내에 하여야 한다.

3. 중소기업 세법 개요

1) 조세의 분류

조세란 국가 또는 지방자치단체가 재정활동에 필요한 자원을 조달할 목적으로 헌법상 규정된 조세법률주의의 원칙에 따라 법률 등에 정해진 과세요건이 충족한 경우 법률상 과세범위만큼 납세자에게 개별적인 반대급부없이 징수하는 금품을 의미한다.

조세는 국가 또는 지방자치단체 등 행정부만 징수할 수 있으며, 국가의 경제활동에 필요한 재정수입을 충당하기 위한 목적으로 징수된다. 또한, 조세는 국민의 재산권을 침해할 우려가 있으므로 조세법률주의 원칙에 따라 조세의 종류, 발생근거, 세율, 부과방법 등이 법률에 미리 정해져 있어야 하며 조세를 납부한 납세자에게 그에 상응하는 개별적인 보상이 주어지지 않는 특징이 있다.[8)]

조세는 크게 세 가지로 분류할 수 있는데, 첫 번째 과세 주체가 누구냐에 따른 분류 즉, 국세와 지방세에 대한 분류다.

두 번째는 세수의 용도에 따른 '보통세'와 '목적세', 세 번째는 다른 조세에 부가가 되는지에 따라 '독립세', '부가세'로 분류할 수 있다.

조세제도는 국가와 지방자치단체가 재정을 확보할 목적으로 법에 규정된 과세요건을 충족한 국민과 기업 모두에 부과·징수하는 규범의 총체이며, 현 조세 종류는 국세 14개와 지방세 11개로 분류되어 있다.

8) 임재홍, 경영법률회계 조세의 상관관계, 지혜의샘, 2013, pp.190~191 참조.

(1) 국세(14개)

① 소득세(소득세법)

② 법인세(법인세법)

③ 상속세(상속세와 증여세법)

④ 증여세(상속세와 증여세법)

⑤ 종합부동산세(종합부동산세법)

⑥ 부가가치세(부가가치세법)

⑦ 개별소비세(개별소비세 법)

⑧ 교통·에너지·환경세(교통·에너지·환경세법)

⑨ 주세(주세법)

⑩ 인지세(인지세법)

⑪ 증권거래세(증권거래세법)

⑫ 교육세(교육세 법)

⑬ 농·어촌특별세(농어촌특별세법)

⑭ 관세(관세법)

(2) 지방세(11개): 지방세법에 의한 세금

① 취득세

② 등록면허세

③ 레저세

④ 담배소비세

⑤ 지방소비세

⑥ 주민세

⑦ 지방소득세

⑧ 재산세

⑨ 자동차세

⑩ 지역자원시설세

⑪ 지방교육세

(3) 소득세

개인의 소득에 대해 부과하는 조세로 국세다.

이자, 배당, 사업, 근로, 연금, 기타를 종합소득으로 과세하며 이외에 퇴직소득과 양도소득은 분류과세한다. 각 소득별로 소득의 종류, 요건, 수입시기, 비과세 등을 자세히 규정하고 있다. 이 중 분리과세로 열거되지 않은(일정 규모 이하의 소액이거나 정책적 목적이 있는 경우) 이자, 배당, 사업, 근로, 연금, 기타소득을 합해 매년 5월 종합소득신고를 해야 하는 것이 원칙이나, 대부분의 국민은 근로, 연금 중 한 가지 소득만 종합소득 대상이기에 이러한 경우 연말정산을 통해 납세의무를 종결하도록 하고 있다. 연 소득금액 7,500만원 이하의 부가가치세 면제대상 용역을 공급하는 개인사업자(보험설계사나 일부 외판원)들은 연말정산이 가능하다. 그렇지 않더라도 일정 수준 이하라면 미신고에 따르는 벌칙을 부과하지 않는 식으로 간접적으로 종합소득신고를 하지 않아도 되도록 하고 있다.

(4) 부가가치세

부가가치세(VAT)는 간접세의 하나로, 물건을 구입하거나, 각종 서비스를 제공받을 때 그 가격에 일정비율 붙게 되는 세금이다.

부가가치세(부가세) 과세표준증명원은 사업자가 일정 기간 동안 신고한 매출을 일으킨 부가세 매출과세표준과 납부세액에 대한 증명 서류로 부가세 신고가 완료된 내역만 발급이 가능하다.

(5) 법인세

법인세는 헌법에 규정된 조세법률주의 원칙에 따라 개인은 물론이고 기업역시 특정 조세 납부의무를 부담하기 위해서는 명문화된 법률상 근거가 존재해야 한다. 그리고 기업이 사업활동을 통해 얻게 되는 소득에 대한 조세부과 근거가 되는 법률이 법인세법이다. 법인세는 주식회사와 같이 법인 형태의 사업자에게 그 사업에서 생긴 소득에 대하여 부과하는 세금으로 기업소득세라 할 수 있다.

귀속되는 사업연도 사업전반 내용에 따른 당기순이익(수익－비용)에 대해 산정되며, 결산 후 세무조정의 과정을 거쳐 신고된다.

2) 법인세 신고 및 납부 일정

연 1회. 법인의 사업연도 종료일이 속한 달의 마지막 날부터 3개월 이내

(1) 12월 결산법인의 2020년 귀속 법인세 법정신고기한: 2021년 3월 31일

(2) 12월 결산법인의 과세기간: 귀속되는 해의 1~12월

3) 법인세 납부 의무자

(1) 국내에 본점이나 주 사무소 또는 사업의 실질적 관리장소를 둔 법인(내국법인): 국내외에서 발생하는 모든 소득

(2) 외국에 본점 또는 주사무소를 둔 법인(외국법인): 국내에서 발생하는 소득 중 법에서 정한 국내 원천소득

법인세에 해당하는 소득은 다음과 같다.

① 사업연도마다 법인에 귀속되는 소득

② 법령에서 정하는 소재하는 주택(부수 토지 포함)/비사업용 토지를 양도하여 얻은 소득

③ 각 사업연도 종료일 현재 자기자본이 500억(중소기업제외)을 초과하는 법인 등이 해당 사업연도의 소득 중 투자, 임금 또는 배당 등으로 환류하지 아니한 소득

4) 중소기업 기업회계 기초

회계보고의 목적은 외부보고와 내부보고 목적으로 나누어진다. 외부보고 목적의 회계를 '재무회계'라 하고 내부보고 목적의 회계를 '관리회계'라 한다.

재무회계는 주로 주주, 은행이나 거래처, 국가나 지방공공단체 등 기업외부 정보이용자들에게 회사의 경영과 거래상태를 보고하기 위한 것이다.

우리나라의 기업 회계기준 및 기업회계 기준서의 제정은 주식회사의 외부감사에 관한 법률(외감법)에 근거를 두고 있다. 외감법에는 자산총액 120억원 이상인 주식회사는 모두 공인회계사의 외부감사를 받도록 하고 있다.

(1) 기업의 재무제표

회계과정의 최종산출물은 재무제표다.

회사는 매일의 거래 혹은 사건에 대해 회계처리(분개를 통해 기록하는 것)하고 일정시

점마다 회계결산의 과정을 통해서 재무제표라는 결과물을 산출한다. 이러한 재무제표는 특정 시점에 회사가 보유한 자산, 부채, 자본에 대한 정보를 나타내주는 '재무상태표', 특정 기간 동안 회사가 벌어들인 수익에 대한 정보를 나타내는 '포괄손익계산서', 특정 기간 동안 회사의 자본이 어떻게 변동했는지를 보여주는 '자본변동표', 특정 기간 동안 회사의 현금이 어떻게 변동했는지를 보여주는 '현금흐름표', 그리고 앞의 정보들에 대해 보다 세부적인 정보를 제공해주는 '주석'으로 구성되어 있다.

(2) 재무상태표

기업의 회계에서는 차변과 대변을 사용하는 '복식부기'를 통해서 현금뿐만 아니라 재고자산, 유형자산 등의 증가와 감소도 기록하고 있다. 따라서 해당 월의 마지막 날에 기업이 가진 재고자산, 유형자산 등이 얼마인지도 쉽게 계산할 수 있다. 재무상태표를 통해 특정 시점에 한 기업이 소유한 자산, 부채, 자본의 현황을 알 수 있다.

(3) 포괄손익계산서

포괄손익계산서는 일정기간 동안 회사의 수익이 얼마고, 비용이 얼마인지의 정보를 제공한다. 이러한 포괄손익계산서는 크게 매출, 매출원가, 판매비와관리비의 영업손익과 기타손익, 금융손익 등의 기타영업외손익으로 구분된다.

(4) 현금흐름표

일정기간 현금 유입과 유출에 대한 현금흐름 정보를 제공한다.

(5) 주석(footnote)

주석은 주기에 비하여 비교적 설명이 길거나 동일한 내용으로 둘 이상의 계정과목에 대하여 설명을 하게 되는 경우에 사용된다.

주석은 재무상태표, 포괄손익계산서, 자본변동표, 현금흐름표의 상세내역을 보여주는 항목이다. 예를 들어 재무상태표에서는 재고자산이 100만원이 있다고 보여주었다면, 주석에서는 이 재고자산이 구체적으로 어떤 항목으로 구성되었는지 보여준다. 즉, 제품 20만원, 상품 30만원, 원재료 50만원 이런 식으로 세부적인 내용을 보여주는 것이다.

주석은 재무제표 구성요소 중 하나로서 재무제표 이용자에게 유용하고 의미있는 회계정보 제공을 위해서 필수불가력한 정보이므로 현대 기업회계의 추세는 주석공시를 강화하는 방향으로 발전하고 있다.

(6) 기업의 회계장부 작성

상법상 회계장부 작성 원칙, 방법은 다음과 같다.

제29조(상업장부의 종류 · 작성원칙) ① 상인은 영업상의 재산 및 손익의 상황을 명백히 하기 위하여 회계장부 및 대차대조표를 작성하여야 한다.

② 상업장부의 작성에 관하여 이 법에 규정한 것을 제외하고는 일반적으로 공정·타당한 회계관행에 의한다.

제30조(상업장부의 작성방법) ① 회계장부에는 거래와 기타 영업상의 재산에 영향이 있는 사항을 기재하여야 한다.

② 상인은 영업을 개시한 때와 매년 1회 이상 일정시기에, 회사는 성립한 때와 매 결산기에 회계장부에 의하여 대차대조표를 작성하고, 작성자가 이에 기명날인 또는 서명하여야 한다.

제 3 절 기업의 전략수립

기업전략을 수립하기 위해서는 기업의 목적이 있어야 한다. 기업을 설립하면 어떤 일을 할 것이며 어떠한 방향으로 운영해야 하는지? 분명한 목적과 목표가 있어야 한다.

그 목표에 도달하기 위해서 구체적으로 어떻게 할 것인가?(수단)

행동을 위한 청사진은 무엇인가?(실행계획) 등의 문제도 해결되어야 할 것이다.

기업가는 꿈과 이상을 가져야 한다. 기업규모가 작아도 꿈과 희망이 넘치는 회사는 발전할 수 있다.

기업은 고객의 수요와 경쟁이 필수적이다. 시장은 늘 변화하고 있다. 고객관점에서 생각해야 한다.

아무리 기술이 우수한 제품이라도 고객들이 구입하지 않으면 판매가 안된다. 또한, 경쟁회사의 제품을 이기기 위해서는 가격과 품질, 서비스 모두 신경을 써야 한다.

기업은 이윤추구를 목표로 한다. 그러므로 기업의 목표는 최소의 경비로 최대의 이윤을 창출하는 것이다. 그러나 기업이 목표달성을 위해 활동하는 과정에서 타기업이나 사회에 해악을 끼쳐서는 안된다.

기업은 일을 효율적으로 수행하여 성과를 내기 위해 직무에 대해서는 직무분석, 직무평가, 직무설계를 하고 그 직무를 수행할 인적자원에 대해서 충원, 개발, 평가, 보상, 유지활동을 계획, 실행, 점검하는 활동을 기업목표와 전략에 따라 수행하게 된다.

기업은 업종에 따라 제조기업, 상기업, 서비스기업으로 구분한다.[9] 제조기업은 원재료, 노동력, 제조기술, 기타 경비를 투입하여 생산된 제품을 판매하는 기업이다. 생산과 판매가 모두 이루어지지만 제조기업의 핵심은 제품 생산과 공급에 있다. 제조기업은 새로운 제품을 연구 개발하고, 만들고, 판매하여 이를 통한 이익 창출로 기업을 유지, 성장, 발전시킨다. 상기업은 기업에서 제조된 상품을 구매하여 최종 소비자에게 판매하는 과정에서 이윤을 창출하는 기업이다. 이윤 창출의 원천이 소비자의 구매로부터 발생하므로 다양한 마케팅 활동을 통해 판매가 이루어진다. 서비스 기업은 여행, 교육, 광고, 게임, 경비, 부동산, 모바일 등 무형의 서비스를 제공하는 기업을 말한다.

기업의 사회적 책임(Corporate Social Responsibility)은 기업이 생산 및 영업활동을 하면서 환경경영, 윤리경영, 사회 공헌과 노동사를 비롯한 지역사회 등 사회 전체에 이익을 동시에 추구하며, 그에 따라 의사 결정 및 활동을 하는 것을 말한다.

과거의 우리나라 기업들 가운데는 환경오염에 대한 개념이 별로 없는 기업도 많았다. 제품 생산과정에서 발생되는 각종 쓰레기와 오염 화학물질을 강이나 바다에 몰래 버리거나 산속에 파묻어 버리는 행위들을 예사로 자행하는 경우도 있었고, 정부 당국도 기업의 비도덕적 행위들을 제대로 적발하지도 못하고 적절한 법적 대책도 미비하였다.

그러나 현대에 들어와 심각해지는 지구의 환경오염 문제가 국가적 차원에서 비중을 둠으로써 정부나 기업도 모두 이 문제를 가볍게 다룰수 있는 상황이 아니다. 최근 기업의 사회적 책임과 관련하여 다음과 같은 요소들을 중요시하고 있다.[10]

- 환경문제 해결
- 탄소중립 실천
- 노동자의 권리존중과 보상문제
- 재생가능한 에너지 사용
- 쓰레기 줄이기
- 소비자의 건강보호

9) 기업의 상세한 업종별 분류는 통계청의 한국표준산업분류표에 의하여 분류된다.
10) 이대희, 문화와 자연, 2012. 2, 도서출판 ACRIS, pp.536~548 참조.

BCG 매트릭스(BCG Matrix)는 미국의 보스턴 컨설팅 그룹(BCG)이 개발한 전략평가 기법이다. BCG는 기업이 사업에 대한 전략을 결정할 때 '시장점유율'(Market Share)과 '사업의 성장률'(Growth)을 고려한다고 가정한다. BCG 매트릭스는 이 두 가지 요소를 기준으로 기업의 사업을 '스타(Star) 사업', '현금젖소(Cash Cow) 사업', '물음표(Question Marks) 사업', '개(Dog) 사업'으로 나누었다.

- 스타(Star) 사업: 성장률과 시장점유율이 높아서 계속 투자를 하게 되는 유망한 사업이다(육성사업).
- 현금젖소(Cash cow) 사업: 점유율이 높아서 이윤이나 현금흐름은 양호하지만 앞으로 성장하기 어려운 사업이다(합리화사업).
- 물음표(Question Mark) 사업: 상대적으로 낮은 시장점유율과 높은 성장률을 가진 사업으로 기업의 행동에 따라서는 차후 스타(star)사업이 되거나, 개(dog) 사업으로 전락할 수 있는 위치에 있다. 일단 투자하기로 결정한다면 상대적 시장점유율을 높이기 위해 많은 투자금액이 필요하다(미래가 불투명한 사업).
- 개(dog) 사업: 더 이상 성장하기 어렵고 이윤과 현금흐름이 좋지 못한 안 좋은 사업이다(철수사업).

하버드 경영대학원의 마이클 포터(Michael E. Porter) 교수는 세계적으로 가장 영향력 있는 경영학자 중 한 명이다.[11]

하버드 비즈니스 리뷰(HBR) 1996년 11~12월호에 실린 전략경영의 대표적 학자 마이클 포터(Michael Porter)의 논문, "What is strategy?" 내용 정리 및 논평은 다음과 같다.[12]

※ old strategy model(고전적 전략모형)

1. 오직 하나 존재하는 이상적인 위치를 먼저 점유

---

11) 포터는 1980년대부터 경영전략 분야를 발전시키는 데 결정적인 역할을 했다. 1980년, 1985년, 1990년 등 5년을 주기로 출간한 <경쟁전략>, <경쟁우위>, <국가경쟁우위>는 여전히 베스트셀러인 동시에 경영전략 분야의 바이블이 되었다. 그의 책에 소개된 산업구조 분석(5 forces model), 본원적 전략(generic strategy), 가치사슬(value chain), 수평적 전략(horizontal strategy), 다이아몬드 모델(diamond model), 클러스터(cluster) 등의 개념은 이미 경영전략 교과서에 핵심 이론으로 자리 잡고 있다. 노벨 경영학상이 있었다면 포터를 유력한 수상자로 손꼽는 사람들도 많다.

12) 포트는 미국 프린스턴 대학에서 우주항공과 기계공학을 전공하였다. 하버드 대학에서 MBA를 마친 후 같은 대학에서 1973년 '기업 경제학(business economics)' 박사학위를 취득하였다. 기업 경제학은 경제학 이론을 활용해 기업 경영의 각종 현상을 설명하는 분야로 경제학과 경영학을 아우르는 학제 간 연구다. 바로 이러한 학문적 배경 때문에 포터 이론에는 경영학과 경제학의 공통된 키워드라 할 수 있는 '경쟁'이 중심을 차지하고 있다.

2. 모든 액티비티(activity)를 열심히 벤치마킹하고 베스트 프렉티스(Practice)를 이루어 낸다.
3. 공격적인 아웃소싱과 파트너링을 통한 효율성 확보
4. 경쟁우위는 소수의 핵심 성공 요인이나 핵심 자원, 핵심 경쟁우위에 기반한다.
5. 시장변화, 경쟁변화에 빠르고 유연하게 대응

※ sustainable competitive advantage(지속가능한 경쟁우위)

1. 우리 회사만의 독특한 경쟁상의 위치 확보
2. 모든 액티비티는 전략에 맞게 맞춤화
3. 명확한 트레이드오프(trade-off): 어느 것을 얻으려면 반드시 다른 것을 희생하여야 하는 경제 관계
4. 지속가능한 경쟁우위는 단일 액티비티에서 오는 게 아니라 액티비티 '시스템 전체'로부터 온다.
5. 오퍼레이션의 효율성과 효과성은 기본

순천자는 흥하고 역천자는 망한다(順天者興 逆天者亡[13])는 말은 중소기업에도 적용되는 말이다. 기업을 경영하려면 무엇보다 세계 경제의 전반적 흐름을 어느 정도 이해하고 국가와 정부의 정책변화도 읽을 줄 알아야 한다.

기업활동에 영향을 주는 환경변화는 그 예측이 어렵고 다양한 영역에서 일어나고 있기 때문에 불확실성이 높다. 이러한 불확실한 기업환경의 변화는 기업의 전략변화를 유발하고 이는 기업의 인사, 마케팅, 재무 생산운영과 기술개발 등 모든 영역에도 영향을 미치게된다.[14] 오늘날 기업이 직면해 있는 주요 환경적 요소는 첫째, 인력구성의 다양화 및 구성원의 고령화가 가속되고 있으며, 둘째, 조직구성원의 근로에 대한 가치관으로써 삶의 질을 중시하는 경향이 강해질 것이다. 셋째, 글로벌화의 가속화로 인한 글로벌 인재의 수요가 증대할 것이며 넷째 스마트워크(Smart Work)의 확산으로 일하는 방식이 변화될 것이다. 끝으로 윤리경영에 대한 요구가 더욱 강해질 것이다.[15]

4차산업 혁명 시대에 역할이 맞는 기업이 발전할 수밖에 없다.

4차산업 혁명은 사물인터넷, 빅데이터, 인공지능, 그리고 사이버 물리시스템을 활

13) 맹자의 이루상편과 명심보감 천명(天命)편에도 나오는 말임.
14) 박경규, 신인사관리, 홍문사, 2019, p.171.
15) 박경규, 신인사관리, 홍문사, 2019, p.62.

용하여 생산활동 및 인간의 생활에 필요한 서비스를 제공하는 것으로 요약된다. 즉 사물 인터넷을 통하여 얻은 정보를 클라우드에 저장하고 이를 빅데이터 기법으로 분석하여 모바일을 통해 확산시키는 것이다. 여기에 인공지능이 판단과 추론을 더해 부가가치를 창출하는 것이다.[16] 4차산업 혁명이 인사관리에 미치는 영향은 다음과 같다.

첫째, 작업자의 근무방식에 커다란 변화가 예상된다. 정규직보다 일정 계약관계에서 일하거나 플랫폼에 접속해서 일하는 플랫폼 근로자 형태가 나타나게 된다.

둘째, 인력확보의 경우 근로자에게 요구되는 역량이 기존과 달리 복잡한 문제해결 능력, 사회적 기술, 시스템기술 그리고 비주얼 능력 등이 포함된다.

셋째, 인력개발의 경우 교육훈련의 질적 변화가 예상된다. 근로자에게 특정 분야의 전문직 지식보다 공통적이고 범용적인 능력이 요구되기 때문에 이를 개발하는 교육훈련 시스템이 요구된다.

넷째, 인사평가의 틀도 많은 변화가 예상된다. 복수의 조직에서 다수의 프로젝트에 참여하는 방식이 많이 등장하게 된다. 정기평가가 사라지고 수시평가가 이루어지게 된다.

다섯째, 인력보상의 경우 개인의 역량과 역할에 따라 개별적으로 보상이 결정되는 형태로 변화가 예상될 것이다.[17]

중소기업의 성과평가를 위해서는 BSC(Balanced Scorecard) 평가기법을 활용해야 한다.

BSC(Balanced Scorecard) 평가기법은 균형성과평가제도로 기업의 사명과 전략을 측정하고 관리할 수 있는 포괄적인 측정 지표의 하나로서 1992년 미국 하버드대학교 로버트 캐플란(Robert S. Kaplan) 박사와 데이비드 노튼(David P. Norton) 박사가 공동 개발했다. 대부분의 기업이 회사의 성과를 평가하기 위해 매출액이나 수익 등의 재무 지표를 활용하고 있다. 그러나 매출이나 수익 등의 재무적 지표만으로 기업의 장기적 성과까지 측정하기 힘들다. 재무적 지표는 경영전략과 연관되어 있지 않고 과거의 정보이며 사후적 결과만을 강조하기 때문에 미래 경쟁력에 대한 지표로 활용되기 힘들었다. 반면 BSC는 투입과 산출에 대한 재무적인 관점과 더불어 고객과 고객만족도 관점, 내부 프로세스관점, 학습과 성장관점 등 기업의 성과를 종합적으로 평가하는 균형잡힌 성과측정기록표이다. 현재의 기업 상황을 평가하는 것뿐만 아니라 미래에 대한 경고등 역할을 하며 사업전략을 세울 때 중요한 정보로서 역할을 수행한다.[18]

---

16) 신동엽 외 6인, 4차산업혁명, 일과 경영을 바꾸다, 삼성경제연구소, 2018 참조.
17) 박경규, 신인사관리, 홍문사, 2019, p.73.
18) 정경호, 송치경 편저, 경영지도사 인적자원관리, 와우패스, 2016, p.206~207.

제 4 절 중소기업 산업안전 교육

사람의 생명과 안전은 사람과 기업 사회와 국가의 가장 원초적이고 중요한 문제다. 사람이 돈을 벌기 위해 누구나 직장에서 일을 하지만 일을 하다 생명을 잃는다면 모든 것을 잃어버리니 큰 문제다. 건강하고 안전이 보장되는 일터가 중요한 것이다.

우리나라는 제조업을 중심으로 빠른 산업화에 성공했지만 성장에 치중하다보니 각종 산업재해가 발생하였다. 2021년 1월 26일 중대재해 처벌 등에 관한 법률이 통과되었으며 2022년 1월 27일부로 「중대재해처벌등에관한법률」 및 「중대재해처벌등에관한법률시행령」이 시행되고 있다. 산업재해는 개인의 노력과 의지만으로 예방할 수 없다. 사람은 아무리 잘하려고 해도 언제든지 실수를 할 수 있는 존재이고, 기계는 오래 쓰다보면 고장이 난다는 사실을 인정하고 안전보건관리시스템을 구축해야 한다. 중대재해처벌법은 기업이 획기적인 안전보건관리시스템 구축을 통해 안전조치 및 보건조치를 강화하여 종사자의 중대산업재해를 예방하도록 하는 것이 궁극적인 목적이다. 산업안전교육은 기업에 요구되는 근본적인 역량이자 전략이다. 기업에서 교육은 각종 산업재해 예방에 매우 중요하다. 산업안전 및 사고예방, 산업보건 및 직업병, 건강증진 및 질병예방, 유해 작업환경 관리, 산업안전 보건 등을 꾸준하게 교육해야 한다.[19] 중대재해처벌법은 중대재해가 발생했을 때 안전조치를 소홀히 한 사업주 또는 경영책임자에게 1년 이상의 징역형을 내리도록 한 법안이다.

중대재해처벌법 시행에 따라 각 산업현장에서는 도급계약을 체결한 원청업체들의 책임이 강화됐다. 도급업체 측에서 하도급업체의 산재예방 조치능력을 반기 1회 이상 확인해야 한다.

사업주는 근로자가 작업수행 과정에서 발생할 수 있는 안전사고를 예방하기 위해 해당 사업장의 근로자에게 안전·보건교육(정기교육, 채용 시의 교육, 작업내용 변경시의 교육, 특별교육)을 실시하도록 의무화하고 있다.

근로자의 안전·보건교육은 산업안전보건법 제5조(사업주 등의 의무), 제17조(안전관리자), 제29조(근로자에 대한 안전보건교육), 제31조(안전·보건교육)에 명시되어 있다.

제5조(사업주 등의 의무) ① 사업주는 다음 각 호의 사항을 이행함으로써 근로자의

19) 월간 HRD(2022.3월호) 참조.

안전 및 건강을 유지·증진시키고 국가의 산업재해 예방정책을 따라야 한다.

1. 이 법과 이 법에 따른 명령으로 정하는 산업재해 예방을 위한 기준
2. 근로자의 신체적 피로와 정신적 스트레스 등을 줄일 수 있는 쾌적한 작업환경의 조성 및 근로조건 개선
3. 해당 사업장의 안전 및 보건에 관한 정보를 근로자에게 제공

제17조(안전관리자) ① 사업주는 사업장에 안전에 관한 기술적인 사항에 관하여 사업주 또는 안전보건관리책임자를 보좌하고 관리감독자에게 지도·조언하는 업무를 수행하는 사람을 두어야 한다.

제29조(근로자에 대한 안전보건교육) ① 사업주는 소속 근로자에게 고용노동부령으로 정하는 바에 따라 정기적으로 안전보건교육을 하여야 한다.

제31조(건설업 기초안전보건교육) ① 건설업의 사업주는 건설 일용근로자를 채용할 때에는 그 근로자로 하여금 안전보건교육을 이수하도록 하여야 한다.

※ 하인리히의 법칙(Heinrich's law, 1:29:300의 법칙)

1931년 미국의 허버트 윌리엄 하인리히(Herbert William Heinrich)가 펴낸 《산업재해 예방: 과학적 접근(Industrial Accident Prevention: A Scientific Approach)》이라는 책에서 처음 소개되었다.

보험회사에서 근무하며 수많은 사고 통계를 접했던 하인리히는 산업재해 사례 분석을 통해 하나의 통계적 법칙을 발견하였다. 그것은 바로 산업재해가 발생하여 사망자가 1명 나오면 그 전에 같은 원인으로 발생한 경상자가 29명, 같은 원인으로 부상을 당할 뻔한 잠재적 부상자가 300명 있었다는 사실이었다. 즉, 큰 재해와 작은 재해 그리고 사소한 사고의 발생 비율은 1 : 29 : 300이라는 것이다. 대부분의 참사가 사전에 예방할 수 있는 원인을 파악, 수정하지 못했거나 무시했기 때문에 일어났다는 것을 보여준다.[20]

---

20) 정경호, 송치경 편저, 경영지도사 인적자원관리, 와우패스, 2016, pp.169~170.

제 5 절 중소기업 지원정책

1. 중소기업 정책의 변화

한 사회가 바람직한 발전을 하기 위해서는 각 부문의 균형있는 성장 및 발전이 필요하다. 이러한 측면에서 대기업과 중소기업도 상호 조화를 이루어 균형발전을 하는 것이 매우 중요하다.

대기업과 중소기업은 상호의존적이고 상호보완적인 면이 많으므로 대기업이 발전을 하기 위해서는 관련된 여러 중소기업의 건전한 육성이 필수적이다.

김영삼 정부 출범으로 중소기업을 직접 지원하는 방식에서 금융·기술·인력·판로로 나누어 간접적인 지원을 하는 방향으로 정책 변화가 시작된다. 이와 함께 지금도 한국 중소기업 정책의 중심이 되는 법인 중소기업기본법이 1995년 전면개정 시행됐고, '중소기업사업조정법'과 '계열화촉진법'이 '중소기업의 사업영역보호 및 기업간 협력증진에 관한 법률'로 통합된다. 벤처기업에 대한 법적 요건을 명확히 한 '벤처기업육성에 관한 특별조치법'도 1997년 제정된다. 벤처기업특별법 제정과 정보통신(IT) 산업의 발전으로 김대중 정부 출범 이후 벤처 창업이 급증하며 중소기업의 양적 팽창이 본격적으로 이루어지기 시작한다. 이명박 정부 들어서는 '동반성장'이라는 담론이 등장하면서 1980년대의 보호와 육성이라는 담론이 다시 자리하게 되었다.

2. 대기업과 중소기업의 상생발전 전략

우리나라의 경우 제조업 중에서 조립산업의 비중이 높고, 이는 많은 중소기업 부품업체를 기반으로 하고 있기 때문에, 대기업과 중소기업의 협력체제가 더욱 필요한 상황이다.

또한 중소기업의 국제 경쟁력은 대기업의 국제 경쟁력에 큰 영향을 미친다. 특히 자동차, 전자제품 등 수많은 부품으로 구성된 제품의 경우 부품을 생산하는 중소기업의 경우, 완제품을 생산하는 대기업의 국제 경쟁력을 좌우한다. 일본의 경우 부품에 관한 연구, 개발 설계는 주로 부품 제조 중소기업이 담당할 정도로 국제 경쟁력이 강하다. 이에 따라 이들 부품을 조립하여 완제품을 생산하는 자동차 회사, 전자회사들이 세계적인 경쟁력을 확보할 수 있다.

그러나 우리나라는 부품생산기업의 국제 경쟁력이 취약한 편이어서 핵심기술과 부품을 대부분 해외에 의존하고 있다. 외국에서 부품을 수입해야 하므로 더 많은 거래비용을 부담하게 되고, 국내 기업 간의 긴밀한 접촉을 통한 정보교환과 혁신추진의 기회를 상실하게 된다. 끊임없는 혁신을 통해 경쟁우위를 강화하지 않으면 경쟁력을 유지할 수 없는 상황 하에서, 핵심 부품을 해외 공급업자에게 의존하는 것은 우리나라 기업의 경쟁력을 제고시키는 데 약점으로 작용할 것이다. 따라서 대기업과 중소기업의 협력을 통해 기업의 효율성 향상뿐만 아니라 기업의 대외적 경쟁력 강화를 시도해야 할 것이다.

3. 정부의 제조업체 지원

제조업은 우리나라의 경제를 이끌어 왔다고 할 수 있을 정도로 중요한 산업 중 하나다. 실제로 우리나라 산업의 대략 30%를 차지하고 있다. 그러나 제조업에 대한 인식은 그리 좋지 않다. 업무 환경이 열악하고, 업무 강도가 높기 때문에 최근에는 기피하는 업종이 되었다. 그래서 제조업 창업을 준비하게 될 경우 고용난, 거래처 확보의 어려움 등 현실적인 문제들이 발생하고 있다. 그중에서도 창업 자금을 확보하는 일이 가장 어렵다.

매년 중소기업을 대상으로 다양한 정부정책자금이 지원되고 있다.

국내에는 다양한 업종들이 존재하지만 제조업에게 가장 많은 정부정책자금이 지원되고 있는 상황이다.

우선 제조업을 대상으로 정부정책자금을 지원하는 대표적인 기관으로는 중소기업진흥공단, 소상공인시장진흥공단, 신용보증기금, 기술보증기금, 신용보증재단 등이 있으며 예비창업자금부터 창업자금, 운전자금, 시설자금, 구매자금 등 다양한 정부정책자금을 지원하고 있다.

4. 정부의 뿌리산업 지원정책

뿌리산업은 나무의 뿌리처럼 겉으로는 드러나지 않으나 최종 제품에 내재되어 제조업 경쟁력의 근간이 된다는 의미에서 '뿌리산업'이라 불린다. 2011년 7월 제정된 '뿌리산업진흥과첨단화에관한법률'을 근거로 주조·금형·용접·표면처리·소성가공·열처리 등 '공정기술'을 활용해 부품 또는 완제품을 생산하는 산업을 말한다. 자동차, 조선, IT 등 제조과정에서 공정기술로 이용되며 최종제품의 품질경쟁력 제고에 필수적인 요소다.

원천기술에 대한 관심도가 높아지고 있다. 원천기술 강국은 독일과 스웨덴 그리고 일본과 같은 국가를 바라볼 수 있다. 대한민국은 반도체 기술이 뛰어나지만 반도체 자급률은 상대적으로 낮다. 그만큼 뿌리산업과 원천기술에 대한 중요성은 날이 갈수록 커지고 있다. 정부에서는 뿌리산업과 중소기업 등을 보호하기 위하여 수많은 지원 정책들을 내놓고 있다.

모든 중소기업이 중소기업 정부지원금의 혜택을 받을 수 있는 것은 아니다. 정부는 사행성 업종을 제외한 대부분의 업종에서 신기술과 결합을 한다면 벤처기업 인증 또는 지원금을 받을 수 있도록 정책 제도를 변경하고 있다. 더 나아가 기획재정부는 R&D 역량이 부족한 중소기업이 연구와 개발에 적극적으로 참여할 수 있도록 각종 세제 지원과 혜택들을 확대하고 있다.[21]

5. 정부정책자금 지원

정책자금은 정부에서 어떠한 목적을 갖고 집행하는 국가 예산으로써, 이 중 정부지원 정책자금은 매년마다 성장가능성이 충분한 중소기업 및 소상공인에게 다양한 자금 지원책을 통해 안정적인 운영을 돕는 자금이다.

정부의 재원으로 담보력이 부족해 자금조달이 어려운 중소기업이나 개인을 지원하여 고용창출 및 기업 성장을 위해 은행이나 민간금융기관을 통하여 저금리로 지원하는 자금이다. 정책자금은 중앙부처와 지방자치단체, 기술보증기금과 신용보증기금, 신용보증재단 등의 공공기관을 통해 다양한 종류의 자금을 지원하고 있다. 정책자금의 종류는 창업하여 자생력을 마련할 때까지의 창업 및 운전자금, 시설을 마련하기 위한 시설자금, 공장을 구입하기 위한 공장매입자금 등으로 크게 분류할 수 있다.

---

21) 이코노미조선, 2020. 5. 4.자 기사 참조.

제 6 절 외국의 중소기업 지원정책

외국의 중소기업 정책을 살펴보고 정책적 시사점을 도출하고자 한다.

1. 미 국

미국은 중소기업청을 중심으로 중소기업 육성 및 지원정책을 지속적으로 추진하고 있다. 시장원리에 따라 정부 개입을 최소화하고 규제 완화와 기업환경 개선노력을 하고 있다. 중소기업청은 대통령 직속 독립기관으로 중소기업 정책을 총괄한다. 일자리 창출과 관련하여 노동부는 미국의 임금근로자, 구직자 및 퇴직자의 복지를 육성, 증진 및 발전, 근로조건 개선, 수익성 높은 고용기회 제공, 업무 관련 혜택 및 권리를 보장하고 있다.

고용관리청은 구직자 직업훈련, 주정부의 공공고용 서비스 프로그램에 대한 연방정부 보조금 및 실업보험 혜택을 관리한다.[22] 미국 바이든 정부는 코로나19에 따른 중소기업 위기극복을 위해 채무 경감, 영업손실 지원, 고용유지 지원 정책을 추진한다. 바이든 정부는 코로나19에 따른 중소기업 경쟁력 강화를 위해 주·지방정부를 지원하고 있으며, 인프라 투자 확대 등을 위한 American Jobs Plan을 2021년 8월 24일 발표하였다.

미국은 중소기업의 자금대출을 용이하게 하기 위해 부동산이 없는 기업도 기계, 재고품, 예금채권, 외상채권 등 각종 동산을 일괄 담보제공한 후 자금조달이 가능하다.[23]

2. 일 본

일본의 중소기업 관련 정책은 중소기업청이 주무기관이며 경제산업성이 관리감독하고 중소기업 정책위원회가 자문기구 역할을 수행한다.

중소기업법에 따라 중소기업지원체계를 구축하고 추진한다.

경제산업성 경제산업국은 중소기업 행정 지역본부 역할, 지자체 법률지원, 예산배분, 지도감독 등 업무를 수행한다.

22) 주요 국가 정부조직 및 기능현황조사, 행정자치부, 2017.4, pp.117~118.
23) 법무부, 열린 법무행정, 법무부 정책백서, p.243, 2007 참조.

중소기업청은 경제산업처의 외청으로 중소기업정책을 총괄한다. 금융세제기술인력 등 중소기업 지원정책을 실시한다.

후생노동성에서는 청소년 여성노인장애인등 일할 의욕이 있는 모든 국민을 대상으로 각종 고용대책 마련 및 서비스 사업자를 육성한다.

일본 정부는 고도성장기에 우수 부품 확보 위해 대기업－중소기업 간 신뢰관계 구축되면서 중소기업 문제 해결에 주력하였다.[24)]

1940년대 후반부터 중소기업청 설치, 관련 법규 제정 등 중소기업 진흥정책 추진하고 기계·전자 부품, 섬유 등 중요 산업 위주로 지원정책을 추진해왔다.

일본의 중소기업 정책이 체계화하기 시작한 것은 전후 혼란기인 1948년에 중소기업청을 설치한 이후부터다. GHQ(연합군총사령부)가 기업제도의 근간을 흔드는 재벌 해체, 독점금지법을 제정하는 와중에서 일본 정부가 중소기업의 중요성을 인식한 것은 높이 평가할 만하다.

일본 정부의 중소기업 정책의 초점은 약자인 중소기업을 어떻게 '육성'할 것인가에 맞추어졌다. 그래서 중점 정책은 자금공급을 원활하게 하기 위한 금융정책, 약자의 힘을 모으기 위한 조직화정책, 선진 경영기법을 전수하기 위한 진단·지도 정책이 골격이었다.

금융정책으로 자금난 해소를 위해 국민금융공고(公庫·1949년)를 설립했고, 또 장기자금 공급을 위해 중소기업금융공고(1953년)를, 담보부족 해소를 위해서는 신용보증협회법(1953년)을 정비했다.

약자인 중소기업의 교섭력을 강화하기 위한 조직화정책으로 중소기업협동조합법(1949년)을 제정했다. 중소기업 사업 분야의 과당경쟁 방지를 위해 '특정중소기업안정에 관한 임시조치법(1953년)'을 제정하여 독점금지법 적용에서 제외시켰으며, 중소기업의 생산카르텔을 인정하는 중소기업안정법(1953년)은 항구법(恒久法)으로 했다. 상공회의소법(1953년)도 이때 제정했다. 중소기업 경영의 근대화, 합리화를 위한 진단·지도 정책으로 기업진단제도(1948년), 중소기업상담소 설치(1948년), 순회지도제도(1952년) 등을 들 수 있다.[25)]

일본은 1949년 유카와 히데키 교수가 첫 노벨상을 수상한 이래 총 29명의 노벨상 수상자가 나왔고, 과학 분야만 25명의 수상자가 나왔다. 일본은 1868년 메이지유신(明治維新) 이후 과학 기술강국으로 도약하기 위해 노력해왔다. 그리고 구조적인 청년실업

24) 주요 국가 정부조직 및 기능현황조사, 행정자치부, 2017.4, pp.119~120.

25) 이우광, 삼성경제연구소 수석연구원, 2010. 9, 월간조선 뉴스룸 기사에서 인용.

문제 해결을 위해서는 정부와 기업이 공동보조를 맞추어야 한다. 지속가능 경영을 위해서는 기업도 환경보호, 사회적 공헌, 윤리경영을 중심으로 한 ESG 경영시스템을 확산해야 한다. 세계 각국의 100년 이상 장수기업 현황은 일본이 3만여 개, 미국과 독일이 1만여 개가 넘는데 우리나라는 몇 개뿐인 현실이다. 일본은 100년 이상 된 장수기업이 많고 과학기술에 대한 투자와 장인(匠人)에 대한 사회적 대우가 매우 높다.

3. 독 일

독일의 중소기업은 시장경제의 엔진으로서, 특히 중소기업·자영업·자유직종 종사자의 경제 성장과 일자리 창출의 원동력이 된다. 일자리의 70%와 직업훈련의 80%를 중소기업에서 제공함으로써 역량을 강화하고 충분히 활용할 수 있도록 한다.

독일연방 경제기술부에 따르면, 전체 359만 개 기업 중 중소기업이 358만 개로, 중소기업이 독일 경제에서 차지하는 비중은 99.7%이다. 또한 국민 경제에서 중소기업의 순 부가가치 창출 기여도는 전체의 47.2%를 차지한다.

독일은 연방정부 차원에서 중소기업을 육성하는 정책을 추진하고 있지 않으나, 중소기업 창업을 용이하게 하고 전반적인 세제 개혁을 통해 세금 부담을 경감하는 등의 정책을 펼치고 있다.

연방정부와 주정부의 중소기업 정책은 각기 독립적으로 수행하며, 부, 청 단위 전담부서 없이 연방에너지부에서 주관하며 수행한다.

독일은 경제정책에 있어 중소기업 육성을 강조하며 중소기업 육성 행동프로그램을 발표하였다. 연방에너지부 중소기업정책실에서 중소기업정책을 담당하며 자금융자, 벤처투자, 창업지원, 세금부담 경감 등을 담당하고 있다.

연방노동사회부와 연방노동청에서 일자리 창출을 담당하고 있다.[26)]

4. 영 국

영국은 2017년 세계 최고수준의 디지털 정부 서비스, 선두 디지털 기술분야를 기반으로 세계 최고수준의 디지털 경제를 이끌기 위한 국가적 차원의 디지털 전략을 발표하였다.

---

26) 주요 국가 정부조직 및 기능현황조사, 행정자치부, 2017. 4, pp.121~122.

7대 중점분야는 디지털 인프라 구축, 디지털 역량 및 통합, 디지털 크러스트 구축, 더 광범위한 경제, 안전한 사이버 공간, 디지털 정부, 데이터 인프라 구축과 데이터 보호법 개선 등이다.[27]

부, 청 등 별도 전담기구 없이 기업에너지산업전략부 내 실, 국단위 수행한다.

기업에너지산업전략부 기업기술법제국에서 중소기업 지원 및 환경 개선, 창업촉진, 규제 완화 등 중소기업 정책을 총괄한다. 노동연금부에서 고용정책 및 제도를 담당하는 부처로 연금운용, 사회보장제도, 고용촉진정책, 산업안전보건 등의 정책서비스를 제공한다.[28] 영국 정부의 중소기업정책은 "think small first"라는 원칙을 기본으로 중소기업의 활동을 활성화시키는 데에 목적을 두고 개발, 실행되어 오고 있다. 영국의 중소기업정책의 이념은 지난 40여 년 동안 많이 변화해 왔다. 영국정부는 전통적으로 자유시장주의를 옹호하여 중소기업에 대한 적극적인 육성정책이 빈약하며 중소기업 지원정책은 조세관련 정책에 치중해왔다.

영국은 중소기업을 보호 육성하는 관점에서 중소기업과 대기업이 동일한 조건에서 경쟁 질서를 유지해야 한다는 관점으로 변화되었다고 할 수 있다. 영국정부가 실행하고 있는 주요 중소기업지원정책은 금융정책, 세제정책, 인력양성정책, 정보 및 연구 개발 지원정책, 정부조달정책, 수출진흥정책, 행정규제의 간소화의 내용 등으로 구성되어 있다. 영국 정부는 완벽하지는 않지만 끊임없이 기존 중소기업지원 정책을 변화, 발전시키고자 노력해 오고 있다.[29]

영국은 2019년 1월 '브렉시트'(영국의 유럽연합 탈퇴·Brexit)를 단행했다.

영국 국민들의 투표 결과로 진행한 브렉시트이지만, 영국도 경제적 고민은 크다. 환율의 감가와 역내 노동력 유입 감소, 대내 직접투자 감소 등 브렉시트가 경제에 미칠 악영향을 우려하고 있다.

우려가 현실이 되면 고령화·노동력 부족 및 지방경제 쇠퇴에 따른 산업 침체가 불가피하다. 이 때문에 영국 정부는 생산성을 높이기 위해 첨단산업과 벤처기업 육성 정책을 강화하고 있다.

영국 정부는 생산성 향상 의식이 희박한 중소기업 경영자들을 일깨우기 위해 IT 기술의 중요성을 강조하고, 성공한 대기업들의 경영 전략을 중소기업에 보급할 수 있는

27) 4차산업 기술기반 공공서비스, 국회도서관, 2018, pp.159~160 참조.

28) 주요 국가 정부조직 및 기능현황조사, 행정자치부, 2017. 4, pp.123~124.

29) 이용수, 한국유럽학회 유럽연구 제27권 제3호, 2009. 12, pp.145~170.

정책 마련에 나섰다.

정책 중 하나는 '비즈니스 베이직 프로그램'(Business Basics Programme, BBP)이라는 프로젝트로, 중소기업 생산성 향상에 유효한 정책을 연구하는 것 이다.

BBP의 목적은 생산성 향상에 기여하는 요소들을 중소기업이 도입하도록 하는 데 가장 효과적인 정책을 선별하고 실험하는 데 있다.

영국 각지의 대학과 기업 또는 지자체, 지역기업 파트너십(LEPs) 등 기관·조직이 공동으로 중소기업이 IT 기술이나 대기업 경영 전략을 도입하는 데 필요한 내용들을 조사하고 있다.30)

5. 덴마크

덴마크 왕국(Kongeriget Danmark, Kingdom of Denmark)은 북유럽에 있는 입헌 군주국으로 수도는 코펜하겐이다. 인구는 570만명이고 국토는 한반도의 1/5 정도다.

덴마크는 세계적인 경제 수준을 자랑한다. 협동조합을 이루어 농업을 발달시켰다. 젖소를 많이 사육하는 손꼽히는 낙농 국가이며, 낙농 제품이 큰 수출품 중의 하나이다. 돼지의 사육도 활발하여, 햄과 소시지 그리고 베이컨이 비싼 가격으로 수출되고 있다. 세계적으로 유명한 어린이들의 장난감 회사 레고의 본사가 있다.

덴마크는 수년째 호경기를 이어오고 있고 지난 5월 스위스 국제경영개발원(IMD)의 세계경쟁력 지수에서 6위에 올랐다(한국은 27위).

덴마크는 부의 불균형이 적은 나라로 인정되고 있다.

덴마크 경제의 중심에는 강한 중소기업이 자리하고 있는데 기업 수로는 전체 기업의 99%, 근로자 수로는 64%, 부가가치에서는 60%의 비중을 차지한다. 최근 2년 중소기업의 고용증가율과 부가가치 성장률은 각각 4%, 9%이다.

덴마크 기업의 제일 장점은 현장 경험과 연구를 바탕으로 한 실용 위주의 기술 혁신이다. 현재의 대기업도 혁신을 거듭하여 성장한 어제의 중소기업이며, 지금의 중소기업도 혁신 끝에 변신할 내일의 대기업이다. 예를 들면, 라슨 회사(Larsen Strings)의 창업주는 오케스트라의 첼로 주자였는데 현재는 20여 명의 직원과 세계 최고의 현악기 줄을 생산, 99%를 수출하고 있다. 리낙(LINAK)은 세계 최초로 수평 전동모터를 개발한 업체인데, 부모의 농기계공장을 물려받은 한 기술자가 직원 7명으로 시작하여 오늘날 2천

30) 김호준, 이데일리, 2021년 11월 15일 기사 참조.

명 직원의 기업으로 성장시켰다. 현재 2만 7천 명의 직원에 매출액 7조 5천억원을 기록하는 댄포스(Danfoss) 역시 농부의 아들이 기술학교를 졸업하고 다락방에서 혼자 기계부품을 만들며 시작한 에너지 기계기술업체이다.

중소기업의 기술 개발과 성장에 정부가 주된 공신이라는 점은 우리에게 특히 부러운 대목이다. 2008년 국제금융위기 이후 유럽연합은 '중소기업 우선정책'(Think Small First)을 법제화했는데 덴마크는 이를 자국에 모범적으로 안착시켰다. 모든 분야, 모든 부처의 정책에서 중소기업 관련 규제를 대폭 줄이고 법규를 실용화하며, 신설 정책의 초기부터 작은 기업을 우선 배려, 보호하고 있다. 2017년 유럽연합위원회(EC)는 덴마크의 중소기업 친화적인 비즈니스 환경을 높이 평가하며, 그 근거로 창업에 필요한 시간과 비용이 적게 들고 행정과 규제의 부담이 적으며 공무원의 역량이 뛰어나고 정부가 효과적으로 반응한다는 점을 제시했다.

덴마크는 초등학교와 중학교 시절부터 중소기업 창업교육을 가르치고 있다.

기업은 학교에 교육 자료를 제공하고 교사들을 교육하여 어린 학생들이 창업을 꿈꾸고 기업가정신을 배우도록 지원한다. 실용적인 직업교육은 국제적으로도 정평이 있는데 교육 과정이 현장실습과 훈련 위주로 운영되기 때문이다. 현장훈련이 일반화되어 있다.

이 나라의 자치령인 페로 제도[31]와 그린란드[32]는 2005년부터 지리는 물론이고 경제·외교적으로도 자치를 얻었다.[33]

6. 핀란드

핀란드는 북유럽에 있는 노르딕 국가 가운데 하나다. 발트해, 보트니아만, 핀란드만을 두고서 서쪽으로 스웨덴, 동쪽으로 러시아, 남쪽으로 에스토니아, 북쪽과 북동쪽으로 노르웨이와 접하고 있다. 핀란드는 기술선진국으로 목재가공 기술이 뛰어나다.

---

31) 페로는 영국과 아이슬란드, 노르웨이 사이에 있는 대서양의 여러 섬으로 이루어진 제도이다. 1948년에 덴마크 왕국의 구성국이자 자치령이 되었으며, 2005년 부터는 외교권에 대한 자치권도 가지게 되었다.

32) 그린란드(Greenland)는 세계에서 가장 큰 섬이다. 북대서양의 북극권 안에 전국토의 2/3 이상이 있다. 수도는 누크(고드타프)이다. 북쪽에서 남쪽까지의 길이가 약 2,670km이다. 그린란드는 북극해 북쪽에 위치한 섬으로, 세계 최대 규모의 섬이다. 이 섬은 10세기경 바이킹족이 처음 발견했다.

그린란드에는 57,000명(2010년)의 주민이 살고 있으며 세계 202위로 넓은 땅에 비해 주민이 적다. 그린란드인이 80~90%를 차지하며, 덴마크인, 미국인, 기타 원주민도 소수 존재한다. 면적은 그린란드가 216만 평방킬로미터로서 호주를 제외하면 세계에서 가장 큰 섬이다. 그린란드와 페로제도는 덴마크 자치령이다. 2009년 6월 21일에 자치를 선언해, 보다 고도화된 자치권을 행사하고 있다.

33) 나무위키 참조.

인구 수 대비 스타트업이 가장 많은 국가는 핀란드다. 2016년 기준 핀란드 전체 생산량의 77%가 중소기업에서 비롯되었고, 중소기업 생산량의 절반이 창업한지 얼마 되지 않은 스타트업에서 나왔다. 스타트업이 핀란드 경제를 지탱하고 있다고 해도 과장은 아닌 셈이다.

핀란드에 스타트업이 많은 이유는 혁신과 창업가정신을 지원하는 국가시스템이 주된 요인이다. 1960년대 핀란드는 풍부한 임업 자원을 바탕으로 한 자원 수출 위주의 산업구조를 구축했다. 헬싱키를 포함한 핀란드의 모든 항구 도시는 유럽, 소련 등의 나라에 목재와 종이를 수출하기 위하여 북적였다. 심지어 스마트폰, 네트워크 사업 등으로 유명한 노키아도 이 때는 종이를 만드는 사업을 했을 정도다.

이러한 핀란드 국민들의 자발적인 창업 붐을 돕기 위해 핀란드 정부는 단기(Short-term), 중기(Mid-term), 장기(Long-term) 등 3가지 단계로 나뉜 '디지털 라이트하우스' 전략을 수립하고 실행에 옮기고 있다. 단기 지원은 특정 회사가 자사의 연구를 사업 아이템화할 수 있도록 다양한 형태의 비즈니스적 도움을 주는 전략이다. 기업의 사업 자체를 돕는 전략이라 할 수 있다. 이러한 지원은 핀란드 정부 산하의 '핀프로(Finpro)'가 주도하고 있다. 핀란드의 인구는 550만 명으로 매우 적기 때문에 내수만으로는 기업을 지탱하기 힘들다. 핀란드 기업은 필연적으로 전 세계로 진출해 글로벌 기업으로 거듭나야 한다. 핀프로는 이러한 핀란드 기업이 해외에 진출할 수 있도록 다양한 도움을 주고 있다. 한국의 대한무역투자진흥공사(KOTRA)와 유사한 역할이라고 할 수 있다.

중기 지원은 아이디어를 가진 사람들이 이 아이디어를 사업으로 현실화할 수 있도록 돕는 전략이다. 쉽게 말해 스타트업 육성 전략이다. 이 지원은 핀란드 정부 산하의 '핀란드 기술청(Tekes, 테케스)'이 제공하고 있다. 장기 지원은 5G, 가상현실, 인공지능 등 미래 먹거리 기술을 기업들이 이용할 수 있도록 국책 연구를 진행하는 것이다. 이러한 연구는 'VTT(핀란드 테크니컬 리서치 센터)'가 진행한다. 한국의 한국전자통신연구원(ERTI)과 다름 없다.[34)]

2010년대에 들어 핀란드를 지탱하던 대기업 노키아가 위기에 처하자 학생들은 취업 대신 자발적으로 모여 창업에 나섰다.

이를 통해 로비오, 슈퍼셀 등 전 세계에서 큰 유명세를 떨친 스타트업이 태어났다. 이를 핀란드의 2차 스타트업 붐이라고 부르며, 지금도 이어지고 있다.

---

34) IT동아 강일용 기자, 2021. 11. 15.자 기사.

제 2 장 기업가정신

제 1 절 기업윤리와 기업가정신

윤리란 사회구성원들이 사회적 행동의 옳고 그름을 판단하게 하는 최소한의 도덕적 기준이다. 기업윤리는 기업이 경영 활동을 수행하는 과정에서 수단과 방법의 옳고 그름을 구분하는 기준으로, 지켜야 할 도덕적 규범이나 규칙을 말한다.

기업윤리강령이란 기업의 경영행위 기준이 되는 일반적인 가치체계, 윤리원칙 및 회사가 적용하고자 하는 특정의 규칙을 문서화한 문서를 의미한다. 기업윤리강령은 윤리헌장의 좀 더 구체적인 표현으로서 기업 구성원 행동의 기본방향을 명시했기 때문에 기업윤리 헌장과 같은 뜻으로 쓰여지기도 하고, 회사에 따라서는 기업윤리 규정, 기업행동 헌장이란 용어를 쓰기도 한다.

기업윤리 강령의 목적은 최고경영자 및 종업원의 윤리적·도덕적 신념과 수준을 대내·외적으로 천명하고 실천하기 위한 것이다. 구체적인 목적으로는 첫째, 종업원들에게 윤리적 판단기준을 제공하고, 둘째, 기업윤리 관련 문제를 사전에 예방하며, 셋째, 경영전략, 집행계획, 교육프로그램에 윤리관련 요소에 대한 기준 제공, 넷째, 종업원 행동준칙에 금지된 사항이면 상사의 명령이라도 거절할 수 있는 근거로 활용 가능하도록 하는 것이다.

기업윤리 강령의 내용은 기업의 경영정책 결정과 경영결과에 따라서 이해관계에 영향을 받는 이해관계자를 기준으로 생각해야 한다. 기업경영에 따라서 영향을 받는 이해관계자는 제1차 이해관계자(주주, 종업원, 경영자 등), 제2차 이해관계자(고객, 경쟁자, 납품업자, 지역사회 등) 및 제3차 이해관계자(정부, 환경)로 나눌 수 있다. 따라서 윤리강령도 이러한 이해관계자와의 관계를 중심으로 구성되어야 한다. 다음은 기업윤리강령에 포함할 이해관계자의 가치이념을 정리한 것인데, 사업체별, 규모별 업종 등에 따라서 달라질 수 있다.

기업가정신 혹은 창업가정신은 기업을 설립하여 시장에 새로운 가치를 창조하고자 하는 생각과 의지를 말하며 기업가의 가치관, 직업관, 인생관, 세계관을 포함하고 있다.

1. 기업윤리강령에 포함해야 할 이슈

회사에서 현대식 기업윤리강령을 제정하려면 조직적인 절차를 밟아서 적어도 3~4개월의 시일을 두고 사원과 간부사원들의 의견을 반영시켜 가면서 추진해야 한다. 따라

〈표 2-1〉 기업윤리강령에 포함해야 할 이슈

이해관계자	추구하는 가치이념	기업윤리 강령에 포함되어야 할 이슈
1. 경쟁자	공정한 경쟁	불공정 경쟁(카르텔, 담합), 거래선 제한, 거래선 차별, 덤핑, 지적재산침해, 기업비밀침해, 뇌물 등
2. 고객	성실, 신의	유해상품, 결함상품, 허위·과대광고, 정보 은폐, 가짜상표, 허위·과대 효능, 성분 표시 등
3. 투자자	공평, 형평	내부자거래, 인위적 시장 조작, 시세 조작, 이전거래, 분식결산, 기업지배행위 등
4. 종업원	인간의 존엄성	고용차별(국적, 인종, 성별, 장애자 등), 성차별, 프라이버시 침해, 작업장의 안전성, 단결권 등
5. 지역사회	기업시민의식	산업재해(화재, 유해물질 침출), 산업공해(소음, 매연, 전파), 산업폐기물 불법처리, 공장 폐쇄 등
6. 정부	준법	탈세, 뇌물, 부정정치헌금, 보고의무위반, 허위보고, 검사 방해 등
7. 외국정부, 기업	공정한 협조	탈세, 돈 세탁, 뇌물, 덤핑, 정책 개입, 문화 파괴, 법규악용(유해물 수출, 공해방지시설 미비) 등
8. 지구환경	지속가능	환경오염, 자연 파괴, 상업폐기물 수출입, 지구환경관련 규정 위반 등

자료: 국민권익위원회 홈페이지 도표 참조.

서 기업윤리강령 제정 절차는 여섯 단계를 걸쳐 실시되어야 한다. 제1단계는 기업윤리 제정위원회 구성이고, 제2단계는 참고자료수집, 제3단계는 윤리강령 초안 작성, 제4단계는 사원들의 의견을 청취하기 위한 사내 공청회, 제5단계는 사원의 구체적인 행동준칙 제정, 제6단계는 윤리강령의 확정, 선포의 절차를 밟아서, 상당한 기간을 두고 면밀히 검토하여 추진하여야 한다.

기업윤리강령 제정 절차는 6단계를 걸쳐 실시를 한다. 따라서 기업윤리강령을 제정하려면 일정 기간을 두고 준비한 후 사원과 임직원들의 의견을 반영시켜서 추진해야 한다.[1)]

2. 기업윤리 강령 제정절차

(1) 제1단계: 기업윤리 강령 제정위원회 구성
(2) 제2단계: 참고자료 수집
  ① 국제적 자료
  ② 국내적 자료
(3) 제3단계: 기업윤리 강령 초안 작성
(4) 제4단계: 회사 내 공청회
(5) 제5단계: 사원 행동준칙 제정
(6) 제6단계: 기업윤리 강령 확정과 선포

기업은 자본주의 사회에서 탄생한 조직이다. 기업은 이윤추구를 목표로 한다. 그러나 나 혼자 잘 먹고 잘사는 것이 기업의 목표는 아니다. 나와 이웃 그리고 사회와 국가에 바람직한 일을 해야 한다. 이익을 나누고 적절하게 이웃과 사회에 베풀고 사회에 바람직한 일을 해야 한다. 기업가(Entrepreneur)라는 용어는 16세기 초 프랑스의 군사원정 지휘자를 뜻하는 용어였다.

기업가란 주변 새로운 환경에서 새로운 사업기회를 찾아내어 사회에 필요한 가치를 만들어 내는 사람이다. 경영자를 판단하는 데 가장 중요한 항목 중에 하나는 기업인의 자질 즉, '기업가정신(Entrepreneurship)'이다. 기업가정신은 위험이 있는 새로운 사업을 운영하기 위한 경영자들의 창의적이고 모험적인 성향을 뜻한다. 창의성, 용기와 결단, 희생과 솔선수범, 끈질긴 추진력, 개척정신 등이 대표적인 특성이다.

---

1) 국민권익위원회 홈페이지 게시 자료.

기업이 작은 기업에서 시작하여 큰 기업이 되려면 기업의 대표 경영자가 국제정세와 경제의 흐름을 읽고 사람을 보는 안목과 능력도 있어야 한다.

인재를 존중하고 자기회사에 들어온 인재의 실력을 인정해 주어야 한다. 삼국지의 공손찬은 조자룡 같은 인재가 자기 진영에 들어왔어도 제대로 활용하지 못한 반면, 유비는 조자룡의 실력을 알아보았기에 나라를 세우고 황제가 된 것이다.

이익을 독식하지 않고 사원들과 같이 나눌 수 있는 사람이 되어야 한다. 새로운 지식을 배우고 기술을 익히도록 교육시켜야 한다. 친구나 친인척과의 인연에 얽매이기보다 철저한 능력과 실력위주의 인사를 해야 한다.

기업경영에서 기업가정신은 경영에서 성공에 이르는 핵심요소다. 성공한 기업들은 불확실한 미래에 대한 도전정신, 왕성한 추진력과 필사적인 자세를 갖춘 경영자에 의해 주도해 나가는 특성이 있다. 경영자에게는 어떤 어려운 상황에서도 새로운 기회를 모색하고 위기에 도전하는 불굴의 정신력이 필요하다.

기업가정신(Entrepreneurship)이란 끊임없는 변화를 발견하고, 이러한 변화를 바탕으로 기회를 탐지하고 가치를 창출하는 것을 말한다. 관리자를 넘어서 자신들의 선택에 제약을 받지 않고, 현재 통제할 수 있는 자원 내에서 기회를 추구하는 자원 원동력의 능력 또한 요구되는 것이다. 이러한 기업가정신을 바탕으로 기업가는 사회에서 변화 추진자(Change agent)의 역할을 한다.

현재의 틀에서 벗어나 새로운 시스템을 상상하고, 실제로 이를 일어나게 하는 것이 그 역할이다. 특히 Say의 '가치 창출', Schumpeter의 '혁신과 변화 추진자', Druker의 '기회의 추구'의 개념을 결합한 사회적 기업가정신(Social Entrepreneurship)은 기업가정신을 사회적 가치로 확장시켜 사회적 가치의 창출, 사회 혁신의 선두주자, 그리고 이러한 사회적 혁신을 지속적으로 적용, 확산시키고 제도화하는 일련의 프로세스를 말한다.

성공한 기업가는 자신이 설정한 도전적인 목표를 뛰어넘는 데 주력하며 일의 결과에 대해 스스로 책임지는 등의 남다른 특성을 보인다.

중소기업기본법 제4조에는 기업의 기업가정신과 사회적 책임에 관한 내용을 명시해 놓고 있다.

> **중소기업 기본법 제4조(중소기업자 등의 책무)** ① 중소기업자는 기술개발과 경영혁신을 통하여 경쟁력을 확보하고 투명한 경영과 기업의 사회적 책임을 다하여 국가경제의 발전과 국민의 후생 증대에 이바지할 수 있도록 노력하여야 한다.

3. 중소기업의 사회적 책임경영

기업은 질좋은 제품을 생산하고 서비스도 좋아야 한다. 그러나 기업이 생산제품과 서비스만으로 평가받는 시대는 아니다. 기업인의 활동이 사회와 환경에 미치는 영향에 대해 다양한 이해관계자들이 주목하고 평가하고 있다. 기업의 사회적 책임(CSR, Corporate Social Responsibility)은 기업가치의 일부라고 할 것이다.

중소기업은 회사의 종업원, 거래처, 고객 및 지역사회 등에 대한 사회적 책임을 고려한 경영활동을 하도록 노력해야 하고 중소벤처기업부장관은 사회적 책임경영 중소기업을 육성하고 체계적으로 지원하기 위하여 5년마다 사회적 책임경영 중소기업육성 기본계획을 수립 시행해야 한다.

제 2 절 창업과 기업가정신

대한민국은 1960년대 1인당 GDP 158달러에서 2021년 31,637달러로 도약한 나라다. 2021년 기준으로 한국의 수출은 세계 6위, 세계시장 점유율 3.1%를 점하고 있다. 한류문화의 강세로 MADE IN KOREA는 세계시장에서 인정받고 있다. 우리경제가 이렇게 급성장한 배경에는 기업 창업자들의 불굴의 집념과 도전이 있었기에 가능하였다. 기업은 최고경영자의 의지와 능력이 경영의 성패를 좌우한다. 대표적인 창업자 이병철, 정주영, 김우중, 유일한을 중심으로 기업가정신에 대해 살펴본다.

1. 이병철의 인재양성 정신

삼성은 대한민국의 기업을 대표하며 세계적인 명성을 유지하고 있다.

'삼성이 우리나라 먹여살린다'라는 말이 나올 정도로 삼성은 이미 우리 경제에 엄청난 영향력을 가지고 있다. 삼성은 대학생들이 가장 입사하고 싶은 기업 1위, 국내 최초의 100억 달러 클럽 가입, 한국 수출의 20%를 담당하고 시가총액의 30%를 차지하는 세계 일류 기업. 삼성그룹에만 쓰일 수 있는 화려한 수사어들이다.

삼성 창업주 호암(湖巖) 이병철(李秉喆, 1910년~1987년)은 오늘날 세계적 기업인 삼성의 창업주다. 이병철은 해방과 6.25전쟁을 겪으며 가난과 혼란이 극심한 시대의 풍파에도 굳건한 경영철학과 미래를 내다보는 혜안으로 창업을 하고 지금의 삼성그룹의 기틀을 마련했다. 자본금 3만원으로 1938년 삼성상회를 설립하고 반도체 사업에 진출하기까지의 과정은 우리 산업의 발전사와 궤를 같이한다.

1951년에는 삼성물산을, 1953년에는 제일제당과 제일모직을 설립했고, 수출을 통해 제조업을 확장하여 삼성중공업, 삼성물산, 삼성석유화학 등 삼성그룹의 기반을 닦았다.

그는 동방생명, 신세계백화점, 안국화재보험, 전주제지 등을 인수, 경영하였고, 성균관대학교의 재단 이사로도 교육사업에 투자하기도 했다. 이후 사업 영역을 크게 확대해갔으며 중앙개발, 고려병원 등을 인수하여 운영하기도 했다. 1961년부터 1987년까지 한국경제인연합회의 회장을 역임했다.

1964년초 한국비료를 인수 운영하였으며, 1964년 5월 동양라디오, 텔레비전 동양방송을 설립하여 방송에도 진출했고, 그 해 대구대학의 재단 이사장이 되었다. 1965년 9월 중앙일보를 창설하여 언론사에도 진출하였다. 그러나 중앙일보 등은 사돈인 홍진기에게 넘겼다. 동양방송은 1980년 언론통폐합이 될 때까지 운영하였다. 그 뒤 모직회사가 성장하면서 1972년 7월 제일모직 경산공장을 분리하면서 합성섬유를 제조하는 시설을 갖추어 제일합섬을 설립했고, 1969년 삼성전자와 삼성전기를 설립하여 삼성그룹 육성의 도약대를 만들었다. 1974년 삼성석유화학, 삼성중공업을 설립하여 중화학 공업에 진출하였고, 제3공화국과 제4공화국 당시 수출 위주 경제 성장 정책에 맞추어 전자제품, 화학제품과 중공업 등의 대량 해외 수출을 통해 막대한 부를 창출하여 대기업으로 성장시키는 발판을 마련했다. 이후 삼성정밀·용인자연농원 등을 설립하였다.

1977년 5월 삼성전자와 삼성전기를 합병하여 삼성전자로 단일화하고, 1984년 8월 상호를 삼성전자 주식회사로 바꾸었다. 삼성전자는 그의 사후에도 삼성그룹 성장의 기반이 되었다.

이병철 회장의 경영이념은 첫째, 사업보국, 둘째, 인재 제일주의, 셋째, 합리추구라는 경영이념을 접목하여 인재 양성과 고용 확대, 인재우선주의, 국가가 항상 먼저라는 경영철학을 제시하고 실천하였다.

삼성은 국내에서 처음으로 '공개채용제도'를 도입하였다. 이병철 회장은 1957년 첫 공채부터 시작해 신입사원 면접 때마다 직접 자리를 지킨 것으로 유명하다. 지식보다 인성을 중시한 이병철 회장의 인재관에 따라 필기점수는 50점을 넘지 않았다. 또 이 회장은 이병철은 신입 직원 면접시 관상을 매우 중요시하였다고 한다. 일단 채용한 사람에 대해서는 아낌없는 지원과 신뢰를 보냈다. "의심나는 자는 쓰지 말며 기용한 자는 의심하지 말라"고 하였다.

1982년 보스턴대학교 명예박사학위 수여식 기념 강연에서는 "기업의 성패는 사람에게 달려 있으며 우수한 인재야말로 기업의 번영을 좌우한다"며 "백년지계는 사람을 심는 데 있다"고 강조했다.

이병철 회장의 어록으로 대변되는 인재철학은 지금까지도 삼성그룹 채용에 지대한 영향을 미치고 있다.

이병철은 국가와 기업의 장래가 모두 사람에 의해 좌우된다는 인재제일주의를 강조하였다. 그는 책임경영과 신상필벌을 강조하였다. 기술혁신과 무노조 산업평화주의를 구현하였다. 기업이 솔선해서 종업원에게 최대한의 성의를 가지고 좋은 복지와 후생을 제공하고 종업원은 자기회사라는 신념으로 최선을 다하면 노사는 공존번영을 할 수 있다는 신념을 지녔다.[2)]

1987년 국민훈장 무궁화장이 특별 추서되었다. 이병철은 다음과 같이 말했다.

"나에겐 꿈이 있어. 나는 이 가난한 나라를 부자 나라로 만들고 싶어. 그게 가난한 나라에 태어난 기업가의 사명이지 기업의 성패를 좌우하는 것은 사람이다. 따라서 기업가는 인재 양성에 온갖 정성을 쏟아야 한다. 내 일생의 80%는 인재를 모으고 교육시키는 일에 시간을 보냈다."

삼성은 1957년 첫 공채실시 이후 1993년에는 처음으로 대졸 여성을 위한 공채를 도입해 139명의 여성 인재를 선발했다.

최근 삼성그룹 내 전체 여성 임원의 수는 지난 2012년 25명에서 2013년 34명, 2014명 50명, 2015년 58명으로 꾸준히 증가했으며 '대졸사원'에 준하는 3급 신입사원 중 여성 비율도 30%를 유지하고 있다. 여성 간부는 6,500명에 달한다.

또한 삼성은 지난 1995년부터 '열린채용'이라는 이름으로 직무적성검사(SSAT)를 도입해 서류전형은 폐지하고 단편적 지식과 학력 위주 평가 방식에서 탈피했다. 2012년에는 '함께 가는 열린채용'을 처음 실시하며 여성 30%, 지방대 출신 35%, 저소득층에 5%를 할당하고 있다.

이병철 회장은 그룹 신년사를 비롯한 각종 언론과의 인터뷰에서 "위기는 곧 기회"

---

2) 윤석철, 성공 창업가 기업가정신, 대경, 2015, pp.109~119 참조.

라고 줄곧 강조하고 실패를 발전의 기회로 삼아야 한다고 기록했다.

또 기회가 오면 과감하게 붙잡아야 한다고 강조하기도 했다. 1980년 전경련 강연에서 그는 "결심하기 전에는 충분한 검토가 필요하지만 계획이 확정되면 만난(萬難)을 무릅쓰고 과단성 있게 실행해야 하는 것이 사업가의 기본적인 태도"라고 말했다.

삼성은 수많은 경영악재 속에서도 기업규모를 확장해나갔다. 1936년 정미소로 시작한 사업은 이후 운수업, 무역업, 제조업, 전자, 중화학, 조선플랜트까지 광범위하게 퍼져나갔다.

현재 삼성은 전자를 중심으로 중공업, 건설, 화학, 금융, 서비스 분야 전반에 걸쳐 총 28개의 계열사를 보유하고 있다.

이병철 회장의 열정은 국내시장에서 그치지 않았다.

그는 1981년 임원교육 훈사에서 "자원과 기틀이 빈약한 우리나라로서는 우리 국민의 강인한 민족성, 지혜로운 국민성을 최대한 살리고 활용해서 세계시장을 개척하고 타개해 나가는 것이 우리의 살길"이라며 "국내시장만 바라보고는 삼성이 절대로 클 수 없다"고 말했다.

이 같은 열정의 결과로 삼성은 현재 세계시장에 '삼성(SAMSUNG)'이라는 이름을 깊이 각인시키고 있다.

영국 브랜드파이낸스가 발표한 '2015년 글로벌 500 연례보고서'에 따르면 삼성(SAMSUNG)의 브랜드 가치는 미국 애플에 이어 2위에 올랐다.

'사업보국(事業報國)' 기업을 일으켜 나라에 은혜를 갚는다는 뜻이다. 이는 호암 이병철 삼성그룹 창업주의 삶을 관통하는 표어이기도 하다. 이 같은 일념으로 1938년, 그의 나이 28세에 자본금 3만원으로 시작한 사업 삼성상회는 80년 가까이 흐른 지금 매출액만 300조원대(2013년 기준)의 글로벌 기업 '삼성(SAMSUNG) 그룹'으로 성장했다.

이병철 회장은 1976년 한 언론사와의 인터뷰에서 "기업가로서 나라에 봉사하는 일에는 여러 가지가 있지만 무엇보다도 기업을 잘 육성해 나가는 것이 가장 나라를 위하는 일"이라고 말했다.

이병철은 1982년 삼성반도체통신을 설립하였다. 1981년 2월 한일경제협회 고문에 위촉되었고 이듬해 다시 재위촉되었다.

1985년에 폐암 판정을 받았고, 이후 금탑산업훈장을 비롯하여 세계최고경영인상을 받았다. 1987년 11월 초 이병철은 한일경제협회 고문직을 사퇴하고 같은 달 19일에 78

세의 나이로 별세하여 용인에버랜드에 묻혔다.

1987년 12월 1일 취임한 이건희 회장은 이병철의 3남으로서 현실 안주를 용납하지 않는 이건희식(式) 경영 스타일로 삼성을 다수의 월드베스트 상품을 보유한 글로벌 일류 기업의 반석 위에 올려놓은 원동력이었다. "미래 지향적이고 도전적인 경영으로 삼성을 초일류 기업으로 성장시킬 것"이라고 선언하였다.

이건희는 1974년 경영난으로 파산한 '한국반도체'를 개인재산을 들여 인수하는 과감한 결단을 내렸다. 그때의 선택으로 삼성은 1992년 이래 지금까지 D램 반도체 시장에서 1위를 차지하고 있다.

1993년에는 '신경영론'을 제시하며 "자식과 마누라를 빼고는 다 바꾸라"고 강조하였다. 질(質) 경영으로도 불렸던 신경영론의 핵심은 국내 1위 그룹에 안주하려는 임직원들의 의식구조를 바꾸는 데 있었다.

임직원의 인식 전환을 통해 질 좋은 고가품을 만들어 생산성을 높이는 한편, 끊임없는 변화를 이루고자 했다.

2003년 제2의 신경영선포와 함께 천재경영을 화두로 내세우며 "1명의 천재가 10만 명을 먹여 살린다"고 말했다.

2006년에는 삼성만의 독자성을 찾아내라는 '창조경영'을 주문했다. 이건희는 "남의 것을 베껴서는 절대로 독자성이 생기지 않는다"며 "모든 것을 원점에서 보고 새로운 것을 찾아내는 창조성이 필요하다"고 강조했으며 늘 최고의 시점에서도 언제나 미래를 준비하는 경영 스타일을 보여줬다.[3)]

이건희가 경영하는 동안 삼성전자는 매출, 영업이익, 시장점유율 등에서 매우 큰 성장을 이루었다.

이병철의 손자 이재용은 뉴삼성 인사제도를 발표하였다. 직급별 승진연한을 없애고 인사고과때 동료평가제를 도입을 선언하였다. 성과와 전문성을 검증하는 승격세션을 도입하여 우수한 인재가 근무연차와 관계없이 발탁되면서 연공서열이 없어지게 되었으며 부사장 전문직급을 부사장으로 통합시키고 주요 거점에 공유오피스를 설치하였다.[4)] 윤석열 대통령 당선 직후 삼성 4만 명 인원 채용을 발표하였다.

삼성은 월마트, 페덱스, 아마존 등이 그러한 것처럼, 기업의 경영과 운영에 있어서

3) 이투데이, 2020. 10. 25.
4) 중앙경제, 2021. 11. 30.

법적으로 보장된 노동조합의 결성을 막아왔으며 사실상 무노조경영으로 일관해 오고 있다. 이 부분은 삼성의 특징이며 때로는 삼성이 비판을 받고 있는 요소라 볼 수 있다.

2. 정주영의 불굴의 도전정신

아산(峨山) 정주영은 정주영은 전쟁으로 모든 것이 파괴되고 몸과 마음마저 피폐해진 근로자들에게 "하면된다"는 신념을 강하게 불러일으킨 인물이다. 그는 1915년 11월 25일 강원도 통천군 송전면 아산리(현 북한)에서 태어났다. 강원도 산골 출신으로 소학교 입학 전에 3년 동안 조부로부터 천자문과 동몽선습, 소학대학, 논어 맹자를 배우고 소학교 6년을 배운 이외 별다른 지식도 없는 상태에서 가출하여 서울로 올라와 자수성가한 인물이다. 정주영의 아호인 아산은 고향 아산리에서 따온 것이다. 1930년 송전소학교를 졸업(15세)하는데 가난으로 인해 더 이상의 진학은 포기하고 아버지의 농사일을 돕기 시작한다. 하지만 농사일로는 가난을 못 벗어난다고 생각해 여러 차례 가출을 반복한다. 동네 면장 집에 배달된 신문을 몰래 훔쳐 보다가 성공하려면 서울로 가야 한다고 생각해 무작정 가출을 감행한다. 정주영은 불굴의 도전정신으로 남들이 모두 불가능하다고 보여지는 일들을 성취한 기업인으로 무에서 유를 창조한 기업인이다. '해봤어'로 상징되는 '정주영 정신'은 무엇이든지 부딪혀보기 전에 쉽게 포기해서는 안된다는 의지의 표현이다. '정주영 정신'의 핵심은 창조적 발상과 불굴의 도전 정신이다. 그는 불가능한 것을 가능한 현실로 만들어 나가는 능력이 탁월한 인물이었다. 모두가 불가능하다고 여기던 자동차 산업과 조선 산업에 뛰어들어 현대자동차와 현대조선을 단기간에 세계 최고 기업으로 키웠다. 주변에선 '기적'이라고 했지만 그는 "기적은 없다. 성실하고 지혜로운 노동이 있을 뿐"이라고 했다. 정주영 스스로도 자서전에서 "나는 어떠한 일에도 결코 덮어놓고 덤벼든 적은 없다. 학식은 없지만 그대신 남보다 더 열심히 생각하는 머리가 있고 남보다 치밀한 계산능력이 있으며 남보다 적극적인 모험심과 용기와 신념이 있다"고 말하였다.[5)]

쌀 배달꾼 시절이나, 대기업 총수 시절이나 '늘 마지막까지 최선'을 다하는 자세를 변함없는 신조로 삼았다. 1970년대 중반 중동 진출을 통해 외화를 획득하였다. 1975년 중동진출후 1979년까지 현대는 대략 51억 6천4백만 달러의 외화를 벌어들였다고 한다.[6)]

5) 정주영, 이 땅에 태어나서 나의 살아온 이야기, 솔 출판사, 2015, pp.233~234.

88 서울올림픽 유치와 폐(廢)유조선으로 바다 물길을 막은 '정주영 공법'이나 '소떼 방북' 등 수많은 아이디어도 이런 남모르는 노력의 산물이었다.

88 서울올림픽 유치를 위해 정주영은 IOC 위원들을 만나 끈질기게 설득하고 홍보한 노력으로 일본 나고야를 이기고 서울올림픽을 유치하게 된 것이다.

정주영은 "쓰러지더라도 신용을 지킨다"는 정신자세로 철저한 신용을 중요시하였다. 또한, 고객 최우선 정신으로 고객만족을 극대화하는 경영이념을 실천하였으며 기술제일주의와 개척정신과 노사화합을 강조하였다.[7]

정주영은 갯벌을 막아 서산농장을 옥토로 만들었다. 울산조선소도 건설하였다.

풍납동 일대의 상습침수 지역에 국내 최고의 아산병원을 건립하였다. 정주영의 장점은 소탈한 소통과 솔선수범의 리더십이다. 항상 현장점검을 중시했다. 현장 작업차량이 회장인 자신의 차량보다 우선이었다. 박정희 대통령이 경부고속도로 공사장에 시찰 나갔을 때 안내하던 경찰서장이 덤프트럭을 비켜 세우려 하자 트럭 운전기사가 불응, 결국 대통령 차량이 양보한 일화도 있다. 항상 솔선수범하고, "실패하면 나의 책임이고, 성공하면 모두의 공"이라며 직원들을 격려했다. 정주영은 경영과 삶의 지혜에서 나온 많은 어록을 남겼다.

스스로 운이 나쁘다고 생각하지 않는 한, 나쁜 운이란 건 없다. 길이 없으면 길을 찾아라. 찾아도 없으면 길을 만들어 나가야 한다. 나는 어떤 일을 시작하든지 된다는 확신 90%에 반드시 되게 할 수 있다는 자신감 10%로 완벽한 100%를 채우지, 안될 수도 있다는 회의나 불안은 단 1%도 끼워넣지 않는다.[8] 시련은 있어도 실패는 없다. 사업은 망해도 다시 일어설 수 있지만, 신용은 한번 잃으면 그것으로 끝이다. 목표에 대한 신념이 투철하고 이에 상응하는 노력만 쏟아 붇는다면 누구라도 무슨 일이든 할 수 있다.

모든 일의 성패는 그 일을 하는 사람의 사고와 자세에 달려 있다.

무엇이 한나라를 발전하게 하고 후퇴하게 하고 아예 망하여 없어지게 하는가? 가장 중요한 것은 그 나라의 정부와 기업, 국민들의 정신자세라고 생각한다. 정부가 부패해서 부정을 일삼으면 기업도 국민도 다함께 부정심리에 물들어 부정을 당연시하는 풍조가 되고 그런 사회는 기업의 효율도 국민의 능력발휘도 기대할 수 없다. 매일매일이 발전 그 자체라야 한다. 어제와 같은 오늘 오늘과 같은 내일은 정지가 아니라 후퇴라는

6) 정주영, 이 땅에 태어나서 나의 살아온 이야기, 솔 출판사, 2015, pp.230~231.
7) 윤석철, 성공 창업가 기업가정신, 대경, 2015, pp.99~109 참조.
8) 정주영, 이 땅에 태어나서 나의 살아온 이야기, p.54.

것을 알아야 한다.[9] 정주영은 말년에 정치에 뛰어들었다. 국민당을 창당하고 대통령 선거에도 출마하였으나 3위로 낙선하였다. 그러나 자신이 키운 현대그룹 회장 출신 이명박이 후일 대통령에 당선되어 정주영의 정치에 대한 꿈이 절반은 실현되었다.

3. 김우중의 해외시장 개척 정신

김우중은 기업인으로서 해외시장 개척의 선두주자라 할 수 있다. 물론 김우중보다 해외에 먼저 진출한 기업은 있지만 대우그룹만큼 세계 시장에 큰 영향을 미친 기업은 없었다. 김우중은 1936년 대구에서 6남매 중 4남으로 태어났다. 부친인 김용하는 제주도지사를 지냈다. 1950년 발발한 6·25전쟁 때 부친이 납북된 이후 서울로 상경한 김우중은 경기중, 경기고와 1956년 연세대학교 경제학과를 졸업하고 섬유회사인 한성 실업에 입사하였다. 1967년 3월 32세에 트리코트 원단생산업체인 대도섬유의 도재환과 공동출자해 자본금 500만원으로 대우실업을 설립했다. 대우(大宇)는 대도섬유의 대(大)와 김우중의 우(宇)를 따서 만들었다. 대우그룹의 사훈은 창조·도전·희생이다. 첫해 싱가포르에 트리코트 원단과 제품을 수출해 58만 달러 규모의 수출실적을 올렸고, 인도네시아, 미국 등지로 시장을 넓혀 성공을 거두었다.

1970년대 초반부터 대우건설, 대우증권, 대우전자, 대우조선 등을 창설하며 1974년에 1억 불의 수출탑을 달성하는데 성공하며 신흥 재벌이 되었다.

대우신화라는 말을 남기며 샐러리맨들의 우상으로 떠올랐다.

45세 때인 1981년 대우개발과 대우실업을 합병한 대우그룹을 출범하고 회장에 올랐다. 대우그룹의 사훈은 창조, 도전, 희생으로 선정하였다. 1983년 대한전선 가전 분야를 인수하며 대우자동차로 자동차 사업을 확장했다. 1989년에는 에세이집 '세계는 넓고 할 일은 많다'를 펴내 6개월 만에 100만 부를 돌파하며 최단기 밀리언셀러 기네스 기록을 달성하기도 했다. 김 전 회장은 자신이 저서에서 강조한 대로 세계경영에 매진했다. 특히 1990년대 동유럽의 몰락을 계기로 해외시장 개척에 주력해 '신흥국 출신 다국적 기업'으로 대우를 성장시켰다.

1990년대 초반 소비에트 연합 해체되며 탈냉전 세계화 무드가 이어지자 폴란드와 루마니아와 헝가리 등 개발도상국, 우즈베키스탄 등 구 공산권 국가 등 해외시장을 공

---

9) 정주영, 이 땅에 태어나서 나의 살아온 이야기, p.83, p.394.

격적 인수합병을 통해 개척하며 사세를 대폭 키웠다. 정부의 지원도 이 같은 성장을 뒷받침했다.

그룹을 확장해 1999년 그룹 해체 직전까지 자산규모 기준으로 현대에 이어 국내 2위로 일궈내며 성공 신화를 새로 썼다. 그는 김 전 회장은 삼성과 현대를 키운 이병철, 정주영 등 1세대 창업가와 달리 샐러리맨으로 출발한 1.5세대 창업가로 꼽힌다.

1992년 제14대 대통령 선거를 앞두고 민자당 경선당시 이종찬을 지지하였다. 김우중 본인의 대선 출마설도 돌았지만, "새한국당이 대통령 후보로 추대하는 영입교섭이 들어와도 응하지 않을 것"이라며 대통령 선거 불출마를 선언하였다.

1993년 대우그룹은 세계 경영을 선포하였다. 1996년 전두환, 노태우 전 대통령의 비자금 사건에 연루되었다. 김우중은 "세계는 넓고 할 일은 많다"는 어록처럼 기업신화를 창조한 인물이었다. 김우중은 기업가로서는 성공하였으나 정치인으로서는 실패하였다. 그는 김영삼이 대통령에 당선되면서 김우중의 대우그룹은 무너지기 시작하였다.

대우그룹은 김우중 회장이 1993년 '세계 경영'을 선언하며 1990년대에 전성기를 누린다. 대우그룹은 개발도상국, 구 공산권 국가 등 해외 시장을 개척하며 급팽창했다. 정부의 지원이 대우그룹의 급속한 성장을 뒷받침했다.

대우실업에서 출발한지 30여 년 만인 1998년 대우그룹은 41개 계열사, 396개 해외법인을 거느린 재계 서열 2위 대기업으로까지 성장했다.

1999년 해체 직전, 대우는 41개 계열사와 600여 개의 해외법인·지사망, 국내 10만 명, 해외 25만 명의 고용인력을 토대로 해외 21개 전략국가에서 현지화 기반을 닦고 있었다. 1998년 당시 자산총액은 76조 7,000억원, 매출은 91조원(1998년)에 달했다. 김 회장은 당시 연간 해외 체류기간이 280일을 넘기는 것으로 유명했다.

대우그룹 몰락의 계기는 1997년 11월 닥친 외환위기였다. 당시 정부 경제관료들과 갈등을 빚으면서 붕괴가 빨라졌다. 특히 1998년 3월 전경련 회장을 맡은 김우중 회장은 '수출론'을 집중 부각했지만, 관료들과 갈등은 여전했고 오히려 개혁의 대상으로 내몰리는 상황을 맞았다.

1998년 당시 그룹 구조조정의 최우선 핵심사안으로 꼽혔던 대우차-제너럴모터스(GM) 합작 추진이 흔들렸고, 금융당국의 기업어음 발행한도 제한 조치에 이어 회사채 발행제한 조치까지 내려져 급격한 유동성 위기에 빠졌다.

대우의 무리한 사세 확장은 자금난을 불러왔고 현금 확보를 위해 채권을 발행했는데, IMF의 고금리여파로 부채비율이 400%에 이르게 되었다. 정부는 대우를 회생시키기 위해 공적자금 47조를 투입하게 됨으로써 국가경제가 흔들리는 원인도 제공하였다.

대우그룹은 41개 계열사를 4개 업종, 10개 회사로 줄인다는 내용의 구조조정 방안도 발표했지만, 위기를 넘기지 못하고 1999년 8월 모든 계열사가 워크아웃 대상이 되면서 해체되고 김우중도 사퇴하였다.

아울러 김우중 회장은 사기대출 혐의로 교도소에서 복역하였다.

김우중 회장은 그룹 해체 이후 과거 자신이 시장을 개척한 베트남을 '제2의 고향'로 삼아 머물다 2019년 12월 별세하였다.

대우그룹은 무너지고 김우중도 사라졌지만 김우중의 해외시장 개척이라는 도전정신은 불멸의 업적으로 높이 평가받아야 할 것이다.

4. 유일한의 사회적 봉사정신

유일한은 기업의 사회적 봉사로 유명한 인물이다.

유일한(柳一韓, 1895년~1971년)은 평안남도 평양에서에서 6남 3녀 중 장남으로 태어났다. 그는 노블레스 오블리주(Noblesse Oblige)[10]를 실천한 기업인으로 유명하다.

유일한은 일제에 항거한 독립운동가이자 공익사업의 선구자이다. 자신이 힘들게 번 전 재산을 사회에 환원한 사회사업가이다. 장학 및 교육사업을 펼친 민족교육가다. 한국사람들의 보건을 해결하기 위해 유한양행을 설립하여, 정직한 기업활동을 했다. "자신의 전 재산을 교육하는 데에다가 기증하라"고 유언으로 남겼으며 유한공업전문대학을 설립하였다.

독실한 개신교 신자인 아버지 유기연은 미국 감리교에서 조선인 유학생을 선발한다는 말을 듣고 1904년, 당시 9살에 불과한 큰 아들을 미국으로 유학을 보낸다. 큰 돈이 들 수도 있는 유학을 보낸 이유는 자신의 자식들이 식견을 넓혀서 민족을 위해 일하기를 바랐기 때문으로 유기연은 자식들을 러시아, 일본, 중국에 유학을 보내서 공부하게 하였다. 배에서 아버지가 환전해준 미국돈을 잃어버린 유일한은 인솔자이자 독립운동가인 박용만의 배려로 미국 네브래스카주에서 살던 독신자매인 태프트 자매에게 입양되었다. 침례교회 신자들인 태프트 자매는 아침에 일찍 일어나 성서 읽기와 기도를 한

10) 높은 사회적 신분을 가지고 있으면 그에 상응하는 도덕적 의무를 갖춰야 한다라는 뜻을 가지고 있다.

뒤, 밭에서 하루종일 일하는 성실하고 검소한 삶을 통해 기독교의 노동윤리를 실천했으며, 어린 유일한에게 영어를 가르쳐서 미국 사회에 적응하도록 배려했다. 초등학교에 입학한 일한은 인종차별로 서러움을 겪기도 하지만, 당당하게 자신의 생각을 말하는 강한 성격으로 극복했다. 미시간 대학교에 입학한 유일한은 뛰어난 운동실력을 발휘, 장학금을 받으며 미식축구 선수로 활약한다. 1919년 3.1운동 직후, 서재필이 소집한 제1차 한인의회에 참여하였다. 1922년에 미시간 주립 대학교 대학원에서 수학하였고, 1929년에 스탠퍼드대학교 대학원에서 국제법을 공부하였다.

자신의 힘으로 대학교를 졸업한 유일한은 고등학교 졸업 후 발전기회사에서 일한 경험을 살려, 제너럴 일렉트릭사에 취직한다. 직장생활을 하면서 돈을 모은 그는 1922년 숙주나물 통조림을 제조하는 라초이 식품회사(주)를 설립하였다. 사업은 번창했고, 중국계 미국인 여성이자 소아과 의사인 호미리와 중매결혼했다. 1925년에는 서재필과 New Il-han & Co.를 설립하기도 하였다.

1926년에 귀국하여 종로2가에 유한양행을 설립했다. 그가 사업을 시작한 이유는 라초이 회사 경영때 필요한 녹두를 구입하기 위해 중국에 갔다가 북간도에 거주하던 부모와 동생들을 만난 일 때문이었다. 부모는 큰 아들이 보내준 100달러로 땅을 사서 생계를 유지할 수 있었지만, 대다수의 조선사람들은 그렇지 못해서 병이나 굶주림으로 죽는 경우가 많았다. 그래서 유일한은 한민족의 건강유지에 필요한 결핵약, 이전에는 미국에서 약품을 수입하여 팔던 유한양행이 1933년에 처음 개발하여 판매한 제품인 진통소염제 안티푸라민, 혈청 등을 판매했으며 부인 호미리 여사도 중일전쟁으로 조선의 의약품 부족이 극에 달하자, 소아과 병원을 개업하여 저렴한 가격에 환자들을 치료하였다. 유일한은 유한양행을 경영할 때 항상 윤리경영을 실천하였다. 그 이유는 라초이사 경영을 하던 시절, 거래하던 녹두회사 사장이 탈세를 통해 사리사욕을 채우는 모습에 실망해서였다. 1936년 유한양행은 한국최초로 종업원 지주제 즉 주주자본주의를 실시하였다.

해방 후 1946년 7월에 귀국하여 유한양행을 재정비하고, 대한상공회의소 초대회장으로 활동하였다. 1952년에는 고려공과기술학교, 1964년에는 유한공업고등학교를 설립하면서 교육사업에 심혈을 기울였다.

유일한은 1969년 기업의 제일선에서 은퇴하면서, 혈연관계가 전혀 없는 전문경영인에게 경영권을 넘기고 전문경영인 시대를 연다. 그는 유한양행 총주식 40%를 각종 공익재단에 기증하는 등 모든 소유주식을 사회에 넘겼다.

1971년에 타계했을 때 유언을 통해 사회 환원을 선언했다. 그는 유언장에 전재산을 공익기업에 기부하고 자식들에게 유산을 거의 남기지 않았다.

독실한 침례교 신자인 유일한은 1970년 유한재단을 설립하여 유한공업고등학교와 유한공업전문대학을 운영하였다. 유한공업전문대학은 현재 유한대학교로 개칭되었다. 유일한은 1971년 별세하기 전, 아들 유일선 변호사의 딸 유일링의 학자금으로 쓰일 1만 불을 제외한 전 재산을 교육사업에 기부한다는 유서를 남겼다. 딸 유재라도 자신의 재산 200억원을 사회에 환원하고 세상을 떠났다.

이병철, 이건희, 이재용, 정주영, 김우중, 유일한 등 주요 기업인들의 특징을 비교하면 <표 2-2>와 같다.

〈표 2-2〉 CEO의 주요 업적과 특징

성 명	주요 업적	주요 특징
이병철	삼성 창업	인재양성 주력, 국가가 먼저다라는 철학
이건희	삼성전자를 세계적 기업으로 성장	혁신으로 미래지향적 도전
이재용	뉴삼성 인사제도 확립	직급별 승진연한제 폐지, 연공서열 폐지
정주영	현대 창업	불굴의 도전정신
김우중	대우 창업	해외시장 개척
유일한	유한양행 창업	공익과 사회봉사 실천

5. 셀트리온의 바이오 R&D

셀트리온 창업주 서정진 회장은 1957년 충북 청주시 출생으로 1983년 건국대 산업공학과를 졸업한 뒤 그해 삼성전기에서 첫 사회생활을 시작했다. 이후 1985년 한국생산성본부로 이직해 기업 컨설팅을 맡았다. 건국대 대학원에서 경영학 석사학위를 받았다. 또한 충북대에서 세계 최초의 항체 바이오 시밀러(바이오의약품 복제약)인 램시마를 개발한 공로를 인정받아 명예박사를 받았다.

서정진은 성실하고 현상을 파악한 후 요점을 정리하는 능력이 뛰어났다고 한다.

한국생산성본부로 자리를 옮겨 대우자동차를 컨설팅을 하다 김우중 대우그룹 회장의 눈에 들어 1991년부턴 대우자동차 기획재무 고문으로 일하였으나 IMF 외환위기가 닥치자 대우그룹이 부도나면서 직장을 잃게 되었다. 서정진은 바이오산업이 유망하다는 판단에 따라 동료들과 1999년 셀트리온의 전신인 넥솔을 창업하였고 바이오 기술에 대해 문외한이었지만 1년간 40여 개국을 다니며 외국의 유명 바이오 연구자들을 방문 인터뷰하는 등 최신 동향과 기술을 익혔다.

2000년 서정진은 넥솔바이오텍을 창업해 미국 바이오기업 제넨텍을 찾아가서 2001년 벡스젠이 개발하던 에이즈 백신 기술을 이전받아 2002년 셀트리온을 설립했다.

미국 벡스젠사와 제휴를 맺으며 사업을 본 궤도에 올리기 시작했으며, 2009년 이후 명실상부한 대한민국 벤처기업 선두주자가 되었다.

2019년 창업 17년 만에 시가총액 약 40조원, 미국 식품의약국(FDA) 허가 바이오시밀러 3종을 보유한 바이오시밀러 분야 대기업으로 수준으로 키우는 업적을 달성한다. 셀트리온 그룹은 항체 바이오시밀러인 램시마(Remsima)를 자체 개발하고 세계 최초로 글로벌 규제기간의 승인을 받으며 글로벌 항체 바이오시밀러 대표기업으로 성장했다. 또한 트룩시마(Truxima), 허쥬마(Herzuma), 램시마SC 등 자체 개발한 제품을 통해 전세계 환자들을 치료하는 헬스케어 산업의 패러다임을 바꾸며 글로벌 종합생명공학 기업으로 성장하였다.

서정진 회장은 2021.6.10 한국인 최초로 비즈니스 분야의 오스카상이라고 불리는 'EY 세계 최우수 기업가상'(EY World Entrepreneur Of The Year)도 받았다.[11)]

다만 서정진 회장이 증여세 환급 행정소송에 패소한 것은 옥에 티로 보인다.[12)]

서정진 회장의 사업을 보는 안목과 도전정신으로 비약적인 성공을 거두었다. 그러나 셀트리온 기업이 사회적 책임과 봉사를 통한 지속성장을 할 지 여부는 더 지켜보아야 할 것이다.

6. 미래산업의 기부 실천

정문술 미래산업 창업주는 전북 임실출생으로 중앙정보부 기획조정과장으로 재직하던중 1979년 박정희 대통령이 피살되는 10.26사건이 발생하자 그로 인한 중앙정보부의 구조조정 여파로 직장에서 해임되고 실업자로 전락했으나 1983년 경기도 부천공단에 국내 최초로 벤처기업 미래산업을 창업하였고 '벤처 업계의 대부'로 불리게 되었다.

11) 2021.6.11. 뉴스트리 기사 참조.
12) 2020.9.23 MBC 뉴스 보도.

현재는 충남 천안에 본사가 있다.

미래산업의 주력 제품은 반도체 검사 장비인 테스트 핸들러(Test Handler)와 칩 부착장비(Chip Mounter)다. 미래산업 장비는 유럽, 아시아, 중동, 미주 등 전 세계에 판매되고 있다. 1999년 미래산업은 국내 기업으로는 처음으로 미국 나스닥 시장에 주식을 상장했다. 2008년 5월 나스닥 상장을 폐지했다. 정문술은 2001년 경영일선에서 물러났으나 2001년 KAIST에 300억원 기부를 시작하여 정문술 빌딩으로 명명되고, 2002년 KAIST 내 바이오시스템학과가 신설되었으며 KAIST에 총 500억원 이상을 기부하였으며 2007년 카이스트 명예 공학박사가 되었고 2009년 3월 KAIST 이사장으로 취임하였다. 미래산업은 2020년 416억원 매출액을 기록했으며 2022년 현재 직원은 111명이다.[13)]

미래산업의 비약적인 성공은 정문술 대표의 인재에 대한 아낌없는 투자가 조직발전의 핵심요인이었다. 우수인력을 영입하기 위해 삼성그룹을 능가하는 파격적인 대우를 실시하며 과장급 이상 직원에게 차량을 지급하였고 연구개발자금은 사전결제없이 사용토록 하며 실패에 대한 책임은 묻지 않았다. 전체 직원의 28%가 연구개발 인력일 정도로 연구개발에 큰 비중을 두었다.

정문술은 사훈도 조회도 출근부도 없이 종업원과 경영자가 서로를 믿는 파트너로 회사를 만들었다. 오로지 착한 기업을 만들기 위해 직원들과의 신뢰를 쌓았고, 연고주의를 배격했다.

정문술은 미국의 앤드루 카네기를 존경했으며 지속적이고 생산력이 있는 기부를 하겠다는 소신을 펴왔다.

미래산업은 반도체 검사장비와 칩 마운터(Chip Mounter)를 생산하는 코스피 상장기업이다. 매출 구성은 칩 마운터 60%, 반도체 검사장비 40% 정도로 구성된다. 대한민국의 벤처 1세대로 불리며 1990년대에 좋은 평가를 받았던 기술 중심의 기업이기도 하나, 정문술 대표의 퇴임 이후 2000년대에 들어 실적이 악화되며 사세가 많이 기울었다는 평가도 받고 있으나 정문술 대표의 기부철학은 높이 평가받아야 할 것이다.

정문술 이외에도 여러 기부천사들이 많이 존재한다. 고려대 인근에서 34년 넘게 하숙집을 운영한 최필금 유정식당·유정하숙 사장이 고려대에 1억원을 기부했다.

최필금은 지난 2010년 1억원, 2016년 1억원을 기부한 데 이어 2020.3에도 1억원을 기부하였다.

13) 네이버 지식백과 참조.

진주 남성당한약방 창업주 김장하 이사장은 1944년 경남 사천에서 태어나 1962년 한약종상(한약업사) 자격을 획득했으며, 사천에서 10년간 한약방을 하다가 진주로 이전해 최근까지 50년 동안 운영해 오다가 2022년 폐업을 선언하였다. 김장하는 평소 "한약업에 종사하면서 돈을 번다면 그것은 세상의 병든 이들, 곧 누구보다도 불행한 사람들에게서 거둔 이윤이므로 내 자신을 위해 쓰여서는 안 된다는 생각을 했다"고 말해왔다. 그는 오랫동안 장학 사업과 함께 문화예술, 시민·환경운동, 지역언론 등을 지원해 왔다.[14)]

제 3 절 국내 중소기업 경영 모범사례

중소기업의 성공과 실패도 최고경영자의 철학과 경영마인드 의지와 정신자세에 달려 있다.

> 중소기업기본법 제5조(창업 촉진과 기업가정신의 확산) ① 정부는 중소기업의 설립을 촉진하고 중소기업을 설립한 자가 그 기업을 성장·발전시킬 수 있도록 필요한 시책을 실시하여야 한다.
> ② 정부는 중소기업자나 창업을 준비하는 자가 건전한 기업가정신과 자긍심을 가질 수 있도록 필요한 시책을 실시하여야 한다라고 명시되어 있다.

1. 한방유비스(주): 소방방재 외길 70년 명문장수기업

대한민국 전체 기업의 평균 역사는 16년에 불과하다는 연구결과가 있다.

창업 100년이 넘는 장수기업은 두산과 신한은행(옛 조흥은행), 동화약품, 우리은행, 몽고식품, (주)광장, 보진재, KR모터스, 성창기업지주 등 9곳뿐이다. 대기업을 제외하고 한국의 장수기업은 그다지 많지 않다.

한방유비스(주)는 1947. 10. 10. 창업주 최금성이 소방기자재 생산업체 한국 소방기자재(주) 설립한 회사로 현재는 아들 최진 회장이 회사를 총괄하고 있으며 서울 성수동

14) 오마이뉴스, 2022. 5. 27~5.30 기사 참조.

IT밸리 9층에 자리잡고 있다. 소방방재업 75년을 맞이하고 있다

건축물에 적용되는 소방시설의 설계 감리와 방재 및 내진 연구업무를 전문으로 수행하는 기업으로 소방이라는 용어조차 낯설었던 1947년 첫 발걸음을 내딛고 국내 최초의 소화기를 생산하고 소방 호스를 개발하며 대한민국 소방산업의 길을 개척하고 새로운 역사를 만들어 왔다.

한방유비스(주)는 4차산업 혁명시대에 발맞추어 인공지능을 소방설계에 접목하는 연구를 하고 있다.[15)]

2. 오알켐(ORCHEM)

오알켐은 경기도 안산시 단원구 시화벤처로에 소재한 기업으로 전경련중소기업협력센터의 경영자문 프로그램인 '전경련 경영닥터제'의 지원을 세 번째로 받고 있는 기업이다.

대기업·협력 중소기업·전경련 경영자문단의 3자가 협력해 소재 국산화와 수입 대체에 성공하고 글로벌 진출까지 이뤄낸 상생의 표본이며 ESG 경영의 핵심사례로 보인다.

전경련 경영닥터제는 대기업, 협력업체, 경영자문단 3자 협력 자문으로 대기업의 1·2차 협력업체(중소기업) CEO를 대상으로 6개월간 현장 중심 자문을 진행하는 프로그램이다. 지난 15년간 삼성전자, LG전자, 포스코 등 75개 대기업과 771개의 협력업체가 참여했다.

1991년 오알켐은 전량 수입제품에 의존하고 있던 PCB 약품시장 구조를 탈피하고 국산화를 실현하여 수입대체 효과와 다국적기업의 경쟁자로 나서기 위하여 설립되어 1996년 일반 첨가제 개발을 시작으로 에칭제, 박리제, 무전해 화학동을 차례로 개발을 시작으로 꾸준한 연구개발로 PCB 전 공정 약품을 자체적으로 개발하여 자체 원천기술을 보유하고 있으며 국·내외 PCB제조업체에 150가지의 제품을 공급함으로써 핵심자본재의 국산화 및 국가 기술력 향상에 기여하고 있는 중소기업으로 경북 구미에 2공장과 중국 심천에도 법인을 두고 있다.[16)]

이재현 오알켐 대표이사는 "전경련 경영닥터제가 없었다면 LG이노텍의 지원으로 진행된 PCB 수평화학동도금약품의 양산을 위한 제품 테스트가 불가능해 시제품은 실

---

15) 한방유비스 홈페이지 및 유튜브 참조.

16) 오알켐 회사 설명 홈페이지.

험실에서 폐기되고 회사는 경쟁사에 밀려 사라졌을 것"이라고 하였다. "2013년 전경련 경영닥터제 참여를 계기로 LG이노텍과의 협력을 통해 화학소재의 테스트가 이뤄져 빠르게 수입 대체로 이어졌고 곧 매출 1,000억원 달성을 목전에 두게 됐다"고 말했다.

오알켐은 인쇄회로기판 및 반도체 패키지 공정 화학소재 생산 전문기업으로 1991년 설립돼 국내 PCB산업 화학소재의 전 공정 국산화를 주도해왔다. 반도체 및 첨단전자기기 인쇄회로기판 PCB와 반도체 패키지 공정에 쓰이는 130종의 화학소재 원천기술을 보유하고 있으며 연간 2만5,000t을 생산해 국내외 100여 개사에 납품 중이다.

오알켐 사례는 대기업·협력 중소기업·전경련 경영자문단의 3자가 협력해 소재 국산화와 수입 대체에 성공하고 글로벌 진출까지 이뤄낸 상생의 표본으로 동반성장은 최근 화두인 ESG 경영의 핵심으로 알려지고 있다.[17)]

오알켐은 소통과 협력, 정직과 신뢰, 무한도전 정신, 프로정신과 함께 기업의 사회적 책임을 강조하고 있다.

3. 더유제약

(주)더유제약은 대한민국 중소기업의 대표적 성공사례라 할 수 있다. 더유제약은 2013년 2월 20일 조직 구성원 모두가 만족하는 회사, 복지와 복리후생으로 미래가 보장된 회사, 사회적 책임과 존경을 받는 제약기업을 목표로 설립된 제약회사다. 설립당시 불과 12명으로 시작한 (주)더유제약은 불과 5년 사이에 180여 명의 사원을 지닌 굴지의 기업으로 성장했다. 국내 제약업계에 시사하는 바가 크다. 현재 임원과 직원의 평균 나이가 30대인 더유제약은 새로운 기업문화를 창조하고자 노력한다. 김민구 대표는 "최근 20~30대 직장인들의 화두가 워라밸인 만큼 기업과 구성원의 관계가 중요하다고 생각한다. 복지, 업무 등 내부 구성원이 회사에 만족하고 자발적인 주인의식이 기업 성장에 밑거름이라고 본다"라고 언급했다. 더유 제약은 경력직을 선호하는 타 제약기업과 달리 신입 위주의 채용을 진행한다.[18)]

더유제약은 전직원들이 20대~30대가 대다수인 젊은 기업이다.

더유제약은 워라밸, 임금, 복지분야에 모두 합격점을 받아 노동부에서 청년친화 강소기업으로 선정되었다.

---

17) 뉴시스, 2021. 11. 23.

18) 이슈메이커(http://www.issuemaker.kr) 기사. 2018. 8. 24.

더유제약은 피부과·비뇨기과 영역을 중심으로 사업을 시작했다. 탈모치료제 '모모페시아(성분명 피나스테리드)'와 '마이모닉액(성분명 미녹시딜)'이 성장에 기여했다. 모모페시아는 2020년 피나스테리드 성분 치료제 시장에서 판매량 3위를 기록했다. 2017년 응급피임약 '세븐투에이치(성분명 레보노르게스트렐)'를 출시하며 산부인과 영역에 진출했다. 2021년엔 이비인후과로 영역을 더욱 확장했다.[19)]

더유제약은 창업 이래 피부과, 비뇨기과, 산부인과 클리닉시장에 독보적인 회사로 자리매김하고 있으며, 2020년 기준 매출액 391억을 달성했다.

김민구 대표가 30대의 나이로 더유제약을 설립하면서 가장 중점을 뒀던 점은 인재를 아끼고 늘 낮은 자세로 직원들과 소통과 복지를 중시하였다. '직원이 만족하는 회사'를 만들고자 했다. 중소기업으로선 파격적인 복지를 여러 가지 도입했다. 김민구 대표는 "결국 좋은 의약품을 만드는 것도 사람이고, 복용하는 것도 사람"이라며 "구성원이 행복한 회사가 우수한 의약품을 만들 수 있다고 믿는다"고 말했다

1년 만기 근무 시 해외·국내 여행 지원, 근속연수에 비례한 포상금 지급, 우수 영업사원 연 1회 이상 해외여행, 금연·다이어트 등 건강프로그램 운영과 인센티브, 골프레슨·외국어학원비 지원 등이다. 조식 제공도 빼놓을 수 없는 더유제약의 장점이다. 더유제약은 다양한 복지제도를 도입하고 있다.

일과 생활의 균형(워라밸), 임금, 고용 등에서도 세심함이 엿보인다. 대졸 초임연봉으로 4,000만원을 지급한다. 그러면서도 새로운 채용에 힘쓰고 있다. 2014년 25명이던 직원 수는 2020년 180명으로 7.2배 늘었다.

김민구 대표는 "정시 퇴근과 자유로운 연차 사용 등 눈치 보지 않는 문화를 뿌리내리기 위해 노력했다"며 "회사 구성원이 젊기 때문에 최근 트렌드를 많이 생각하고 있다"고 말했다.

더유제약은 2년 연속 청년친화 강소기업으로 선정됐다. 고용노동부는 매년 일과 생활의 균형(워라밸), 임금, 고용안정을 평가지표로 청년친화 강소기업을 선정한다. 더유제약은 워라밸·임금·고용 3개 분야에서 모두 합격점을 받았다.

4. 현진금속

현진금속은 경기도 화성시에 소재한 스테인리스 소재 유압 프레스 가공 및 생활가

---

19) 김진구, 데일리참, 2022. 1. 20.

전 대상 모듈 생산 전문 회사다.

스테인리스 가공 분야에서 30여 년의 업력을 쌓아온 (주)현진금속은 이례적인 성장률을 보이며 중소기업에서 중견기업으로 발돋움하고 있다. 사람이 성장을 만들어간다는 신념은 현진금속의 발전에 기여하는 한 축이다.

스테인리스 소재의 유압 프레스 가공과 생활가전 모듈을 전문적으로 생산하고 있는 현진금속은 스테인리스 스틸 소재의 주방용품 밀폐용기인 '어스템'으로 홈쇼핑에서 매진행렬을 이어가고 있기도 하다. 현진금속은 스테인리스 분야에서 30여 년간 독보적인 생산 기술과 노하우를 쌓아왔다.

홍종국 대표는 이러한 회사의 성장에 대해 "성장을 만들어가는 것은 결국 사람의 힘"이라고 강조했다. 오랫동안 근로자들의 입장에 서서 함께 살아가는 의미를 공유해 온 그는 타사와의 합병 과정에서도 최대한 근로자들을 끌어안아왔다. "특별한 비밀이 있는 것이 아니라 주변의 사람들이 경쟁력"이라는 그는 회사의 성장을 직원들과 함께 나누기 위해 2,400여 평 부지에 공장을 확상해 사옥을 짓고 있다. 현재 50여 명의 직원들과 함께하고 있는 현진금속에 대해 홍 대표는 "2019년은 사옥 건설과 직원복지를 통해 성장의 결실을 나눌 것"이라고 말했다. 사람이 만들어가는 성장과 초심 잃지 않고 나아갈 것이 홍대표의 생각이다.

현진금속은 젊은 직원들을 채용해 함께 미래를 설계하고 있다. "매입 매출을 직원들에게 투명하게 공개하고 월요 토론에서는 말단 사원도 사장에게 직접 건의를 할 수 있는 시간을 마련해 소통의 문을 열어 놓았다"고 한다. "생산 자동화 시스템을 갖춘다고 해도 결국 기업의 성장은 사람이 만들어가는 것"이라는 신념을 가지고 있는 홍 대표는 직원들에게 성장할 수 있는 기회와 미래를 제시함으로써 동반 성장을 꿈꾸고 있다.

홍 대표가 궁극적으로 꿈꾸는 현진금속은 근로자와 회사가 상생하며 공존하는 인간미를 잃지 않는 공간으로 자리 잡는 것이다.[20] (주)현진금속은 '2019년을 빛낼 대한민국 인물·브랜드 대상' 시상식에서 기술혁신기업 대상 수상의 영광을 안았다.[21]

5. 나우로보틱스

로봇산업은 잠재력이 높은 분야다. 이에 국내에서도 로봇산업 육성을 위해 다양한

20) 임동훈, 시사뉴스 2019. 4. 10.

21) 김선중, 이승호, 월간 파워코리아.

정책을 발표하며 힘쓰고 있다. 2016년에 시작된 (주)나우로보틱스(대표 이종주)는 인천에 소재하며 2021년 중소벤처기업부에서 지정하는 인재육성형 중소기업에 선정되었다.

나우로보틱스의 신사옥은 인천광역시 남동구에 조성됐다. 공장동과 사무동, 총 2개 동으로 나뉘어 자리잡았다. 기존 사옥보다는 약 5배 이상 넓다.

신사옥 이전은 로봇 신제품의 본격적인 출시에 따른 양산 체계 구축과 사내 근무 인력 확충에 대응하기 위한 것이다. 특히 팀별 수평적이고 원활한 의사소통을 통해 생산 효율 향상과 더욱 빠른 고객사 응대를 가능케 하는 데 초점을 맞췄다. 공장동은 최근 나우로보틱스에서 출시한 플라스틱 사출 스마트 직교 취출 로봇 '뉴로'(NURO) 시리즈를 비롯해 스카라 로봇, 다관절 로봇, 자율주행 물류 로봇, 자동화 장비 등을 양산할 수 있는 생산 라인을 주축으로 구성됐다. 4차산업 혁명 시대에 적합한 중소기업 모델이라 할 수 있다.[22)]

6. 팜에이트: 국내 최대 샐러드 판매업체

팜에이트(회장 박종위)는 인공지능(AI), 빅데이터 등 4차 산업혁명 기술을 농업에 도입해 샐러드 판매시장에서 돌풍을 일으킨 국내 스마트팜업계 선두주자다. 농업회사법인이다. 본사는 경기도 평택시 진위면 하북리에 있으며, 팜에이트 강대현 대표는 한국형 스마트팜 '수직농장'을 앞장서서 구축하고 고효율과 고품질 생산기술을 확립하여 2021.9. '제24회 농림축산식품 과학기술대상' 대통령 표창을 받았다.[23)]

서울지하철 7호선 상도역사엔 핑크빛 LED(발광다이오드) 조명으로 가득한 수직 실내농장이 있다. 버터헤드레터스, 카이피라 등 10가지 종류의 샐러드용 채소 2만 1,000 포기가 231㎡ 면적의 6단 선반 위에서 빼곡하게 자라고 있다. 국내 최대 스마트팜 업체이자 국내 최대 샐러드 판매업체인 팜에이트가 조성한 실내농장(메트로팜)이다. 서울을 비롯해 경기 화성, 평택, 천안, 이천 등에 설치한 스마트팜에서 새싹채소, 어린잎채소, 파프리카, 허브 등 150여 종을 재배해 하루 6만 5,000팩, 30t의 샐러드를 판매한다. '무농약' 수경재배로 혹한 폭우 등 기후 이변과 토양오염, 미세먼지의 영향을 받지 않는다는 것이 장점이다. 가까운 도심지에서 재배해 수확 후 곧바로 신선하게 먹을 수 있어

---

22) 나우로보틱스, 인천 남동공단 새사옥 확장 이전, 윤상은 기자, ZDNETKOREA, 2020.3.16.자 기사, 나우로보틱스 2년연속 고용노동부 강소기업 이름올려, IT조선, 이민우 기자, 2022.5.9.자 기사 참조.

23) 강대현 팜에이트 대표 대통령 표창, 평택시사신문, 임봄 기자, 2021.9.15.자 기사 참조.

소비자로부터 인기를 끌고 있다.

제 4 절 외국기업인 모범사례(Best Practice)

우리나라에 적합한 기업 상생경영 실천모델을 모색함에 있어, 외국의 모범적인 기업가정신과 모범적인 기업 상생협력 실천사례에 대해서도 살펴볼 필요가 있다.

1. 슘페터의 기업가정신

조지프 슘페터(Joseph Alois Schumpeter, 1883년~1950년)는 오스트리아-헝가리 출신의 미국 경제학자이나. 오스트리아 학파에 많은 영향을 준 경제학자로, 창조적 파괴(Creative destruction)라는 용어를 경제학에서 널리 퍼뜨렸다.

창조적 파괴란 낡은 것은 계속 파괴하고 새로운 것은 계속 창조하면서 끊임없이 경제구조를 혁신해 가는 산업개편 과정을 뜻하는 경제학 개념이다.

즉, 기술 혁신(Innovation)으로 낡은 것을 무너뜨리고 새로운 것을 만들어서 변혁을 일으키는 과정이며 슘페터는 혁신적인 기업가가 이러한 과정을 통하여 이윤을 창출한다고 보았다.[24].

슘페터는 체르노비츠 대학·그라츠 대학 교수를 지냈고, 제1차 세계대전 후 오스트리아 재무장관과 독일의 비더만 은행(Biedermann Bank) 총재로 취임하나 1924년 경제 공황을 이기지 못하고 은행이 파산하였고 이후 1926년~1932년 독일 본 대학교 공공재정학과 교수를 지냈고, 이후 미국으로 정착해 하버드대학 교수로 근무하였다. 1934~1941년 미국계량경제학회를 창설하고 회장을 지냈다. 1948년 외국 출신으로는 처음으로 미국경제학협회 회장이 되었고, 국제경제학회(International Economic Association) 초대 회장에 선출되기도 했다. 케인즈와 더불어 20세기 전반의 대표적 경제학자로 평가되고 있다.

슘페터는 흔히 '21세기의 경제학자'로 일컬어진다. 상당수 전문가들은 20세기가 케인스의 시대였다면 21세기는 '슘페터의 시대'라고 말한다.

---

24) 네이버 지식백과 참조.

미국의 경영학자 피터 드러커의 표현을 빌리면 슘페터는 '주요 경제학자 중 유일하게 기업가의 역할에 주목한 학자'였다. 그가 말하는 기업가란 일반적인 경영자와는 다른 존재다. 슘페터에 의해 자본주의의 역동성을 대표하는 주역으로 부상한 기업가는 '새로운 결합을 능동적으로 수행하는 경제 주체'라고 정의된다.

슘페터는 1912년에 간행된 "경제발전의 이론"이라는 저서에서 기업가(entrepreneur) 또는 기업가정신(entrepreneurship)이라는 개념을 처음으로 경제학에 도입하였다.[25)]

슘페터에 의하면 혁신은 다섯 가지 유형으로 분류된다. ① 소비자들이 아직 모르는 재화 또는 새로운 품질의 재화의 생산, ② 해당 산업 부문에서 사실상 알려지지 않은 생산 방법의 도입, ③ 새로운 판로의 개척, ④ 원료 혹은 반제품의 새로운 공급, ⑤독점적 지위 등 새로운 조직의 실현 등이다

2. 피터 드러커의 기업가정신

피터 드러커(Peter Ferdinand Drucker, 1909·2005년)는 오스트리아 출신의 미국의 작가이자 경영학자로 스스로는 "사회생태학자(social ecologist)"라고 불렀다. 그는 기업가정신을 주장하였다. 원제는 Innovation and Entrepreneurship이다.

피터 드러커는 <넥스트 소사이어티>에서 기업가정신이 가장 높은 나라로서 한국을 꼽은 바 있다. 바로 우리나라에서 혁신을 이끈 기업가가 많이 나왔고 빠른 경제발전을 이룰 수 있었음을 지적한 것이다. 드러커는 기업가에 대해 "변화를 탐구하고, 변화에 대응하며, 변화를 기회로 이용하는 자"라고 정의하고 있다. 또한, 기업가정신이란 일종의 과학도, 기예도 아닌 오직 '실천'뿐이라고 강조한다. 이와 같은 드러커의 견해에 따르면, 기업가정신은 한 사회의 모든 구성원이 본질적으로 갖고 있어야 할 자기혁신의 바탕이라고 할 수 있다. 그러므로 기업가정신은 경제에서 필요한 만큼 사회 각 분야에서도 필요하고, 기업에서 필요한 만큼 공공서비스 기관에서도 필요하다, 그리고 기업가정신을 바탕으로 끊임없는 혁신을 추구해나갈 수 있을 때 비로소 한 사회가 다음사회로 진보해갈 수 있다는 것이다.

25) 최승노, 조지프 슘페터의 『경제발전의 이론』, 프리덤월드 2013. 9. 10.

3. 필립스의 사회적 책임 경영

필립스는 1891년에 설립된 네덜란드의 의료기기 회사. 본사는 수도인 암스테르담에 있다. 설립시부터 유럽의 유수한 전기전자업체로 가전 역사에 중요한 업체기도 하다. 특히 소니와 함께 개발한 Compact Disc(CD)는 대표적인 필립스의 작품이기도 하다.

세계 최초로 기업의 사회적 책임(CSR, Corporate Social Responsibility)과 지속가능 경영을 실천한 기업으로서, 2003년부터 전 세계 5만여 개 협력업체의 지속가능성(Sustainability)을 지원 관리는 것을 상생협력의 기본전략으로 추진하고 있다. 안톤 필립스(1874~1951)와 제라드 필립스(1858~1942) 형제가 에인트호번에서 공동으로 설립하여, 탄소 필라멘트와 전구를 시작으로 출발하여, 120년 역사를 자랑하는 회사이다. 1977년까지 필립스 집안에서 오너 경영을 하다가 전문 경영인에게 경영권을 넘겼다. 대부분의 사업을 매각, 분사하고 현재는 의료기기 사업에 집중하고 있다.

창업자인 안돈&제리르 필립스 형제가 주창한 '회사와 관계된 모든 사람들의 삶을 향상시켜 줘야 한다'라는 경영철학이 필립스社의 상생경영 리더십을 상징한나고 할 수 있다. 1910년 세계 최초로 종업원에게 건강보험, 연금, 주택비를 제공했고, 1912년에는 직원과 지역주민을 위한 스포츠센터를 건립하기도 했다. 현 CEO인 Gerard Kleisterlee는 모든 협력업체까지 지속가능경영을 확산시키는 선도자 역할을 수행했다.

상생협력 관련 최고의 제도와 프로그램은 협력업체의 지속가능경영을 지원 관리하는 업무 그 자체라 할 수 있다. 지속가능경영은 경제적 지속가능, 사회적 지속가능, 환경적 지속가능 등 3가지로 구성되어 있는데, 이러한 지속가능성 제고를 위해 필립스사가 협력업체의 경영에 직접 개입하고 있다.

이와 관련하여 매년 전세계 5만여 협력업체에게 지속가능성 보고서를 제출토록 하고 있는바, 여기에는 재무적 안정성 여부, 노조가입권 보장 여부, 아동노동 금지 여부, 인종/성/종교 등에 따른 차별 금지 여부, 환경과 안전수칙 준수 여부 등 다양한 경영사항이 포함되어 있다.

한편, 협력업체에 대한 체계적 지속가능성 관리를 통해 공동 생존과 번영을 추구한다는 기본철학을 바탕으로, 경제적, 사회적, 환경적 지속가능성을 기업문화의 핵심으로 설정하고, 필립스와 협력업체 모두 이러한 지속가능성을 지키고 준수해야 하는 필수조건으로 인식하고 있다.[26)]

---

26) 위키백과 참조.

4. 빌게이츠 기업가정신

빌게이츠(William Henry Bill Gates III)는 1955년 10월 28 미국 출생으로 마이크로소프트사를 설립한 기업인이다. 그는 1970년대와 1980년대 마이크로컴퓨터 혁명의 선구자로 유명하다. 어렸을 때부터 컴퓨터 프로그램 만드는 것을 좋아했던 그는 하버드대학교를 자퇴하고 폴 앨런과 함께 마이크로소프트를 공동 창립했다. 그는 당시 프로그래밍 언어인 베이직 해석프로그램과 알테어용 프로그래밍 언어인 알테어 베이직을 개발했다. 마이크로소프트에서 근무하면서 빌게이츠는 2014년 5월까지 회장, 최고경영자, 사장, 최고 소프트웨어 설계자 등의 직책을 맡았다.[27]

빌게이츠는 젊음과 패기를 바탕으로 청년기에 마이크로 소프트사를 설립하여 변화와 혁신을 주도하였다. 빌게이츠가 마이크로소프트사에서 개발한 주요 소프트웨어로는 MS-DOS, EXCEL, WINDOWS 등이 있다. 그는 소프트웨어가 하드웨어를 바꾼다는 신념으로 Can-doism의 정신을 실현하였다. 그는 평소 근검절약하는 생활태도를 지니고 인재제일주의와 워크홀릭(WorkaHolic) 정신으로 성공하였으며[28] 세계 최대의 민간 자선단체로 알려진 빌 & 멜린다 게이츠 재단을 통해 여러 자선단체와 과학 연구 프로그램에 상당한 액수의 돈을 기부했다. 빌게이츠는 끊임없이 배우고 늘 노력하는 자세를 지니고 있었다. 기술적 비전을 마케팅 전략으로 옮기는 실천능력이 있었으며 자신의 회사에 높은 지능을 지닌 직원들을 위한 일할 수 있는 완벽한 환경을 제공하였다.

27) 위키백과 참조.

28) 윤석철, 성공창업가 기업가정신, 대경, 2015, pp.119~124 참조.

제 3 장 중소기업 관련 법과 회생

제 1 절 중소기업 관련 법

1. 중소기업 기본법

제1조(목적) 이 법은 중소기업이 나아갈 방향과 중소기업을 육성하기 위한 시책의 기본적인 사항을 규정하여 창의적이고 자주적인 중소기업의 성장을 지원하고 나아가 산업 구조를 고도화하고 국민경제를 균형 있게 발전시키는 것을 목적으로 한다.
제4조(중소기업자 등의 책무) ① 중소기업자는 기술개발과 경영혁신을 통하여 경쟁력을 확보하고 투명한 경영과 기업의 사회적 책임을 다하여 국가경제의 발전과 국민의 후생 증대에 이바지할 수 있도록 노력하여야 한다.
② 중소기업자와 그 사업에 관하여 중소기업과 관련되는 자는 정부와 지방자치단체의 중소기업시책 실시에 협력하여야 한다.
제5조(창업 촉진과 기업가정신의 확산) ① 정부는 중소기업의 설립을 촉진하고 중소기업을 설립한 자가 그 기업을 성장·발전시킬 수 있도록 필요한 시책을 실시하여야 한다.
② 정부는 중소기업자나 창업을 준비하는 자가 건전한 기업가정신과 자긍심을 가질 수 있도록 필요한 시책을 실시하여야 한다.

2. 중소기업 진흥법

제1조(목적) 이 법은 중소기업의 구조 고도화를 통하여 중소기업의 경쟁력을 강화하고 중소기업의 경영 기반을 확충하여 국민경제의 균형 있는 발전에 기여함을 목적으로 한다.

제6절 중소기업의 경영안정 지원 등

제60조(경영정상화의 지원) ① 중소벤처기업부장관은 다음 각 호의 사유로 상당수의 중소기업자가 경영상의 어려움을 겪고 있거나 겪을 우려가 있으면 중소기업의 경영정상화를 지원하기 위하여 필요한 조치를 할 수 있다.

1. 판매 부진, 일시적인 자금난 및 인력난 등으로 경영에 심각한 어려움이 있는 경우
2. 원자재의 확보가 곤란한 경우
3. 관련 기업의 노사분규로 휴업·폐업 또는 조업중단 등의 사태가 발생한 경우

제8절 중소기업의 사회적 책임경영

제62조의7(사회적책임경영의 지원) ① 중소기업은 회사의 종업원, 거래처, 고객 및 지역사회 등에 대한 사회적 책임을 고려한 경영활동을 하도록 노력하여야 한다.

② 국가와 지방자치단체는 중소기업의 사회적책임경영을 위하여 필요한 지원을 할 수 있다.

중소기업 진흥에 관한 법률에는 소상공인 보호법, 여성지원 특별법, 장애인 지원특별법, 중소기업 기술혁신 촉진법, 중소기업 인력지원 특별법, 독점규제 및 공정거래에 관한 법률, 산업발전법 등이 있다.

3. 중소기업 인력법

제1조(목적) 이 법은 중소기업의 인력수급 원활화와 인력구조 고도화 및 인식개선 사업을 지원하여 중소기업의 경쟁력을 높이고 고용을 촉진함으로써 국민경제와 사회의 균형 있는 발전에 이바지함을 목적으로 한다.

4. 중소기법 기술혁신 촉진법

제1조(목적) 이 법은 중소기업의 기술혁신을 촉진하기 위한 기반을 확충하고 관련

시책을 수립·추진함으로써 중소기업의 기술경쟁력을 강화하여 국가경제 발전에 이바지함을 목적으로 한다.

5. 중소기업 창업지원법

제1조(목적) 이 법은 중소기업의 설립을 촉진하고 성장 기반을 조성하여 중소기업의 건전한 발전을 통한 건실한 산업구조의 구축에 기여함을 목적으로 한다.

제2조(정의) 이 법에서 사용하는 용어의 뜻은 다음과 같다.

1. "창업"이란 중소기업을 새로 설립하는 것을 말한다. 이 경우 창업의 범위는 대통령령으로 정한다.
2. "창업자"란 중소기업을 창업하는 자와 중소기업을 창업하여 사업을 개시한 날부터 7년이 지나지 아니한 자를 말한다.

6. 벤처기업 육성에 관한 특별조치법

제1조(목적) 이 법은 기존 기업의 벤처기업으로의 전환과 벤처기업의 창업을 촉진하여 우리 산업의 구조조정을 원활히 하고 경쟁력을 높이는 데에 기여하는 것을 목적으로 한다.

우리나라 '벤처기업 육성에 관한 특별 조치법'에는 벤처투자기업, 연구개발 기업, 기술평가 보증기업, 기술평가대출기업, 예비 벤처기업 등 5가지 유형으로 분류하고 있다.

※ 벤처기업의 혜택

정부는 벤처기업으로 선전된 기업에 대해 여러 가지 혜택을 부여하고 있다.

세제혜택(창업 후 3년 이내 벤처인증을 받은 기업만 해당)

- 벤처확인 이후 최초로 소득이 발생한 과세연도와 그 다음 과세연도부터 4년까지 법인세(소득세) 50% 감면
- 벤처확인일로부터 4년이내 취득하는 사업용 부동산 취득세 75% 감면
- 당해사업에 직접 사용하는 사업용 부동산에 대해 벤처확인일로부터 3년간 재산세 면제, 그 다음 2년간 재산세 50% 감면
- 벤처확인일로부터 1년 이내 법인을 설립하는 경우 법인설립등기 등록면허세 면제

7. 노동조합 및 노동관계조정법(약칭: 노동조합법)

제1장 총칙

제1조(목적) 이 법은 헌법에 의한 근로자의 단결권·단체교섭권 및 단체행동권을 보장하여 근로조건의 유지·개선과 근로자의 경제적·사회적 지위의 향상을 도모하고, 노동관계를 공정하게 조정하여 노동쟁의를 예방·해결함으로써 산업평화의 유지와 국민경제의 발전에 이바지함을 목적으로 한다.

제2조(정의) 이 법에서 사용하는 용어의 정의는 다음과 같다.

1. "근로자"라 함은 직업의 종류를 불문하고 임금·급료 기타 이에 준하는 수입에 의하여 생활하는 자를 말한다.
2. "사용자"라 함은 사업주, 사업의 경영담당자 또는 그 사업의 근로자에 관한 사항에 대하여 사업주를 위하여 행동하는 자를 말한다.
3. "사용자단체"라 함은 노동관계에 관하여 그 구성원인 사용자에 대하여 조정 또는 규제할 수 있는 권한을 가진 사용자의 단체를 말한다.
4. "노동조합"이라 함은 근로자가 주체가 되어 자주적으로 단결하여 근로조건의 유지·개선 기타 근로자의 경제적·사회적 지위의 향상을 도모함을 목적으로 조직하는 단체 또는 그 연합단체를 말한다.
5. "노동쟁의"라 함은 노동조합과 사용자 또는 사용자단체간에 임금·근로시간·복지·해고 기타 대우등 근로조건의 결정에 관한 주장의 불일치로 인하여 발생한 분쟁상태를 말한다. 이 경우 주장의 불일치라 함은 당사자간에 합의를 위한 노력을 계속하여도 더이상 자주적 교섭에 의한 합의의 여지가 없는 경우를 말한다.
6. "쟁의행위"라 함은 파업·태업·직장폐쇄 기타 노동관계 당사자가 그 주장을 관철할 목적으로 행하는 행위와 이에 대항하는 행위로서 업무의 정상적인 운영을 저해하는 행위를 말한다.

8. 기업의 지배종속관계

지배기업(모회사), 자회사, 손자회사가 있을 경우 지배기업(모기업)은 자회사를 자회사는 손자회사를 직접 지배하고 지배기업은 자회사를 통해 손자회사를 간접지배한다. 지주회사는 'Holding Company'라고 한다.

다른 회사의 주식을 소유함으로써, 해당 회사의 사업활동을 지배하는 것을 주된 사업으로 하는 기업이다. 지주회사는 주식보유를 통해 자회사－손자회사－증손회사를 단계적으로 지배하며, 일종의 상하/주종 관계의 지배체제로 운영한다.

모회사의 A 자회사, B 자회사, C 자회사가 있다면 이들 A, B, C 자회사들의 관계를 계열사 또는 계열회사라고 부른다.

관계회사란 '다른 회사의 유의적 영향력 아래 놓여 있으나 실질적인 지배를 받고 있다고 보기는 어려운 회사'이다. 종속회사의 경우와 달리, 경영권 등에 있어 어느 정도의 영향은 받지만 실질적으로 다른 회사의 완전한 지배관계에 놓여 있다고 보지는 않는 회사로서 재무적으로도 별개로 본다.

제 2 절 중소기업 분쟁과 해결

1. 근로기준법과 근로계약 고용계약

민법에서는 고용을 대등·독립된 당사자 간의 계약으로 규정하고 있으며, 계약의 자유가 보장되어 있다. 그러나 자본주의 사회에서는 근로자와 사용자 간의 고용관계를 계약자유의 원칙에 맡길 수만은 없게 되었다. 즉, 근로자는 그 자신의 경제력의 열세로 말미암아 사용자와 본의 아니게 나쁜 조건으로 근로계약을 체결하게 되며, 결과적으로 심히 불리한 조건으로 근로를 하도록 합법적으로 강제당한 셈이 된다. 이러한 상황에 따라 국가가 근로조건의 기준을 노사쌍방에게 적극적으로 제시·규율하고자 하는 '근로기준법'이 제정되게 되었다.

고용에 관한 특별법이라고 할 수 있는 근로기준법은 거의 모든 고용관계에 대해서 민법상의 고용에 관한 규정에 우선하여 적용된다. 즉, 동거 친족만을 사용하는 사업과 가사사용인(家事使用人), 그리고 상시 4인 이하의 근로자를 사용하는 사업 또는 사업장의 경우에는 대통령이 정하는 경우를 제외하고는 근로기준법의 적용을 받는 일이 없으나(근로기준법 10조, 근로기준법시행령 1조), 그 이외의 모든 고용관계에 대하여는 원칙적으로 근로기준법이 우선 적용된다.

2. 근로기준법의 내용

1) 목 적

이 법은 헌법에 따라 근로조건의 기준을 정함으로써 근로자의 기본적 생활을 보장, 향상시키며 균형 있는 국민경제의 발전을 꾀하는 것을 목적으로 한다.

2) 용어 정의

1. "근로자"란 직업의 종류와 관계없이 임금을 목적으로 사업이나 사업장에 근로를 제공하는 사람을 말한다.
2. "사용자"란 사업주 또는 사업 경영 담당자, 그 밖에 근로자에 관한 사항에 대하여 사업주를 위하여 행위하는 자를 말한다.
3. "근로"란 정신노동과 육체노동을 말한다.
4. "근로계약"이란 근로자가 사용자에게 근로를 제공하고 사용자는 이에 대하여 임금을 지급하는 것을 목적으로 체결된 계약을 말한다.
5. "임금"이란 사용자가 근로의 대가로 근로자에게 임금, 봉급, 그 밖에 어떠한 명칭으로든지 지급하는 모든 금품을 말한다.
6. "평균임금"이란 이를 산정하여야 할 사유가 발생한 날 이전 3개월 동안에 그 근로자에게 지급된 임금의 총액을 그 기간의 총일수로 나눈 금액을 말한다. 근로자가 취업한 후 3개월 미만인 경우도 이에 준한다.

제15조(이 법을 위반한 근로계약) 근로기준법은 근로계약·임금·근로시간 등에 관하여 일정 기준을 정하고 있으며, 그 기준에 미달하는 근로조건에 대하여는 그 해당 부분을 무효로 하고 있다.

제17조(근로조건의 명시) ① 사용자는 근로계약을 체결할 때에 근로자에게 다음 각 호의 사항을 명시하여야 한다. 근로계약 체결 후 다음 각 호의 사항을 변경하는 경우에도 또한 같다.

1. 임금
2. 소정근로시간
3. 휴일
4. 연차 유급휴가

5. 그 밖에 대통령령으로 정하는 근로조건

제23조(해고 등의 제한) ① 사용자는 근로자에게 정당한 이유 없이 해고, 휴직, 정직, 전직, 감봉, 그 밖의 징벌(懲罰)을 하지 못한다.

② 사용자는 근로자가 업무상 부상 또는 질병의 요양을 위하여 휴업한 기간과 그 후 30일 동안 또는 산전(産前)·산후(産後)의 여성이 이 법에 따라 휴업한 기간과 그 후 30일 동안은 해고하지 못한다.

제27조(해고사유 등의 서면통지) ① 사용자는 근로자를 해고하려면 해고사유와 해고시기를 서면으로 통지하여야 한다.

② 근로자에 대한 해고는 제1항에 따라 서면으로 통지하여야 효력이 있다.

2) 고용계약

고용계약은 당사자 일방이 상대방을 위하여 노무(勞務)를 제공할 것을 약정하고, 그 상대방은 이에 대하여 보수를 지급할 것을 약정함으로써 성립하는 유상쌍무계약(有償雙務契約), 당사자 간에 계속적인 채권채무관계를 발생하게 하는 계속적 계약의 하나이다.

3. 도급계약

1) 도급계약 관련 법규

제1조(건설공사에 관한 도급계약의 원칙) ① 건설공사에 관한 도급계약(하도급계약을 포함한다)의 당사자는 대등한 입장에서 합의에 따라 공정하게 계약을 체결하고, 신의에 따라 성실하게 계약을 이행하여야 한다.

② 건설공사에 관한 도급계약의 당사자는 그 계약의 체결에 있어서 도급금액·공사기간 기타 대통령령이 정하는 사항을 계약서에 명시하여야 하며, 서명·날인한 계약서를 서로 교부하여 보관하여야 한다.

③ 건설업자는 건설교통부령이 정하는 바에 의하여 건설공사에 관한 사항을 기재한 건설공사 대장을 주된 영업소에 비치하여야 한다.

2) 건설업 주요 분쟁 사례

전반적인 국내외 건설경기의 침체뿐만 아니라, 대형안전사고의 계속 등으로 인해 건설업계는 어려움이 가중되고 있다. 가뜩이나 어려운 여건에 건설과 건축을 둘러싼 법적 분쟁도 끊이지 않고 있다. 대형건설회사가 부도가 나면 수많은 하청업체가 연쇄적으로 부도나게 된다. 건설 공사에서 분쟁이 많은 이유는 대표적으로 공사대금이 크고, 건설을 목적으로 하는 기업은 별다른 기술이나 설비가 없더라도 회사를 세우는 것이 가능하고, 수주를 하는 것 또한 가능하기 때문이다.

건설행위는 건축주가 설계자로부터 기본설계를 받아서 행정관청에 건축허가를 신청함으로서 시작되며 건설업자(수급인)과의 공사도급계약, 감리자의 감리 등을 거쳐 완공된다. 막상 건설공사를 하게 되면, 중소 건설업체의 경우 초기에 계획대로 차질없이 마무리되는 경우는 그다지 많지 않다. 대부분 설계변경을 하거나 부실시공, 공사 중도포기, 대금미지급, 하청업체와의 분쟁 등이 지속적으로 발생하게 된다. 그래서 많은 건설 건축분쟁이 끊이지 않고 계속되어 왔다. 특히 하도급과 관련해서 발생하는 분쟁은 더욱 복잡한 양상을 띠게 되는 것이다.

건설업체가 건축주에 청구하는 공사대금청구권에 대하여는 공사대금의 변경,공사중단시의 공사대금 정산이 문제가 되며 공사지체시의 지체상금, 건물의 소유권 귀속이 문제가 된다.

건설공사 후 건물에 발생한 하자담보책임도 중요한 분쟁이 되고 있다. 하자의 해당여부, 하자의 원인, 하자담보기간 등이 문제가 된다.

또한 인근주민과의 일조권, 전망권 등의 근린문제, 공사로 인한 건물의 피해(균열, 누수, 기울어짐) 등이 주요 문제이다.

건설사업은 중도에 설계변경되는 경우가 많이 발생하다. 그래서 다음 사항에 대해 면밀히 기록유지와 정리를 잘해야 한다.

- 설계 계약서 전체 내용 검토
- 계약 핵심 내용(설계내용, 계약 면적, 금액, 기간, 범위, 대가의 산출 및 지불방법, 대가의 조정, 설계업무 중단시의 대가 지불 등) 구체적으로 작성
- 분쟁조정 조항에 대한 검토 및 구체화
- 특약 조항 적극적 활용

– 설계자와의 업무 협의과정 기록
– 제안사항 문서로 전달 및 답변 자료 보관
– 업무 단계별 결과에 대한 확인
– 인·허가 등 서류 제출 시 내용 확인
– 결과물 확인 후 대가 지불 및 자료 보관
– 설계 변경 등에 대한 계약서 작성
– 설계자와의 업무 협의과정 기록
– 최종 결과물 확인 후 대가 지불 및 자료 보관
– 설계자에게 이행(내용증명 등) 요청 및 관련 서류 보관
– 이행 또는 합의 각서(범위, 이행일, 금액 등 포함) 작성
– 설계자와의 교섭과정 기록

대법원은 단순히 계약이 관련 법령에 위배되었다는 사정만으로는 사법상의 무효라고 할수 없지만(원직석 유효) 다민, ① 그 법령이나 절차의 위반으로 인하여 공정성, 공공성이 현저히 침해되어 이를 무효로 하지 않으면 정의에 반한 중대한 하자가 있고, ② 상대방이 이러한 사정을 알거나 알 수 있었을 경우 또는 누가 보더라도 낙찰자의 결정 및 계약체결이 선량한 풍속 기타 사회질서에 반하는 행위에 의하여 이루어진 경우가 명백한 경우에는 무효라고 밝히고 있다(대법원 2001.12.11. 선고 2001다33604 판결 등).[1)]

3) 지체상금 분쟁

지체상금(또는 지연배상금)은 공사 또는 용역 등 계약상의 의무를 계약상대자(도급자)가 지체할 경우, 계약금액에 일정비율을 곱한 금액을 발주기관에 납부하는 것을 말합니다. 국가계약법에는 지체상금, 지방계약법에는 지연배상금으로 명기되어 있다.

지체상금이란 계약상대자가 정당한 이유 없이 계약상의 의무를 기한 내에 이행하지 못하고 지체한 때에는 이행지체에 대한 손해배상액의 예정성격으로 징수하는 금액이다. 지체보상금이라고도 하며 아파트 입주지체보상금, 건설공사지체보상금 등이 예이다.

지체상금 분쟁은 건설업에서 가장 많이 발생하는 분쟁으로 산출 공식은 다음과 같다.

지체상금＝계약금액×지체상금률×지체일수

1) 서중희 등 4인, 건설분쟁, 신광문화사, 2016, pp.130~135 참조.

공사계약의 지체상금률은 1천분의 0.5이다(「국가를 당사자로 하는 계약에 관한 법률 시행규칙」 제75조 제1호).

4. 조정과 중재제도

1) 조정과 중재의 차이

조정은 합의를 바탕으로 분쟁을 자율적으로 해결, 중재는 법원의 재판이 아닌 중재부의 판정으로 해결을 의미한다.

법원의 소송에 의하지 않고 법원 외의 공정하고 중립적인 제3의 조정자로 하여금 분쟁을 해결하도록 하는 소송외적 분쟁해결 제도이다.

소송 비용과 시간을 절약할 수 있기 때문에 분쟁 당사자에게 유익한 제도이다. 이 제도의 유형에는 크게 조정(Mediation)과 중재(Arbitration)가 있다.

중재와 조정의 주요 차이점은 중재는 당사자가 독립된 사람을 선택하여 사건에 대한 결정을 내리는 프로세스라는 것이다. 중재는 조직과 직원 간의 분쟁을 해결하는 강력한 수단이다. 독립적인 제3자가 협상 상황을 분석하고, 양 당사자의 의견을 경청하고 필요한 데이터를 수집하고, 관련 당사자에게 구속력이있는 권장 사항을 만드는 프로세스다. 반대로, 화해는 당면한 문제에 대해 당사자들이 합의를 이루도록 시도한다.

조정은 두 당사자 간의 불일치 또는 분쟁을 해결하는 데 도움이 되는 분쟁 해결의 한 형태다. 조정 프로세스는 조정자라고 하는 공정한 개인이 처리한다. 이 개인은 관련 당사자와 만나 합의 또는 해결에 도달하기 위해 협력한다. 이 과정에 적극적으로 참여하는 조정자는 양 당사자와 지속적으로 협력하여 모두가 수용할 수 있는 합의에 도달한다. 화해 과정에는 화해자가 당사자들 사이를 오가며 관련된 문제와 각 당사자가 기꺼이 희생할 의사가 있는 사항에 대해 논의하고 합의를 위해 협상하는 것이 포함된다. 프로세스의 두 당사자는 거의 만나지 않으며 대부분의 논의는 조정자를 통해 이루어진다. 화해의 주요 이점 중 하나는 법적 구속력이 없으므로 모든 사람이 만족할 수 있는 합의가 이루어질 때까지 당사자가 협상할 수 있다는 것이다.

조정과 매우 유사한 중재는 분쟁 해결의 한 형태로, 의견이 일치하지 않는 당사자가 법원에 가지 않고도 해결 방법을 찾을 수 있다. 중재는 당사자들이 근거 증거와 함께 중재자 패널에 사건을 제출해야 하는 미니 법원과 매우 유사하다. 양 당사자는 각각한 명의 중재자를 선택할 수 있으며 두 명의 선택된 중재자가 세 번째 중재자를 합의할 수 있다. 중재의 주요 단점은 중재자가 내린 결정이 구속력이 있다는 것이다. 그러나 법원 절차에 비해 중재는 관련 당사자가 알려지지 않은 판사에게 사건을 제시하는 대신 선호하는 중재자를 선택할 수 있기 때문에 더 유리할 수 있다. 논의된 자료는 중재 절차에 미디어나 대중이 허용되지 않기 때문에 법원 절차보다 더 많은 개인 정보를 보호한다. 그러나 제공된 결정은 구속력이 있다. 조정과 중재는 제3의 조정 또는 중재자의 합의 결정에 구속력이 있느냐 없느냐에 따라 구분된다.

2) 민사조정법

제1조(목적) 이 법은 민사에 관한 분쟁을 조정 절차에 따라 당사자의 자주적·자율적 분쟁 해결 노력을 존중하면서 적정·공정·신속하고 효율적으로 해결함을 목적으로 한다.

3) 민사조정 규칙

제1조(규칙의 취지) 민사조정에 관하여는 민사조정법의 규정에 의하는 외에 이 규칙이 정하는 바에 의한다.

제2조(조정의 신청) ① 조정신청서나 조정신청조서에는 당사자, 대리인, 신청의 취지와 분쟁의 내용을 명확히 기재하여야 하며, 증거서류가 있는 경우에는 신청과 동시에 이를 제출하여야 한다.

② 조정을 서면으로 신청하는 경우에는 피신청인 수에 상응하는 부본을 제출하여야 한다.

중재법에는 다음과 같이 규정되어 있다.

1. "중재"란 당사자 간의 합의로 재산권상의 분쟁 및 당사자가 화해에 의하여 해결할 수 있는 비재산권상의 분쟁을 법원의 재판에 의하지 아니하고 중재인의 판정에 의하여 해결하는 절차를 말한다.
2. "중재합의"란 계약상의 분쟁인지 여부에 관계없이 일정한 법률관계에 관하여 당사자 간에 이미 발생하였거나 앞으로 발생할 수 있는 분쟁의 전부 또는 일부를 중재에 의하여 해결하도록 하는 당사자 간의 합의를 말한다.
3. "중재판정부(仲裁判定部)"란 중재절차를 진행하고 중재판정을 내리는 단독중재인

또는 여러 명의 중재인으로 구성되는 중재인단을 말한다.

4) 중소기업 기술보호와 분쟁조정

최근 중소기업의 기술 유출과 피해금액이 증가하고 있다. 중소기업에서 핵심기술은 중요한 자산이자 경쟁력과 생존의 원천이다. 국내 중소기업의 기술의존도가 점차로 높아지고 있는 반면 기술보호에 대한 인식이 부족하고 보안체계의 수립이 미흡하여 핵심기술의 유출이 지속적으로 증가하고 있다. 또한 대기업 및 국내·외 다른 중소기업과의 기술계약을 적극적으로 추진하는 과정에서 불법적인 기술의 유출 및 침해행위가 끊임없이 발생하여 기업의 존립에 심각한 위협을 초래해왔다. 최근, 해외에 진출하는 경쟁력이 있는 중소기업의 경우도 기술유출로 인한 피해가 심각한 것으로 나타나고 있다.

중소기업 기술보호 역량 및 수준 조사에 따르면 기술유출 경험이 있다고 응답한 중소기업은 12.5%이며, 기술 유출 횟수는 1.6건, 건당 평균 피해금액은 15.8억원으로 나타났다.[2)]

영업비밀 유출 관리에 필요한 요소는 관리적 보안, 물리적 보안, 기술적 보안이다.

중소기업 기술을 부정경쟁방지법상 영업비밀로 보호하기 위해서는 비공지성(비밀성), 경제적 유용성, 비밀관리성을 갖추어야 한다.

분쟁이 발생하게 되면 경제적 가치가 있고 공지되지 않은 정보라는 점만으로는 부족하고 회사에서 기술보호를 위한 합리적 노력이 있었다는 점이 필요하다.

5) 중소기업 기술분쟁 조정 중재

중소기업 기술분쟁이 발생하면 조정과 중재를 통해 해결을 시도하고 있다.

(1) 분쟁 해결

전·현직 판사, 변호사, 기술전문가 등으로 구성된 조정부 또는 중재부가 공정하고 합리적인 조정 또는 중재로 분쟁 해결을 지원한다.

중재의 경우, 당사자 간 서면으로 중재부의 판정에 따른다는 합의가 필요하다.

관련 법률 「중소기업기술 보호 지원에 관한 법률」 제23조~제28조, 「중소기업기술 보호 지원에 관한 시행령」 제12조~제18조, 「부정경쟁방지 및 영업비밀보호에 관한 법률」, 「산업기술의 유출방지 및 보호에 관한 법률」이 있다.

---

2) 중소기업청, 중소기업기술보호매뉴얼, 2018.

(2) 부정경쟁 방지 및 영업비밀보호에 관한 법률

제1조(목적) 이 법은 국내에 널리 알려진 타인의 상표·상호 등을 부정하게 사용하는 등의 부정경쟁행위와 타인의 영업비밀을 침해하는 행위를 방지하여 건전한 거래질서를 유지함을 목적으로 한다.

"영업비밀"이란 공공연히 알려져 있지 아니하고 독립된 경제적 가치를 가지는 것으로서, 비밀로 관리된 생산방법, 판매방법, 그 밖에 영업활동에 유용한 기술상 또는 경영상의 정보를 말한다.

제 3 절 창 업

중소기업의 창업이란 중소기업을 새로 설립하는 것을 말하며, 창업자란 중소기업을 창업하는 자와 중소기업을 창업하여 사업을 개시한 날부터 7년이 지나지 않은 자를 말한다(「중소기업창업 지원법」 제2조 제1호·제2호).

회사설립을 위하여 거치는 절차는 발기인 구성에서부터 사업자등록을 신청할 때까지 최대 18단계를 거치며 평균 22일이 소요되고 있다.[3)]

1. 창업 혜택과 청년창업 요건

1) 창업 중소기업 혜택

국민내일배움카드 제도는 공무원, 사립학교 교직원, 연 매출 1억 5천만원 이상의 자영업자, 월 임금 300만원 이상의 대기업근로자, 특수형태근로종사자를 제외한 누구나 신청 가능한 교육비 지원 정책이다. 1년에 300만원에서 최대 500만원까지 자신이 원하는 교육비의 60~100%를 지원받을 수 있다.

청년내일채움공제는 근로자와 기업, 정부가 함께 공제금을 적립해서 만기 시 성과보상금 형태로 돌려주는 적립금 제도다.

---

3) 법무부, 열린법무행정, 법무부 정책백서, 2007, p.241.

2) 청년창업중소기업

(1) 개인사업자로 창업하는 경우

창업 당시 15세 이상 34세 이하인 사람으로서, 다만 병역을 이행한 경우 에는 그 기간(6년 한도)을 창업 당시 연령에서 빼고 계산한 연령이 34세 이하인 사람을 포함한다.

(2) 법인으로 창업하는 경우

개인사업자로 창업하는 경우의 요건과 지배주주 등으로서 해당 법인의 최대주주 또는 최대 출자자이어야 한다는 요건을 모두 충족해야 한다.

감면기간 및 감면비율은 창업 후 최초로 소득이 발생한 연도(사업개시 후 5년이 되는 날까지 소득이 발생하지 않는 경우 5년이 되는 날이 속하는 과세연도)와 그 다음 과세연도의 개시일부터 4년 이내에 끝나는 과세연도까지 해당 사업에서 발생한 소득에 대한 소득세 또는 법인세의 50~100%에 상당하는 세액을 감면한다.

창업과 관련해 지원법 등을 살펴보면 다음과 같다.

2. 중소기업창업 지원법

제1장 총칙

제1조(목적) 이 법은 중소기업의 설립을 촉진하고 성장 기반을 조성하여 중소기업의 건전한 발전을 통한 건실한 산업구조의 구축에 기여함을 목적으로 한다.

제5조(창업 정보의 제공) 정부는 창업자에 대하여 창업 및 중소기업의 성장과 발전에 필요한 자금, 인력, 기술, 판로, 입지 등에 관한 정보를 제공하기 위하여 필요한 시책을 강구하여야 한다.

3. 정부 창업자금 유형별 분류

부처별로 중소벤처기업부가 가장 높은 비중을 차지하고 과학기술정보통신부, 행정안전부, 고용노동부 순이다.

1) 지원 유형별

창업사업화, 연구개발, 시설공단, 창업교육, 멘토링 순이다.
정부지원자금은 보조금, 연구개발 출연자금, 정책(융자) 자금 등 3종류가 있다.

2) 정부 소상공인 정책자금

소상공인의 성장기반 마련 및 경영안정을 위해 다양한 정부 정책자금을 지원한다.

3) 소상공인 일반경영안정자금·창업초기자금·사업전환자금

- 지원대상: 경영애로를 겪고 있는 소상공인
- 대출금리: 정책자금 기준금리+0.6% 이내(변동)
- 대출한도: 1억원 이내
- 대출기간: 5년(2년 거치 3년 상환)

4) 소상공인 성장촉진자금

- 지원대상: 업력 3년 이상, 경영애로를 겪고 있는 소상공인(제조업 제외)
- 대출금리: 정책자금 기준금리+0.4% 이내(변동)
- 대출한도: 1억원 이내
- 대출기간: 5년(2년 거치 3년 상환)

5) 소상공인 청년고용특별자금

- 지원대상: 청년 소상공인 또는 청년 1인 이상 고용한 업체
- 대출금리: 정책자금 기준금리+0.4% 이내(변동)
- 대출한도: 1억원 이내
- 대출기간: 5년(2년 거치 3년 상환)

4. 정부에서 지원하는 저금리 대출상품

1) 청년전용 버팀목 전세대출

주택도시 기금에서 운용하는 전세자금 대출이다.

만 19세 이상에서 만 34세 이하의 세대주이면서 연소득 5천만원 이하인 경우에는, 최대 7천만원까지 1.5% 금리로 상품을 이용할 수 있다.

2) 수익 공유형 모기지

주택도시 기금의 수익 공유형 모기지는 생애최초로 주택을 구입하거나 5년 이상 무주택자가 주택구입시 수익을 공유하는 대출상품으로 1.5% 고정금리로 최대 2억원까지 이용할 수 있다.

3) 청년고용 소상공인 대출

만 39세 이하 청년고용시 최대 5년간 1억원까지 대출

4) 버팀목 전세자금

주택도시 기금에서 운용하는 상품으로 최대 1.2억원까지 연 1.8% 금리로 자금을 이용할 수 있다.

5) 집 마련 디딤돌 대출

부부합산 연소득 6천만원 이하인 경우, 최대 2.6억원까지 1.85% 금리로 이용할 수 있다.

6) 일반경영 안정자금

소상공인 정책자금 중 일반경영안정자금으로 최대 1억원까지 1.91% 금리로 이용 가능하다.

제 4 절 기업의 성공요인과 실패요인

중소기업은 성공과 실패를 거듭한다.

성공하는 사람은 성공하는 이유가 있고 실패하는 사람은 실패할 수밖에 없는 이유가 있다.

1. 기업의 성공 요인

1) 자체기술 개발 및 축적을 위한 연구개발 투자
2) 인간적 노무관리를 통한 노사공감대 형성
3) 핵심 전문인력의 배양
4) 철저한 품질관리
5) 경영자의 뛰어난 선견지명과 판단력
6) 경영자의 리더십과 원만한 대인관계
7) 수출 위주의 전략으로 자생력 확보
8) 기술개발과 기술제휴 및 도입
9) 정부 정책에 순응, 정부정책적 지원혜택 적극 활용

2. 중소기업의 실패 요인

중소 기업인들이 당면하고 있는 가장 심각한 문제는 실패 확률이 높다는 데 있다. 한국은행의 조사에 따를 경우 1998년부터 2002년까지 5년 동안 23,600여 개의 중소기업이 부도를 경험한 것으로 나타나고 있다.

국가경제에서 중소기업이 차지하는 비중이 매우 크고 그 역할이 막중함에도 불구하고 우리나라 중소기업이 안고 있는 제반 문제점들이 많이 있다. 이와 같은 문제점들을 살펴보면 다음과 같다.

1) 규모의 영세성

우리나라의 경우 중소기업의 규모는 영세하다. 2018년말 기준 중소기업이 전체 국내기업중 99%를 차지하고 있다.[4] 특히 개인기업이라 할 수 있는 소상공인이 88.5%로써 절대다수를 차지하고 있다. 이와 같이 규모가 영세하고 자본이 부족한 관계로 대외 경쟁력이 약하여 조그마한 외부충격에도 이를 감내하지 못하고 흔들거리며 도산하는 업체들이 많이 발생하고 있다.

---

4) 연합뉴스 2020.10.28.자 기사.

2) 비합리적인 기업경영

우리나라 대부분의 중소기업은 기업주 단독으로 경영이 이루어져 유능한 참모진의 도움을 받을 수 없기 때문에 중요한 의사결정이 객관적인 정보와 충분한 자료의 검토 없이 기업주의 경험과 직관에 의거 즉흥적으로 이루어지는 경우가 대부분이다.

3) 자금 확보의 어려움

중소기업이 사업 규모를 키우려고 해도 사업자금을 대출하는 것이 쉽지 않다. 은행 문턱은 여전히 높다.

성공한 기업가들은 그런 혹독한 실패를 극복하고 승리한 사람들이다. 실패 원인 중 보편적인 요인을 열거하면 다음과 같다.

(1) 경영자의 사업능력 부족
(2) 무리한 사업 확장
(3) 가수금과 가지급금이 많으며 방만한 자금관리
(4) 경영자의 분식회계와 부정
(5) 기술개발 노력 부족
(6) 최고경영자의 독단적인 기업경영
(7) 노사 간 갈등 심화
(8) 경영환경 변화에 대한 대응 부족

제 5 절 기업회생과 파산

1. 기업회생의 의의

기업회생은 재정적 어려움을 인하여 파탄에 직면한 개인 또는 법인에 대하여 사업을 계속할 때의 가치가 사업을 청산할 때의 가치보다 크다고 인정되는 때에 법원의 감독 아래 채권자, 주주, 지분권자와 이해관계인의 법률관계를 조정하여 채무자 또는 사업을 회생시키는 제도다. 회생제도의 목적은 법원 감독하에 채권자·주주·지분권자 등

이해관계인의 법률관계를 조정하여 채무자 또는 그 사업의 효율적인 회생을 도모하는 것이다. 법원은 채무자, 채권자 또는 주주의 신청에 따라 회생절차개시결정을 하고 관리인을 선임한다. 원칙적으로 채무자가 관리인으로 선임된다. 채무자가 개인, 중소기업, 건실한 기업지배구조의 공기업인 경우, 법원은 관리인을 선임하지 않고 채무자에게 재산 관리 및 처분 권한을 일임할 수 있다. 관리인은 법원의 감독을 받는다. 관리인은 채무자의 업무와 재산관리상태를 보고해야 하고, 회생계획안을 법원이 정한 기한 내에 제출해야 한다. 반면에 인가 후에도 회생계획을 수행할 수 없는 것이 명백하게 된 때에는 회생절차는 폐지가 되며, 확정된 이후에도 법원이 파산의 원인이 되는 사실이 있다고 인정하면 파산선고를 한다.

2. 파산 절차

채무자가 경제적 어려움으로 채무를 변제할 수 없거나 파탄상태에 직면한 경우, 채무자는 법원에 회생 또는 파산신청을 할 수 있다. 도산절차는 2006. 4. 1. '채무자 회생 및 파산에 관한 법률'이 제정되면서 새로운 전기를 맞았다. 2017. 3. 1. 우리나라 최초의 회생·파산 전문법원인 서울회생법원이 설치되어 재판에 대한 국민의 신뢰를 증진하고 구조조정과 개인채무 조정절차에서 실질적인 법치주의를 구현하는 데 큰 기여를 할 것으로 기대하고 있으며, 그 밖에도 전국의 지방법원에 설치된 도산사건 담당 재판부가 도산사건을 신속하고 적정하게 처리하고 있다.

법원은 채권자나 채무자 신청에 따라 채무자가 지급불능상태에 있다고 판단되면 파산을 선고한다. 만약 채무자가 개인인 경우 남은 채무에 대하여 면책받을 수 있다. 그러나 낭비 또는 사기행위 등으로 파산에 이른 경우에는 면책이 허가되지 않는다. 회생절차는 재정적 어려움으로 파탄에 직면해 있는 채무자회사에 대하여 채권자, 주주·지분권자 등 여러 이해관계인의 법률관계를 조정하여 채무자회사 또는 그 사업의 효율적인 회생을 도모하는 제도이다.

회생절차 신청업무는 법률적 판단만이 아니라 경영적 판단을 요하는 것들이 많고 구체적 법적 분쟁의 해결을 주안점으로 하는 통상적인 쟁송업무와는 달리 법률적 지식 이외에도 기업의 경영·재무·회계·금융, 법원의 실무관행·경향 등 비법률적 분야에도 폭 넓은 지식과 경험을 통한 전문성이 요구된다.

3. 중소기업 분쟁사례 판례

건설 도급계약의 체결방식의 경우로서, 보통 건설공사에 관한 건설도급계약은 크게 구두에 의한 방법, 계약서에 의한 방법, 입찰에 의한 방식으로 나누어진다.

일반적인 입찰절차는 보통 입찰공고 → 입찰자 등록 → 건축주의 현장 설명 → 견적서 제출 → 입찰의 심사 → 입찰서 개찰 → 낙찰자 결정의 순서로 진행된다.

정부는 종래 최저가만으로 낙찰자를 결정함으로써 덤핑입찰, 부실시공의 악순환이 발생하는 것을 방지하기 위하여 경쟁입찰시 입찰가격 이외에도 이행실적, 기술능력, 경영상태, 과거 이행 성실도 등을 종합적으로 심사하는 적격심사 낙찰제를 실시하고 있다. 다만, 입찰가격 적정성뿐만 아니라 시공실적 중 하도급 준부분, 실적산정 기준시기 등에 따라 실적이 달라져 다툼이 발생하고 있는 실정이다. 국가를 당사자로 하는 계약에 관한 법률의 목적은 동법 제1조, 제2조, 제3조에 규정되어 있다.

제1조(목적) 이 법은 국가를 당사자로 하는 계약에 관한 기본적인 사항을 정함으로써 계약업무의 원활한 수행을 도모함을 목적으로 한다.

제2조(적용범위) 이 법은 국제입찰에 의한 정부조달계약, 국가가 대한민국 국민을 계약상대자로 하여 체결하는 계약 등 국가를 당사자로 하는 계약에 대하여 적용한다.

대법원 2014. 11. 13. 선고 2014다20875,20882, 판결【해고무효확인등·해고무효확인】

〈판시사항〉

[1] 정리해고의 요건으로 '긴박한 경영상의 필요'에 장래에 올 수도 있는 위기에 미리 대처하기 위하여 인원 감축이 객관적으로 보아 합리성이 있다고 인정되는 경우도 포함되는지 여부(적극)

[2] 기업 운영에 필요한 인력의 규모와 잉여인력 등에 관한 경영자의 판단을 존중하여야 하는지 여부(원칙적 적극)

[3] 정리해고의 요건 중 '해고를 피하기 위한 노력을 다하여야 한다'는 것의 의미

[4] 유동성 위기로 회생절차가 진행 중이던 甲 주식회사가 경영상 이유로 乙 등을 해고한 사안에서, 제반 사정에 비추어 정리해고가 긴박한 경영상의 필요에 의한 것으로 볼 여지가 상당하고 甲 회사가 해고회피를 위한 노력을 다한 것으로 보아야 하는데도, 이와 달리 본 원심판결에 법리오해 등의 잘못이 있다고 한 사례

대법원 2015. 5. 28. 선고 2012두25873 판결【부당해고구제재심판정취소】[공2015하,877]

〈판시사항〉

정리해고의 요건 중 '긴박한 경영상의 필요'에 장래에 올 수도 있는 위기에 미리 대처하기 위하여 인원삭감이 필요한 경우가 포함되는지 여부(한정 적극) 및 '긴박한 경영상의 필요'가 있는지를 판단할 때 법인의 일부 사업부문 내지 사업소의 수지만을 기준으로 할 수 있는지 여부(원칙적 소극)

〈판결요지〉

정리해고의 요건 중 '긴박한 경영상의 필요'란 반드시 기업의 도산을 회피하기 위한 경우에 한정되지 아니하고, 장래에 올 수도 있는 위기에 미리 대처하기 위하여 인원삭감이 필요한 경우도 포함되지만, 그러한 인원삭감은 객관적으로 보아 합리성이 있다고 인정되어야 한다.

또한 '긴박한 경영상의 필요'가 있는지를 판단할 때에는 법인의 어느 사업부문이 다른 사업부문과 인적·물적·장소적으로 분리·독립되어 있고 재무 및 회계가 분리되어 있으며 경영여건도 서로 달리하는 예외적인 경우가 아니라면 법인의 일부 사업부문 내지 사업소의 수지만을 기준으로 할 것이 아니라 법인 전체의 경영사정을 종합적으로 검토하여 결정하여야 한다.

출처: 대법원 2015. 5. 28. 선고 2012두25873 판결[부당해고구제재심판정취소], 종합법률정보 판례

이밖에도 중소기업 분쟁은 기술분쟁과 영업비밀 침해분쟁, 해외특허기술 분쟁 등 다양한 형태로 나타나고 있다.

제 2 부

중소기업 인적자원관리와 전략적 ESG 경영

제 4 장 중소기업 인적자원관리

기업은 지속가능 성장을 궁극적 목표로 영속성을 갖고 이익을 추구하는 인간의 집합체로서 기업의 주체는 사람이다. 따라서 기업의 규모와는 관계없이 기업은 항상 전문적인 지식과 경험을 가진 유능한 인적자원을 확보하려고 한다.

인재 경영의 창시자인 스탠퍼드대 제프리 페퍼(Jeffrey Pfeffer) 교수는 높은 성과를 달성한 기업들이 성공할 수 있었던 궁극적인 요인은 업종의 선택이나 기술개발, 대규모 설비투자가 아니라 바로 '사람' 즉 인적자원의 경쟁력이었다고 주장한다.

대기업에 비하여 여러 가지 인적자원관리 능력이 미흡한 중소기업은 인사활동에 많은 어려움이 있지만 기업의 목적을 달성하기 위해 기업은 합리적인 인사관리 활동으로 조직의 유효성을 높여야 한다.

이에 중소기업도 효과적인 인적자원관리 수행을 위해서는 '직무(일)'를 중심으로 서로 톱니바퀴처럼 밀접한 관계를 갖고 있는 인사관리의 제 활동인 '확보', '개발', '평가', '보상', '유지', '방출'관리 등의 전반적인 이해와 제 기능요소들 간에 개선을 위한 강구가 인재경영 활동에 반드시 필요하다.

제 1 절 인적자원관리의 개요

1. 의 의

1) 개 념

인사관리(personal management)란 경영활동에 투입되는 여러 가지 자원 중에서 사람에 대하여 연구하는 경영학의 한 분야로서, 기업의 경제적 효율성과 사회적 효율성을 극대화하기 위해서 조직의 구성원과 그 구성원이 수행하는 직무를 대상으로 확보, 개발, 평가, 보상, 유지, 방출활동을 계획, 실행, 통제하는 활동을 말하는 것으로 이들 인적자원관리 활동에는 조화를 이루어야 한다.

2) 목 적

인사관리 목표 추구의 이상적인 유형은 경제적 효율성과 사회적 효율성을 동시에 극대화시켜야 하는 것으로, 이를 위해서 기업은 조직과 종업원 간의 고도의 협동시스템을 구축하기 위해 노력해야 하는 것으로 요약하면 다음과 같다.

첫째, 인사관리의 목표는 상위목표인 기업조직의 목표에서 도출되어야 하며 기업조직의 목표달성에 기여해야 한다.

둘째, 인사관리의 목표는 경제적 효율성 추구와 사회적 효율성 추구로 구분된다.

셋째, 이러한 인사관리의 목표들 간에는 상호보완관계와 상호경쟁관계가 동시에 존재하며 이러한 두 목표 간에는 조정시스템이 구축되어야 한다.

3) 인적자원의 특징

인적자원은 타 생산요소(토지, 자본)와 달리 차별화된 가치를 기업에 제공해 주기 때문에 가장 중요한 생산요소이다(제프리 페퍼, Hidden value).

2. 인적자원관리의 이론 변천

1) 기계적 접근: Taylor의 과학적 관리론

(1) 형성 배경

기계적 접근은 테일러(Taylor)의 과학적 관리법(the principle of scientific management)을 출발점으로 형성, 테일러가 활동했던 19세기 말과 20세기 초 미국의 공장관리는,

① 상사의 경험과 주관에 의한 작업 지시

② 작업들 간의 유기적 조정 불가피

③ 조직적 태업

④ 성과급제에 대한 불신으로 능률향상이 이루어지지 못하는 상황으로 테일러는 이 문제를 해결하기 위해서 "과학적 관리(scientific management)" 이론을 정립하고 과업관리를 하게 되었다.

(2) 테일러의 과학적 관리 원칙

① 시간과 동작연구(time and motion study): 작업자들이 수행하는 과업의 양은 단순히 과거의 경험에 의해서 결정하는 것이 아니라 과학적인 방법인 동작연구와 시간연구를 통한 표준화에 의해 결정

② 차별적 성과급제(differential piecework system): 동작연구와 시간연구를 통해 설정된 표준과업 또는 표준시간을 달성한 자에게는 높은 임금을 지급하고, 실패한 자에게는 낮은 임금을 지급하는 임금형태

③ 기획부제도(planning department system): 주기적인 동작연구와 시간연구를 통해 표준과업 또는 표준시간을 조정할 필요가 있으며 이 역할을 담당하는 기획부제도가 생겨나게 됨

④ 직능별 직장제도(functional foremanship): 작업을 전문화하고 각 전문분야마다 감독자인 직장(foremanship)을 두어 작업자를 전문적으로 지휘 및 감독

⑤ 작업지도표제도(instruction card system): 작업을 분담하여 감독하는 직능별 직장들에게 작업지도표에 따라 작업을 지도하게 하는 제도

(3) 기계적 접근의 내용

① 직무는 가능한 한 전문화(분업)되어야 하고, 기계의 역할을 높여 생산의 효율성

을 추구해야 하며 작업조건은 양질의 표준화된 수준을 유지
② 인간은 생산의 한 요소로 간주
③ 인간을 "경제적 동물"이라는 관점에서 이해(경제인 가설)

(4) 평 가

① 공헌: 생산성 향상과 과학적 관리
② 비판: 노동소외 및 노동에서의 인간성 상실, 인간행동에 대한 설명 부족

2) 인간관계적 접근: 인간관계론(Human Relations), 호손연구(Hawthorne studies)

(1) 형성 배경

① 인간관계적 접근은 1920년대 미국의 시카고 근처의 한 전화기 제조회사인 호손 공장에서 실시된 일련의 연구결과를 기초로 하여 형성됨
② 당시 호손공장에서는 테일러의 과학적 관리법에 입각한 성과급 제도를 도입하고 있었으나 생산성 측면에서 만족스럽지 못했고, 이에 따라 작업환경이 물리적 변화나 작업시간, 임률의 변화 등에 생산성 연구가 진행됨

〈표 4-1〉 호손실험의 주요 내용

구분	내용
① 조명실험 (부시와 바커, 1924~1927)	조명도↕ → 작업능률 ↑
② 계전기 조립작업 (메이요, 1927~1929)	작업시간, 휴게시간 등 변화 → 작업능률 ↑ 환원 → 여전히 작업능률 ↑ ※ 우호적 분위기, 자랑, 책임감 등 작업자의 심리적 변화 중요
③ 면접조사 (메이오, 1928~1930)	사회적 조건들이 작업자의 태도에 영향
④ 배전기 전선 작업실의 관찰 (메이요, 1931~1932)	자주적인 비공식적 조직, 도덕률

(2) 인간관계적 접근의 내용

① 직무전문화는 일에 대한 흥미와 작업의욕을 감소시키므로 가치가 평가 절하
② 작업장에서는 물리적 작업조건보다 작업자의 심리적·사회적 조건이 더욱 중요
③ 인간을 '사회적 동물'로 보았고, 다면적이고 복잡한 존재로서 인간, 비합리적 인

간으로서의 측면을 인식(사회적 가설)

④ 공식집단 보다 사적인 인간관계로 맺어진 비공식집단이 종업원 개개인의 행동에 미치는 영향이 더 큼

⑤ 비경제적인 보상을 강조

(3) 평 가

① 공헌: 인간행동에 대한 새로운 시각 제고, 행동과학의 기초 마련

② 비판: 조직없는 인간, 사탕발림 인사관리(sugar management)

3) 인적자원 접근(전략적 접근)

(1) 형성 배경

1960년대 마일즈(Miles, 1965)에서 시작. 기존의 인력을 비용으로 보는 관점에서 자산이자 지속적인 경쟁우위의 원천으로 보는 관점으로의 전환

(2) 개 념

종업원이 보유하고 있는 지식·기술·능력(KSA)을 경제적인 가치로 평가할 수 있다는 관점

(3) 내 용

인적자원을 기업경쟁력의 주요한 요소로 인식하고, 이를 동기부여하고 개발해야 하는 것으로 인식, 기업의 환경을 고려한 경영전략과 조직구조, 인적자원 간의 관계에서 최대의 적합성이 유지될 때 기업경쟁력이 확보됨

※ 자원기반이론

특정기업이 보유한 자원을 통하여 지속적인 경쟁우위를 확보하기 위해서는 첫째, 가치있고(valuable), 둘째, 드물고(rare), 셋째, 모방이 불가능하고(inimitable), 넷째, 경쟁사가 다른 자원으로 대체할 수 없는(nonsubstitutable) 자원이 있어야 한다는 이론(Barney, 1997)

※ 전략경영

조직목표를 효과적으로 달성하기 위해 동원되는 모든 자원을 계획, 조직, 지휘, 통제, 조정하는 것

4) 노동지향적 접근

(1) 기존의 인사관리는 자본가의 이윤 증식을 위해서만 전개되어 왔다고 판단하고, 종속적 관계에 있는 근로자의 이익을 관철시키기 위한 이론적인 틀을 제공하는데 목적으로 두고 있는 접근법

(2) 노동을 자본과 최소한 대등한 위치로 자리매김해야 한다고 주장

(3) 자본의 논리인 기존의 합리성에서 탈피하여 해방적 합리성을 추구해야 하며, 근로자가 노동에서 자아실현을 할 수 있도록 배려해야 한다는 것

3. 환경변화와 인적자원관리

1) 인력 구성의 변화: 외국인, 신세대, 고령화, 비정규직

2) 근로가치관의 변화: 가정생활과 직장생활에서 WLB(Work Life Balance) 중시, 애사심↓, 직무몰입도↓

3) 글로벌 인재 수용도: 언어소통·협동 문제, 해당국가의 법적·상관행 등에 대한 이해 등이 주요 이슈

4) 스마트 워크 확산: 장소나 시간에 구애받지 않는 근무, 소속감 저하 우려

5) 윤리경영에 대한 요구 증대: 기업의 사회적 책임, 기업과 종업원의 균형(조직정의)

4. HRD 패러다임의 변화와 전망[1)]

1) 내부 노동시장 중심에서 외부 노동시장 중심으로의 이행

한국기업의 경영혁신을 보면, 인적자원관리시스템이 과거의 내부노동시장 중심의 체계로 이동하고 있는데 이는 급변하는 경영환경 속에서 내부노동시장 중심의 인적자원관리 체제를 유지하는 것은 외부환경에 대한 적응을 어렵게 할 뿐만 아니라 고정적 인건비의 비율을 높여 경영의 효율성을 저하시키게 되기 때문이다.

---

1) 소기동 편저, 인사노무관리론, 법학사, 2008.

2) 집단주의에서 개인주의로의 이행

우리나라의 기업들은 집단주의 인사관행에 젖어 서로가 부담스러운 경쟁을 피하고, 공생공사하는 바람직하지 못한 공동체 논리를 받아 들여왔다. 따라서 우수한 사람도 동료들에게 상대적으로 피해를 주지 않기 위하여 최선을 다하지 않는 등의 행태가 관행처럼 되어왔던 것이 사실이다. 그러나 최근 우리 기업들은 이러한 인사관행을 과감하게 청산하고 성과급제도, 능력에 의한 승진 등을 통해 기업의 경쟁력을 높이려는 개인 중심의 인적자원관리 전략을 받아들이고 있다.

3) 사람 중심에서 직무 중심으로의 이행

인적자원관리에서 가장 중요한 것은 직무가 요구하는 요건을 충족하는 사람에게 그 직무를 수행하도록 하는 '적재적소의 원칙'이다. 그간 우리 기업들은 직무가 아닌 사람, 즉 신분 혹은 일반적인 능력을 근간으로 한 직급체계를 가지고 이를 중심으로 모든 인사관리가 이루어져 왔다. 그러나 최근, 직무의 가치체계를 먼저 결정하고 그 다음에 해당 직무를 수행할 사람을 찾는 순서로 인적자원관리가 이루어지기 시작하고 있다.

4) 인사의 스탭(staff) 기능 중심에서 현장관리자 중심으로의 이행

인적자원관리의 대부분은 인사부서가 아니라 현장관리자가 담당해야 하는 업무영역이었음에도 그간 우리 기업들의 인사관리는 인사권을 지나치게 강조한 나머지 최고경영자와 인사부서 중심으로 이루어져 왔다. 그러나 이는 조직의 규모가 커지고 직무의 내용이 복잡 다양해지면서 한계에 부딪히게 기업경영의 효율성 차원에서 인사부서 중심의 인적자원관리가 현장관리자 중심의 인적자원관리로 이행되고 있는 추세이다. 대신 인사부서는 현장관리자에 대한 자문역할과 최고경영자를 위한 전략스탭으로서의 역할을 수행하게 된다.

5) 연공 중심에서 성과 중심으로의 이행

집단주의와 맞물리는 문제이기도 한 연공주의는 인적자원관리에 있어서는 기업의 성과를 내는 데 있어서 크게 역할을 하지 못할 것이다. 연공이 높아지면서 높아지는 임금의 비중은 성과에 비해 부담스러운 것이 되고 기업의 경쟁력 제고에 마이너스로 작용할 것이기 때문이다. 그러한 이유로, 점차로 연공보다는 성과중심의 인사관리가 이루어지고 있는 것이 현실이다.

6) 표준형 인재 중심에서 특성화된 전문가형의 인재 중심으로의 이행

과거 평생직장을 강조하던 시대에는 여러 분야에 걸쳐 두루 지식을 갖춘 표준형 인재가 요구되었지만 앞으로는 특정 분야에 대해 깊이 있는 전문직 능력을 갖춘 전문인력을 필요로 하는 시대가 되었다.

제 2 절 직무관리

1. 직무분석

1) 의 의

직무의 내용, 직무수행에 필요한 직무수행자의 행동, 육체적 정신적 능력 등을 밝히는 것으로 직무와 관련된 정보를 체계적으로 수집, 분석, 정리하는 과정을 말한다.

2) 목 적

직무기술서와 직무명세서를 작성해서 직무평가를 하고자 하는 것이지만, 직무분석을 통해서 얻어진 정보를 조직구성원의 목표달성을 위한 행동을 평가하는데 상당한 중요한 역할을 하며 인사관리 전반을 과학적으로 관리하는데 기초를 제공한다.

(1) 인력확보 측면

해당 기업에 필요한 직무의 종류와 양을 파악하여 인력 산정을 가능하게 하고 필요인력과 인건비를 비교해 충원해야 할 직무의 우선순위를 판단하는데 유용한 정보제공, 또한 선발과 배치도 직무가 요구하는 자격 요건을 기준으로 보다 과학적이고 적합하게 수행하게 한다.

(2) 인력평가 및 개발 측면

인사고과에 있어서 직무가 요구하는 작업 수행자의 능력에 관한 정보는 작업수행자 능력 평가의 명확한 기준이 되며, 교육훈련에 대한 명확한 정보를 제공. 또한 직무순환에 대한 필요한 정보를 제공하여 직무순환을 통한 경력개발의 효율성을 제고한다.

(3) 인력보상 측면

각 직무의 수행과정에서 각 직무의 상대적 가치를 결정하고(직무평가), 인사고과에 의해 특정 종업원을 판단하며 이 양자의 종합으로 임금의 결정을 가능하게 한다.

(4) 인력유지 측면

직무수행방법 및 사용장비에 대한 정보는 작업장에서의 안전사고 예방 대책 수립을 용이하게 한다.

(5) 인력방출 측면

인력감축 시 직무의 가치와 다른 작업자에 의한 대체 가능성 등에 대한 정보를 통해 합리적으로 결정할 수 있으며, 직무정보를 활용한 직무구조 개선을 통해 직무불만족에 의한 이직을 줄일 수 있다.

3) 직무분석의 절차

(1) 예비조사

직무분석에 필요한 지식을 얻는 단계로서 이에는 분석목적의 결정, 분석범위 결정, 분석자 선정 등을 확립하는 단계

(2) 직무분석의 실시(본 작업)

예비조사 단계를 거쳐 직무분석의 기본사항을 정립한 때에는 직무정보를 획득하고, 획득된 직무정보를 분석하는 단계를 직무분석의 실시단계라 한다.

(3) 정리단계

정리단계에서는 조사결과를 정리하여 직무기술서와 직무명세서를 작성하게 된다.

직무기술서란 그 직무의 내용 및 성질을 설명한 문서를 말하고, 직무명세서란 인적자질, 특성, 기능, 경험 등을 기술한 문서를 말한다.

4) 직무분석을 위한 정보수집 방법

(1) 적절한 직무수집방법의 선택의 중요성

직무분석의 성과 목적에 적합성 여부에 의해 결정. 직무정보의 획득 방법과 정보원의 적절한 방법을 선택하는 것이 매우 중요하다.

(2) 정보수집 방법

① 관찰법

관찰법(observation)은 직무분석자가 수행자를 직접 관찰하여 직무정보를 수집하는 것으로 이 방법은 가장 간단하므로 사용하기는 쉽고, 특히 육체적 활동과 같이 관찰이 가능한 직무에는 적절히 사용될 수 있지만 지적 사고력이 많이 포함된 직무에는 관찰이 어렵고 분석할 직무가 많거나 직무의 성격이 반복적이 아닌 경우에는 관찰에 너무 많은 시간이 소요되어 비효율적일 수 있다.

② 면접법

면접법(interview)은 직무분석을 실시하는 담당자가 준비된 질문을 가지고 수행자에게 면접을 실시하여 직무정보를 획득하는 방법이다. 이 방법은 구성원으로부터 직접 자료를 얻기 때문에 자료의 실질성이 큰 반면에 면접에 너무 많은 시간이 소요될 수 있다.

③ 질문지법

질문지법(questionnaire)은 직무에 대한 설문지를 작성하여 구성원으로 하여금 이에 응답하도록 하여 직무분석에 필요한 직무정보를 수집하는 방법이다. 이 방법은 설문서가 잘 설계되고 작업자들이 정확한 정보자료를 제공하는 경우에는 크고 많은 구성원들로부터 비교적 단시간 내에 정보자료를 수집할 수 있는 장점이 있지만 설문서를 잘 설계하려면 많은 노력과 비용이 소요되며 설문서 자체가 너무 길어질 위험성이 있다.

④ 중요 사실기록법

중요 사실기록법(critical incidents method)은 직무수행자의 직무행동 가운데 성과와 관련하여 효과적인 행동과 비효과적인 행동을 구분하여 그 사례들을 수집하고, 이러한 사례로부터 직무성과에 효과적인 행동패턴을 추출하여 분류하는 방법이다. 이 방법은 직무행동과 직무성과 간의 관계를 직접적으로 파악할 수 있다는 장점이 있는 데 반해, 단점으로는 수집된 많은 직무행동을 분류·평가하는데 많은 시간과 노력이 소요된다는 것이다.

⑤ 작업기록법

작업기록법(employee recording)은 직무수행자가 매일 작성하는 작업일지나 메모사항을 가지고 해당 직무에 대한 정보를 수집하는 것이다. 이 방법은 관찰하기 어려운 직무정보, 예를 들면, 엔지니어, 과학자, 고급관리자가 수행하는 직무를 분석할 때 많이 활용된다.

⑥ 워크샘플링법

워크샘플링법(work sampling)은 관찰법을 개발한 것으로 전체 작업과정 중 무작위로 관찰하여 정보를 얻는 방법이다.

⑦ 혼합법

혼합법(mixed method)은 여러 가지 정보수집방법을 혼용하는 방법이나.

5) 직무기술서와 직무명세서

직무분석자는 직무에 대한 정보수집을 위한 적절한 방법의 선택과 직무분석기법을 동원하여 직무를 분석하는데 그 결과 직무기술서와 직무명세서가 작성된다. 이들이 바로 직무분석 활동의 산출물(output)이 된다. 기업 실무에서는 'Job Profile'이라고 하여 편의상 직무기술서와 직무명세서 내용을 같이 서술하기도 한다.

(1) 직무기술서

직무기술서(job description)에는 직무의 내용, 직무수행에 필요한 원재료, 설비, 작업도구, 직무수행 방법 및 절차 그리고 작업조건 등이 기록된다.

(2) 직무명세서

직무명세서(job specification)에는 해당 직무를 수행하는 작업자가 갖추어야 하는 자격요건이다. 즉, 인적 특성(KSA)에 대해 밝힌다.

〈표 4-2〉 직무기술서와 직무명세서에 포함되는 사항

직무기술서	직무명세서
• 직무 명칭 • 직무의 소속직군, 직종 • 직무내용의 요약 • 수행되는 과업 • 직무수행의 방법 • 직무수행의 절차 • 사용되는 원재료, 장비, 도구 • 사용되는 타직무와의 관계 • 작업조건(작업집단의 인원수, 상호작용의 정도 등)	• 직무 명칭 • 직무의 소속직군, 직종 • 요구되는 교육 수준 • 요구되는 기능/기술 수준 • 요구되는 지식 • 요구되는 정신적 특성(창의력, 판단력 등) • 요구되는 육체적 능력 • 요구되는 작업 경험 • 책임의 정도

자료: 박경규, 신인사관리 p.137.

6) 직무분석 결과의 활용

분석된 직무의 정보들은 인사관리의 제반 활동 즉, 확보, 개발, 평가, 보상, 유지, 방출 등의 영역에 활용될 수 있다.

(1) 인적자원계획

인적자원의 수급계획을 수립하는데 기초적인 정보 제공. 직무분석에서 도출된 직무담당자의 자격요건에 대한 정보를 바탕으로 필요 지식, 기능, 능력을 지닌 인원에 대한 수요와 공급을 계획한다.

(2) 선 발

직무분석을 통해 채용될 인력이 수행할 과업들과 이를 효과적으로 수행하기 위해 보유해야 할 지식, 기술, 능력, 등을 확인할 수 있다.

(3) 평 가

직무분석에서 도출된 직무행동 및 직무성과의 표준과 실제작업 행동 및 직무성과를 비교하여 인사평가를 가능하게 한다.

(4) 개 발

직무분석에서 직무를 구성하는 과업들이 확인되고, 과업의 효과적 수행에 필요한 지식, 스킬, 능력의 내용과 수준이 도출되는데 이러한 KSA가 개발의 내용과 목표가 된다.

(5) 보 상

합리적인 임금관리, 특히 직무급·직능급의 확립에 활용. 직무급 체계에서는 직무의 상대적 가치를 평가하여 이를 임금결정의 기준으로 하며, 직능급 체계에서는 직무수행능력을 임금차별화의 기준으로 한다.

(6) 유 지

안전사고 예방, 직무수행 방법 등에 사용되는 장비에 대한 정보를 통하여 직무수행 위험을 측정 가능하게 하며 사고예방 대책 수립을 가능하게 한다.

(7) 방 출

개별직무의 가치, 대체가능성 등에 대한 정보를 제공하여 합리적인 인력감축 의사결정이 가능하다(인력 방출). 직무에 대한 불만족 요인 개선을 위한 정보제공(이직 방지).

(8) 직무설계

경영환경, 기술변화 등으로 변화하는 직무내용에 대한 정보는 효율적인 직무설계를 가능하게 한다.

7) 직무분석의 실패 원인과 성공 방안

(1) 직무분석의 실패 원인

직무내용의 변화 등으로 인한 직무분석정보가 업데이트 되지 않고, 포괄적·추상적 목적으로 목적의식이 부재, 구성원들의 저항, 단기적 처방용으로 활용, 정태적이고 단편적인 직무분석 등이다.

(2) 직무분석의 성공방안

최고경영자의 적극 지원과 종업원 사전교육 및 홍보, 직무분석 목적을 명확히 하고 점진적인 조직변화로 인한 제반 인사기능·전략과의 연계 구축과 종업원과의 신뢰 구축을 형성한다.

2. 직무설계

1) 개 념

조직 내 업무를 수행하기 위해 요구되는 다양한 과업들을 서로 연결시켜 조직화하는 과정으로서, 그 내용과 수행방법, 수행과정 등을 말한다.

2) 목 적

직무의 기술적 측면과 사회적·심리적 측면을 고려하여 직무수행 효율성과 직무만족을 달성

3) 직무구조의 설계

(1) 전통적 접근 방법

(가) 직무 전문화의 의의

20세기 초 테일러(Taylor)의 과학적 관리법(scientific management)은 작업을 가능한 단순화(simplification)·전문화(specialization)·표준화(standardization)시켜 노동의 효율성을 증대시키는 것에 관심을 두었다. 이를 「직무전문화」(job specialization)라 한다. 이에 대한 평가는 능률 향상, 높은 생산성을 가져온 반면 지루함, 피로감, 인간성 상실을 가져온다.

(2) 과도기적 접근 방법

(가) 배 경

직무수행자의 불만족, 몰개성화, 인간적 소외감 등 문제점 보완

(나) 직무순환(job rotation)

① 의의: 직무순환은 종업원의 폭넓은 경험 및 능력개발을 목적으로 종업원을 여러 직무에 순환시킴으로써 지루함을 덜어 주고 능력을 개발시키려고 하는 제도이다.

② 적재적소의 인사관리를 하기 위한 수평적 이동

③ 개인의 다양한 경험을 통해 기능다양성 증진을 초점으로 한다

④ 관리자의 능력개발을 위한 중요한 OJT 방법의 한 가지

⑤ 기능이나 작업조건, 책임 및 권한 등이 현재의 직무와는 다른 성격의 직무로 이동하는 형태

(다) 직무확대(job enlargement)

① 의의: 전문화된 단일과업을 수평적으로 확대하는 것으로 직무를 이루는 과업의 수를 증가시키되, 권한 내지 책임 정도는 별로 증가시키지 않는 것을 말한다.

② 직무확대의 효과: 종업원들이 직무에 의해 가지는 단조로움을 줄여줌으로써 직무만족을 높이고, 이직률·결근율을 감소시킨다. 또한 기능다양성을 초점으로 하여 다양한 직무경험을 통해 능력을 개발한다.

③ 직무확대의 한계: 종업원들을 적극적으로 모티베이트시켜서 높은 성과를 달성하도록 유도하는데 미흡, 작업량 가중, 인원 감축수단 악용 소지, 노동력 착취라는 비판이 있다.

(3) 현대적 접근방법

(가) 직무충실화(job enrichment)

① 의의: 허즈버그(Herzberg)의 2요인 이론에 바탕을 두는 것으로, 종업원을 적극적으로 동기화시키기 위해서 직무 자체가 동기요인(만족요인)을 충족시킬 수 있도록 재구성되어야 한다. 종업원의 직무를 수직적으로 확대함으로써 직무내용을 보다 풍부하게 하는 것으로 의사결정의 자유재량권과 책임의 부가를 핵심내용으로 한다.

② 효과: 자유재량권·책임감을 부여하고 창의력 개발 촉진, 직무완전성을 증대함으로써 단조로움과 피로감을 줄이고 작업자의 능력 신장, 근로생활의 질(QWL)을 향상시킨다.

③ 한계: 교육훈련에 많은 시간과 비용 소모, 관리자 반발, 성장욕구가 낮은 종업원에게는 직무충실은 오히려 부담감과 좌절감을 느끼게 한다.

(나) 직무특성이론(job characteristics model)

① 의의: 해크만과 올드햄(Hackman/Oldham)에 의해 제기된 이론으로 허즈버그(Herzberg)의 2요인 이론에서 무시하고 있는 개인 간의 차이를 인정하고 조정변수로서 「종업원의 성장욕구강도」를 도입함으로써 동기부여 내지 직무만족을 설명하려는 이론이다.

② 이론의 개요

핵심직무특성 ⇒ 종업원 중요심리상태 유발 ⇒ 성과(동기부여, 이직률·결근율↓, 조직성과) // 이때 개인의 상이한 성장욕구가 성과차이를 나타냄.

③ 주요 내용

㉠ 주요 핵심직무차원을 구성하는 요소는 다음과 같다.

a. 기능 다양성(skill variety): 직무수행시 요구되는 기술+개인의 재능

b. 과업 정체성(task identity): 직무가 하나의 완전한 전체

c. 과업 중요성(task significance): 과업이 다른 작업자에게 미치는 영향

d. 자율성(autonomy): 재량권+독립된 정도

e. 피드백(feedback): 직무수행방법의 효율성에 대한 정보획득 정도

㉡ 중요 심리상태: 작업의미에 대한 경험, 작업결과에 대한 책임감 경험, 작업활동 결과 인식

㉢ 핵심 직무차원들과 결과와의 관계: 작업자가 의미있는 과업을 자기 책임 하에 수행할 수 있고, 수행의 결과를 본인이 확인할 수 있을 때, 내재적 보상을 경험하게 된다. 종업원의 동기유발, 업무수행 성과 및 만족 수준은 그만큼 커질 것이고, 결근이나 이직의 가능성은 저하될 것이다.

㉣ 조절변수

a. 작업자가 개인의 성장 욕구의 강도에 의해 조절

b. 직무가 충실화될 때 높은 성장 욕구를 가진 종업원들은 낮은 성장 욕구를 가진 종업원들보다 중요 심리상태에 대하여 낮은 성장 욕구를 가진 종업원들보다 더 긍정적으로 반응하게 된다.

(다) 사회기술시스템이론

의의: 1950년대 사회학자들에 의해 제시된 것으로 조직을 사회시스템(종업원의 심리상태와 종업원 간의 관계)과 기술시스템(기계설비 및 조작지식)의 통합된 것으로 파악한다. 즉, 기술적 요구와 인간적 요구의 동시 최적화를 추구하면서 환경적 조건에도 부합되어야 조직의 업무가 최적화된다는 것이다. 노동의 인간화 및 근로생활의 질 향상(QWL)에 영향을 미쳤다. 즉 기술+인간+환경의 최적화이다.

(라) 준자율적작업집단(semi-autonomous group)

직무충실화 프로그램이 집단수준에서 실시되고 있는 경우에 나타나는 기법으로 팀이 수행하고 있는 작업을 수직적 통합을 통해서 심화시키는 방법이다. 자율적 작업팀에서는 달성해야 할 목표가 부여되고 작업할당, 휴식시간, 검사절차 등이 팀 구성원에 의해 의해서 스스로 처리되도록 일임한다.

4) 직무과정의 설계

비즈니스 리엔지니어링(BPR): 마이클 해머(Michael Hammer)의 정의에 따를 것 같으면, 비즈니스 리엔지니어링이란 「영업실적을 나타내는 중요하고도 현대적인 척도인 비용, 품질, 서비스, 속도 등의 극적인 변혁을 실현하기 위해 업무수행 전 과정을 완전히 재고하여 근본적으로 재설계하는 것」이라고 한다. 기대효과로는 단기적 고객만족, 장기적 기업경쟁력 축적이다.

5) 근무시간 설계

고정근무시간제, 변동근무시간제, 교대근무, 휴게시간 등

6) 고려사항

전략적 정합성, 노동의 인간화, 외부노동시장, 동기부여적 설계

3. 직무평가

1) 직무평가의 의의와 목적

(1) 의 의

직무분석 정보를 토대로 해당직무의 상대적 가치를 밝히는 것으로 직무의 가치는 일반적으로 기업목표달성에 대한 직무의 공헌도로 측정된다.

(2) 목 적

공정한 임금체계의 확립을 위한 임금수준 결정기준으로 활용, 인력의 확보와 배치에 있어서의 합리성 제고, 구성원의 능력개발을 경력개발제도(CDP)의 근거자료로 활용

2) 직무평가의 방법

(1) 종합적 평가방법

전체적인 판단에 의해 직무의 상대적 가치를 평가하는 비계량적인 방법으로 서열법과 분류법 등이 있다. 이 방법은 간단하고 경비의 절약이 가능하여 소규모 경영의 직무평가에 이용이 용이

(2) 분석적 평가방법

직무분석에 따라 직무를 기초적인 요소 또는 조건으로 분석하고 이를 계량적으로 평가하는 방법으로 점수법과 요소비교법이 있다. 이 방법은 객관적이고 과학적이라는 장점이 있다.

(가) 서열법

① 서열법은 조직에 대한 직무의 상대적 가치를 전체적 포괄적인 관점에서 상호비교하여 모든 직무의 순위를 매기는 방법으로, 등급법이라고도 한다.

② 직무의 중요요소 구분을 하지 않고, 평가된 가치의 순서대로 직무의 서열을 정하는 종합적 평가방법이다.

(나) 분류법

① 분류법은 직무를 여러 등급이나 수준으로 분류하여 표현하는 것으로 직무 등급법이라고도 한다.

② 서열법에 가치측정기준을 첨가한 개선책으로 직무를 포괄적으로 평가하여 강제적으로 배정한다.

③ 정부, 학교, 서비스 조직체 등 등급 분류가 용이한 사무, 기술, 관리직에 많이 적용된다.

(다) 점수법

점수법은 직무를 구성요소별로 분해한 후 가중 점수를 사용하여 상대적 직무가치를 결정하는 방법이다. 가장 체계적이고 합리적인 방법으로 공장의 기능직에서 많이 사용한다.

(라) 요소비교법

① 기준 직무를 미리 정하고 각 직무의 평가요소와 기준직무의 평가요소를 비교하

여 직무평가를 분석적으로 하는 방법이다.

② 서열법에서 발전된 기법으로 점수법에서는 직무의 점수를 다시 임금으로 환산하지만 요소비교법에 의한 직무의 상대적 가치를 직접 임금으로 나타난다.

③ 기능, 사무, 기술 등 상이한 직무에도 적용이 가능하다. 전체 직무의 평가가 용이하여 직무급제도의 실시에 크게 기여한다.

제 3 절 인력확보

1. 인력계획

1) 의 의

인력계획은 현재 및 장래의 각 시점에서 기업이 필요로 하는 인원 수를 예측하고, 이에 대한 사내외의 인력공급을 계획하여 인적자원의 수급을 조정하는 활동이다.

2) 수립과정

내외부 환경분석 → HR 수요예측 →공급예측 → 수급불균형 조정

3) 인력 수요예측

경영목적 달성을 위해 단/중/장기적으로 요청되는 인적자원의 양과 질을 파악하는 과정이다.

(1) 질적 인력수요예측: 자격요건분석기법, 시나리오기법

(2) 양적 인력수요예측: 통계적(생산성 비율분석, 추세분석, 회귀분석), 노동과학적기법, 델파이기법, 화폐접근법

4) 인력 공급예측

필요한 인적자원의 양과 질을 경영활동의 취지에 맞게 어떻게 확보하는지를 계획하는 과정이다.

(1) 내부 노동시장: 질적(자격수준)－추세분석/양적(인원수)－기능목록, 마코프체인, 대체도

(2) 외부 노동시장: 해당 국가의 경제활동인구, 실업률 등 고려

5) 불균형 조정

(1) 의 의

인력의 과부족이 발생할 가능성에 대비하여 인력 수급조정계획을 세워야 한다.

(2) 인력 부족 현상 발생시

초과근무, 임시직 고용, 파견근로 활용, 아웃소싱 등

(3) 인력 과잉 현상 발생시

직무공유제, 조기퇴직제도, 다운사이징(구조재설계), 정리해고

2. 모 집

1) 의 의

인적자원의 모집(recruitment)이란 조직 내·외부로부터 유능한 인재를 유인하여 그들이 조직 내 특정 직위(position)에 응시하도록 자극을 주는 과정이다.

2) 모집 원천

(1) 내부 원천

① 장점: 동기부여, 시간비용 감소, 적응 유리
② 단점: 선택폭 축소, 교육훈련비 증가, 정치적 내분 가능성

(2) 외부 원천

① 장점: 선택폭 확대, 조직분위기 쇄신, 교육훈련비 절감
② 단점: 시간비용 증가, 내부불만, 리스크 증가, 인건비

3) 모집방법

(1) 내부 노동시장: 사내공모제도, 기능목록, 대체도

(2) 외부 노동시장: 광고, 직업소개소, 리크루터, 교육기관 추천, 헤드헌팅 등

4) 효과성 증가

(1) 비용·편익분석

각 모집 원천을 통해 채용된 지원자들이 실제로 회사에 근속하는 기간을 투입된 모집비용과 비교하여 모집 원천별 비용·편익 분석 가능

(2) 공석 채우는 시간 측정

지원자를 접촉하는 시점과 채용되는 시점을 측정하여 계량화

(3) 정량적·정성적 평가

지원자의 인원수, 지원자의 질, 법률 저촉 여부 등 평가

(4) 모집관련 주요 지표

① 산출율: 지원자들이 모집과 선발의 각 단계에서 어떻게 축소, 배치되는지 보여주는 비율

② 선발율: 지원자 가운데 최종 선발된 인원의 비율

③ 수용율: 선발에 최종 합격하고 회사로부터 채용 제의를 받은 지원자가 실제로 입사하는 비율

④ 기초율: 모집의 질적 성공을 측정하는 지표, 지원자들 가운데 무작위로 선택하여 채용했을 때 업무수행에 성공적인 사람이 얼마나 있는지 보여주는 비율

5) 효과성 증대 방법

(1) 타깃 리쿠르팅(target recruiting) 활용(선발 타깃 인력에 대한 데이터를 관리하여 모집에 응하도록 유인)

(2) 리쿠르터에 대한 교육 실시

(3) 우수인력 리크루팅한 인원에 대한 인센티브 지급

(4) 현실적인 직무소개(Realistic Job Preview): 회사에 대하여 충분한 정보 제공

3. 선 발

1) 의 의

선발(selection)은 모집활동을 통해서 획득한 지원자를 대상으로 미래에 수행할 직무에 가장 적합한 지원자를 식별하는 과정으로 직무－지원자 간의 적합성(Job－Person Fitness)이 중요하다.

2) 선발방침 및 선발과정

(1) 선발방침

선발의 구체적인 행동 전에 미리 결정해야 할 사항

① 인재상의 결정: 직무중심, 경력중심, 기업문화 중심 등

② 선발방법: 단계적 제거법, 종합적 평가법

(2) 선발과정

예비면접 → 서류전형 → 선발시험 → 선발면접 → 경력조회 → 신체검사 → 선발결정 → 채용

3) 선발원리 의사결정

(1) 선발 의사결정

선발 의사결정은 예측치(선발도구를 통해 얻게 된 결과)와 준거치(선발 이후 업무 평가를 통해 얻게 될 결과)의 결합이다.

(2) 방 법

① 직관적 방법: 의사결정자가 개인적인 경험을 바탕으로 주관적이고 직관적으로 적임자를 선발하는 방식이다.

② 통계적 방법: 경영자의 주관을 배제하고자, 객관적이고 통계적인 방법을 활용하여 예측치에 가중치를 매겨서 준거치와 결합시키는 방식이다(프로파일, 다중회귀분석, 복수컷오프 등).

4) 선발도구

선발도구를 가지고 직무요건에 충족되는 지원자를 선별하는 과정으로 지원자가 갖고 있는 능력이나 개인적 특성을 측정하여 그 결과를 가지고 미래를 예측하는 것이다.

(1) **지원서 분석**: 역량기반 평가, 바이오데이터 분석 등

(2) **선발시험**: 능력검사, 성격/흥미도 검사, 실무능력 검사 등

(3) **선발면접**: 집단면접, 위원회면접(패널면접), 스트레스면접 등

(4) **평가센터법**: 관리직 인원 선발시 주로 활용. 후보자 합숙을 통해 숙련된 관찰자들이 집중적으로 평가

5) 선발도구에 대한 평가

(1) 신뢰도 측정방법

신뢰성이란 어떤 시험을 동일한 환경에서 동일한 사람이 몇 번 다시 해보았을 때 그 결과가 서로 일치하는 정도로서 시험 결과의 일관성 또는 안정성을 의미한다.

① 내적일관성 측정법: 유사한 질문에 대한 응답이 얼마나 유사한가를 측정

② 시험/재시험법: 동일한 테스트를 동일한 집단을 대상으로 시간적 간격을 두고 재실시

③ 대체형식법: 동일한 인원에 동일유형의 난이도가 유사한 시험을 실시하여 신뢰성 검증

④ 양분법: 집단을 반으로 나누어 시험을 실시하여 신뢰성 검증

(2) 타당도 측정방법

타당성이란 선발기법이 측정하고자 하는 내용 또는 대상을 정확히 검정하였는가 하는 정도로서 선발의 결과 점수와 채용 후 근무성적 간의 관계를 의미한다. 즉 시험에서 우수한 성적을 얻은 사람의 근무성적이 예상대로 우수할 때 시험은 타당성이 인정된다.

① 현재 타당도(concurrent validity): 현직 종업원의 점수와 비교

② 예측 타당도(predictive validity): 합격자들의 직무성과와 비교

③ 내용 타당도(content validity): 직무전문가들이 선발도구 평가

(3) 비용·편익분석(cost-benefit analysis)

투입비용 대비, 선발인원의 직무성과를 측정

(4) 선발상의 오류

① 1종 오류(false negative error): 시험성적은 합격선에 미달하였지만 만약 선발되었다면 만족스러운 직무성과를 올릴 수 있었던 지원자를 탈락시키는 것에서 발생하는 오류를 말한다. 극복방안으로 합격기준을 하향, 헤드헌팅, 타깃 리쿠르팅 등이 있다.

② 2종 오류(false positive error): 시험성적은 합격선을 초과하여 합격은 했지만 채용 후의 직무성과는 만족스럽지 못한 선발로 인한 오류이다. 극복방안으로 합격기준을 상향, 헤드헌팅(headhunting), 타깃 리쿠르팅(target recruiting) 등이 있다.

제 4 절 인력개발

1. 교육훈련

1) 의 의

기업의 교육훈련은 조직의 목표달성을 위해 종업원의 지식, 기술, 태도(KSA) 등을 지속적으로 변화시키는 체계적인 과정을 말한다. 기업은 변화 속에 존재하는 조직체이다. 교육훈련 활동과 관련한 변화요소로서 기술변화, 노동시장의 구조변화, 종업원의 욕구변화 등을 들 수 있다. 뿐만 아니라 종업원이 보유하고 있는 능력 자체도 계속 변화하고 있다. 기술변화는 직무구조를 변화시키고 이것은 작업자의 직무수행 자격요건의 변화를 요구하고 있다.

이상에서 제시한 교육훈련의 필요성은 바로 기업이 '변화'라는 물결을 극복하여야 생존할 수 있다는 논리에서 찾을 수 있다.

2) 교육훈련 시스템의 구조

교육훈련 활동은 [그림 4-1]에 나타난 바와 같이 조직의 목표, 필요성 분석, 교육

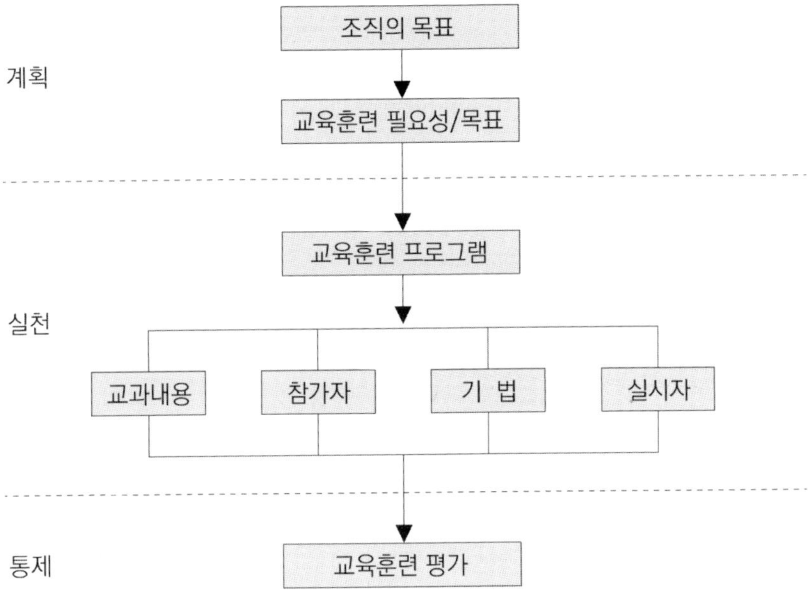

자료: 박경규, 신인사관리, p.300.

[그림 4-1] 교육훈련 시스템의 구조

훈련 목표설정, 교육훈련의 내용확정, 교육훈련 참가자 선발, 교육훈련의 기법 선정, 교육훈련 실시자 결정 그리고 교육훈련을 실시한 결과를 평가하는 과정으로 구성되어 있다.

3) 교육훈련 필요성 분석

(1) 분석수준

① 조직수준: 매출액, 생산성 등 조직 전체와 관련된 문제 발생, 조직문화 변화 필요시

② 직무수준: 기술변화, 새로운 직무 발생(내부시장 고용 시)

③ 개인수준: 인사평가 결과 직무수행 부적합 요소 지적시, 개인 모티베이션/경력욕구 미충족시

(2) 교육훈련 분석 방법

교육훈련의 필요성을 발견할 수 있는 기법에는 자료조사법, 작업표본법, 질문지법, 전문가 자문법, 면접법, 델파이기법 등이 있다.

4) 교육훈련 프로그램

교육훈련에 대한 필요성이 밝혀지면 바로 이것이 교육훈련의 목표로 설정된다. 이러한 교육훈련의 목표를 달성하기 위해 교육훈련 교과내용, 대상자, 기법 그리고 실시자가 선택되어 교육훈련이 진행된다. 교육훈련 프로그램 설계 시 고려사항으로 학습자 준비정보, 학습자 학습유형, 학습의 전이 등이다.

(1) 교육훈련 교과내용

① 공통(기초)역량: 조직 내 모든 구성원이 공통적으로 가져야 할 역량
② 기능(관리)역량: 기업조직 내 각 기능별로 요구되는 역량
③ 직무(개인)역량: 각 기능부문이 완료되기 위해 개인별 갖추어야 할 여러 가지 역량

(2) 교육훈련 참가자

① 신입사원: OT, OJT, 멘토링
② 작업층: 실습장, 도제 제도(apprenticeship), 직업학교
③ 관리층: 최고경영층(의사결정능력), 중간관리층(인간관계능력), 하위관리층(업무지식, 기능)

- 의사결정능력: 인바스켓훈련, 비즈니스게임, case study(사례연구)
- 인간관계능력: 롤플레이, 모델링, 교류분석
- 직무/조직지식: 대역법, 청년중역회의법, 코칭 등

(3) 교육훈련 기법

① 전통적 기법: 강의식, 토의식, 사례연구 등
② 새로운 기법: 멘토링, 코칭, action learning 등

5) 교육훈련 활동의 평가

교육훈련 활동의 평가는 교육참여자, 조직, 교육담당자에게 미치는 유용성을 측정하여 피드백을 제공하는 것으로 크게 두 가지 수준으로 구분해 접근할 수 있다.

(1) 거시적 접근법

교육훈련 활동 전체를 하나의 평가단위로 간주하고 평가하는 것으로 투입에 대한

화폐적 평가(비용비교), 투입대비 산출에 대한 평가(비용·편익분석)를 들 수 있다.

(2) 미시적 접근법

교육훈련 시스템을 구성하는 개별요소에 평가의 초점을 맞추려는 것으로 내용평가, 참가자평가, 기법평가, 실시자 평가로 세분할 수 있다.

※ 커크패트릭(Kirkpartrick)의 교육훈련 평가 4단계

- 1단계(반응): 프로그램에 어떻게 반응했는가를 측정. 교육종료 전후 설문, 인터뷰
- 2단계(학습): 교육훈련 참가자의 태도 변화, 지식 증가, 기술향상정도 측정, 교육훈련 전후 검사 등
- 3단계(행동): 교육훈련 참가자의 직무행동의 변화를 통한 실제성과에 영을 평가. 인터뷰, 관찰 등
- 4단계(결과): 교육훈련이 조직목표와 관련된 중요한 결과를 달성하는데 미친 효과 측징

※ 골드스타인(Goldstein)의 교육훈련 타당성 평가

- 훈련타당성: 계획된 훈련 목적과 교육훈련이 서로 일치하는지 여부를 평가
- 전이타당성: 교육훈련 참가자가 교육훈련 후 직무에 교육훈련내용을 반영하는지 여부
- 조직 내 타당성: 교육훈련 프로그램이 조직 내 상이한 부서에도 동일하게 효과적인지 여부
- 조직 간 타당성: 교육훈련 프로그램이 타 조직에도 동일하게 효과적인 여부 평가

※ 교육훈련의 투자수익률(ROI)

- 의의: 전략경영 관심 증가, 교육훈련 성과의 수치측정의 중요성 부각, HRD 관련 프로그램에 대한 투자수익률(ROI) 활용 중요성 증대
- 배경: 회계적 책무성 요구, 전사적 품질경영 도입, 인사부서의 전략적 가치를 입증

2. 경력개발

1) 경력개발의 의의

경력개발(career development)이란 개인의 경력목표를 설정하고 이를 달성하기 위한

경력계획을 수립하여 조직의 욕구와 개인의 욕구가 합치될 수 있도록 각 개인의 경력을 개발하는 활동을 말한다. 개인측면에서는 개인이 일생에 걸쳐 직무관련 경험을 통해 직무태도, 능력, 성과를 향상시키는 과정이다. 조직측면에서는 입사에서 퇴사까지 경력경로를 개인과 조직이 함께 계획, 관리하여 개인의 욕구와 조직의 목표를 통합해 나가는 총체적 과정이다.

2) 경력개발 시스템

경력개발의 계획 활동은 바로 개인의 경력욕구에 대한 파악, 조직이 제공할 수 있는 경력기회 예측(경력 욕구), 이들이 맞지 않을 경우 조정하는 과정을 거쳐 통합해야 하며 그 결과 경력경로가 설계된다.

경력개발에 대한 실천 활동은 교육훈련, 전환배치, 그리고 승진이다. 해당 종업원이 설계된 경력경로에 있는 특정 직무를 수행하는 데 능력을 구비하고 있는 경우 그 직무에 바로 배치하며 그렇지 못한 경우 교육훈련을 통해 능력을 갖추게 해야 한다. 이동이나 승진은 일종의 새로운 직무를 수행케 하는 활동에 해당된다.

경력개발에 대한 통제활동은 바로 교육훈련, 전환배치, 승진에 대한 평가활동을 말하며 평가결과를 개인의 경력욕구 및 조직의 경력욕구(경력경로 설계 및 경력개발의 실천 활동인 교육훈련, 전환배치, 승진제도)에 피드백하여 수정을 가함으로써 경력개발의 효율성

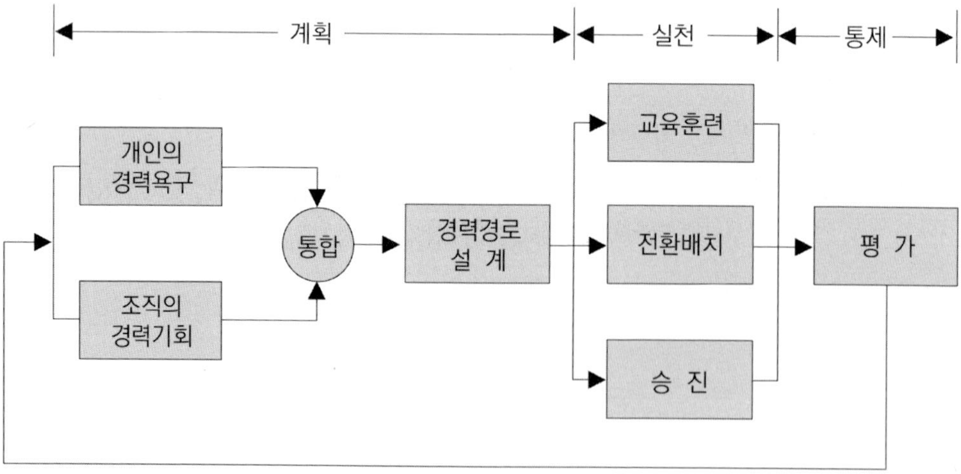

자료: 박경규, 신인사관리, p.341.

[그림 4-2] 경력개발 시스템

을 극대화시키는 것이다.

3) 경력개발 모형

경력개발 모형은 경력개발에 있어서 두 주체인 조직과 개인 중에서 어느 쪽을 중심으로 경력개발이 이루어지는가에 따라 개인차원과 집단차원의 경력개발 모형으로 나눌 수 있다.

(1) 개인 차원의 경력개발

개인이 사내의 전문가의 조력을 받아서 성장과 경력개발계획을 세우는 것을 말하는데 샤인(Schein)의 '경력의 닻(career anchors)' 모형이 대표적으로 다음과 같다.

- 관리지향: 복잡한 경영문제를 분석·해결 선호, 영향력(권력) 행사를 즐김(대기업 관리직)
- 전문가 지향: 일 자체에 흥미, 승진 거절, 일반적 관리와 기업정치를 싫어함(연구직, 전문직 등)
- 안전지향: 직무안전성과 장기적 경력에 의해 동기부여, 조직 가치와 규범에 순응(관료직 공무원)
- 사업가적 창의성 지향 : 자기사업 시작을 선호하고 중시(사업)
- 자율지향: 조직의 제약 회피, 스스로 일을 하고자 함(예술가)
- 봉사지향: 자신의 특정 가치를 중시하여 직무의 가치 평가(종교인)
- 도전지향: 도전적인 문제를 해결하는 직무를 선호(탐험가 등)
- 생활지향(life style): 자신의 전체적인 생활스타일과 조화로운 직무를 선호

(2) 경력경로 설계

경력경로(career path)란 개인이 조직에서 여러 종류를 직무를 수행함으로써 경력을 쌓게 될 때 그가 수행할 직무들의 배열이다.

※ 경력경로의 형태

- 전통적 경력경로: 개인이 경험하는 조직 내 직무들이 수직적으로 배열되어 있는 경우
- 네트워크 경력경로: 직무가 수평적/수직적 배열. 직급 내 여러 직무수행 후 상위 직급으로 이동

- 이중경력경로: 기술직종 종사자들을 대상으로 개발된 것으로 이들이 어느 정도 직무경험을 쌓았을 때, 관리 직종으로 보내지 않고 계속 기술 직종에 머물게 함으로써 그들의 기술분야 전문성을 높이게 하는 것. 수직적 상승과 해당직무에서 기술축적 중 선택
- 프로테안(protean) 경력경로: 자신의 경력을 현재 소속된 한 조직으로 제한하지 않고, 여러 조직으로 이동하면서 경력을 쌓는 것

(3) 경력정체

(가) 경력정체

조직생활을 통하여 객관적으로 안정된 위치에 있음에도 불구하고 조직생활에 대하여 불만족을 느끼는 상태

① 주관적 경력정체: 직급 상승에는 문제가 없으나, 직무를 수행하는 개인이 직무에 대한 태도가 잘못된 경우 발생

② 객관적 경력정체: 조직에 존재하는 객관적인 상위직급의 제한된 직무에서 비롯됨

(나) 경력정체의 대안

경력정체를 극복하기 위한 대책으로 객관적 경력정체에는 진로선택제도의 도입, 직능자격제도의 도입이 있고, 주관적 경력정체를 극복할 수 있는 방안으로 직무재설계와 순환보직 등이 있다.

3. 승 진

1) 승진의 의의

승진(promotion)은 개인이 현재 수행하는 것보다 더 나은 직무로의 이동을 의미한다. 직무의 내용의 변화(권한 및 책임의 증가), 보상이 증가(임금, 지위 등)되어야 한다.

2) 승진정책

(1) 연공주의(seniority orientation)는 연공(근속)이 높은 종업원을 우선적으로 승진시켜야 한다는 것이고, 능력주의(competence orientation)는 승진 후보자가 보유하고 있는 능력을 중시해야 한다는 것이다.

(2) 기본원칙

① 적정성: 해당 기업의 종업원에게 승진기회를 부여하는 정도

② 공정성: 승진 기회를 올바른 사람에게 배분했는가와 관련되는 원칙

③ 합리성: 조직 구성원이 조직의 목표 달성을 위해 공헌한 내용을 정확히 파악하기 위해서 무엇을 공헌, 능력으로 간주할 것인가와 관련된 원칙

(3) 승진유형

① 직급승진: 상위직급으로 이동하는 것

② 자격승진: 직무수행능력(직능)을 기준으로 승진시키는 제도

③ 대용승진: 준승진, 건조승진이라고도 하며, 승진은 발생했지만 직무내용이나 보상(임금)이 변동되지 않은 경우

(4) 승진기준

① 경력평정: 해당직급에서의 근속연수를 평정

② 인사평가: 능력(현재능력, 잠재능력), 개인적 특성, 직무행동, 업적 등 직무를 성공적으로 수행할 수 있는 능력여부가 승진 의사결정의 질을 결정

③ 연수(교육)평정: 교육훈련 프로그램에 참가하여 획득한 학습성과를 의미

제 5 절 인력평가

1. 인사평가의 의의

조직 내의 여러 직무에 종사하고 있는 조직원 또는 관리자의 근무성적이나 능력, 업적, 태도 등을 조직체에 대한 유효성의 관점에서 정기적으로 검토, 평가하여 이들의 상대적 가치를 조직적으로 결정하고자 시행하는 제도이다.

2. 인사평가 내용

1) 개인적 특성

(1) 역량(competency)

우수한 성과를 내는 조직 구성원이 가지고 있는 개인의 내적 특성으로서 다양한 상황에서 안정적으로 비교적 장기간 지속되는 행동 및 사고방식이다. 스킬(과업에 대한 숙련의 수준), 지식(특정 분야에 대해 가지고 있는 축적된 정보), 자아개념(개인이 일시적으로 가지는 자아 이미지와 태도), 특질(개인 자신만이 갖고 있는 성격과 능력), 동기(특정 목표를 향해 돌진하려는 의욕)로 구성되어 있다.

(2) 적성(aptitude)

해당 직무와 직무수행자 간의 적합성(job－person fitness)을 판단하는데 중요

(3) 태도(attitude)

직무수행과 관련하여 성과와 관련되는 태도(직무만족, 직무몰입, 열정, 애사심, 신뢰 등)

2) 업 적

개인 및 팀이 조직의 목표 달성에의 공헌도이다. 성과의 측정범위를 개인에서 집단 내지 조직 전체 수준으로 확대할 경우 측정의 정확성이 향상된다.

3. 인사평가의 구성요건

1) 타당성(validity)

① 인사평가에서의 타당성은 고과 내용이 평가목적을 얼마나 잘 반영하고 있느냐에 관한 것이다.

② 문제점으로 조직 전체를 대상으로 동일한 평가요소로 획일적 평가하여 다목적으로 사용하는 것이다.

③ 관리방안으로는 피고과자 집단을 세분화, 목적별로 고과를 실시하는 것이다.

2) 신뢰성(reliability)

① 신뢰성이란 측정하고자 하는 평가 내용(항목)이 얼마나 정확하게 측정되어 졌느냐의 정도이다(일관성, 안정성).

② 신뢰성을 저해하는 요인으로는 평가자가 피평가자에 대해 갖고 있는 편견 등으로 인한 의도적인 주관적 평가, 평가자가 객관적으로 평가하려고 노력했지만 자신도 모르는 사이에 오류를 범하는 경우 그리고 피평가자에 대한 정보 부족 등을 들 수 있다.

③ 관리방안으로는 절대고과와 상대고과를 혼용, 다면평가 실시, 고과자 교육실시, 정보제공, 결과공개 등이 있다.

〈표 4-3〉 인사평가의 신뢰성 관련 오류의 원인

평가자의 의도적인 주관적 평가	평가자 자신이 인지 못하는 오류	정보부족으로 인한 오류
• 관대화경향 • 중심화경향 • 가혹화경향 • 가혹화경향 • 상동적 오류 • 연공 오류	• 후광효과 • 시간적 오류 • 상관 편견 • 대비 오류 • 유사성 오류	• 중심화경향 • 귀속과정 오류 • 2차 고과자 오류

자료: 박경규, 신인사관리, p.265.

3) 수용성(acceptability)

(1) 수용성이란 평가제도에 대해 구성원들이 합당한 것으로 받아 들이고, 정당한 제도라 믿으며, 평가의 공정성과 활용 목적에 대해 신뢰하는 정도

(2) 문제점으로 평가제도 목적에 대한 신뢰감 상실, 평가제도에 대한 정보부족, 평가를 통한 종속적 관계강화의 관점

(3) 관리방안으로는 종업원 대표의 고과 참여, 능력개발형 고과 실시, 고과목적 및 필요성 교육실시 등이 있다.

4) 실용성(practicability)

실용성이란 기업이 평가제도를 도입하는 것이 의미가 있으며 또한 현실적으로 비용보다 효과가 더 큰지 그 정도를 말한다.

5) 기 타

기타 요건으로 적법성, 전략적 부합성, 민감성, 구체성 등을 들 수 있다.

4. 인사평가의 방법

인사평가의 방법은 누가 평가자가 되느냐에 따라, 평가시기를 언제로 할 것인가에 따라 그리고 어떤 평가기법을 도입하느냐에 따라 인사평가의 구성요소 충족 정도가 달라진다.

1) 평가자

평가자(rater)가 누가 되어야 인사평가의 신뢰성을 충족시킬 수 있을까? 평가자 종류에는 직속상사, 2차 평가자, 피평가자 본인, 동료, 부하, 외부전문가, 고객 등이 있다.

2) 평가시기

인사평가를 언제 실시하느냐 역시 인사평가제도의 성공에 영향을 미칠 수 있다. 평가의 시기는 정기적, 수습기간 종료시, 전환배치 직전, 교육훈련 참가자 선발시, 인센티브 책정시 등이다.

3) 평가기법

(1) 상대고과

※ 비교지향 접근

① 서열법: 피평가자에 대해 능력·업적 등을 통틀어 그 가치에 따라 서열을 매기는 방법

② 강제선택서술법: 쌍으로 된 평가항목의 서술문을 평가자에게 제시하고 평가자

가 두 개의 서술문 중 반드시 한 곳에만 체크하게 하는 기법

(2) 절대고과

※ 특성지향 접근

① 평정척도법: 피평가자의 능력, 개인적 특성, 및 성과를 평가하기 위하여 평가요소들을 제시하고 이에 대해 단계별 차등을 두어 평가하는 기법

② 체크리스트법: 평가내용이 되는 피평가자의 능력, 태도, 작업행동, 성과 등에 관련되는 표준행동을 제시하고 평가자가 해당 서술문을 체크하여 평가하는 기법

※ 행위지향 접근

① 행동기준평가법(BARS): 평정척도법과 중요사건 기록법을 혼용하여 보다 정교하게 계량적으로 수정한 기법으로 목표달성을 위한 행위(필요한, 불필요한, 금지되어야 할) 등을 설정 후 실제 업무수행과정에서 유효한 행위를 어느 정도 보였는가를 따져서 평가한다. 장점으로 성공적인 행위지침 마련으로 교육효과와 수용성이 높다. 단점으로 시간과 비용이 많이 발생하고 복잡하여 적용이 어려움, 담당인원 확보 필요, 척도개발과정 중 중요사건 분류에 주관개입 가능성이 있다.

② 행위관찰평가법(BOS): BARS의 문제점을 해결하기 위해 개발된 기법으로 직무에 능통한 전문가가 성과행위를 구성하는 차원을 확정하여 각 차원을 구성하는 직무행위들의 빈도를 측정하여 점수화한다. 즉 직무분석 근거, 행위빈도 측정 ⇒ 개발목적 피드백에 적합하다.

③ 중요사건서술법: 평가자가 일상 작업생활에서 관찰자 등을 통해 피평가자가 보여준 특별히 효과적인/비효과적인 행동/업적을 기록하여 이를 평가시점에서 정리하여 평가하는 방법이다.

④ 평가센터법(AC): 다수의 지원자를 특정장소에 며칠간 합숙시키면서 여러 종류의 평가도구를 동시에 적용하여 지원자를 평가하는 방법이다.

※ 결과지향 접근

목표관리법(Management by Objectives, MBO): 특정기간에 달성할 목표를 평가자와 피평가자의 협의에 의해 설정하고, 기간 종료 후 목표의 달성 여부를 평가하는 결과지향적 평가방법이다.

※ 종합적 접근

① 균형성과표(BSC): 기존의 전통적인 재무적 관점 일변도의 경영관리에서 재무적인 목표를 달성하는 과정인 '재무적관점', '고객관점', '내부프로세스 관점', '학습 및 성장 관점' 등을 종합적으로 측정 평가하여 경영성과를 높이기 위한 구체적인 전략들을 제시함으로써 효과적으로 경영목표를 달성코자 하는 성과 평가기법이다.

② essay법, 자기고과법, 360도 다면평가 등

제 6 절 인력보상

1. 보상관리의 의의

보상(compensation)이란 종업원이 노동의 대가로 기업으로부터 수령하는 일체의 금전적(임금, 배분참가)·비금전적(복리후생) 급부를 총칭하는 개념이다. 보상관리는 종업원이 받는 다양한 유형의 보상이 조직의 목적 달성에 기여하도록 체계적으로 관리하는 활동이다.

2. 임금공정성

1) 임금공정성의 의의

임금공정성(pay equity)은 아담스(Adams)의 공정성 이론에서 파생된 용어로 종업원이 받는 임금(결과물)이 수행한 작업가치(투입물)와 동일할 때 달성된다. 따라서 임금 공정성은 종업원이 받는 임금이 작업수행가치와 동일하다고 느끼는, 즉 공정하게 대우를 받고 있다는 종업원의 지각을 말한다.

2) 임금의 공정성 유형

(1) 배분공정성

배분공정성은 임금결정 자체로서의 결과에 초점, 종업원들의 투입에 대한 실제적인 결과, 즉 종업원들에 배분되는 임금액에 관한 공정성을 말한 것으로, 외부공정성, 내부공정성, 개인적 공정성으로 구분할 수 있다.

(가) 외부공정성

임금의 외부공정성은 임금을 대외적으로 비교한 공정성으로 특정조직의 종업원들이 자신의 임금액을 외부조직의 유사한 직무를 수행하는 사람들이 받는 임금액과 비교해서 거의 동일한 수준의 임금을 받는다고 지각할 때의 공정성을 의미한다.

(나) 내부공정성

임금의 내부공정성은 동일조직 내에서 상이한 직무를 담당하고 있는 종업원들이 받고 있는 임금에 초점을 둔 공정성으로, 즉 종업원들이 맡고 있는 직무들이 상대적 가치에 따른 임금격차에 대해 지각된 공정성을 의미한다.

(다) 개인적 공정성

개인적 공정성은 동일 조직 내에서 동일한 직무를 담당하고 있는 종업원들 간의 연공, 공헌, 성과수준 등과 같은 개인적 특성 차이에 따른 임금격차에 내해 지각된 공정성을 의미한다.

개인적 공정성은 특히 종업원의 작업성과나 공헌에 대한 동기유발에 직접적인 영향을 미친다.

(2) 절차적 공정성

절차적 공정성은 임금에 관한 의사결정이 이루어지는 과정이나 시행되는 절차에 관한 공정성으로 절차적 공정성은 종업원의 임금제도에 대한 수용성을 높이는데 기여한다.

※ **절차 공정성 확보**(레벤탈/Leventhal.1980)

① 정보의 정확성: 임금결정 과정에 활용되는 정보가 정확해야 한다.

② 수정가능성: 임금결정 절차 속에서 의사결정 수정 절차가 마련되어야 한다.

③ 대표성: 임금배분에 있어서 모든 단계들은 종업원의 관심, 가치관이 반영되어야 공정성 확보가 가능하다.

④ 도덕성: 임금배분 절차가 윤리와 도덕에 관한 종업원이 가지고 있는 기준과 일치할 때 공정성은 극대화된다.

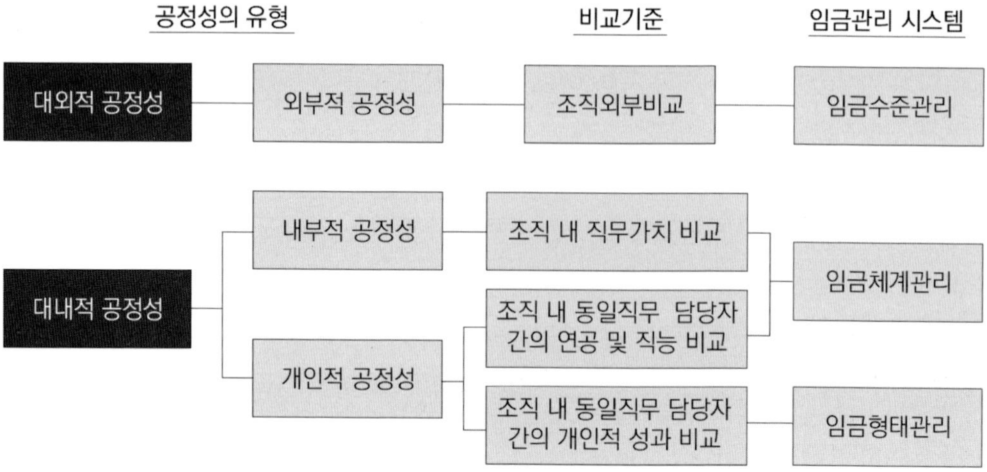

자료: 김영재 외 2인, 신인적관리, 2021.

[그림 4-3] 임금 공정성 유형

3. 임금의 수준 — 외부공정성

1) 임금수준의 결정기준

(1) 임금수준 결정의 기본모형

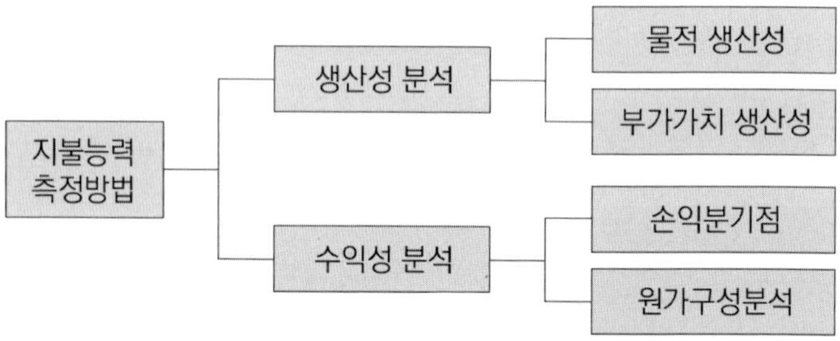

자료: 박경규, 신인사관리, p.403.

[그림 4-4] 기업의 지불능력 측정방법

(2) 임금수준 결정에 영향을 미치는 요인

임금수준에 영향을 미치는 제반 요인들은 크게 기업의 외부요인과 기업의 내부요인으로 나누어 살펴볼 수 있다.

(가) 외부적 요인

노동시장의 임금수준, 생계비, 물가, 정부정책 등을 포함한다. 기업이 자체적으로 통제하기가 쉽지 않은 변수들이 주로 이에 해당된다.

(나) 내부적 요인

기업규모나 노동조합의 협상력, 회사의 경영전략 및 기업의 지불능력 등을 포함한다. 경영진의 의지에 따라 통제가 가능한 변수들이 주로 이에 해당한다.

(3) 상한선의 결정원칙: 기업의 지불능력

기업의 지불능력이란 노사가 생산 활동으로 창출한 부가가치 중에서 기업이 특정 시점에서 종업원에게 임금으로 어느 정도까지를 지불할 수 있는가를 나타내는 말로서, 기업이 안정적인 성장을 지속할 수 있는 범위 내에서 임금으로 지불할 수 있는 기업의 재정능력을 의미한다.

(가) 생산성 기준

① 물적생산성 기준

생산성이란 단위노동생산요소의 투입량에 대한 생산량의 비율을 의미한다. 물적생산성을 기준으로 임금수준을 결정하려고 할 때 생산성이 20% 증가되면, 임금수준도 20% 인상되어야 공정성을 확보할 수 있다고 본다. 물적생산성은 기업이 생산한 상품의 시장가격을 반영하지 못한다는 단점이 있다.

② 부가가치 생산성 기준 분석

부가가치(value added)란 총매출액에서 제조원가를 뺀 값을 의미한다. 공정한 임금수준은 부가가치에 노동분배율을 곱하여 얻은 금액으로 본다. 우리나라의 경우 부가가치 노동분배율이 가장 높은 산업은 건설업이며, 낮은 산업은 전기, 가스업이다. 부가가치 높은 산업을 노동집약산업이라고 하고, 낮은 산업을 자본집약산업이라고 한다.

(나) 수익성 기준

① 손익분기점

손익분기점(BEP: break even point)이란 총수익(TR)과 총비용(TC)이 같아지는 점에서의 매출액 또는 매출량을 의미한다. 매출액이 손익분기점을 초과하면 기업은 이익을 확보할 수 있으며 인건비 지불능력을 획득하게 된다는 것이다.

② 원가구성 분석

전체 원가(cost)의 구성요소 중 과거의 인건비 비율을 근거로 계산하며 임금수준 결정에 활용하는 것이다. 해당 기업에서 생산하는 제품의 제조원가가 높으면 자연히 임금예산이 높게 책정되어 높은 수준의 임금이 형성 되겠지만 반면에 동일한 매출액에서의 이익은 낮아지게 된다.

(4) 하한선의 결정원칙: 생계비와 최저임금

(가) 생계비

보상을 윤리적 거래로 보았을 때, 노동을 제공하는 근로자가 시민으로서 더불어 같이 생활할 수 있는 수준이 요구된다고 할 것이다. 생계비는 근로자의 생활을 보장해 줌과 동시에 노동의 재생산이라는 측면에서 근로자가 양보할 수 있는 마지노선이라 할 수 있다. 생계비 산정방식에는 실태생계비(도시근로자들의 가계부를 분석하여 실제로 가계를 꾸려 나가기 위해 식비, 피목비, 주거비, 광열비, 문화비 및 잡비 등으로 지출된 비용이 얼마인가를 조사하여 산정하는 방식)와 이론생계비(실제 생활에서 지출되는 생계비가 얼마인가를 산정하는 것이 아니라 현실적인 소득이나 소비수준과는 무관한 이론상의 가계비용을 파악하는 방법)가 있다.

(나) 최저임금제(minimum wage system)

국가가 저임금 근로자의 생활을 보호하기 위하여 노·사간의 임금결정과정에 개입하여 임금의 최저수준을 정하고, 사용자에게 이 수준 이상의 임금을 지급하도록 법으로 강제하는 제도이다. 1894년 뉴질랜드에서 처음 도입하였고, 우리나라에서는 1988년도에 처음 실시하였다.

2) 임금수준 결정을 위한 전략별 특성

임금수준의 상한선과 하한선이 정해진 이후에 임금수준을 결정함에 있어 최종적으로 해당 기업의 임금수준을 결정할 때에 활용되는 것이 노동시장의 지배임금률, 경영진의 임금전략 등이다. 이 중 경영진의 임금전략 중에는 선도전략(lead strategy), 동행전략(match strategy), 추종전략(lag strategy) 등이 있다.

4. 임금의 체계 — 내부공정성

1) 임금체계의 의의

임금체계(wage structure)란 임금지급항목의 구성내용 또는 개별 종업원의 임금을 결정하는 기준을 말한다. 즉 배분기준을 말한다. 기업이 허용임금 총액을 종업원들에게 어떻게 배분하는가에 관한 것으로, 직무가치(직무급), 종업원가치(연공, 직능급), 결과가치(성과급) 등을 기준으로 정하게 된다.

2) 임금체계의 유형

(1) 직무급(job-based pay)

직무의 상대적 가치를 기준으로 임금을 결정하는 임금체계이다. 직무를 중심으로 한 합리적인 인사관리를 가능하게 함으로써 노동력의 효율적인 이용과 인건비의 효율성 증대에 기여하고 공정한 임금지급을 동하여 유능한 인력의 확보와 활용이 용이한 장점이 있다.

(2) 연공급(seniority-based pay)

개인의 자격이나 학력, 연령 등을 고려하여 근속연수에 따라 임금을 결정한다. 연공급은 전통적인 임금체계로서 종업원의 고용안정과 생활보장이 되고, 기업에 대한 충성심의 효과가 있는 반면, 능력있는 종업원의 사기저하와 무사안일주의가 확산된다는 부작용도 있으며, 기업의 인건비 부담을 가져와 기업의 생산성 및 경쟁력의 저하를 초래하는 단점이 있다.

(3) 직능급(skill-based pay)

종업원의 직무수행 능력의 발전단계에 따라 개인의 임금을 책정한다. 직무수행능력은 특정직무를 수행하는데 필요한 능력으로 현재뿐만 아니라 잠재적인 능력도 포함한다. 직능급은 능력주의적 인사관리를 실현할 수 있으며, 임금의 공정성을 실현할 수 있는 반면에, 직능파악과 평가방법의 선정, 평가기준의 어려움이 있다.

(4) 성과급(performance-related pay)

성과급만을 기본으로 정하는 경우는 임금체계에 해당되며, 개별 종업원이나 집단이 수행한 노동성과나 업적을 기준으로 임금을 산정하여 지급하는 임금형태이다. 성과급은 근로자를 동기부여시키고, 노동생산성을 향상시킨다. 반면에 성과의 표준설정과 측정의 어려움이 있고 종업원들 간의 협동관계와 신뢰감을 저해할 수도 있다.

5. 임금의 형태 — 개인공정성

1) 임금형태 관리의 개념

임금형태(method of wage payment) 관리는 종업원에 대한 임금의 계산 및 지불방법을 의미하는데, 이는 임금을 지불할 때 무엇을 단위 기준으로 산정할 것인지의 문제이다.

2) 임금형태의 유형

(1) 시간급

종업원의 작업량이나 작업성과에 관계없이 단순히 근로시간을 단위로 임금액을 산정하고 지급하는 임금형태로서 고정급 또는 정액급이라고도 한다. 근로시간의 단위에 따라 시급, 일급, 주급, 월급, 연봉 등으로 구분된다.

(2) 성과급

성과급은 개별 종업원이나 집단이 수행한 노동성과나 업적을 기준으로 임금을 산정하여 지급하는 임금형태이다. 즉, 종업원이 특정의 질과 양의 과업을 달성한 결과에 따라서 받는 변동적인 임금을 말한다. 따라서 업적급, 변동급, 능률급이라고도 하고, 노동성과를 자극한다는 의미에서 자극급, 인센티브임금이라고도 불린다. 성과급은 임금이 작업성과나 능률과 직결되는 특별보상으로서, 고정급인 시간급과는 달리 변동급이라는 본질적인 특성을 가진다.

3) 개인성과급 제도

개인성과급 제도는 성과를 개인별로 계산하여 이를 임금결정의 기준으로 삼는 제도이다. 이에는 일정시간당 생산단위(생산량)로 단순성과급과 복률성과급, 제품단위당 생산시간으로 표준시간급과 할증성과급으로 구분할 수 있다.

4) 집단성과급 제도

개인성과급이 갖고 있는 단점을 극복하기 위해 설계된 것. 개인의 임금에 추가로 지급하는 임금제도(=성과배분제도)이다. 종업원간 인간관계 훼손을 방지하여 공동체 의식을 제고하고, 노사 간 갈등 예방. 직무간 상호연관성이 높을 때 성과측정의 객관성을 높이기 위함이다.

(1) 업적배분

(가) 물적 생산성(임프로쉐어플랜: Im－Pro－Share Plan)

단위당 소요되는 표준노동시간과 실제노동시간을 비교하여 절약된 노동시간 만큼에 해당하는 임률을 노사가 각각 1:1로 배분

(나) 원가절감(프렌치시스템: French System)

매년 총투입에 대한 총산출의 비율을 기초로 계산한 뒤, 절약분을 계산하여 당해연도는 원가절감액의 50%를 종업원에게 배분하고 1년후 25%, 2년 후 15%, 3년 후 10% 배분

(2) 수익배분(Gain Sharing)

(가) 매출액(스캔론플랜: Scanlon Plan)

생산제품의 판매가치인 매출액에 대비하여 인건비의 감축정도(제안제도를 통해 생산위원회가 심사하여 인건비 감축방법을 결정)를 기준으로 성과배분 매월 1회정도 배분 실시. 산출된 전체 보너스액의 25%는 사내 유보하고 75%는 즉시 배분하는데, 종업원 75%, 기업 25%의 비율로 배분

(나) 부가가치(럭커플랜: Rucker Plan)

기업이 창출한 부가가치에서 인건비가 차지하는 비율을 기준으로 배분액을 결정하는 제도. 기업이 주어진 인건비로 평소보다 더 많은 부가가치를 창출하였을 경우 초과된 부가가치를 노사협동의 산물로 보고 기업과 종업원 간에 배분

(3) 이익배분

이익배분(Profit Sharing)은 원칙적으로 기업의 경영활동의 결과 획득한 이익은 자본의 몫이지만, 사전 설정된 수준을 초과하는 이익에 대해 종업원에게 배분하는 제도로

현금배분, 이익배분, 혼합배분이 있다.

6. 복리후생

1) 복리후생의 개념

기업이 노동에 대해 제공하는 직접적인 보상을 임금이라고 한다면 복리후생(fringe benefits)은 임금을 제외한 기업이 종업원에게 제공하는 모든 보상을 말한다. 경제적 복리후생과 비경제적 복리후생이 있다.

2) 복리후생 프로그램의 유형

(1) 법정 복리후생

(가) 4대 보험

흔히 4대 보험이라 불리는 기본 보험료 지원이 이에 속한다. 보험료 지원은 종업원의 안전욕구 충족을 바탕으로 이뤄진다.

① 건강보험: 질병, 부상, 분만, 사망 등에 대해 보험급여를 실시하여 건강 이슈에 따른 경제적 위험으로부터 피보험자를 보호한다.

② 연금보험: 노령, 폐질, 사망, 등 예기치 않은 위협 때문에 발생하는 소득 상실 및 중단을 대비하기 위한 기본소득 보장 수단이다.

③ 산업재해 보상보험: 업무수행과 관련하여 발생하는 부상, 질병, 사망 등의 재해에 대해 경제적 보상을 하는 제도이다.

④ 고용보험: 실직한 근로자에게 실업급여 지급 및 적극적 취업 알선 등을 제공하는 사회보험제이다.

(나) 퇴직금제도

일정기간 해당기업에 근무한 후 퇴직할 때 기업이 근로자에게 일정액을 지급하는 제도(공로보상설, 임금후불설, 생활보장설)

(다) 유급휴가제도

일을 하지 않고도 임금을 받을 수 있는 경우, 연차유급휴가, 출산전후휴가+육아시간허용, 휴게시간 등

(2) 법정 외 복리후생

법정 외 복리후생 프로그램은 국가에서 법률로 정한 복리후생 프로그램 이외에 기업이 도입하고 있는 것을 말한다(생활시설, 경제시설 및 제도, 보건위생시설, 문화·체육 오락시설 등)

(3) 카페테리아식(cafeteria style) 복리후생

과거 전통적 표준적 복리후생제도는 평균적인 종업원을 상정하여 복리후생프로그램을 설계하고 제공하여 개인의 욕구나 선호를 충족하지 못했다면, 선택적 복리후생제도는 개인이 원하는 복리후생제도를 자유롭게 선택할 수 있도록 하여 유연성을 최대한 살리는 제도를 의미한다. 유형으로는 선택항목추가형, 모듈형, 혼합선택형, 선택적 지출계정형 등이 있다.

(4) 비경제적 복리후생

기업이 별도의 추가비용을 투입하지 않거나 현재 보유하고 있는 물적·정신적 자원을 활용하여 종업원의 욕구를 충족시켜 주는 것으로 질적 복리후생 혹은 비경제적 보상이라고 한다.

이는 기업이 안고 있는 경제적 보상에 대한 지불능력의 한계를 극복할 수 있는 보완적 도구가 될 뿐만 아니라 종업원이 갖고 있는 보상에 대한 다양한 욕구를 충족시켜 '보상만족(compensation satisfaction)'의 크기를 극대화시키는 데 기여할 수 있다.

제7절 유지관리

1. 의 의

유지관리란 종업원의 노동능력과 근로의욕을 보전하고 활성화하기 위한 계획적이고 체계적인 관리활동을 의미한다. 효과적인 유지관리는 근로생활의 질(QWL)을 향상시키고 안전한 직장생활에 기여하는 동시에 유연한 인력관리를 가능하게 함으로써 인적자원의 보전과 활성화에 이바지할 수 있다. 일반적으로 인적자원의 유지관리의 핵심으로서 근무환경, 배치전환, 승진, 교육훈련, 임금, 노사관계 등의 관리활동을 꼽을 수 있다.

2. 모티베이션(Motivation)

기업에서는 우수한 능력을 갖춘 사람들을 고용하여 이들의 능력을 향상시킬 수 있지만 이러한 노력이 항상 만족할 만한 성과로 이어지지는 않는다. 종업원의 성과는 종업원이 직무를 얼마나 잘 수행할 수 있느냐 하는 종업원의 직무수행능력과 직무를 기꺼이 수행하고자 하는 자발적인 의욕에 달려 있다.

심리학자들의 연구에 따르면 동일 능력의 종업원들이 모티베이션 정도에 따라 성과가 ±30% 정도 차이가 있다고 주장하고 있다. 성과와 능력 및 모티베이션과의 관계를 함수관계로 나타내면 다음과 같다.

성과(performance) = f [능력(ability), 모티베이션(motivation)]

3. 리더십

리더십이란 '조직에서 구성원들로 하여금 공동 목표를 달성하도록 영향력을 행사하는 과정', 정해진 목표를 열정적으로 추구하도록 타인을 유인하고 설득하는 능력'으로서 결국 목표를 달성하기 위하여 개인 및 집단을 조정하고 동기부여하는 능력으로 볼 수 있다. 리더십이란 조직의 협력과 사기를 증대시키고 구성원 개인의 역량을 육성시키므로 관리자의 경영능력 중 필수적인 요건이라 할 수 있다.

- 특성이론: 리더의 고유한 개인적 특성이 상황이나 환경에 관계없이 리더십의 성공이 좌우된다고 보는 이론
- 상황이론: 리더와 부하가 처해있는 상황에 따라 유효한 리더십이 존재한다
- 팔로어십: 리더의 특성이나 인간성은 부하(Follower)를 포섭하기 위한 수단으로 팔로어의 태도와 능력이 리더십을 좌우한다는 이론

4. 산업안전

1) 산업안전의 중요성

오늘날 기업 내 종업원의 산업안전문제는 근로자의 입장에서뿐만 아니라 기업 입장에서도 매우 중요한 이슈이다. 기업은 종업원에게 안전하고 쾌적한 작업환경을 제공하여 그들이 평안한 마음으로 일에 전념할 수 있게 함으로써 사기 및 애사심을 높이고 나아가 생산성을 제고시킬 수 있다.

2) 산업재해의 원인

첫째, 인적 요인으로 개인의 소질부족(과격한 기질, 지식 및 기능의 부족), 안전 수칙의 불이행(안전지식의 불충분, 불안전한 자세, 교육 불충분) 등이 있다.

둘째, 물적 요인으로 시설과 실비 자체의 결함(건물, 기계장치의 불량), 부적절한 보호장치(안전장치 보호구의 결여, 공구의 불량, 표식의 불비) 등이 있다.

셋째, 환경적 요인으로 부적합한 작업환경에 따른 물리/화학적 위험요인(조명, 온도, 환기시설, 고열, 분진, 소음, 가스) 등이 있다.

3) 산업재해의 예방대책

첫째, 산업재해를 사전에 예방할 수 있는 재해방지 프로그램을 운영한다.

둘째, 종업원, 관리자, 산업안전전문가로 구성된 '안전전담위원회'를 운영한다. 본 위원회에서는 안전정책 제안 및 비판, 안전기준 설정, 안전교육을 실시한다.

셋째, 안전규정을 마련하여 규정에 따르지 않았을 때에는 분명한 처벌을 해야 효과적이다.

넷째, 구체적이고 달성 가능한 안전목표를 설정하고 목표 달성시 보상을 지급한다.

※ 중대재해처벌법

○ 처벌 내용은?

[제6조(중대산업재해 사업주와 경영책임자 등의 처벌)]

사업주 및 경영책임자 등	• 사망자 발생한 경우: 1년 이상의 징역 또는 10억원 이하 벌금 • 부상 또는 질병 발생한 경우: 7년 이하의 징역 또는 1억원 이하 벌금

[제7조(중대산업재해의 양벌 규정)]

법인이나 기관	• 사망자 발생한 경우: 50억원 이하의 벌금형 • 부상 또는 질병 발생한 경우: 10억원 이하 벌금

○ 시행 시기: 2022년 1월 27일(단, 근로자 50인 미만 사업장: 2024년 1월 27일)

5. 노사관계

1) 노사관계의 의의

노사관계는 노동을 공급하는 자와 노동을 공급받는 자의 관계로 이루어지는 상호관계로서 종업원과 기업간 관계, 상호대등의 원칙하에 성과증대와 성과의 공정한 배분, 노동의 인간화, 근로생활의 질(QWL) 향상을 목적으로 한다.

2) 노사관계의 특징(이중성)

(1) 협동적 관계와 대립적 관계

분배의 근원이 되는 부가가치를 창출하는 데 있어서는 사용자와 근로자는 협력적 관계를 형성한다. 그러나 생산된 성과 또는 부가가치의 배분에 있어서 근로자들은 경영자와 대립적 입장에 처하게 된다.

(2) 경제적 관계와 사회적 관계

근로자들이 경영자의 경제적 목적을 달성하는 데 자신들의 노동력을 제공하고 대가로 임금 등의 경제적 보상을 받는다는 점에서 노사관계는 일차적으로 경제적 관계라는 특성을 가진다. 그러나 기업은 사람들로 구성되므로 집단생활에 따른 사회적 관계 내지 인간관계가 필연적으로 수반된다.

(3) 종속관계와 대등관계

근로자는 노동력의 공급자로서 근로조건의 설정과 그 운영에 관하여 경영자와 대등한 입장에서 교섭하고 근로계약을 체결할 권리가 있다. 반면 근로계약을 체결한 근로자는 기업의 업무수행 과정에서 사용자의 명령이나 지시를 따라야 할 의무를 진다.

(4) 개별적 관계와 집단적 관계

근로자 개인과 경영자는 근로계약에 바탕을 둔 개별적 관계이지만 노동조합과 사용자와의 관계는 단체협약에 근거를 둔 집단적 노사관계를 형성한다.

3) 노사관계의 발전과정

(1) 전제적 노사관계

기업은 소유자에 의한 경영의 단계에 있고 사용자와 노동자의 관계가 절대명령-절대복종이라는 예속적인 관계가 유지됨에 따라 인간적인 측면이 거의 무시되었다.

(2) 온정적 노사관계

가부장적 온정주의에 입각한 복리후생시설을 제공하게 된다.

(3) 완화적 노사관계

산업혁명의 진전에 따른 주식회사의 등장으로 관리합리화의 추진으로 경영과 자본의 분리현상 나타난다. 노동에 있어서도 횡단적 직업별 노동조합(craft union)이 출현한다.

(4) 민주적 노사관계

기업규모가 확대된 결과 소유와 경영의 분리가 촉진되며 직업별 조직에서 산업별 조직형태로 바뀌게 되며 노동과 자본의 관계는 대등한 사회적 지위가 인정되었다.

4) 노동조합이론

(1) 혁명적 조합주의

사회혁명을 목표. 노동조합이 정부와 자본주의체제를 전복시키는 도구

(2) 사회조합주의

계급의식적인 성격, 공산주의/사회주의 정당을 설립, 사회체제 변혁 기도

(3) 기업조합주의

노동자의 임금 및 노동조건의 개선을 가장 우선. 정치, 사회의 변화는 근로조건의 향상을 위해 필요한 경우에 고려해야 할 부수적 요건

5) 노동조합의 기능

(1) 경제적 기능

사용자에 대해 직접적으로 발휘되는 노동력의 판매자로서의 교섭

(2) 공제적 기능

조합원의 노동능력이 일시적 또는 영구적으로 상실되는 경우에 대비하여 조합이 기금을 설치하여 상호 공제하는 활동

(3) 정치적 기능

국가의 노사관계에 대한 간섭과 개입이 시작되어 임금이나 근로조건의 결정이 국가에 의해 좌우됨에 따라 중요시됨

6) 노동조합의 조직형태

(1) 직종별 노동조합

직종별 노동조합(craft union)은 가장 먼저 발달한 노동조합의 형태로서 특정기업이나 산업에 고용되는 것과는 관계없이 직종 또는 직업을 같이하는 근로자들로 조직된 노동조합을 말한다.

(2) 산업별 조합

산업별 조합(industrial union)은 직종이나 계층에 관계없이 동일산업에 종사하는 근로자가 조직하는 노동조합을 말한다.

(3) 기업별 조합

기업별 조합(company union)은 동일한 기업에 종사하는 근로자들로 조직되는 노동조합을 말한다.

(4) 일반노동조합

일반조합(general union)은 숙련이나 직종 또는 산업에 관계없이 일반근로자를 폭넓게 규합하는 조합의 형태이다.

7) 숍제도

숍(Shop)제도란 기업이 신규인력을 채용할 때 지원자의 신분과 관련한 노동조합과의 제 관계의 형태를 말한다.

(1) 오픈숍(open shop)

조합원이나 비조합원이나 모두 고용할 수 있으며 조합가입이 고용조건이 아닌 제도이다.

(2) 클로즈드숍(closed shop)

결원보충이나 신규채용에 있어서 사용자는 조합원 중에서 고용하지 않으면 안 되는 것을 말한다. 즉, 조합가입이 고용의 전제조건이 되는 가장 강력한 제도이다.

(3) 유니온숍(union shop)

사용자의 자유로운 채용이 허락되나, 일단 채용된 후 일정한 수습기간이 지나 정식종업원이 되면 조합에 가입하지 않으면 안 된다.

(4) 에이전시숍(agency shop)

대리기관 숍제도라고도 하며, 이는 조합원이 아니더라도 모든 종업원에게 단체교섭의 당사자인 노동조합이 조합회비를 징수하는 제도이다.

(5) 프레퍼렌셜숍(preferential shop)

우선 숍제도라고 하며, 이는 채용에 있어서 노동조합원에게 우선 순위를 주는 제도이다.

(6) 메인티넌스숍(maintenance shop)

조합원유지 숍제도라고 하며, 이는 조합원이 되면 일정기간 동안 조합원으로 머물러 있어야 하는 제도이다.

6. 경영참가제도

1) 경영참가제도의 의의

경영참가(management participation)란 근로자 또는 노동조합이 기업경영의 의사결정에 참가하여 영향력을 행사하는 과정을 말한다. 경영참가란 넓은 의미로 해석하면 종래 경영자의 권한이라고 생각되어 온 경영권 또는 경영전권에 대하여 근로자나 노동조합이 그들의 이익과 노사 쌍방의 이익을 증진시킴을 목적으로 노사간에 공동으로 경영관리기능을 수행함을 의미한다. 즉, 근로자가 기업의 경영에 참가하여 경영자와 함께 경영상의 권한과 책임을 분담하는 것이다.

2) 경영참가제도의 유형

(1) 자본참가

자본참가(participation in capital)는 근로자들로 하여금 자본의 출자자로서 기업의 경영에 발언권을 얻는 방식을 의미한다.

① 종업원지주제도: 회사의 경영방침으로 특별한 편의를 제공하여 종업원이 주식을 취득·소유하는 제도

② 스톡옵션제도: 임직원에게 일정량 주식, 일정기간 내, 사전 약정 가격으로 매수권리를 주는 일종의 인센티브제도

(2) 성과배분 참가

성과배분 참가(participation in performance allocation)는 일정기간 발생한 조직이익을 사전 정해진 공식에 따라 종업원에게 배분하는 제도로 생산성 이득 분배제도와 이윤분배제도가 있다. 생산성 이득분배제도는 생산성 향상이나 노무비 감소를 통하여 발생한 금전적 이득을 기업과 종업원 간에 배분하는 제도로 스캔론플랜(Scanlon plan)이나 럭커플랜(Rucker plan) 등이 이에 해당한다. 이윤분배제도는 기업에 일정 수준의 이윤이 발생한 경우, 정해진 방식에 따라서 종업원에게 상여금으로 제공하는 제도이다. 이는 경영민주화 내지 산업민주화의 일환으로 활용된다.

(3) 의사결정 참가

의사결정 참가(participation in decision-making)는 근로자 또는 노동조합이 기업경영

상의 의사결정과정에 참여하는 것을 의미한다. 대표적인 제도로는 노사협의제도와 공동의사결정제도가 있다.

① 노사협의회: 노사쌍방에 관심이 있는 사항을 공동협의하고, 단체교섭에서는 취급되지 않는 사항에 대하여 노사가 협력하여 협의하는 제도

② 노사공동결정제도: 독일에서 발전되어 온 것. 경영에 대한 의사결정권이 노사공동으로 행해지는 것으로 종업원 또는 노동조합과 의사교환 및 경영문제 의사결정하는 제도

제 8 절 인력방출

1. 이직의 의의

이직(turnover, separation)이란 기업과 종업원 간의 고용관계가 단절되어 종업원이 소속한 조직으로부터 이탈함을 의미하며, 자발적 이직과 비자발적 이직으로 나눌 수 있다. 자발적 이직은 전직과 사직으로 구분되고, 비자발적 이직은 해고와 퇴직으로 구분할 수 있다.

이직은 그 형태를 파악함으로써 인사문제의 징후를 진단할 수 있다는 점과 조직에 긍정적인 영향과 부정적인 영향을 동시에 미치는 점을 감안할 때 효율적인 이직관리가 필요하다.

2. 이직 유형

이직은 이직 의사결정의 주체가 조직구성원인가 조직인가에 따라서 자발적 이직과 비자발적 이직으로 구분할 수 있다. 또한 조직에 의한 통제가능성 여부에 따라 통제가능 이직(controllable turnover)과 통제불가능 이직(uncontrollable turnover)으로 구분할 수 있다.

1) 자발적 이직

자발적 이직(voluntary turnover)은 종업원에 의해 주도되는 것으로서 회사에 대한 불만 혹은 보다 나은 직무를 찾아 다른 기업으로 가는 전직(轉職)과 학업의 계속, 결혼, 임신, 출산, 지병, 가족의 이주 등으로 인한 사직이 포함된다.

2) 비자발적 이직

비자발적 이직(involuntary turnover)은 종업원 의사에 반하여 이루어지는 것으로서 기업이 주도하는 해고, 정년퇴직, 그리고 사망 등이 이에 포함된다.

3. 이직 기능

자발적 이직의 기능은 순기능적인 것과 역기능적인 것으로 나눌 수 있다. 순기능적인 이직이란 종업원의 자발적 이직이 기업의 경쟁력에 오히려 도움을 주는 경우를 말하며, 역기능적인 이직이란 기업에 비효율성을 가져다주어 궁극적으로 기업의 경쟁력을 훼손시키는 경우이다.

〈표 4-4〉 자발적 이직의 효과

효과 / 주체자	부정적 효과	긍정적 효과
이직자	• 직장생활에서의 불확실성 증가	• 경력개발 • 소득 증가 • 능력발휘기회
잔류자	• 조직 내 기존 사회적 관계의 훼손 • 신규인력이 확보되는 기간 동안의 업무량 증가	• 이동 및 승진기회의 증가 • 새로운 동료로부터의 자극 및 상호보완
기 업	• 이직비용의 발생(생산성 감소, 모집선발비용, 교육훈련비용 등) • 유능한 인재의 상실로 인한 경쟁력 약화 • 조직의 불안정	• 무능한 인재의 퇴직으로 조직능력 제고 • 신규인력의 조직에 새로운 아이디어 제공 • 조직활성화 계기

자료: 박경규, 신인사관리, p.552.

4. 이직 비용

이직 비용은 자발적 이직이 발생함으로써 기업이 부담하는 비용을 말한다.

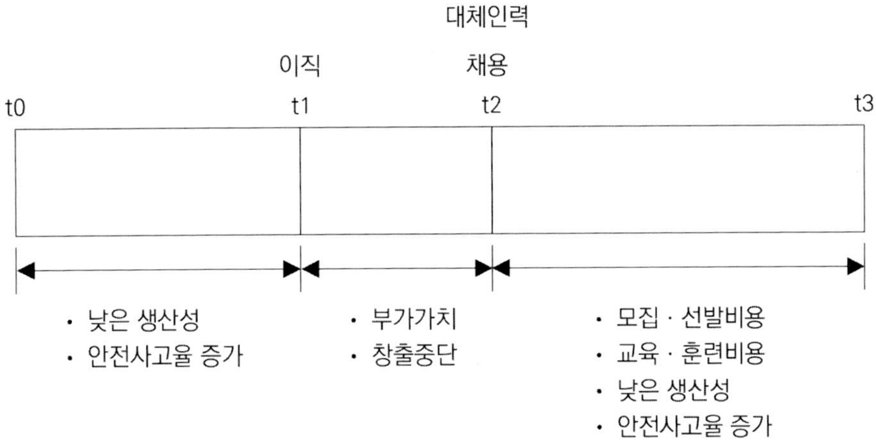

자료: 박경규, 신인사관리, p.553.

[그림 4-5] 이직과정과 발생비용

기업이 보다 효율적인 이직 관리를 하기 위해서는 이직비용에 대한 인식이 그 전제가 되어야 한다. 이직비용은 이직자가 기업을 떠남으로써 발생하는 비용까지도 포함한다. [그림 4-5]에서는 이직자가 기업을 떠나고 신규인력에 의해 대체되는 과정과 발생하는 비용을 보여준다.

[그림 4-5]에서 t0~t1은 이직자가 기업에 대한 불만을 갖기 시작하여(t0) 기업을 떠나는 시점(t1)까지의 기간을 나타낸다. 이 기간 동안 이직자는 직무에 대해 흥미를 잃게 되고 생산성 향상에 대한 의욕도 없게 된다. 이 기간 동안에 발생하는 이직비용은 바로 낮은 생산성과 안전사고율의 증가이다.

t1~t2는 이직자가 해당기업을 떠난 후 대체인력이 채용되기 직전까지의 기간으로 부가가치 창출이 중단된다.

t2~t3은 기업이 이직자에 대한 대체인력을 채용한 후 이 인력이 과거 퇴직한 종업원이 달성했던 성과수준을 달성할 때까지의 기간이다. 이 기간 동안 발생하는 비용은 대체인력을 모집하고 선발하는 데 드는 비용, 이들을 교육·훈련시키는 데 드는 비용

그리고 대체인력이 조직에 적응하는 기간 동안의 낮은 생산성 등이 되겠다. 뿐만아니라 입사 초기에 빈번하게 발생하는 안전사고로 인한 비용도 이에 포함된다.

5. 이직의 원인과 이직에 대한 대책

과도한 이직률이 조직의 유효성을 저하시킬 때 기업은 우선 이직원인을 규명하여 이를 개선함으로써 이직률을 낮출 수 있다. 종업원의 이직문제는 이직 그 자체에만 국한되는 것이 아니라 인사관리 전반에 걸쳐 축적된 문제가 나타나는 현상이기 때문에 기업은 이직문제를 근원적으로 해결하기 위해 인사관리의 각 기능 분야인 인력확보, 인력개발, 인력보상, 인력유지에 대한 보다 합리적인 관리를 위한 노력을 해야 할 것이다.

1) 이직 원인

(1) 환경차원

외부노동시장 인력수요, 수평적 노동시장 발달, 실업률 등 분석(평생직업 개념 대두, 경력개발 수단 등)

(2) 조직차원

보상/승진정책의 불공정성, 복리후생 비효율성, 경력정체 및 모티베이션 결핍, 직무환경 불만

(3) 직무차원

직무적합성 낮은 경우, 직무의 동기유발 부족, 업무과중에 따른 스트레스, 직무수행에 있어서 자율성(autonomy)이 매우 낮거나 역할 모호성(role ambiguity)이 높을 경우

(4) 개인차원

개인의 연령, 근속연수, 성격특성, 가족부양 책임, 교육 정도 등이 있다.

2) 이직에 대한 대책

(1) 적정이직률 관리

기업의 적정이직률은 기업이 부담해야 하는 이직비용과 인력보유비용의 합이 최

소가 되는 곳에 존재한다. 해당기업의 이직률이 적정이직률을 초과하게 되면 이직관련 총비용(TC)이 증가하여 결국 조직유효성(organization effectiveness)이 저하된다.

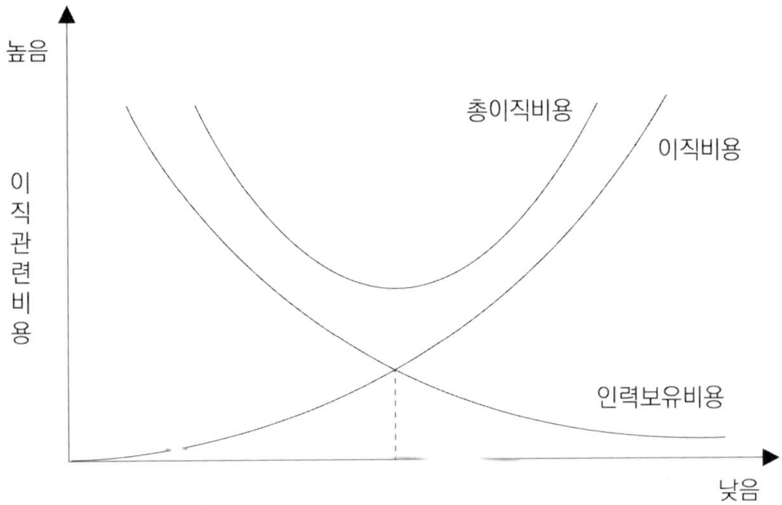

자료: 박경규, 신인사관리, p.555.

[그림 4-6] 이직비용과 이직률과의 관계

이직률이 너무 낮으면 유능한 인재의 유실(流失)은 적겠지만 조직은 침체되고, 이직률이 너무 높으면 조직은 보다 높은 이직비용을 감수하지 않으면 안 된다. 기업의 입장에서 이직관리를 할 때 어느 정도의 이직률이 적당한가는 종업원이 기업을 떠남으로써 발생하는 이직비용과 기업이 종업원을 계속 보유하기 위해 투입해야 하는 비용, 즉 종업원의 이직을 막기 위한 매력적인 직무제공, 높은 임금 및 복리후생 제공 등 비용의 측면에서 검토되어야 한다.

(2) 조직차원

임금의 내부공정성 극대화, 비경제적 복리후생 확대 방안 강구, 경력개발제도 활성화, 리더십/인간관계 교육, 근로조건 유연화 등

(3) 직무차원

직무-사람 적합성(job-person fit)을 고려한 직무배치, 직무충실화 및 직무재설계, 역할 스트레스 감소대책 마련 등

(4) 개인차원

고충처리제도 운영, 종업원지원프로그램(EAP) 운영, 상담제도 등을 통한 조직몰입을 유도할 수 있다.

제 5 장 중소기업의 성과관리

제 1 절 성과관리란?

1. 성과관리의 의의

1) 법적 관점

성과관리(Performance Management)란 업무를 추진함에 있어 기관의 임무, 중·장기목표, 연도별 목표 및 성과지표를 수립하고, 그 집행과정 및 결과를 경제성, 능률성, 효과성 등의 관점에서 관리하는 일련의 활동이다(정부업무평가기본법 제2조).

2) 일반적 관점

성과관리란 개인과 조직의 성과를 체계화된 평가지표를 통하여 측정·평가함으로써 조직의 모든 활동과 자원을 효율적으로 운용하는 일련의 과정으로 투입 및 과정 중심의 관리방식에서 결과 중심의 관리방식으로 인사평가라 한다.

전통적인 인사평가는 과거의 실적이나 인적 특성에 따라 서열이나 우열을 판정적인 태도로 비교·추정하는 것이 일반적이었지만 최근의 성과관리에서는 성과평가와 동시에 잠재적 능력 및 그 개발 가능성에도 초점을 둠으로써 평가를 구성원에 대한 동기부여의 수단으로 활용하는 동시에 목표 달성을 위한 종합적인 통제의 한 과정으로 활용하게 되었다.

성과관리의 궁극적인 목적은 조직의 임무(mission) 및 전략(strategic)과의 효과적인 연계를 통한 조직운영으로 보다 효율적이고 효과적으로 성과를 달성하는데 있다.

2. 성과관리의 절차

1) 성과관리 시스템의 3단계

(1) 1단계

성과관련 측면에 대한 규범이다. 성과의 어떤 측면이 중요하고 평가되어야 하는지를 밝힌다.

(2) 2단계

실제로 인사고과(performance appraisal)를 수행하는 것이다.

(3) 3단계

성과 피드백의 절차이다. 이는 인사고과의 결과를 여러 의사결정에 활용하는 단계인데, 문제의 원인을 밝힌 후 문제해결 방법을 모색하고(예: 성과가 저조하다면 업무수행 기술과 역량을 높이기 위한 교육훈련 실시 등), 또한 성과의 수준에 기반을 두어 보상을 결정하는 것 등이다.

2) 성과관리의 프로세스 5단계[1]

성과관리의 기본 프로세스는 우리가 익히 알고 있는 매니지먼트의 기본 계획(plan), 실천(do), 검토와 피드백(see & feedback)이다.

(1) 계획(plan)

계획 단계에서 반드시 결정해야 하는 것이 핵심과제, 성과목표, 달성전략, 실행계획이다. 계획 단계에서 수행하는 활동을 '프리뷰(preview)'라고 한다.

(2) 실천(do)

실천 단계에서 중요하게 해야 할 일은 캐스케이딩(cascading)과 롤링플랜(rolling plan)

---

1) 류랑도, 성과관리, 2021.

수립, 협업 등인데 이러한 일련의 과정을 합해 '인과적 실행(causal execution)'이라고 한다. 케스케이딩이란 연간 목표나 전체 목표를 분기, 월간, 주간, 일일 단위의 기간별 작은 목표로 세분화하는 것이다. 롤링 플랜(rolling plan)이란 애초에 수립한 목표와 전략, 실행계획을 막상 실행으로 옮기려고 할 때 현장 상황의 변화와 외부환경의 변화로 인해 최초 수립한 목표 수준이나 달성전략, 실행계획을 기획하고 계획한 대로 적용할 수 없어서 상황에 맞게 수정하는 것을 말한다.

(3) 평가와 피드백(see & feedback)

평가와 피드백 단계에서 해야 할 일은 성과평가와 피드백이다. 이 단계에서 수행하는 활동을 '리뷰(review)'라고 한다.

〈표 5-1〉 성과관리 프로세스 한눈에 보기

프리뷰	인과적 실행	리 뷰
1. 핵심 과제 선정 2. 성과목표 설정 3. 성과목표 달성전략 수립 4. 액션플랜 수립	5. 캐스케이딩 6. 협업	7. 성과평가 8. 전략 & 프로세스 평가 9. 개선과제 도출 & 만회대책 수립

자료: 류랑도, 성과관리, p.47.

성과관리 프로세스는 프리뷰, 인과적 실행, 리뷰의 크게 3단계로 나눌 수 있고, 실무적으로 나누어 보면 크게 핵심과제 선정, 성과목표 설정, 성과목표 달성전략 수립, 성과목표 실행, 성과평가와 피드백의 5단계로 나누어 볼 수 있다.

(가) 1단계: 핵심과제 선정

핵심과제란 그냥 업무분장에 따라 해야 할 과제가 아니라, 자신이 소속된 조직의 성과를 창출하기 위해서 정해진 기간 내에 가장 우선적으로 해야 할 중요한 일이나 과제이자 역할이다. 일일·주간·월간·분기·반기·연간·중장기 단위로 기간별 핵심과제를 선정할 수 있다. 핵심과제의 명칭은 자신이 실행할 수 있는 역할 내에서 선정하며 과제의 대상과 실행방향이 구체적이어야 한다.

(나) 2단계: 성과목표 설정

성과목표를 설정하기 위해서는 보통 성과를 측정(metrics, measure)하거나 판단하는 기준인 핵심성과지표, 즉 KPI를 사용한다. KPI와 수치목표를 합하여 '성과목표'라고 한다. 그런데 이 성과목표를 KPI와 수치목표의 형태로 설정할 수 있는 조직이나 업무도 있지만 그렇지 않은 경우도 있다. 일반적으로 영업, 생산, 구매, 회계업무와 같이 기간별로 반복적·연속적으로 운영하는 업무는 성과기준을 KPI와 수치목표의 형태로 표현할 수 있다.

하지만 지원업무, 연구개발업무, 기획업무 등 일회적·불연속적으로 진행되는 과제중심의 업무의 경우나 최종결과물이 아닌 과정결과물의 경우에는 KPI와 수치목표의 형태로 성과목표를 설정할 수 없다. 후자의 경우에는 억지로 수치화하지 말고 '상태적 목표(objective)'의 원하는 성과목표가 기대한 대로 이루어진 상태를 세부구성요소의 형태로 객관적이고 구체적으로 표현하는 것이 좋다. 일반적으로 연간 단위로 성과목표를 설정해보면 업무특성에 상관없이 KPI와 수치목표의 형태로 성과목표를 설정할 수 있지만 분기·월간·주간 단위의 성과목표는 KPI와 수치목표의 형태보다는 상태적 목표의 형태로 표현하는 것이 바람직하다.

KPI와 수치목표의 형태로 성과목표를 설정할 경우에도 성과목표는 상태적 목표, 성과목표 조감도의 형태로 마치 이루어진 듯이 구체적으로 표현해야 전략을 수립하거나 성과목표 달성 정도를 모니터링할 수 있다.

(다) 3단계: 성과목표 달성전략 수립

성과목표 달성전략이란 성과목표와 예상 달성 가능 수준의 차이를 규명하고 차이를 메우기 위한 세부 목표(target)와 공략방법을 결정하는 것을 말한다.

① 고정요소와 변동요소의 분류: 성과목표 달성전략을 수립하려면 먼저 고정요소와 변동요소를 구별해야 한다. 성과목표 조감도의 구성요소 중에서 통상적인 노력으로 달성할 수 있는 요소는 고정요소, 통상적인 노력으로 달성하기 어려워서 방법도 바꾸고 투입할 자원과 역량이 많을 것으로 예상되면 변동요소로 분류한다.

② 고정변수와 변동변수에 따른 달성전략 수립: 고정요소와 변동요소를 분류한 다음에는, 각 요소별로 고정변수와 변동변수 달성전략을 수립한다. 성과목표조감도에는 고정요소와 변동요소로 표현했지만, 전략을 수립할 때는 고정변수와 변동변수로 표현한다. 성과목표조감도는 달성된 상태를 표현한 것이어서 명사인 '요소'로 표현하고, 전략을 실행하는 대상은 '변수'로 표현한다. 변동할 가능성이 충분히 있다는 뜻이다.

③ 예상 리스크 대응방안 수립: 성과목표 달성전략을 실행하는 데 통제 불가능한

외부 환경 리스크요인과 내부역량 리스크요인을 도출하고, 그에 대한 대응방안을 마련한다. 대응이 어렵다고 판단되면 플랜B를 수립해야 한다.

④ 실행계획(액션플랜) 수립: 성과목표 달성전략과 예상 리스크 대응방안을 행동으로 실행하기 위해 일정별로 순서를 정해 실행 및 추진계획을 수립한다.

(라) 4단계: 성과목표 실행

수립된 성과목표와 달성전략, 실행계획을 분기·월간·주간·일일 단위로 잘게 캐스케이딩하여 기간별로 역할과 책임의 기준을 정하고 실행해 과정결과물을 산출하고, 기간별로 과정 성과평가와 피드백을 정기적으로 반복하여 성과를 축적해 가는 과정이다.

업무를 진행하면서 고정변수와 변동변수가 예상했던 것과 다를 때, 환경변화에 따라 롤링플랜으로 수정해 나간다. 성과목표와 달성전략을 실행할 때 협업을 하게 되는데 협업은 상하 간에 이루어지는 수직적 협업과 동료, 타 부서와 이루어지는 수평적 협업으로 구분된다.

(마) 5단계: 성과평가와 피드백

성과목표 실행이 완료되고 나면 객관적인 데이터를 바탕으로 성과평가, 전략평가, 프로세스 평가를 실시한다. 평가과정을 통해 성과 창출에 긍정적인 영향을 미친 부분과 부정적인 영향을 미친 부분의 원인을 분석한다. 이에 대한 개선과제를 도출한 후 다음 목표를 설정하고 실행하는 데 반영한다. 성과목표 미달성 부분이 있다면, 그에 대해서는 별도의 극복대책을 수립하여 언제까지 어떻게 실행할 것인지 피드백한다.

3. 성과관리체계 구축

효율적인 조직운영으로 조직의 목표를 달성하고 성과를 극대화하여 지속성장 발전하기 위해서는 성과관리체계 구축이 필수적이며 성과관리체계를 올바로 구축하기 위해서는 다음과 같은 조건이 필요하다.

첫째, 성과관리체계 전반에 대한 충분한 이해

둘째, 성과관리 관련 각각의 제도와 프로세스의 핵심 포인트 이해

셋째, 해당 사업의 특성 이해

넷째, 현재 성과관리의 문제점 및 Bottleneck 이해

다섯째, 해당 기업·조직의 역량수준 이해

1) 개인 성과관리체계 구축

- MBO제도 등

2) 조직 성과관리체계 구축

- BSC제도 등
- 조직별 KPI 체계

4. 성과관리 프로세스 운영

1) 목표 수립 프로세스

- 전사적 성과목표 수립
- 사업부 및 팀 목표 수립
- 개인 목표 수립

2) 성과점검 프로세스

- 분기별·반기별 성과점검 프로세스
- 목표 수정 프로세스

5. 성과평가체계 구축

1) 조직성과 평가체계
2) 개인성과 평가체계

6. 성과평가 프로세스 운영

1) 조직 성과 주기별 평가 및 피드백
2) 개인 성과 주기별 평가 및 피드백

7. 보상체계와 연계

BSC를 적용하여 조직의 성과(전사 성과, 사업부 성과, 팀 성과), 개인 성과(MBO) 및 역량평가를 실시하여 평가등급 결정을 기준으로 보상체계와 연계하여 반영한다.

1) 기본급 반영
2) 조직성과급 반영
3) 개인성과급 반영
4) 승진, 배치 반영
5) 교육훈련 반영

8. 성과관리체계의 성공적 추진 운영

성과관리를 한다는 것은 일을 하기 전에 원하는 결과물의 기준을 구체적이고 객관화된 목표를 설정하고 이를 달성하기 위해 정해진 기간 내에 한정된 자원을 투입하여 목적과 목표 중심으로 '인과적 실행과정(causal execution)'을 거쳐 자기완결적으로 원하는 결과물을 이루어내는 것을 말한다. 일을 하기 전에 원하는 결과물을 정확하게 알고 있느냐가 핵심이다.

성과관리는 단지 양식을 바꾸고 제도와 시스템을 변경하는 것을 넘어서서 일하는 문화를 혁신하는 것으로 성과관리를 다른 말로 '고객만족 관리', '인과적 과정관리', '전략적 자원관리'라고 표현할 수 있다.

성과관리를 추진함에 있어서 목표 수립은 조직의 미션과 전략에 부합하는 목표를 수립해야 하고 도전적이고 새로운 목표를 제시한다. 타당성 있는 근거를 제시하고 실현 가능한 구체적 목표를 제시한다. 실행관리 및 점검은 구체적인 업무점검, 평가, 확인 등의 성과관리 계획을 수립한다. 업무진행의 효과를 증진할 수 있는 구체적인 방안을 제시한다. 목표 달성도를 평가할 수 있는 체계와 방법을 제시한다. 장애요인을 파악하고 이를 극복할 수 있는 대안들을 제시할 수 있어야 하며, 상사가 아니라 리더로서 역할 혁신과 성과 코칭이 필요하고, 실행전략과 실행행위에 대한 의사결정 권한이 실무자에게 위임(delegation)되어야 하며, 지속적·주기적인 공정한 평가와 피드백이 지속적으로 이루어져야 한다.

제 2 절 목표관리법(MBO)

1. 의의 및 도입 배경

1) 의 의

목표관리법(MBO: Management by Objectives)는 1950년대 피터 드러커(Peter Drucker)가 "The Practice of Management"라는 저서를 통해 하나의 경영기법으로 도입하여 전반적인 경영활동을 보다 효과적으로 하기 위한 것으로 알려졌었다(Peter Drucker, 1954). 이러한 관리기법은 6개월 또는 1년의 기간 내에 달성할 특정 목표를 평가자와 피평가자의 합의에 의해 설정하고, 그 기간이 종료된 후에 목표를 양적, 질적으로 달성하였는지 평가하는 결과지향적 평가기법이다.

2) 도입 배경

종래의 인사고과가 통제적, 관리적 목적으로 행해지고 더욱이 평가자의 주관의 개입이 많았다는 문제점이 잔존해 있었다.

이러한 전통적 인사고과법은 오늘날 국제경쟁의 가속화, 급격한 기술발전, 저성과자에 따라 종업원의 능력개발이나 종업원의 사회가치관 변화에 따른 종업원의 경영참가에 대한 관심이 증가되면서 그 한계에 부딪치게 되었다.

이에 따라 종래의 전통적인 고과방법을 지양하고 새로운 고과방법이 요구되었는데, 이러한 필요에서 MBO가 도입되게 되었으며 이는 개개인의 역할과 성과지표를 명확히 하고 나아가서는 스스로 자신의 성과를 평가할 수 있는 기회를 부여함으로써 인사고과의 공정성, 수용성을 높이기 위한 측면에서 도입되었다.

2. MBO의 실행절차

일반적으로 목표관리는 다음의 절차를 통해 수행된다.

1) 직무기술서 검토

피평가자의 직무기술서를 상급자와 하급자가 함께 검토하여 직무의 범위와 핵심

활동을 파악한다.

2) 성과 표준의 개발

상·하급자가 성과의 표준을 공동으로 개발한다.

3) 목표의 합의

평가자와 피평가자 간의 합의를 통해 목표가 확정되는 과정이다. 이 과정에서 동기 유발에 적합한 목표는 다음의 특징을 가진다.

- S: Specific(목표가 구체적)
- M: Measurable(측정 가능하고 계량적인 목표)
- A: Achievable(달성 가능하면서도 적당히 도전적)
- R: Result－oriented(결과 지향적)
- T: Time－bound(시간 내 달성 가능한 목표)

4) 결과에 대한 평가 및 새로운 목표 설정(피드백)

본인이 1차 평가, 상사는 충분한 지원과 지도를 해주었는지 평가. 평가는 목표의 적정성, 목표설정 방식의 개선점, 본인 능력의 보완점 등에 중점

3. MBO의 장단점

1) MBO의 장점

(1) 종업원의 모티베이션 향상

MBO는 피고과자인 종업원이 상사와 공동으로 목표를 설정함으로써 목표 달성에 대한 성취동기가 향상된다.

(2) 피고과자의 전반적인 능력측정 가능

피고과자의 목표와 책임이 명백하게 되어 피고과자의 능력을 부분적이 아닌 전반적인 능력을 평가할 수 있다.

(3) 관리의 질 개선

목표 설정에 있어 고과자와 피고과자의 원활한 의사소통이 이루어지고 이로 인하여 관리자의 관리 개선을 기할 수 있다.

(4) 능력개발에 기여

목표수정 과정에서의 자기통제에 의해 자기개발, 능력개발, 교육훈련의 효과 촉진 등에 기여할 수 있다.

(5) 기업의 성과 향상

MBO는 종업원의 성취동기를 유발하고 이로 인한 생산성 향상에 기여할 수 있게 된다.

(6) 조직의 혁신 유도

MBO는 부하에게 권한을 위양할 수 있게 하고 분권화를 촉진시킬 수 있게 한다. 즉 MBO는 조직의 구조, 과정, 행위의 변화를 유도하며 조직의 유효성을 위한 혁신기능을 달성하게 할 수 있다.

(7) 의사소통의 원활화

MBO는 목표 설정에서부터 평가에까지 상사와 부하간에 의사소통을 유도하여 조직 전체 수준에서의 의사소통을 원활하게 할 수 있다.

(8) 고과자에 의한 오류 최소화

MBO는 피고과자의 성과에 따른 평가를 함으로써 평가자의 주관적인 평가를 지양하고 인사고과에 있어서 합리성과 객관성을 기할 수 있다.

2) MBO 단점

(1) 노력과 시간의 소요

MBO는 도입에서부터 그 결과까지 시간, 비용, 노력 등이 많이 든다.

(2) 목표 설정의 곤란

조직에 있어서 실제로 확인할 수 있는 목표를 설정하기에는 현실적으로 그리 쉽지 않다. 더욱이 급격한 환경변화로 인해 명확한 목표의 설정이 어려운 경우가 많다.

(3) 목표 이외의 사항의 경시 가능성

설정된 목표에 주안점을 둠으로써 조직의 목표 달성에 필요한 다른 목표요소들을 경시할 가능성이 있다.

(4) 장기 목표의 경시 가능성

MBO는 목표의 달성 결과를 측정하기 때문에 단기적인 목표에 주안점을 두고 조직의 장기적인 발전에 필요한 장기 목표를 경시할 수 있다.

(5) 만능적 관리자가 요구된다

MBO의 실시에 있어서 이를 효과적으로 실시하기 위해서는 관리자가 MBO에 관한 전반적인 지식과 정보를 모두 알아야 하고 조직에 대해서도 명확한 이해가 요구된다.

(6) 기타의 단점

조직에서의 이기적인 팽배 가능성, 과업의 질보다 양적인 측면만을 중시하며, 달성과정에 대한 수단의 정당화 현상 유발 등이다.

4. 성공적인 MBO를 위한 요건

1) 최고경영자의 참가

최고경영자는 수동적인 역할을 해서는 안된다. 즉, 최고경영자가 MBO의 실시에 적극적으로 참여하여 MBO 프로그램을 설명하고 조정, 지도할 필요가 있다. 이렇게 최고경영자가 적극적으로 참여하게 될 때 전체 조직의 MBO를 위한 조직 분위기가 마련되고 조직간의 협력으로 인해 효과적인 MBO를 실시할 수 있게 될 것이다.

2) 상위 부서에 의한 MBO 실시

MBO가 특정 부서에 의해서라기보다는 상위부서에 의해 담당될수록 구성원에 대한 욕구 만족 및 성취 동기의 향상도는 더욱 높아지게 된다.

MBO의 성공여부는 종업원의 성취동기의 정도에 따라 결정된다고 해도 과언이 아닐 것이다. 따라서 조직은 성취동기 및 욕구만족을 극대화해야 할 필요성이 있다.

3) 관리자에 대한 지속적인 교육 실시

MBO를 수행함에 있어서 상위 관리자의 역할이 아주 중요하다. 따라서 MBO를 위한 관리자의 지속적인 교육이 이루어져야 하고 리더의 역할이 명확하게 확정될 필요가 있다.

4) 목표의 발견, 설정, 검증. 수행, 피드백의 연속적 실시

MBO가 성공하기 위해서는 목표관리과정이 순환적으로 계속 실시될 필요성이 있다. 즉, MBO가 단 일회적으로 실행될 때보다 장기적으로 순환적으로 실시될 때 종업원의 능력개발 및 조직이 목표달성에 유효하기 때문이다.

5) 기 타

이외에도 MBO가 성공적으로 이루어지기 위해서는 실제로 관대한 조직분위기가 업적 평가기준의 확립 및 업무수행에 필요한 비용과 시간의 명확화가 필요하다 할 것이다.

5. 시사점

MBO를 설계함에 있어서도 유의할 점은 MBO의 도입이 모든 기업에 만병통치약은 될 수 없지만, 오늘날 글로벌 경쟁의 가속화, 급격한 기술 발전, 저성장에 능동적으로 대처하고 종업원의 능력개발이나 종업원의 사회가치관 변화에 따른 종업원의 경영참가에 대한 욕구를 충족시켜 주기 위해서는 MBO의 도입이 필수적이라고 할 수 있다.

제 3 절 균형성과표(BSC)

1. 경영환경과 인사평가 시스템의 변화

최근 경영환경 변화는 기존의 성과평가 시스템에 대한 변화를 요구하고 있다.

기업 간 글로벌 경쟁의 격화, 기술진보에 따른 제품 수명 사이클 단축, 고객 니즈의 다양화와 코스트 절감의 필요성이 강조됨에 따라 기존의 성과관리 시스템으로는 객관적인 평가는 물론 기업의 성과향상을 유도해 내기도 어려운 실정이다.

따라서 기존의 재무적 평가시스템에 비재무적 요소를 추가하고 기업의 비전 및 경영전략과 연계된 새로운 평가시스템이 요구되었는데 이것이 바로 BSC방식에 의한 전략적 성과평가이다.

2. BSC의 개요

BSC(Balanced Score Card)는 1992년 미국 하버드 대학의 로버트 캐플란 교수와 데이비드 노턴 박사가 창안한 것으로 하버드 비즈니스 리뷰지에 소개되었다.

균형성과표는 재무적 지표와 비재무적 지표를 균형있게 반영하여 기업의 과거 성과를 측정하고, 현재와 미래의 기업가치를 평가하는 전략적 성과 및 가치평가 기법이다.

BSC는 기존의 전통적인 재무적 관점 일변도의 경영관리에서 재무적인 목표를 달성하는 과정인 재무적 관점, 고객관점, 내부프로세스 관점, 학습 및 성장 관점 등을 종합적으로 측정 평가하여 경영성과를 높이기 위한 구체적인 전략들을 제시함으로써 효과적으로 경영목표를 달성하고자 하는 성과평가 기법이다.

BSC는 기업의 비전과 경영목표를 달성하기 위한 장·단기 전략을 가시적으로 성과목표와 측정지표로 전환시킴으로써 각각의 목표에 대한 성과 뿐만 아니라 과정까지 평가하여 전략 집행상 시행착오를 최소화하려는 경영관리시스템이다.

3. BSC의 주요특징

1) 측정의 균형성

(1) **관점의 균형성:** 4가지 관점(고객, 재무, 내부프로세스, 학습 및 성장)

(2) **지표의 균형성:** 재무/비재무, 결과/과정, 단기/장기, 내부/외부

2) 전략 집중

조직의 경영전략에 모든 조직 구성원이 역량을 집중하여 성과를 달성하도록 하고 전략적 분석과 운영 프로세스에 관련된 틀을 제시한다.

4. BSC의 평가항목

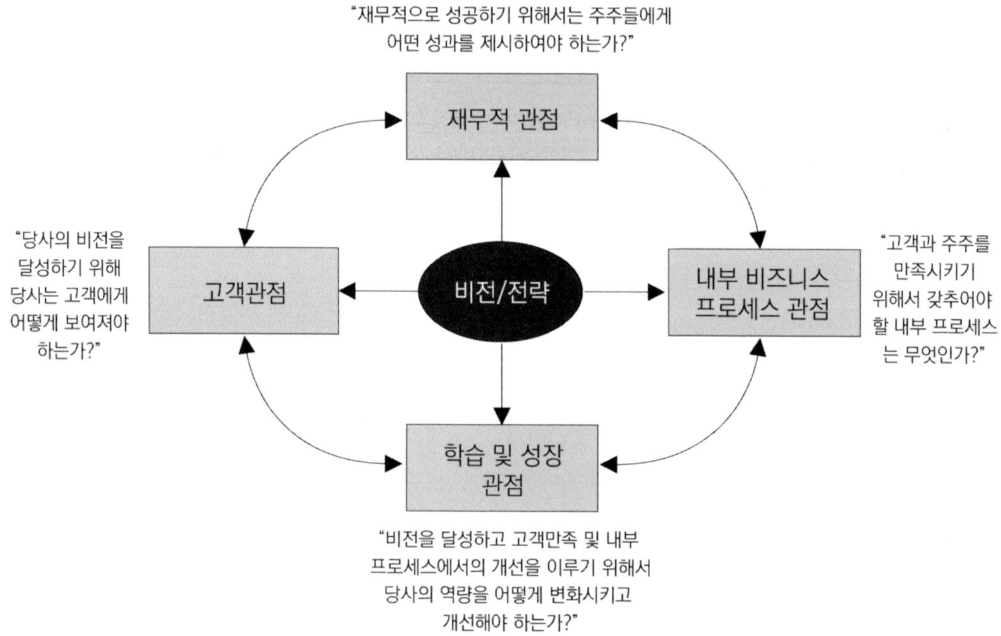

[그림 5-1] BSC의 4가지 관점

1) 재무적 관점

(1) 회사의 모든 경영활동의 최종 결과로서 경영손익의 결과가 집계, 관리되는 재무제표상의 계정항목으로 귀결되는 관점

(2) 대표적 평가 항목: 투자수익률(ROI), 경제적 부가가치, 수익성

2) 고객 관점

(1) 고객의 가치(품질, 원가, 시간, 만족도 등)에 직접적으로 기여하거나 가치창출을 위

하여 관리 통제하는 외부고객에 한함

(2) 고객이 있다고 평가하는 독특한 욕구와 잠재욕구를 규정한 후 이를 목표와 측정지표에 반영하는 것임

(3) **대표적 평가 항목**: 시장 점유율, 고객확보율, 고객 수익성, 고객 유지율, 고객만족도 등

3) 내부 프로세스 관점

(1) 고객만족 및 기업성과 극대화를 위하여 내부적으로 수행하는 INPUT의 프로세스, OUTPUT의 업무 프로세스 관점

(2) 고객에 초점을 둔 측정지표를 토대로 하여, 자사 제품 및 서비스가 고객의 기대를 충족시키기 위해서는 내부적으로 무엇을 해야 하는지를 파악

(3) 기존 운영 프로세스의 개선뿐만 아니라 프로세스의 통합 및 미래에 제공할 서비스를 위한 프로세스 개발에도 초점을 두어야 함

4) 학습 및 성장관점

(1) 미래의 지속적인 성장을 위한 끊임없는 변화창출을 주도할 수 있는 활동 및 인프라를 평가

(2) 재무적 관점, 고객관점, 내부 프로세스 관점의 목표들을 달성하는데 필요한 조직의 학습과 성장역량을 측정하는 것으로 조직성과를 거두는 기반을 마련하고 직원들을 교육시키거나 필요한 정보가 시기적절하게 제공될 수 있도록 시스템을 갖추는 것

(3) **대표적 평가 항목**: 종업원 만족도, 종업원 유지율

5. BSC 도입 목적

첫째, 결과치를 잘 내려면 과정관리가 필요함

둘째, 기업이 영구히 존속하기 위해서는 이윤창출뿐만 아니라 고객 중심 관점의 중요성도 강하게 요구되고 있음

셋째, 프로세스가 강한 기업은 어떤 조건 하에서도 결과를 잘 낼 수 있음

넷째, 경영관리 지표가 세부화되어 경쟁우위를 지속할 수가 있는 데이터의 확보 및

축적이 요구됨

다섯째, BSC를 활용하면 전략적 대응, 탐색, 적용 등의 확보가 가능함

6. BSC 도입 효과

첫째, 전사의 비전 및 중점 전략을 산하 조직단위에 체계적으로 TOP-DOWN시켜 비전과 전략수행을 위한 역량의 집중화 가능

둘째, BSC를 통한 균형잡힌 경영으로 경영의 위기를 극복하여 산업 내 경쟁우위 확보

셋째, 비전 및 전략을 단위조직 및 개개인이 이해하기 쉽고 전달하는 수단으로 활용 가능

넷째, 비전 및 전략이 체계적으로 수행되는가에 대한 확인 및 관리가 용이

다섯째, 비전과 전략을 가장 효율적으로 추진할 수 있는 시나리오 경영이 가능

여섯째, 상위 목표에 대한 기여(공헌)도 정도에 따라 평가 및 보상 기준의 명확한 정립이 가능

7. BSC방식과 기존 평가시스템의 차이점

BSC는 재무 평가지표와 비재무 평가지표를 조합하는 단순한 차원을 넘어 다음과 같은 특징을 갖는다.

첫째, BSC에는 4가지 관점에서 포함되어 있는 지표들 간의 인과관계가 설정되어 있다. 조직의 전략은 원인과 결과에 대한 일련의 가설이기 때문에 성과 평가시스템을 적절하게 전략을 관리할 수 있도록 목표, 평가지표 간에 인과관계가 있다.

둘째, BSC는 내부 프로세스와 고객서비스 및 제품의 개선이 어떻게 재무적 성과로 나타나는지를 보여 준다. 즉, 평가지표 간의 인과관계는 재무 성과지표로 최종 귀속되어야 한다.

셋째, BSC의 평가지표는 조직의 행동과 프로세스를 변화시킬 수 있다. 따라서 각 평가지표는 바람직한 성과를 가져올 수 있도록 변화관리 프로그램과 반드시 연결되어야 한다. 이 프로그램을 통해 어떻게 성과 목표가 달성되는지 각 구성원들이 이해할 수

있어야 하기 때문이다.

8. BSC를 성공적으로 운영하기 위한 조건

1) 경영자의 적극적인 후원과 지지

관리자, 개인을 포함하여 모두 비전을 공유하고 달성목표에 대한 합의로 이루어져야 한다.

2) BSC를 도입하려는 회사에 맞는 BSC 프레임 구성

기업의 비전 및 전략에 따라 현재 또는 미래에 달성해야 할 목표를 재무적 관점, 고객관점, 내부 프로세스 그리고 학습 및 성장 관점에 따라 설정한 후 이러한 목표에 따라 달성 정도를 파악할 수 있는 구체적인 측정지표 설정한다.

3) BSC 프레임을 시스템으로 구현(정보시스템 구축)

해당 부문 및 자신의 BSC 성과목표를 명확히 이해하고 업무활동 과정상에서 수시로 달성정도를 파악할 수 있도록 하기 위하여 정보시스템 상에서 BSC를 연계시켜 누구나 쉽게 접근할 수 있도록 해야 한다. BSC 평가시스템은 항상 자신의 목표가 무엇인지, 어느 정도 달성되었는지 앞으로 달성 가능한지에 대한 정보를 쉽게 얻을 수 있도록 용이하게 설계되어야 한다.

9. BSC 평가시스템이 주는 경영상의 시사점

BSC는 기업 비전 및 전략을 평가와 연계시킨 전략적 평가시스템으로 기존의 단기적인 재무적 성과에만 집착해온 국내 기업들에게 비재무적 성과 측정과 장기적인 성과역량도 측정 가능하다는 새로운 TOOL과 시각을 제공해 주고 있다.

그러나 BSC가 모든 기업에 적용될 수 있는 만능 평가시스템은 아니다. 기업의 사업 특성과 비전, 전략, 기술, 조직문화에 적합한지를 우선 고려해야 한다.

기존 평가시스템을 분석한 후, 자신의 비전과 전략에 부합하는 독자적인 BSC 적용모델을 개발하고 각 지표의 측정 및 개선방법을 결정하여 적용하는 것이 중요하다.

제 4 절 목표와 핵심결과(OKR)

최근에 새로운 유행어처럼 번지는 OKR(Ojectives and Key Results)은 인텔의 전설적인 경영자인 앤디그로브가 처음 개념화를 하고 그 보완된 개념이 Google이라는 혁신적인 회사에서 성공적으로 운영되고 있는 성능평가방법으로 인식되고 있다.

OKR을 가장 쉽지만 표면적으로 설명하자면 다음과 같이 정의할 수 있다.

1. OKR의 정의

첫째, OKR(Ojectives and Key Results)이란 목표를 설정하고 그 결과를 실시간(real time)으로 측정할 수 있도록 도와주는 목표 설정 프레임 워크, 조직에서 빠르고 지속가능한 성장을 촉진시키기 위해 사용하는 하나의 시스템이다.

둘째, 상위목표(Ojectives)를 달성하기 위한 구체적 계획을 하위목표인 핵심결과(Key Results)를 두고 계층화하여 성능을 추적하는 방법이다.

셋째, 위에서 아래로 목표가 하달되는 것이 아닌, 구성원들이 직접 중요결과를 세팅할 수 있도록 하고, 그 중요결과는 매우 도전적으로 목표치 설정이 되어야 한다.

2. OKR 설계 프로세스

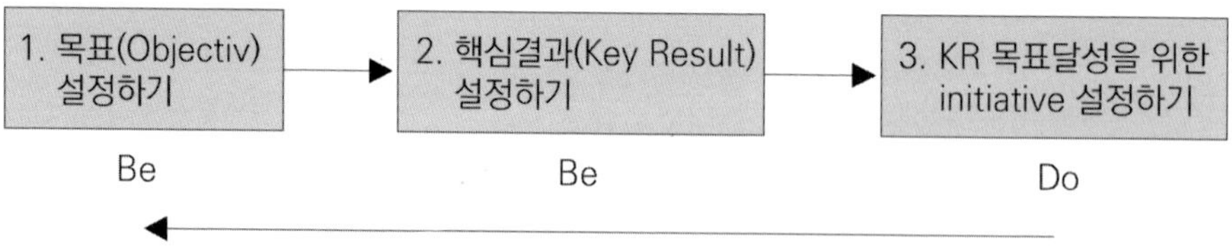

· O : 이루고자 하는 간절한 소망은 무엇인가?(추상적/이상적)
· KR : 목표가 달성됨을 무엇으로 알 수 있나?(구체적/객관적)
· Initiative : 목표를 달성하기 위한 가장 효율적인 실행 전략

[그림 5-2] OKR 설계 프로세스

3. OKR의 정합(Alignments)

OKR Alignment 주기는 먼저, 조직의 미션, 비전, 목표(Goals) 및 이를 실행하는 전략 및 실행계획을, 그 다음으로는 팀 목표 및 실행계획을 그리고 이 목표들은 부서원/팀원 개인들에게 부여한다. 물론 이들 목표들간 정합은 기본적인 사항이다. 그리고 OKR이 MBO와 차이점들 중 하나가 3~5가지 목표를 설정하여 이에 집중하는 것이다.

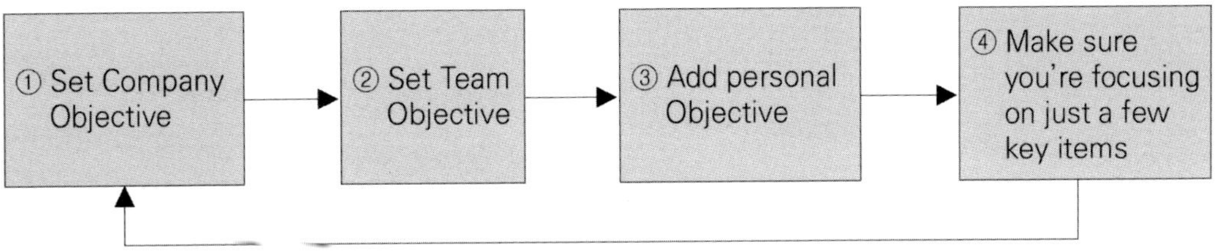

자료: 정성훈, 전략적인재경영, 2021.

[그림 5-3] Cycle of Aligning OKRs

4. MBO(KPI)와 OKR

1) 핵심 성과지표 KPI(Key Performance Indicator)

핵심 성과지표인 KPI는 기업, 개인, 프로그램, 프로젝트, 특정 작업 등 추적하고자 하는 어떤 대상을 일정단위의 시간 경과에 따른 성과를 기준으로 평가하는 데 사용된다. 일부 특이한 경우와 갭이 생길 수 있지만 일반적으로 이러한 지표는 처음 설정을 할 때 다음의 3가지에 초점이 맞추어 있어야 한다.

① 목표치와 비교하여 반드시 측정 가능해야 한다.

② 동원 가능한 인적·물적자원(비용, 인력, 시간)을 어디에 집중해야 하는지가 명확해야 한다.

③ 기업 전체나 조직의 큰 전략목표(strategies)에 상하위 연결성(hierarchical link)을 가져야 한다.

핵심 성과지표는 무조건 측정 가능한 KPI를 만드는 것이 좋다. 그 측정을 감시를 위한 평가의 자료가 될 수도 있지만, 현재의 위치와 능력치를 검증하는데 더욱 필요로 한다. 이 개념을 가장 잘 대변해 주는 명언이 바로 피터 드러커(Peter Drucker)의 '측정할 수 없다면, 관리될 수 없다(If you can't measure it, you can't manage it)'라는 표현이다.

2) 목표와 핵심 결과 OKR(Ojectives and Key Results)

(1) OKR과 KPI와의 관계

목표는 주요 핵심 결과와 직접 연결된다. OKR은 전략적 프레임워크인 반면 KPI는 프레임워크 내에 존재하는 측정이다. 이 개념을 쉽게 설명해 주는 간단한 그림은 다음과 같다.

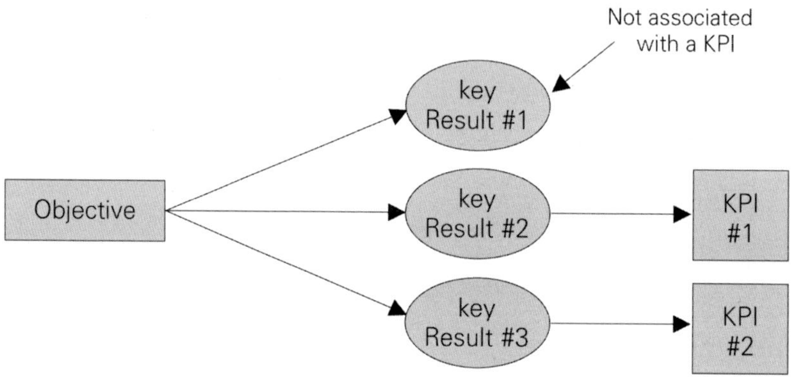

[그림 5-4] 목표와 핵심결과(OKR), 성과지표(KPI)와의 관계

OKR은 목표달성을 트래킹하기 위해서 특정 지표를 사용하는 매우 단순한 흑백접근법이라고 할 수 있다. 일반적으로 기업의 조직은 3~5개의 상위 목표(objectives)와 목표 당 3~5개의 핵심 결과(key results)를 갖게 된다. 핵심 결과는 목표에 대한 명확한 성능 평가를 얻기 위해 수치로 등급이 매겨진다.

(2) OKR의 특성

첫째, 항상 수량화하고 정량화가 가능해야 한다.

둘째, 0 또는 1의 바이너리 상태(성공/실패, 달성/미달성, 활성/비활성)나 0~10, 0~100의 척도를 갖고 점수를 부여할 수 있어야 한다.

셋째, 명확한 타임라인이 제시되어야 하고, 매우 공격적인 달성 목표가 제시되어야 한다.

위에서 언급을 했지만, OKR 프레임워크는 구글과 인텔에 의해 대중화되었지만,

SAP, 아마존, 링크드인, 스포티파이, 그 외에도 매우 성공적인 회사들도 목표관리를 위해 사용하고 있다. 일반적으로 OKR는 성장에 초점을 맞춘 조직에 적합하다.

(3) KPI의 사례

모든 업종에 걸쳐 KPI의 예는 수도 없이 많다. KPI는 기업이 진행 상황을 평가하고 목표에 성공적으로 도달하기 위해 사용하는 모든 정량적·수량적 척도이다. 부서별로, 업종별로 KPI를 분류할 수 있으며 각각의 특성을 담을 수 있다.

① IT부서: 매월 평균 매출, 고객 유지 또는 이탈, 티켓 해결 시간, MAU, DAU

② 리테일: 평방미터당 매출, 매장별 매출, 직원별 매출

③ HR: 채용률, 이직률, 직원 실적, 평균 근무기간, 성별 진급률

④ 세일즈 부서: 고객 가치, 매출, 분기별 파이프라인

(4) KPI를 설정할 때 유의사항

KPI의 목적은 측정 가능해야 하므로 절대 모호한 값을 설정해서는 안된다. 구체적으로, KPI를 목표에 묶어 제공하고 비교가 될 만한 표준 목표치(예: 업계 평균, 연도별 성장 등)와 비교한다. KPI는 일반적으로 TOP-DOWN으로 진행되는 방법이기에 경영리더들이 검토를 한 후 조직의 모든 성과 지표가 선택적으로 사용된다. 즉 전략적 차원에서 기업에 가장 큰 영향과 가치가 있는 지표만 추적하고 측정하려고 하는 경향이 강하다.

(5) OKR의 사례

OKR은 성장이라는 큰 틀의 목표 위에 구축되기 때문에 직원과 조직을 매우 도전적이고 공격적인 “거의 불가능에 가까운” 선까지 밀어 붙인다. OKR는 빠르고 공격적인 성장을 위한 연속적인 반복의 과정이다. OKR의 사례는 다음과 같다.

(가) 목표 #1: 모든 채널을 통해 고객경험을 개선시킨다

① 핵심결과 #1: 순 추천고객지수(Net Promoter Score)를 5에서 8.5로 개선한다.

② 핵심결과 #2: 채널 간 고객확보율을 30%에서 50%로 높인다.

③ 핵심결과 #3: 고객 불만 사항을 30% 줄인다.

(나) 목표 #2: 수익률을 높인다

① 핵심 결과 #1: 유럽 세일즈 헤드를 고용한다.

② 핵심 결과 #2: 온라인 판매비율을 70% 이상으로 강화한다.

③ 핵심 결과 #3: 고객 이탈률을 5% 이하로 유지한다.

(다) Ojective: 새로운 서비스의 성공적 론칭한다

① 핵심결과 #1: 기존 서비스 구독자의 전환율을 80% 이상으로 가져온다.

② 핵심결과 #2: 서비스로 유입되는 블로그채널 접속율을 30% 이상 올린다.

③ 핵심결과 #3: 아이돌 스타와의 연계 마케팅을 한다.

(6) OKR을 설정할 때 유의사항

비즈니스의 모든 부문에서 가시성이 확보된 상태가 아니라면, OKR을 설정하는 것은 바람직하지 않다. OKR은 기본적으로 직원 수준에서 시작한 다음 관리자, 부서장 등 피라미드 구조로 만들어 확장 목표를 달성해야 한다. 물론 top-down 방식과 bottom-up 방식을 혼합하여 결정을 하는 방식이다. 또한 기업 조직이 유지 보수를 주요 사업으로 하거나 완만한 성장을 하는 경우에는 OKR을 사용하지 않아야 한다. OKR은 공격적이고, 빠른 혁신적 성장 목표를 갖는 스타트업 문화에 더욱 효과가 있다.

사람들을 하향식 또는 상향식으로 관리하는 것 무엇이 좋다고 하는 것은 이 글의 목적은 아니다. 더욱이 KPI보다 OKR이 더 발전된 관리기법이라고 소개를 하고 있는 것도 아니다. KPI는 직원 및 개별 팀의 생산성, 효과 및 효율성을 점검하는 역할을 하기에 안정감 있는 관리가 가능해진다. 반면 OKR을 도입하여 실행하는 업무와 팀들은 그들의 큰 목표에 집중하기 때문에 그것을 달성하는 방법에 대한 목소리와 아이디어를 더욱 더 적극적으로 낼 수 있고 공격적으로 팀을 자극할 수 있다. 이에 따라 조직의 민첩성과 유연성이 향상된다.

KPI와 OKR를 비교할 때 가장 많이 나오는 예가 '여행을 가는 과정'에 대한 비유이다. 당신이 어떤 장소로 차를 몰고 간다고 상상해 보자. 서울에서 출발하여 최종 목표가 부산인 목적지인 경우 OKR이 차량이고 KPI가 대시보드(계기판)의 지표라고 할 수 있다. KPI는 차량이 목표를 향해 나아가면서 어떻게 움직이는지를 알려 주는 반면, OKR은 자동차를 최종 목적지까지 데려가 준다. OKR과 KPI를 사용하여 동일한 목표를 달성할 수 있지만 서로 다른 기능을 수행한다. OKR은 비즈니스 목표(부산에 도착)를 설정하고, 방향을 측정하며, 더 큰 성공(더 빠르게 혹은 더 안전하게)을 달성하기 위한 여러 가지 접근 방식을 제공한다. 그러면서 KPI 계기판을 사용하여 연료 레벨, 엔진오일 레벨, 차량 속도 등과 같은 실시간 정보를 확인할 수 있다.

〈표 5-1〉 MBO와 OKR의 비교

구 분	MBO(KPI)	OKR
Focus	• 과거 또는 현재, 양적 성과, Output oriented • 보고/효율성/안정적 프로세스에 대한 통제	• 미래, 질적성과, Growth oriented • 빠른 반복(iteration)/환경 적응
활 용	• 주로 개인 보상의 근거로 활용(평가 tool)	• 목표에 대한 Communication 도구 (정렬, 집중, 동기부여) • 개인의 의사결정 기준
목 표	• top-down • cascade • 달성 가능한 수준(다소 보수적, 위험 회피적) • 비공개, 고립 • 조직장과 개인 간 협의/합의	• bottom-up & top-down • align • BHAG(Big, Hairy, Audacious Goal: 크고, 담대하고, 도전적인 목표, 60~70% 달성 수준) • 전사 모든 구성원과 투명하게 공유 • 광범위한 집단 토론에 의한 합의
목표 설정 및 검토주기	• 일반적으로 연 1~2회 검토 및 피드백	• 일반적으로 매주 또는 매월 또는 최소한 분기 1회 설정/리뷰/수정/피드백 (OKR 층위별 주기를 다르게 하기도 하며, 아무리 상위 레벨도 최소 분기 1회 실시)
환 경	• 정해진 파이를 나눠 먹는 경쟁 환경 구축	• 함께 파이를 키워서 공정하게 나눠 갖는 환경 구축

자료: 정성훈, 전략적 인재경영, 2021.

KPI와 OKR은 단순히 일어나는 상황을 측정하는 것이 아니라는 사실이다. "내가 무엇을 하겠습니다"라고 하는 액션아이템을 정하기 위해서는 그 액션 아이템이 만들어 낼 목표치를 설정해야 하는 것이 먼저이다. 즉 고객과의 관계 개선이라는 목표가 있을 때 고객과의 컨택포인트를 넓히기 위해 일주일에 1회이상의 DM도 보내고, 전화도 하는 액션아이템이 설정될 수 있다. 그리고 기존 고객과의 관계성 향상에 따라서 '신규고객의 웹사이트 방문 수'가 20% 이상 증가하는 KPI가 발생했고, 이 증가 수치가 신규고객 유치율 5% 성장이라는 핵심 결과 Key Results를 만들어 낼 수 있다. 그럼으로 '회사의 수익률을 높인다'는 기본 목표 달성이 가능한 과정이 되는 것이다. 모든 비즈니스의 성공은 개개인이 이런 새로운 프로세스와 방법론을 적극적으로 받아들이고 행동으로 보여주느냐에 달려 있는 것이다. '하늘 아래 새로운 것은 없다'라고 할 수도 있지만, 새로운 마인드를 갖추는 것은 내가 할 수 있는 가장 쉬운 것이면서도 가장 강력한 성공 수단이 될 수 있는 것이다.

제 6 장 중소기업 전략적 ESG 경영

제 1 절 ESG란 무엇인가?

1. ESG의 개념과 발전과정

1) ESG의 개념

ESG는 기업의 장기적 가치에 대한 중요 영향 요소이며 지속가능 발전, 기업의 사회적 책임에서 발전해 온 개념이다. E는 환경(environment), S는 사회(social), G는 지배구조(governance)의 약칭으로 기업 및 국가의 경영·평가와 투자의 표준으로 떠오르고 있는 비재무적인 요소를 의미한다.

〈표 6-1〉 ESG의 주요 구성 항목(비재무적 요소)

E-환경보호	S-사회적 책임	G-지배구조
• 기후변화 및 탄소 배출 • 대기 및 수질오염 • 생물의 다양성 • 삼림 벌채 • 에너지 효율 • 폐기물 처리 • 물 부족	• 고객만족 • 데이터 보호 및 프라이버시 • 성별 및 다양성 • 직원 참여 • 지역사회관계 • 인권 • 노동 기준	• 이사회 다양성·구조 • 감사위원회 구조 • 뇌물 및 부패 • 임원 보수 • 로비 및 정치기부 • 기업윤리 • 내부고발자 제도

자료: 김재필, ESG 혁명이 온다, 2021.

기업의 비재무적인 성과를 측정하는 지표로 투자자가 투자대상으로 기업을 선정할 때 재무제표나 현금흐름과 같은 금전적 이익뿐만 아니라 기업의 지속가능성과 사회적으로 미치는 영향까지 고려하겠다는 기준이다.

2) ESG 논의의 발전과정

기본적으로 자본주의의 최고의 선인 '이윤창출'은 변하지 않는 사실이며, 기업의 제1목적은 '주주 이익의 극대화'이다. 기업은 돈을 많이 벌어야 하는데 문제는 이익 만 쫓다가 기업들이 여러 가지 문제가 생기는 경우가 발생하기 시작했다.

예를 들면, 2001년 엔론(Enron)의 분식회계 사태, 2008년 세계 금융위기로 리먼 브라더스 파산, 아동착취, 미투 운동, 기후위기와 탄소규제 등으로 인하여 기업이 순식간에 무너지는 일들이 발생하기도 하였다. 따라서 투자자 입장의 장기적 관점에서 기업의 지속가능을 위해 '돈을 버는 방식'에 주목하고 관심을 가지고 적극적으로 참여하게 됨으로써 ESG가 화두로 떠올랐다.

2020년 코로나 위기에서도 ESG 현물 상장지수펀드(ETF: Exchanged Traded Fund) 수익률은 덜 하락하였으며 국내 ESG ETF 수익률은 KOSPI를 상회하는 등 위기에서도 더욱 빛이 났다. 코로나 팬데믹으로 모두 함께 사는 사회의 중요성과 기후변화와 감염병의 '자연의 반격' 등 환경의 소중함을 중하게 인식하며 ESG 관심이 높아지게 되었다. 또한, 글로벌 머니가 ESG로 몰리고 있으며 올바르게 사업을 해도 수익을 창출할 수 있고, ESG 등급이 높은 기업은 위기에 강한 기업으로 지속가능 경영이 가능하다는 것이다.

지난 50년 이상 환경, 사회, 지배구조에 관한 연구와 논의를 거쳐 ESG가 탄생하게 된다.

1960~1970년대

- 미국에서 시민운동, 환경운동, 반전운동(베트남전), 인종차별 반대 등의 큰 사회 충격으로 운동 참가자들은 정부에 대한 공격 이외에, 기업에 대해서도 정상적인 이윤 추구를 넘어서는 책임을 요구
- 1972년 로마클럽에서 지구적 규모의 한계를 수치화한 보고서인 '성장의 한계'를 발표
- 1979년 조지아대의 아치 B. 캐롤(Archie B. Carroll) 교수는 기업의 책임을 경제적 책임 외에 아래에서부터 경제적·법적·윤리적·재량적 책임으로 구성

1980년대

- 1987년에는 UN 세계환경개발위원회(WCED)는 '우리 공동의 미래'라는 보고서(부룬트란트 보고서 발간)를 채택하고, 여기서 환경보전과 개발을 대립적으로 보지 않고, 포괄하는 것으로 '지속가능한 발전'을 전 세계적 의제로 제시

1990년대

- 1990년에는 기후 관련된 움직임이 본격화했다. 1992년 브라질 리우에서 열린 UN환경개발회의(UNCED)에서 기후 변화 협약, 사막화방지 협약 등 채택
- 1994년 영국의 존 엘킹턴이 제시한 'TBL(Triple Bottom Line)'은 지속가능 경영의 3대 기본 축인 경제, 사회, 환경이 균형있게 상향평준화를 강조

2000년대

- 2000년대에 들어서면서 기업을 넘어 투자자에게도 사회적 책임이 요구되어, 사회적 책임 투자(SRI)가 출현하고 코피 아난 UN 사무총장이 중심이 되어 UN PRI(책임투자원직)을 2006년에 발표하게 되었고, 여기서 'ESG'라는 용어가 처음 등장
- 2010년에는 CSR에 대해 가장 포괄적인 기준인 ISO 26000 발표
- 2015년 UN은 지속가능발전목표(SDGs)로써 파리 기후협약 발표 및 2030년 아젠다 발표
- 2019년 미국의 대기업 CEO가 참여하는 BRT(Business Round Table) 2019 회의에서 주주 우선주의를 폐지
- 2020년 전 세계적으로 ESG 평가가 확산하며, 국내도 '탄소중립 2050' 선언 및 ESG 확산 원년 발표 등 기업경영의 화두로 등장
- 2021년 초 세계 최대 자산운용사인 미국 블랙록의 래리 핑크 CEO는 기업 대표들에게 보내는 서한을 통해 기업에 있어 ESG 경영이 더 이상 선택이 아니라는 내용을 강력하게 전달. 이 한 통의 편지로 ESG는 전 세계 기업의 최대 화두로 떠오르게 됨

2. CSR과 ESG의 정의 및 차이점

1) CSR과 ESG의 정의

〈표 6-2〉 CSR과 ESG의 정의

<table>
<tr><th>구 분</th><th>CSR</th><th>ESG</th></tr>
<tr><td rowspan="3">용 어</td><td>Corporate</td><td>Environmental</td></tr>
<tr><td>Social</td><td>Social</td></tr>
<tr><td>Responsibility</td><td>Governance</td></tr>
<tr><td>내 용</td><td>• 기업의 사회적 책임 기업의 이해당사자들이 기업에 기대하고 요구하는 사회적 의무들을 충족시키기 위해 수행하는 활동
• 기업이 자발적으로 사업 영역에서 이해관계자들의 사회적 환경적 관심사들을 분석하고 수용하여 기업의 경영활동에 적극적으로 적용
• CSR은 결과를 중시
– 돈을 많이 번 기업이 사회에 '좋은 일'을 하면서 책임을 다한다. 베품의 역사이다.</td><td>• 투자자가 투자대상을 선정할 때 재무제표나 현금 흐름과 같은 금전적 이익뿐만 아니라, 기업의 지속가능성과 사회적으로 미치는 영향까지 고려해 투자하겠다고 내세운 기업의 비재무적 성과측정지표
• ESG는 과정과 결과 모두 중시
– 기업이 이익창출 과정에서 '좋은 일'을 함으로써 사회 기여도 및 기업 가치를 높인다.</td></tr>
</table>

자료: 김재필, 24~28면, 79~86쪽 재구성.

2) CSR과 ESG의 근본은 기업의 지속가능 경영이며 CSR의 역사이자 ESG의 역사이다. CSR을 잘 수행하게 되면 ESG 경영도 비례적으로 성공하게 된다. CSR과 ESG의 결정적 차이는 정량화, 계량화된 지표로 나타내는 것이다.

〈표 6-3〉 CSR과 ESG의 비교

구 분	CSR	ESG
목 적	• 기업의 사회적 책임으로 사회에 기여하고자 하는 목적으로 진행되는 기업의 부가 활동	• 기업활동 전반에 친환경, 사회적 책임, 지배구조 개선 등을 도입, 지속가능한 발전 도모
실행 방법	• 봉사, 기부 프로그램 등을 운영하여 가치 실현	• 기업경영, 재무활동에 ESG 요소를 연동시킴
단기적 효과	• 소비자, NGO, 임직원 등에 긍정적인 이미지 부여, 충성도 높이는 계기로 작용	• 주주, 잠재적 투자자, 투자 매체 등에 영향 • ESG 현황을 지수로 발표하는 기관이 증가하고 있음
장기적 효과	• 기업의 평판 향상에 도움	• 기업의 재무 안정성으로 이어짐
보고서 가이드라인	• GRI 표준 (Global Reporting Initiative)	• GRI 표준 • SASB(지속가능성 회계기준위원회)[1] • TCFD(기후변화 관련 재무정보공개협의체)[2]

자료: 언론종합, 재구성.

3. ESG 경영 선도 사례[3]

1) 환경부터 살리자

예전에는 설비 투자 대신 ESG에 경영자원을 배분하는 일이 우선순위에서 밀렸었다. 이제는 환경보호를 결합한 비즈니스 수행만이 장기적인 성장 가능성을 보장할 수 있다고 판단하기 시작하면서 많은 기업이 환경 살리기에 적극적이다.

우리가 무심코 땅에 버린 커피찌꺼기는 매우 유해한 환경 오염원이다. 즉 메테인(CH_4)이라는 온실가스를 뿜어내고 있어 이산화탄소 지수 34로 이산화탄소의의 34배에 육박하는 온실 효과를 일으킨다. 커피찌꺼기를 매립 및 소각하는 과정에서 배출되는 이산화탄소는 커피찌꺼기 1톤당 338kg이나 된다. 이는 자동차 1만 1천여 대가 뿜어 내는 매연의 양과 맞먹는 수준이다.

---

1) SASB: Sustainability Accounting Standards Board.
2) TCFD: Task Force on Climate-related Financial Disclosures.
3) 노규성, 디지털 대전환 시대의 전략경영 혁신, 북스타, 2022.

2) 사회와 호흡하라

코로나19 팬데믹 이후 코로나 바이러스 감염 리스크를 포함한 구성원들의 건강관리 문제, 종업원의 고용 및 소득 등 노동 환경에 대한 기업 철학 등도 이 분야의 관심 이슈이다.

다국적 패스트푸드 프랜차이즈 맥도날드는 '로날도 맥도날드 하우스' 활동을 통해 전 세계 64개국에서 질병으로 인해 교육에서 소외받고 있는 어린이들을 돕고 있다. 어린이병원학교나 간병인을 위한 힐링 프로그램, 소비자들도 함께 참여할 수 있는 자선 프로그램도 기획하여 운영 중이다.

3) 지배구조를 다양하고 투명하게

지배구조는 그 영향력과 폐해의 심각성 등으로 인해 개혁을 위한 노력이 많았다. 고성장 과정에서 창업자의 영향력이 상대적으로 큰 경향이 있지만, 대내외 경영 트렌드가 변화되면서 지배구조의 투명성과 다양성 확보가 더 중요해지고 있다.

2020년 1월 골드만삭스는 다양성을 충족하는 이사가 없는 기업에 대해서는 기업공개 업무를 맡지 않겠다고 밝혔다.

경영 지배구조와는 달리 기업의 운영 과정을 투명하게 공개해 ESG를 실천하는 기업도 있다. 실리콘밸리의 패션 기업인 에버레인은 제품 제작 간 모든 과정을 외부에 공개한다. 원료나 운송비 같은 세부 단가부터 공장에서 일하는 모습까지 전부 외부인이 확인할 수 있다.

제2절 중소기업 환경변화와 ESG 경영의 위기 및 기회요인

1. ESG 경영의 당위성

국내외 기업들은 이제 ESG를 단순히 사회공헌 활동을 하는 수준을 넘어 경영상 달성해야 할 구체적 목표로 인식하고 있다. 코로나 사태를 겪으면서 환경과 사회 이슈에 대한 공감대가 형성되면서 CEO 입장에서도 ESG는 선택이 아닌 경영에 있어 필수 핵심 요소로 자리 잡게 된 것이다.

그동안 기업 이미지 개선을 위해 해 온 CSR(기업의 사회적 책임) 활동이 '선택'이었다면, ESG는 기업의 지속가능 여부를 결정짓는 '생존'으로 다가오고 있다.

매출과 영업이익이 실적이 좋아도 ESG를 토대로 한 경영활동이 제대로 이루어지지 못하면 소비자와 기관투자자 등의 외면을 받고, 이는 기업의 존폐로 이어지기 때문이다. 앞으로 기업을 평가하는 기준은 '얼마나 벌었느냐'가 아니라 '어떻게 벌었느냐'가 될 것이다.

ESG는 CSR보다 강력하게 작용하며 1회성 변화 트렌드보다는 장기적 관점에서 기업경영의 큰 흐름을 전환시킬 수 있는 요소로 작용할 것이다. 사람들은 이익을 좋아하지만 손실은 더 싫어한다. 즉, '손실 기피(loss aversion)' 의식이 강하게 나타난다.

"이제 ESG는 선택이 아니라 필수적이며, ESG 경영을 하지 않으면 어떤 불이익을 당하거나 경쟁에서 뒤처질지도 모른다"는 두려움이 더 크다는 것이다.

2. 환경영역에서의 위기 및 기회요인

ESG 중에서 최근 몇 년 사이에 가장 많은 관심과 주목을 받은 지표는 'E, 환경(Environmental)' 분야이다. 코로나 팬데믹 이전부터 환경에 대한 투자자와 기업들의 관심은 높았지만, 코로나 사태를 맞으면서 환경 이슈의 중요성에 대해 실감하면서 환경 리스크에 대응하고자 다양한 노력을 기울이고 있다.

환경 지표 중에서 가장 중요한 이슈는 기후변화이며, 기후변화를 막기 위해 기업, 정부 등은 탄소 제로를 목표로 내세우고 있다. 기후변화는 수십 년에 걸쳐 진행되어 왔지만 적극적으로 대응하지 않는다면 세계적으로 생명과 경제에 심각한 영구적 영향을 미치게 될 것이다. 이미 지구 곳곳에서는 기후변화로 인한 자연재해가 심각할 정도로 발생하고 있다.

환경 부문에서 기후변화, 온실가스 배출(탄소 발자국), 자원 고갈 문제, 폐기물 및 오염물질 처리, 에너지 효율, 재생에너지, 수자원 관리, 산림파괴 등이 있는데 ESG 중에서 경영진의 가장 큰 관심사는 '탄소 배출'이다.

ESG 요소 중 글로벌기업·금융기관이 가장 중요하게 생각하는 이슈는 E(환경)가 60%로 가장 많고 S(사회) 26.7%, G(지배구조) 13.3%를 차지하고 있다(15개 증권사 리서치 센터장 조사).

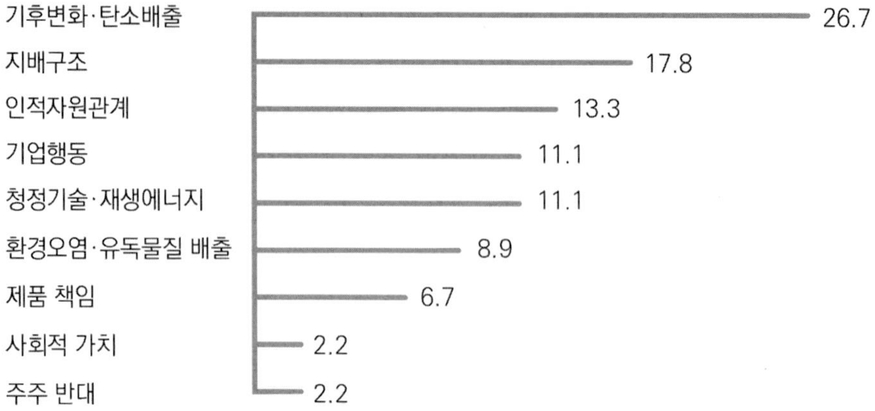

[그림 6-1] ESG 평가지표 중 글로벌경영에 가장 중요한 항목

넷제로(Net-zero)는 말 그대로 들어오는 양과 나가는 양이 같아서 제로(0)가 되는 상태, 즉 온실가스 배출량과 흡수량이 같아 상쇄돼 순(net) 배출량이 제로가 되는 것을 의미한다.

탄소중립(Carbon Neutral)은 인간 활동에 의한 온실가스 배출을 최대한 줄이고, 남은 온실가스는 흡수(산림 등), 제거(CCUS: carbon capture, utilization and storage/이산화탄소 포집 기술)해서 실질적인 배출량이 제로(0)가 되는 개념이다. 이 역시 배출되는 탄소와 흡수되는 탄소량을 같게 해 탄소 '순배출이 0'이 되게 하므로 일반적으로는 탄소중립을 '넷제로'와 동일시해서 사용하고 있다.

세계 각국과 기업들은 탄소 중립에 사활을 걸고 있으며, 지금 당장 탄소배출을 줄이지 않으면 인류 역사가 사라지고, 탄소=돈, 탄소 배출을 줄이지 못하면 '탄소세, 탄소 국경세, 탄소 배출권' 등 3중 부담으로 기업이 망한다는 것이다.

탄소 제로 경제로의 전환은 거스를 수 없는 대세이고, 기업들은 이를 오히려 혁신의 기회로 삼는다면 새로운 성장의 발판을 마련할 수 있다. 탄소는 스타트업과 혁신가에게 기회이며, 탄소배출 저감 기술을 통해 신규 수익 창출의 아이디어를 찾을 수도 있다. 이를 실천하고 있는 기업이 바로 '테슬라'이다.

테슬라 자동차회사는 생산판매에서 적자이지만 배터리 공급망 내 인권을 보호하기 위해 콩고에서 생산되는 코발트를 사용하지 않는 '코발트 프리(Cobalt Free)' 배터리 개발 계획을 발표 시행함으로써 많은 이익을 창출하고 있다.

3. 사회영역에서의 위기 및 기회요인

ESG 중 S, 사회(Social)적 요인은 환경(Environmental), 지배구조(Governance)보다 리스크의 범위가 더 넓고 다양하다. 그만큼 기업 입장에서는 리스크 차원에서 신경 써야 할 부분이 많다는 의미이다. 무엇보다 사회적 리스크는 기업의 실적에 영향을 끼치는 정도가 아니라 기업의 지속 성장에 직접적으로 영향을 미치기에 이 부분을 간과하고 잘못 관리하면 오랜 전통을 가진 기업도 한순간에 사라질 수 있다.

사회적 요인에 해당하는 문제는 해당 국가가 처한 경제 상황에 따라 다르기도 하고, 기업의 규모나 업종에 따라 달라질 수도 있다. 이 사회적 문제들에는 근로환경, 노사관계, 인적자원개발, 제품 품질 및 안전, 구성원 다양성, 고객만족, 지역사회 기여, 개인정보 보호, 노동환경(아동 및 노예 노동), 분쟁, 보건 및 안전, 양성평등과 사회투명성 등이 있다.

인류적 차원으로까지 확대하면 대량 학살무기, 인권 문제 등도 기업 입장에서는 중요한 사회적 문제이다. 유엔의 글로벌 콤팩트 10대 원칙(UN Global Compact 10 Principles)은 인권, 노동, 환경과 반부패에 관한 내용을 다루고 있는데, 기업이 중점적으로 챙겨야 할 다음과 같은 사회적 문제들을 잘 보여주고 있다.

① 기업은 국제적으로 선언된 인권 보호를 지지하고 존중함
② 기업은 인권 침해에 연루되지 않도록 적극 노력
③ 기업은 결사의 자유와 단체교섭권의 실질적인 인정을 지지함
④ 모든 형태의 강제노동 배제
⑤ 아동노동을 효율적으로 철폐
⑥ 고용 및 업무에서 차별 철폐
⑦ 기업은 환경문제에 대한 예방적 접근을 지지함
⑧ 환경적 책임을 증진하는 조치 수행
⑨ 환경친화적 기술의 개발과 확산 촉진
⑩ 기업은 부당 취득 및 뇌물 등을 포함하는 모든 형태의 부패에 반대함

이러한 사회문제를 외면하면 사회로부터 외면 당한다는 것이다. 즉, 해당 시장의 사회적 이슈를 반영하지 못하면 제품 품질이 아무리 우수하여도 그 시장에서 환영 받기 어렵다. 이에 대한 사례로 불매운동으로 이어진 대표적인 사례가 일본의 유니클로

(UNIQLO)이다.

2018년 11월, 세계 최대 인터넷 기업인 구글(Google)의 직원들이 '회사의 잘못은 나의 수치', 고로 '나는 행동한다'는 '구성원 행동주의(Employee Activism)'로 전 세계 50여 개 도시의 거리로 뛰쳐나와 대규모의 시위를 벌이며 사회적으로 큰 주목을 받았다. "나쁜 짓을 하지 않고도 돈을 벌 수 있다는 것을 보여주자"라는 구글의 행동 강령 'Don't be Evil(사악해지지 말자)'이 성추행 의혹과 잘못된 관행으로 크게 훼손됐음에 직원들 스스로가 집단행동에 나선 것이다. 결국 구글은 직원들의 요구를 수용해 성희롱 사건에 대해 회사의 중재를 금지하고 피해자 보호 조치를 강화했다.

즉, 기업의 사회책임경영은 단순히 기업의 이윤을 사회에 환원하는 것이 아닌, 기업이 제공하는 서비스, 재화 등이 만들어지기 위한 생산단계에서부터 판매, 소비, 홍보까지 모든 단계마다 기업이 적극적으로 관리해야 한다는 것을 의미한다.

4. 지배구조 영역에서 위기 및 기회요인

ESG 중의 'G, 거버넌스(Governance)'는 '지배구조, 기업지배구조, 기업 통치구조'라고도 불리는데, 1997년 외환 위기 이후 정부가 재벌 개혁의 일환으로 이사회에 사외이사를 과반 이상으로 두게 하는 '기업지배구조 모범기준'을 만들면서 이 개념이 확산되었다. 기업에서는 '지배구조'란 일반적으로 이사회, 사외이사를 의미한다. 즉 기업 혹은 경영진이 사업을 잘하고 있는지, 잘못된 의사결정을 하고 있지는 않은지 외부 시각에서 감시하고 관리하도록 만든 시스템이 지배구조이다.

지배구조(Governance) 요소는 '기업지배구조', '이사회의 다양성 및 구조', '주주권리 보호', '경영자 보상', '정치적 로비', '사업윤리와 기부', '반독점 행위', '세금 탈세', '부정부패' 등을 들 수 있다.

대다수 언론이나 투자자, 경영진들은 ESG 중에서 E(환경)나 S(사회)와 관련한 이슈에 많은 관심을 두고 있지만, 상당수 ESG 전문가들은 가장 중요한 것은 'G', 지배구조라고 말한다. 투자자들은 그린, 환경 분야에 돈이 몰리는 'E'에 관심이 많고, 사회적 이슈나 기업 이미지에 민감한 언론 및 경영진들은 'S'에 관심이 몰린다. 하지만 E와 S를 위한 기업의 모든 활동은 결국 CEO를 비롯한 경영진의 의사결정에서 비롯되는데, 지배구조가 투명하고 민주적인 구조로 형성되어야만 여러 이해관계의 충돌을 극복하고 올바른 의사결정을 내릴 수 있기 때문이다.

기업의 존망을 결정 짓는 가장 중요한 영역으로 G가 제대로 갖춰져 있지 않으면 E와 S, 두 요소는 진정성과 지속성을 갖고 추진되기 어렵다는 것이다.

- E를 잃으면 실적에 영향을 미치고
- S를 잃으면 기업가치와 평판에 영향을 미치지만
- G를 잃으면 100년 된 기업도 한순간에 무너진다.

예: 2008년 리먼 브러다스(LEHMAN BROTHERS) 파산, 2001년 엔론(Enron)의 분식회계 사태

환경(E), 사회(S), 지배구조(G)가 개별적으로 독립해 존재하는 요인이라 오해할 수 있지만, 모든 요인은 결국 지배구조 문제로 수렴될 정도로 지배구조는 ESG 리스크를 관리하는 데 있어 가장 중요한 근본 요소이다.

기업 경영에 있어 가장 큰 리스크 중 하나는 오너 리스크이다. '오너(Owner) 리스크'란 회사 경영에 참여하는 지배주주(오너) 또는 그 후계자가 될 오너 일가가 경영실패, 법적 위험 등으로 정상적인 경영 활동 수행이 어렵게 되는 경영 위기 상황을 의미한다. 오너 리스크는 기업 가치 및 평판 훼손을 야기하는 것은 물론 중장기 성장 기반과 존립 자체를 위협하는 가장 심각한 리스크이다. 특히 오너가 기업의 중심이자 중요한 의사결정권을 갖는 한국에서는 오너 리스크가 기업의 지속경영에 있어 매우 중요하다.

오너 및 CEO 리스크에 대비하기 위해서는 이사회가 CEO 추천 및 선임, 경영 승계에 관한 권한과 책임을 갖고 업무 전반을 관리·감독해야 한다. 이사회 구성과 CEO·사외이사 추천 및 선임, 경영 승계는 회사·주주 등 여러 이해관계자들의 이해를 반영하도록 투명성과 책임성을 강화하기 위한 전반적이고 실효성 있는 제도 개선 방안을 모색해야 한다.

성공적인 지배구조의 핵심은 이사회가 CEO의 경영에 대해 '건설적인 개입'이 가능한가의 여부에 달려 있다. 즉, 스타 CEO 및 경영진의 의사결정에 대하여 거수기 역할을 하는 이사회의 의무적인 통과 절차는 기업의 지속경영을 저해하고 결과적으로는 기업 가치를 훼손시켜 주주 전체에게 엄청난 손실을 입힐 수 있다는 것이다. 사외이사의 롤모델인 유니클로 브랜드로 유명한 패스트리테일링의 창업자 야나이 다다시 회장은 '쓴소리 잘하는 친구를 곁에 두라'라고 강조하기도 하였다.

이사회에서 고려해야 할 질문
• 기업 목적과 ESG 목표를 전략 및 리스크와 어떻게 통합하고 있는가? • 경영진은 ESG가 전략적 계획 수립 과정에 어떻게 반영되고 있는지에 대한 주요 정보와 과정을 제공했는가? • 기업 목적과 ESG 목표를 이해당사자들에게 어떻게 전달하고 있는가? • ESG 성과가 재무 실적에 미치는 영향을 평가하기 위해 회사가 수집하는 데이터는 무엇인가? • 수집한 데이터는 내부 경영진의 의사결정에 어떠한 정보를 제공하며, 이사회는 거버넌스 관점에서 어떻게 정보를 파악 및 관여하고 있는가? • 기업의 지배구조가 ESG 문제를 감독하기에 효과적으로 구성돼 있는가? • 현재 코로나 팬데믹 및 사회 정의 이슈가 만연한 상황에서 기업 목적과 ESG가 어떻게 충실히 유지되고 있는가? • 이사회의 다양성은 어떠한가? 이사회는 새로운 후보를 탐색할 때 다양성을 고려하고 있는가? • 이사회와 경영진은 경영진 승계 문제와 기업의 다양한 후보군 확보 방안에 대해 논의했는가? • 팬데믹 대응과 회복으로 기업 목적과 ESG 목표가 대두되고 다양성과 포용성을 위한 노력을 가속화하는 일에 주목도가 높아지는 상황에서 기업 목적과 ESG 목표의 지속적인 갱신과 재검토를 어떻게 할 것인가? • 중요한 ESG 목표 및 성과와 경영진의 인센티브를 어떻게 연결시키고 있는가?

자료: 김재필, p.201.

한국은 외환 위기 이후 시행된 '기업지배구조 모범 규준'으로 인해 비교적 지배구조 부분에서는 글로벌 시장에서 높은 평가를 받고 있다. 국제 신용평가사 무디스가 발표한 전 세계 144개국에 대한 ESG 평가보고서를 보면 '환경' 2등급, '사회' 2등급을 받았지만 '지배구조' 분야에서 1등급을 획득해 종합적으로 'ESG 신용영향 점수'에서 최고 등급인 1등급을 받았다.

일본의 경우 ESG 종합평가에서는 높은 등급을 받아도 지배구조에서 취약한 기업이 많은데, 이는 일본 특유의 폐쇄적 기업 문화나 느린 의사결정 시스템, 낮은 여성 임원 비율 등에 기인하고 있다.

이러하듯 낮은 지배구조의 평가는 아무리 E(환경)나 S(사회)의 활동이 우수해도 결국은 기업의 지속경영의 발목을 잡는 족쇄가 될 수 있다.

ESG 경영을 제대로 하려면 'G(지배구조)'부터 다져야 한다. 투명하고 민주적인 거버넌스를 만들기 위해 CEO 및 경영진은 끊임없이 학습하고 이해관계자들과 소통하고, 미래를 향한 의사결정을 내려야 할 것이다. 그리고 ESG 경영 수행을 위해 이사회에서는 위 사항들('이사회에서 고려해야 할 질문'을 참조)을 고려해야 한다.

제 3 절 ESG 평가지표(K-ESG)·프로세스 및 평가실태와 문제점

1. ESG 평가지표(K-ESG)

기업들은 이제 돈만 잘 버는 회사가 아니라 투자자와 소비자들로부터 사랑받는 회사가 되기 위해 ESG에 더 많은 투자와 노력을 기울일 것이다. 그러면 대체 누가 이 ESG를 어떤 기준으로 평가하고 등급을 매기는 것일까?

전 세계에서 기업의 ESG 등급을 평가하는 평가기관은 무려 130개 이상이다. 글로벌 ESG 표준, 프레임워크, 데이터 공급업체까지 포함하면 ESG 평가 지표를 발표하는 기관만 600여 곳으로, ESG 평가와 관련해서는 무려 1,000여 개 지표가 난립해 평가대상인 기업들에게 혼란이 가중되고 있다. 국내 기관들로는 한국기업지배구조원, 한국생산성본부, 로이드, 한국품질재단, 한국경영인증원 등이 대표적이다

ESG 평가는 평가하는 투자기관, 투자회사마다 각각 다른 지표를 사용한다. 국내의 경우 한국기업지배구조원이 자체 개발한 ESG 평가지표와 평가 결과가 2011년부터 매년 공개되고 있고, 국내 주요 투자기관과 회사들은 각자 사용하는 ESG 평가지표를 가지고 있다.

평가지표는 기관마다 다르지만 평가 절차의 큰 흐름은 대부분 비슷하다. ESG 평가 프로세스는 비슷해도 평가기관별 ESG 점수차가 발생하는 것은 정보 수집 능력과 기업마다 제공하는 정보의 차이에서 발생한다. ESG 항목에 대해 부과하는 가중치 역시 평가기관마다 다르다. 평가기관들은 평가지표 간 상대적 중요성을 근거로 가중치를 결정하는데, 상대적 중요성 판단은 업종별 특성과 다른 지표와의 재무적 성과 간의 관계를 고려한다. 문제는 상대적 중요성 판단이 평가기관마다 다른 결과로 도출돼 같은 기업도

부여되는 ESG 영역별 가중치가 다르게 된다.

ESG 평가는, 기업이 외부 기관에서 검증된 자료를 공시하고 보고하며, 각종 기관들이 필요에 따라 등급을 산출해 발표하는 방식으로 이루어진다. 보고 양식으로는 세계적으로 GRI 지속가능보고서를 기반으로 SASB나 TCFD를 적용하고 있다. GRI는 이해관계자 관점에서 경제, 사회, 환경 내용을 포괄적으로 담고 있는 반면, SASB와 TCFD는 금융기관이 주도하고 있어 투자자 입장에서 기업이 직면할 수 있는 중요한 ESG 위험을 더 구체적이고 자세히 설명하고 있다.

ESG가 전 세계적인 화두가 되면서 한국 정부도 기업들의 ESG 경영을 돕기 위해 여러 방안을 마련했는데, 대표적인 것이 한국형 ESG 지표인 'K-ESG'의 마련이다. 2021년 11월 2일 산업통상자원부가 관계부처 합동으로 만든 K-ESG 지표 등이 적용될 예정으로 ESG 정의를 기반으로 ESG 관련 정보 공개여부 측정 항목을 추가하여, 정보공시(Public), 환경(Environmental), 사회(Social), 지배구조(Governance) 4개 영역을 기준으로 가이드라인 대분류 설정 27개 범주, 61개 기본 진단항목으로 구성하여 K-ESG 가이드라인이 발표됐다(부록 참조).

아울러, 정부는 관계부처 합동으로 ESG 경영이 중견·중소기업에는 사업성과 창출활동보다는 부담으로 작용하여 비용, 인력 등 현실적 어려움으로 ESG 경영 추진을 위한 실질적 정보 및 노하우 확보에 어려움이 존재함으로 K-ESG 가이드라인의 일부 항목을 ESG 활동 및 성과 데이터 관리 도구로 활용할 수 있도록 중견·중소기업의 ESG경영 추진을 위한 가이드라인을 제시하고 있다(<표 6-4> 참조).

- K-ESG 가이드라인에서는 중견·중소기업의 ESG경영 추진을 위한 기본 점검 진단 항목 선별하여 제시
- 과도한 투자비용(설비·인력 투자비용 등)이 발생하지 않는 범위 내에서 ESG경영 추진 및 개선이 가능한 기본 진단항목을 제시함으로써 중견·중소기업의 ESG 대응 역량을 강화할 수 있도록 함
- 향후 중견·중소기업을 위한 K-ESG 가이드라인이 별도 개발될 예정이며, 기업 현실을 고려하여 진단 항목 및 단계별 기준 수정·보완 예정

〈표 6-4〉 중견·중소기업 ESG경영 성과 데이터 관리를 위한 K-ESG가이드라인 기본 진단항목

영 역	범 주	분류기호	진단 항목
정보공시(P) (4개 문항)	정보공시 형식	p-1-1	ESG 정보공시 방식
		p-1-2	ESG 정보공시 주기
		p-1-3	ESG 정보공시 범위
	정보공시 검증	p-3-1	ESG 정보공시 검증
환경(E) (9개 문항)	환경경영 목표	E-1-2	환경경영 추진체계
	원부자재	E-2-1	원부자재 사용량
	온실가스	E-3-1	온실가스 배출량(Scope 1 & Scope 2)
		E-3-3	온실가스 배출량 검증
	에너지	E-4-1	에너지 사용량
	용수	E-5-1	용수 사용량
	폐기물	E-6-1	폐기물 배출량
	오염물질	E-7-1	대기오염물질 배출량
		E-7-2	수질오염물질 배출량
사회(S) (9개 문항)	노동	S-2-2	정규직 비율
		S-2-6	결사의 자유 보장
	다양성 및 양성평등	S-3-1	여성 구성원 비율
		S-3-2	여성 급여 비율(평균 급여액 대비)
		S-3-3	장애인 고용률
	산업안전	S-4-1	안전보건 추진체계
		S-4-2	산업재해율
	지역사회	S-7-1	전략적 사회공헌
		S-7-2	구성원 봉사참여
지배구조(G) (5개 문항)	이사회 구성	G-1-1	이사회 내 ESG 안건 상정
	이사회 활동	G-2-1	전체 이사 출석률
		G-2-4	이사회 안건 처리
	주주권리	G-3-1	주주총회 소집 공고
	윤리경영	G-4-1	윤리규범 위반사항 공시
4개 영역, 17개 범주, 27개 기본 진단 항목			

자료: 산업통상자원부, 산업정책과, 2021. 12.

※ 스코프 1, 2, 3의 세 단계(자료: K-ESG 가이드라인, 관계부처 합동, 2021. 12)

- Scope 1: 사업자가 직접적으로 소유하고 통제하는 배출원에서 발생하는 직접적인 온실가스 배출
- Scope 2: 사업자가 구입 및 사용한 전력, 열(온수, 스팀 등)의 생산 과정에서 발생하는 간접 온실가스 배출
- Scope 3: 이러한 과정을 통해 만들어진 제품의 물류, 출장, 공급망 및 제품 사용으로 인한 배출

정부는 K-ESG에 대해 "국내 ESG 활성화 지원을 위한 첫 출발점으로, 기업의 ESG 경영과 평가대응에 대한 완성을 의미하는 것은 아니다"라고 설명하면서, 이번 가이드라인은 기업의 ESG 경영 방향과 주요 평가요소를 우선 제공하는 데 중점을 두었다고 강조했다. K-ESG 가이드라인은 국내 기업에게 ESG 경영의 주요 핵심 요소를 제공함으로써 기업의 자율적 ESG 경영 확산을 지원하는 한편, 향후 가이드라인 개정판, 업종별·규모별 가이드라인 마련을 통해 기업에 도움이 될 수 있도록 글로벌 기준에 부합하는 일관되고 투명한 평가체계를 확립하고, 한국형 ESG 평가지표도 지속적으로 개선, 보완해야 할 것이다. "측정할 수 없다면 관리하고 달성해 낼 수도 없다(If you can't measure it, you can't manage it)."라는 미국의 경영학자 피터 드러커(Peter Drucker)의 주장은 측정의 중요성을 이렇게 강조했다.

현재는 평가기관마다 평가항목이 다르고, 그 평가항목도 대기업 기준이어서 중소기업은 평가조차 할 수 없는 항목이 너무 많다. 난립하는 ESG 지표를 표준화하고 한국적 환경에 맞게 체계화하여 K-ESG가 제대로 작동하여 시장에 안착된다면 많은 기업들, 특히 여력이 부족한 중소기업들에게 분명 큰 도움이 될 것이다. ESG 경영 활성화를 위한 정부의 가장 큰 역할은 ESG 평가 내용을 시장에 투명하게 공개하고 시장에서 자율 감시가 가능하도록 공시를 강화하는 것이다. 특히, 평가기관을 정부기관으로 일원화해서 평가 기준이나 평가 항목을 표준화해야 한다. 그러나, 재계에서는 기업의 현실을 반영해야 하는 만큼 평가 기준을 정부 주도로 설계해선 안된다는 요구도 나온다.

단계적으로는 ESG 경영의 활성화는 민간 주도로 추진해야 할 것이다. 아울러, K-ESG가 기업들에게 또 다른 규제가 돼서는 안된다는 것이다. 그렇지 않으면 ESG 경영은 많은 부작용과 문제점을 남기는 등 역기능(dysfunction)이 발생할 수 있다.

2. ESG 평가 프로세스

ESG 평가는 평가하는 투자기관, 투자회사마다 각각 다른 지표를 사용한다. 국내의 경우 한국기업지배구조원이 자체 개발한 ESG 평가지표와 평가 결과가 2011년부터 매년 공개되고 있고 국민연금, KB, 신한, 한화, 미래에셋 등 국내 주요 투지기관과 회사들은 각자 사용하는 ESG 평가지표를 가지고 있다. 평가지표는 기관마다 다르지만 평가 절차의 큰 흐름은 대부분 비슷하다.

1) 사전조사

기업 공시 및 감독기구, 지자체 등의 공시 자료와 뉴스, 각종 언론 등의 미디어 자료 등을 취합해 사전조사를 실시한다.

2) 평가 수행

기초 데이터가 확보되면 이를 토대로 평가가 이루어지는데 이 부분에서는 평가기관마다 독자적인 모델을 활용하는 경우가 많다. 평가수행에는 기업 평가와 심화 평가를 수행하는데 'ESG 위험을 최소화하기 위한 시스템이 잘 갖춰져 있는가'를 기업 피드백을 통한 기업 평가를 실시하고, 이어서 심화 평가는 기업가치 훼손 우려가 높은 ESG 관련 쟁점이 발생했는가를 기업 피드백을 통해 평가 수행한다.

3) 등급 도출

최종적으로 정량평가 결과, 일정 기준 이상의 기업을 대상으로 인터뷰 등의 정성 평가를 거쳐 등급을 부여하고 등급 부여 후 분기별 이슈 조사 및 등급 조정을 하게 된다.

ESG 평가 프로세스는 비슷해도 평가기관별 ESG 점수 차가 발생하는 것은 정보 수집 능력과 기업마다 제공하는 정보의 차이에서 발생한다.

3. 현행 ESG 평가 실태와 문제점

1) 평가 과정 중의 문제

ESG 평가의 가장 큰 문제점은 통일된 기준이 없어, 기업에서 여러 기관에 각각 비용을 들여 평가받기도 하고, 이로 인해 평가받은 등급도 서로 다르다는 것이다. 동일 기업의 상대적 순위가 평가 기관마다 다르게 나오고 두 등급 이상 차이가 나는 경우도 있다.

일례로 전기차 선두기업인 테슬라는 최근까지도 영국 파이낸셜타임즈스톡익스체인즈(FTSE)로부터 ESG 최하위 등급으로 평가 받고 있다. 전기차 제조 과정에서 배출되는 탄소의 양이 많다는 근거에서다. 그러나 MSCI[4]는 완성차의 친환경성에 주목하며 테슬라에 최상위 ESG 점수를 부여했다. ESG 평가의 통일성 마련이 시급한 과제임을 테슬라 사례가 대변하고 있는 것이다.

통계적으로도 각 기관의 ESG 평가결과 값은 상관 관계가 낮은 편이다. 이외에도 모든 기업에 대해 관련 공시나 보고가 의무화되어 있지 않다 보니, 관련 공시를 하지 않는 기업에게 불리하게 작용하기도 한다. 재무회계와 달리 기업의 평가 의뢰나 그 평가 결과의 공표가 공식적이지 않다는 것도 문제이다.

금융위원회는 'ESG 국제동향 및 국내 시사점' 보고서에서 "현행 ESG 평가 제도는 다양한 내재적 한계를 내포한다"며 일관성 없고 광범위한 평가 범주가 애로점이라고 명시했다. 금융위는 또 "MSCI 등 대표적 ESG 평가 기관들의 지표가 상이하다"면서 "기업의 ESG 점수와 재무적 성과, 신용평가 등급 등의 사이에서 뚜렷한 상관관계를 찾을 수 없다"고도 지적했다. 그러면서 "현행 ESG 분류와 평가체계 및 통계 인프라 관련, 문제의 개선방안을 마련하고 국제적 정합성 제고 노력을 지속해야 한다"고 진단했다.

2) 투자 활용시 문제

ESG가 최근 이슈화된 중요 원인인 'ESG 중심의 투자 증가'에 대해서도 논란이 있다. 어떤 방식으로든 기업별 ESG 평가 결과가 나오면, 그를 사용해 시장 평균보다는 나은 투자 성과를 창출하는 것이 중요한데, 실제로 그런지에 대해 이론적 뒷받침이 약하다.

어떤 연구에서는 기업의 ESG 성과는 재무적 성과와 양의 상관관계라고도 하며, 지속 가능성 요소를 기업의 경영전략에 통합하는 것이 장기적으로 기업 성과 개선에 기여한다고 한다. 투자 성과 면에서 보면, ESG 중심 투자는 잠재적 좌초자산(stranded asset)[5]

4) Morgan Stanley Capital International

5) 기존에는 경제성이 있어 투자가 이뤄졌으나 시장 환경 변화로 인해 가치가 하락하고 부채가 되어 버리는 자산으로, 대표적인 좌초자산에는 석탄발전소가 있다. 국제에너지기구(IEA)는 이미 투자가 진행됐으나 수명이 끝나기 전에 더는 경제적 수익을 올리지 못하는 자산을 말한다.

의 투자 비중을 줄여 투자수익률을 개선시킨다고 한다. ESG 등급이 높은 기업이 낮은 기업에 비해 주가 수익률이 좋다는 것이다.

리스크 관리 측면에서도 ESG 중심 투자가 낫다고 한다. ESG 관리 수준이 높은 기업은, 낮은 기업에 비해 기업 고유 위험과 체계적 위험이 모두 낫다는 주장도 있다. 또 ESG 펀드는 경기 하강기에 일반 펀드보다 높은 평가를 보인다고 한다.

반대 의견으로 분산투자 원리에 따라 특별한 체계적 위험 요소가 없는 한, ESG 자료가 공시되지 않거나, 평가가 낮은 기업도 투자에서 배제되어야 할 이유는 없다. 그리고 기존 ESG 펀드의 성과가 좋은 것은, "이미 성과를 실현하고 있는 기업에 투자한 것" 일 가능성도 거론된다. ESG 평가 결과가 우량한 기업은 주로 IT기업이나 비제조 기업이 많은데, 지난 수년간 이런 기업들 위주로 주가의 상승이 이루어졌기 때문이고, ESG 지표가 유의미한 선별 능력이 있지는 않다고 한다.

제 4 절 중소기업의 ESG 경영과 경쟁우위 전략

ESG를 처음 접하는 CEO와 업무를 담당하는 임직원들의 애로사항은 다음과 같다.

첫째, ESG 보고서를 작성해야 하는데 뭘 어떻게 해야 할지 모르겠다.

둘째, GRI, ISO26000, PRI, SASB, TCFD 등 챙겨야 할 용어가 너무 많다.

셋째, ESG에도 세계 공통으로 쓰이는 표준양식이 있는지.

넷째, ESG 업무를 처음 알았는데 어디서부터 해야 할지 감을 못잡겠다.

다섯째, ESG 실제로 어떻게 해야 하는지 누가 좀 알려줬으면 좋겠다.

1. ESG 경영의 명확한 목적과 방향 설정

※ **파타고니아**(비상장 기업)

경영 자체가 ESG인 기업이지만 '우리는 큰 회사가 되기를 바란적이 없다. 최고의 작은 회사가 되기 위해 노력한다. 외부에서의 차입을 원하지 않는다.

※ EU 집행위원회, 2021년 3분기 ESG 법인기업 지배구조 및 공급망 실시에 관한 법률안 제출 예정. EU SFDR(지속가능금융 공시 규제) 발효

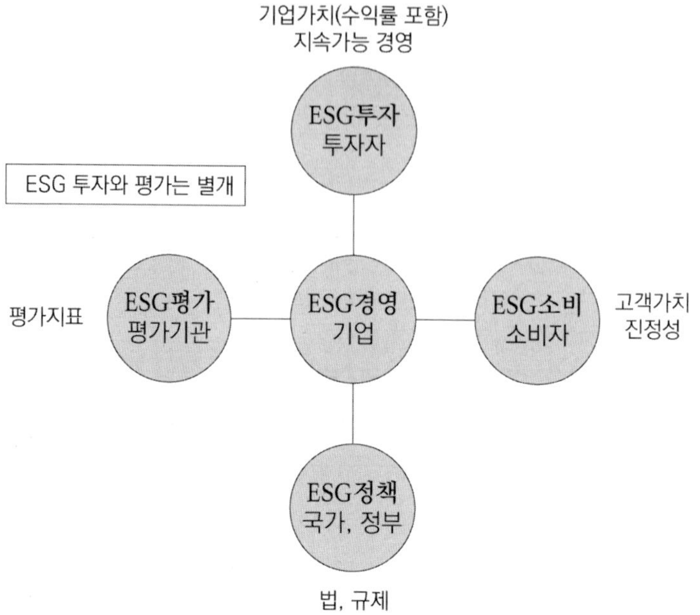

[그림 6-2] ESG 경영의 목적과 방향

2. ESG를 통한 글로벌 경영전략 가이드라인

ESG 경영에서 비전과 목표는 UN 지속가능발전목표(SDG)를 따르며 2030년까지 세계가 함께 실천해야 할 17개 목표와 169개의 세부목표가 있다.

실행에는 사회책임경영 글로벌 가이드라인(ISO 26000)이 있다. 최근, EU 등 국가 차원의 규제 움직임이 있다.

그 결과 측정·공개·보고는 지속가능경영보고서 가이드라인(GRI 표준, SASB, TCFD)이 있다.

외부평가에서는 '모건스탠리 캐피털 인터내셔널(MSCI: Morgan Stanley Capital International)', 'DJSI(다우존스 지속가능성지수)', 'S&P(스탠더드 앤드 푸어스: Standard & Poor's)', 한국기업지배구조원(KCGS: Korea Corporate Governance Service), 언론사, 컨설팅업체 등에 의한 등급과 지수를 이용한다.

3. ESG 경영과 기업가치 극대화 전략

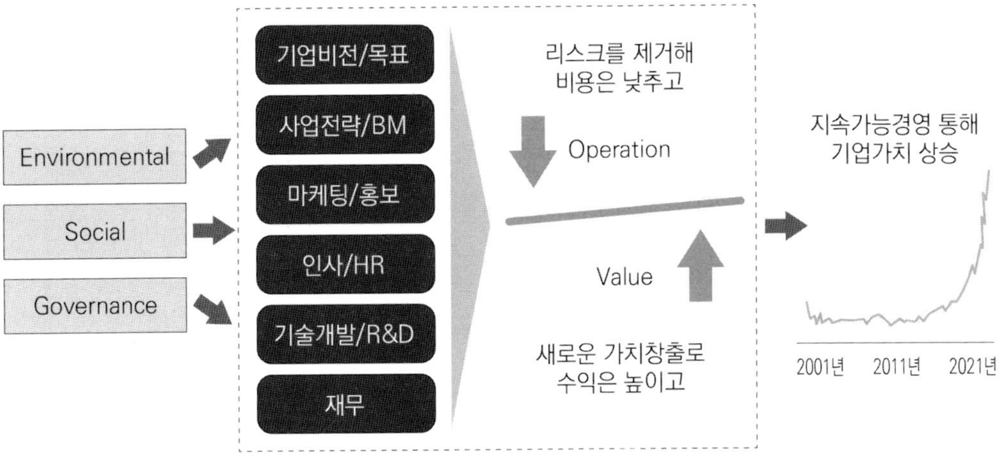

자료: 김재필, ESG 혁명이 온다 2, 미래 전략과 7가지 트렌드 편, 2022, p.136.

[그림 6-3] ESG 경영의 개념

ESG 활동을 통한 기업 비전·목표, 사업전략·BM, 인사·HR, 마케팅·홍보, 기술개발·R&D, 재무활동 등을 관리하며, 리스크를 제거해 비용은 낮추고 새로운 가치(value) 창출로 수익은 증대시키고, 지속가능경영을 통해 재무실적과 기업가치를 상승시키는 것이다.

ESG 경영의 핵심은 ESG 활동과 재무실적·기업가치와의 연동이다.

프랑스 식품기업 다농(DANONE)은 ESG 경영 우수업체이나, 경쟁사 대비 '실적부진'으로 이에 책임을 지고 CEO가 사임했다. 이는 사회적 공헌(책임)에 집중하다 재무실적이 최악으로 나타난 것으로 'ESG 경영'의 딜레마이다.

네슬레는 되고 다농은 안된 이유는 시장 변화에 대한 위기를 기회로 전환하고 빠른 대응을 못했다는 것이다.

<사례> 글로벌 Biz인 네슬레: 세계 최대 식품기업으로 코로나 불황 속에서도 실적과 주가를 다 잡음.

4. ESG 정보공시의 단계적 의무화

ESG 정보공시란 투자자를 비롯한 다양한 이해관계자의 의사결정 및 가치판단에 영향을 미칠 수 있는 환경, 사회, 지배구조와 관련된 정보를 공개적으로 널리 알리는 행위를 말한다.

- 지배구조보고서: 자산 1조 이상(현행) → 자산 5천억 이상('24년) → 모든 상장회사('26년)
- 지속가능경영보고서: 자율공시(현행) → 자산 2조 이상('25년) → 모든 상장회사('30년)
- 중소, 중견기업도 ESG 경영이 필수이다. 평가 결과가 나쁘면 납품이 어려울 수도 있다는 것으로 'ESG 경영'을 서둘러야 할 것임

5. 중소 및 스타트업, EU/미국의 ESG 강화 방침 전략

- 해외 시장을 목표 삼아 사업을 전개하는 중소 및 스타트업들은 EU와 미국의 ESG 강화 방침으로 규제 및 비용 부담
- EU에서는 기업의 전 공급망에 걸쳐 환경과 인권 관련 침해 행위에 대한 자체 심사를 의무화하는 입법이 추진되고, 원청이 하청업체의 환경오염 물질 배출 여부, 노동자 근무환경 등의 사항을 반드시 점검해야 한다는 것인데 유럽시장에 진출하려는 해외 기업도 적용 대상에 포함
- 미국의 바이든 행정부도 자유무역협정(FTA) 체결·개정시 환경과 인권 등의 규범을 최우선의 제조과정에서 환경 파괴나 비윤리적 행위가 발견되면 수출이 제한
- 기업에 필요한 전력을 100% 재생에너지로 공급 받겠다는 RE100(Renewable Energy 100%)에 가입한 기업뿐만 아니라 제품 공급망(supply chain)에 참여하는 협력사까지 재생에너지 사용에 동참 요구
- 이처럼 ESG 도입을 요구하는 시장 환경의 변화가 부담으로 작용할 수 있지만, 오히려 이러한 상황을 잘만 이용하면 새로운 시장 기회 및 경쟁우위 확보

※ RE100

RE100 이니셔티브 제품 생산 등 기업활동 전반에 필요한 모든 에너지를 친환경 재생에너지로 충당하겠다는 선언(구글, 애플, GM, 이케아, SK그룹 계열사 8개소, LG에너지솔루션, 고려아연, 인천국제공항 등 15개사 가입)

6. ESG 경영에서의 차별화 전략

1) 차별화된 ESG 경영으로 경쟁우위를 창출하라

전략경영의 대표적 학자 마이클 포터(Michael Porter)에 의하면 전략이란 '유니크하고 가치있는 포지션(위치)을 만들어 내는 것'이라고 정의하고 있다. 즉 전략은 차별화된 경쟁우위 요소로 쉽게 모방하기 힘든, 지속가능한 자리를 차지하는 것이 핵심이다. CEO는 '전략(strategy)'과 '효율적인 오퍼레이션(operational effectiveness)'을 혼동해서는 안된다고 한다. '잘 돌아가게 만드는 것'과 '좋은 전략을 세우는 것'은 전혀 다른 문제라는 것이다.

2) 그렇다면 ESG를 경영에 접목시켜 차별적 경쟁우위를 창출하려면 어떤 전략적 접근이 필요할까?

이에 대한 해법으로 하버드대학 조지 세라핌(George Serafeim) 교수는 ESG 활동을 전략과 운영에 통합해야 한다고 강조하며 다음의 5가지 사항을 제시하였다.

(1) 업계의 중요한 문제를 식별하고 경쟁업체와 차별화되는 이니셔티브를 개발(전략적 ESG 실천사항 채택)
(2) 이사회의 약속을 보장하기 위한 책임 메커니즘 만들기(ESG 통합을 위한 책임있는 프로세스 구축)
(3) 지속가능성과 좋은 거버넌스에 대한 목적과 열정을 전체 조직에 주입(기업목적 규명 및 목적 중심의 문화 조성)
(4) 운영 전반에 걸쳐 ESG 활동을 분산(ESG 전략실행을 위해 조직운영 변경)
(5) ESG 문제에 대해 투자자와 정기적이고 투명하게 소통

7. ESG와 디지털 트랜스포메이션(DX) 전략

1) ESG DX에서 ESG 활동에 ICT를 적용시키는 목적은 비용을 절감시키고 경영의 효율성을 높이는 동시에 기업의 새로운 가치를 창출함에 있다. 그리고 그 가치는 '사람'이 중심이 되는 가치여야 의미가 있다. ESG와 함께 'AI 윤리'가 화두로 떠오른 이유도 그 때문으로 ESG DX의 핵심은 인간을 배려한 '신뢰할 수 있는 기술'이다.

2) ESG는 크게 투자자 관점에서 기업 활동 내용을 수집·분석해 등급을 매기는 ESG 평가와 기업 입장에서 회사의 가치를 높이기 위해 수행하는 ESG 경영활동으로 구분할 수 있다. 최근 들어 이 분야에서 ICT 기술을 도입해 활용하려는 움직임이 두드러지고 있다.

ESG 경영 수행에 핵심요소는 '데이터'로 나날이 늘어가는 방대한 양의 ESG 데이터 수집·처리와 이들 데이터 간의 상호 연관성을 정확히 분석하기 위해 AI, 클라우드를 활용한다.

ESG 활동은 비재무적이지만 나타나는 결과는 수치로 보여줘야 한다.

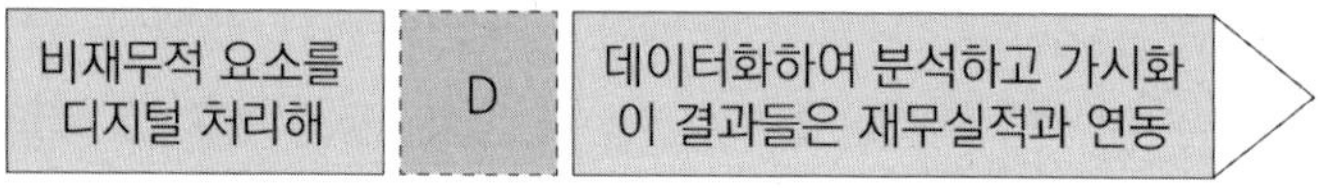

[그림 6-4] ESG 활동의 계량화

3) ICT 기업들의 가장 큰 특징은 '데이터'를 잘 다루고 수치화하는데 능하다.

ICT 기업이 ESG 평가에서 유리한 점은 자사가 보유한 ICT 역량을 ESG 활동에 우선적으로 도입할 수 있다는 점이다. 4차 산업혁명의 핵심이라 할 수 있는 ICT는 비용을 절감시키면서 생산성을 향상시키는 데 있어 중요한 역할을 한다.

자사의 ESG 활동에 ICT를 적극적으로 도입하고 있는 기업이 바로 ESG 평가에서 최상위 등급 평가를 받은 업체는 마이크로소프트이다.

[그림 6-5] ESG 활동과 ICT 도입 프로세스

8. ESG와 MZ세대에 대한 대응 전략

1980년대 이후 태어난 MZ세대가 ESG에 뜨겁게 호응하고 있다. 국내 인구의 34% (약 17,00만 명)를 차지하는 MZ 세대가 주 소비층으로 떠오르면서 'ESG 투자', 'ESG 경영'

에 이어 이제는 'ESG 소비'가 중요한 화두가 되고 있다.

MZ세대는 구매하려는 제품이나 브랜드가 환경보호에 기여하는지, 윤리경영을 실천하는지를 따진다. 단순히 싸고 좋은 물건이 구매를 결정하는 필수조건이 아니다. 즉, 자신의 신념에 부합하는 가치소비를 한다.

'ESG 소비'는 가치소비가 확대된 개념으로, 사회적 가치뿐만 아니라 환경적 가치, 기업의 윤리성과 투명성까지 고려해 구매를 결정하는 소비방식이다.

'공정성'과 '투명성'을 중시하는 MZ 세대들은 불합리하고 비윤리적인 상황을 간과하지 않는다. "성과급 산정 기준을 명확하게 밝히라"고 요구하며 MZ 세대가 불을 댕긴 성과급 공정성 논쟁은 경영진을 떨게하는 MZ세대의 아우성은 ESG 경영을 수행할 기업들에게 있어 시사하는 바가 크다.

MZ 세대가 원하는 것은 '공정한 기회'로 ESG는 일시적 유행이 아니라 코로나 팬데믹 이후 변화된 세계 속에서 생존 가능하고 지속성장할 수 있는 원동력으로 작용할 것이다.

핵심은 ESG를 대하는 기업의 '진정성'으로 투자자들이 외치는 ESG 선언이나 기업들이 행하는 ESG 경영이 그린워싱(greenwashing)[6] 혹은 ESG 워싱(washing)인지 아닌지를 판단하는 기준은 '진정성'일 것이다. 이는 ESG 경영을 추구하는 기업들이 항상 염두에 둬야 할 부분이다.

9. ESG 경영을 위한 조직혁신 전략

존 코터(John Kotter) 박사는 조직변화에 있어 리더십의 중요성을 강조하면서 성공적 조직변화의 70~80%는 최고경영층의 리더십에 의해서 결정된다고 주장하였다. ESG 경영의 효과적인 변화관리를 위한 실행체계를 강화하여야 한다. 이에 Kotter는 성공적 조직변화의 8단계를 제시하였다. 이들 중 1~4단계는 Lewin의 '해빙'에 해당하며 5~7단계는 '변화', 그리고 마지막 8단계는 '재결빙'에 해당한다.

1) 제1단계: 위기감 조성

• 사업적 관점에서의 ESG 위험·기회 요인을 경영층에게 알려준다.

6) 'Green'과 'White washing'의 합성어로 제품의 겉모양은 녹색제품인 것처럼 연출하지만 환경오염 감소를 위한 실질적인 노력은 하지 않는 것을 뜻한다.

- 변화하지 않으면 망한다는 위기의식을 고취시켜 조직을 해빙한다.
- '위기'와 '기회'를 동시에 볼 수 있어야 한다.

2) 제2단계: 강력한 팀의 조성

- 우리 회사내 관련 조직이 빠짐없이 포함되도록 팀을 구성한다.
- 조직 각 분야, 각 계층의 힘 있는 사람들을 모아 변화주도 세력화한다.
- 초기에 효과적인 '팀 빌딩(team-building)'이 필요하다.

3) 제3단계: 비전과 전략구축

- 이해관계자 모두가 원하는 ESG 비전을 개발 구축한다.
- 변화를 이끌어갈 ESG 비전을 확실히 하고 달성전략을 세운다.

4) 제4단계: 새로운 비전을 널리 알리기

- 새로운 ESG 비전을 지속적으로 전파하기 위한 커뮤니케이션 전략의 수립, 실천.
- Top-down과 Bottom-up 방식을 병행해야 한다.

5) 제5단계: 권한위임(Empowerment)

- 변화저항 제거: 조직변화가 현실화되도록 위험감수, 창의적 문제해결 독려
- 주요 실행 주체에 대한 밀착 관리(육성)가 필요하다.
- CEO(임원)의 지속적인 관심을 끌어내고, 그 관심을 널리 알린다.

6) 제6단계: 단기간의 가시적 성과

- 단기적 변화 성과를 인정하고 보상해줌으로써 변화가 가시화될 수 있다는 자신감을 제공한다.
- 단기 성과를 효과적으로 알리고 활용해야 한다.

7) 제7단계: 변화 확대

- 단기성과를 기반으로 더 큰 변화의 당위성을 확보하여 더 많은 사람을 끌어들이고 조직에 더 넓게 변화를 확산시킨다.
- 각 과제(프로젝트)의 진행상황에 대한 모니터링을 강화한다.

8) 제8단계: 조직문화로 재결빙

- ESG의 핵심 주제와 관련된 임직원 행동의 변화된 상태를 조직문화로 제도화시키고 지속시킨다.
- 경영전략과의 정합(Alignment)을 보다 강화해야 한다.
- 각 조직의 KPI(Key Performance Index)에 ESG를 반영해야 한다

제 5 절 ESG 경영전략 방향 요약 및 시사점

중소기업의 기업경영에 있어 ESG를 적극 고려할 수밖에 없는 흐름으로 가고 있다. ESG의 주된 목적은 단순히 착한 기업을 가려내는 것이 아니라 불확실성이 높아져만 가는 오늘날의 상황에서 환경(E)·사회(S)·지배구조(G)라는 전방위적 리스크에 얼마나 잘 대응하고 지속적으로 경영을 이어갈 수 있는지를 판단하는 것이다. 즉, ESG는 기업이 다양한 리스크에 얼마나 잘 대응하고 있는지 지속가능성 측면의 건강도를 파악할 수 있는 기준이자, 지속경영을 가능하게 하는 관리 툴이다.

1. ESG를 위기가 아닌 새로운 기회로의 인식전환

중소기업은 ESG 경영에 대한 내재화(internalization)로 자사의 주요 사업과 연계된 ESG 이슈를 발굴하고 이를 실천하는 방안을 마련해야 한다. ESG가 중소기업 경영에 부담으로 작용할 수도 있지만, 시각을 바꾸면 ESG는 단순한 리스크 관리 지표가 아니라 새 기회를 창출할 성장동력이 될 수 있기 때문이다.

'E·S·G가 성장기회'로 작용할 뿐만 아니라 "ESG 경영, 신성장 기회 창출"로 이어져 향후 10년을 좌우할 비즈니스 테마로 부상할 것이다.

ESG를 '지켜야 할 것' → 위기, 비용
ESG를 '문제 해결의 솔루션' → 기회, 투자

2. 소비자들도 ESG에 관심을 가져야 하는 이유

E → 시작은 투자자가 했고

S → 활동은 기업이 하지만

G → 그 과정에서 나오는 모든 결과는 소비자의 몫이다.

3. 환경(E) · 사회(S) · 지배구조(G)의 각 항목들이 ESG라는 하나의 키워드에 묶이게 된 배경에는 자본주의(capitalism)가 있다. 자본주의에 입각하면 기업의 존재 이유는 이윤획득이고, 기업의 모든 경영 활동은 '이윤획득'을 최우선으로 하여야 한다. 심하게 표현하면 수단과 방법을 가리지 않고 돈만 벌면 되는게 기업의 본분이다. 자본주의 사회에서 기업의 주인이라 할 수 있는 주주나 투자자들도 기업에게 요구한 것은 오로지 '매출'과 '이익' 그리고 그로 인해 높아지는 '기업 가치(주가)'였다. 그런데 그렇게 무분별하게 기업이 돈을 버는 과정에서 환경적, 사회적 문제 및 기업의 도덕성과 신뢰성, 투명성의 실종 등 부작용이 발생함으로써 투자자 입장에서 기업의 지속가능 성장을 위한 '돈을 버는 방식'에 제동을 걸기 시작했다.

즉, ESG는 자본주의의 중심이 '돈'에서 '사람'으로, 그리고 '사회', '지구'로 이동하고 있음을 보여주는 지표이자 기준이라고 할 수 있다.

4. ESG 경영은 이제 중소, 중견기업도 반드시 실천해야 하는 과제가 되었지만 자칫 기업의 새로운 비용만 발생시키거나 정부의 또다른 기업규제 수단으로 사용되는 일이 없도록 해야 한다. 또한 중소기업을 위한 'ESG 펀드'를 조성해 중소기업들이 실질적으로 ESG 관련 사업에 집중할 수 있도록 지원해 주어야 한다.

5. 중소기업의 ESG 경영이 보여주기식 경영이 아니라 궁극적으로 '기업의 이미지'와 '브랜드 가치'를 높여 '이익 창출'에 도움이 되도록 하는 전략적 접근이 중요하다.

살펴본 바와 같이 'ESG 경영의 딜레마'로 최근 유럽 최대 식품회사 중 하나인 다농(DANONE)은 지역사회 공헌과 환경보호만을 강조하다가 회사매출이 급감하고 주가가 크게 떨어지는 최악의 사례가 있듯이 시사하는 바 크다고 할 수 있다.

따라서, 전략적 ESG 경영은 선택과 집중으로 중요 이슈를 파악해야 한다.

• 우리 기업에 중요하면서 이해관계자(stakeholder)의 기대가 높은 이슈

• 문제가 생기지 않도록 철저한 Risks 관리의 선행
• 미래 경쟁력을 확보할 수 있는 전략적 대응도 병행하여 추진

6. 결론적으로 ESG는 사람·사회 중심 자본주의에서 'ESG 투자', 'ESG 경영', 'ESG 소비'가 선순환 체제가 구축되어야 하며, 돈을 벌어도 정당하고 올바른 방법으로 벌라는 것이 ESG의 본질이다. 돈이 아닌 사람이 중심된 자본주의. 상식적 방법으로도 얼마든지 돈을 벌고 부자가 될 수 있는 사회. 이것이 ESG가 추구하는 목표이자 이상이다.

제 7 장 중소기업회계 기초이론과 회계순환과정

제 1 절 회계정보의 유용성과 윤리

1. 회계의 본질과 목적

회계는 돈의 흐름을 기록하는 것으로 정보이용자가 합리적인 의사결정을 하는데 도움을 줄 수 있는 경제적 정보를 식별, 측정, 전달하는 과정이다.[1] 자본주의 사회에서는 회계를 생활 속에서 계속적으로 접하고 있으며, 실제로 일상생활에서 여러 가지 회계개념과 회계기법들이 의외로 널리 활용되고 있다. 예를 들면, 가계부 작성에서부터 기업의 세무신고 및 경영성과의 계산, 정부의 예산편성과 집행, 경영의사결정 등에서 회계개념과 회계기법을 활용하고 있다.

이제 모든 경제활동에 있어서 회계는 반드시 필요한 존재가 되었으며, 복잡한 현대사회에 조금 더 유연하게 경제활동에 대한 이해를 넓혀 나가기 위해서 기본적인 회계지식의 습득은 필요불가결한 요소가 되었다. 특히, 현대사회에서 회계시스템은 기업의 경영활동에 필수적인 기본 구성요소의 하나로 인식되고 있다. 경제환경이 복잡해짐에 따라 이해관계자들이 특정 기업과 관련된 경제적 의사결정을 해야 하는 경우가 더욱 증가하고 있다. 예를 들면, 현재 및 잠재적 투자자는 자신들의 제한된 자금을 여러 가지 투자안에 효율적으로 배분하기 위한 의사결정에 회계정보를 이용한다.

기업에 관련된 많은 이해관계자들은 수익창출 능력과 지급능력 등에 관한 정보에

---

1) 이효익·정병욱, IFRS 회계원리연습, 신영사, 2010, p.21.

의거하여 경제적 의사결정을 하게 된다. 회계는 이러한 이해관계자들의 합리적이고 경제적 의사결정에 유용한 정보를 제공하는 것을 그 기본목적으로 하고 있다.

미국의 재무회계기준심의회(Financial Accounting Standards Board: FASB)는 재무회계 개념보고서 제1호 「기업의 재무보고의 목적」에서 회계의 목적을 크게 다음의 세 가지로 제시하고 있다.

① 투자 및 신용공여 의사결정에 유용한 정보의 제공

② 현금흐름 전망을 평가하는데 유용한 정보의 제공

③ 기업의 자원, 청구권 및 이들의 변동에 관한 정보의 제공

이런 회계의 목적은 재무보고의 목적이라고도 하며 투자자와 채권자를 중심으로 설정되어 있고, 기업의 현금흐름을 중요시하고 있으며, 자원의 청구권 및 이들의 변동에 관한 정보의 제공에 대한 내용도 포함하고 있다.

한국채택국제회계기준(K-IFRS)에서는 일반재무보고의 목적을 「현재 및 잠재적 투자자, 대여자 및 기타채권자가 기업에 자원을 제공하는 것에 대한 의사결정을 할 때 유용한 보고기업의 재무정보를 제공하는 것」이라고 정의하고 있다.[2)]

2. 회계정보 이용자

경제 주체에는 기업(business corporation), 가계(house holder), 비영리기관(Non-Profit Organization) 등이 있다.

일반적으로 회계정보 이용자는 기업외부의 회계정보이용자와 내부의 회계정보이용자로 나누고 있다. 기업 외부의 회계정보 이용자 집단으로는 주주 등의 투자자, 채권자 및 거래처 등의 신용 공여자, 세무서 등의 정부기관 등이 대표적이다. 반면 기업내부의 회계 정보이용자 집단으로는 경영진과 사원 등이다. 이러한 회계정보 이용자 집단은 현재 시점에서 이해관계를 갖고 있는 집단뿐만 아니라 장래에 이해관계를 가질 수 있는 잠재적 집단도 포함하고 있다.

한국채택국제회계기준(K-IFRS)에서는 외부의 주요 정보이용자로 현재 및 잠재적 투자자, 대여자 및 기타 채권자를 언급하고 있다. K-IFRS에서는 「주요」라는 접두사를 사용하여 기업이 제공하는 회계정보의 주된 대상을 투자자, 대여자 및 기타 채권자로

---

2) K-IFRS 참조.

간주하고 있다.

3. 회계정보와 의사결정

회계정보는 기업에 관한 정보를 제공함으로써 기업에 대한 가치평가가 가능하게 해준다. 그리고 기업의 이해관계자 간의 이해관계를 조정하는 역할을 한다. 이러한 가치평가나 이해관계의 조정은 경제적 의사결정(decision-making)과 관련되어 있다.

의사결정은 주로 주식과 같은 지분상품 및 채권 등의 채무상품을 매수, 매도 또는 보유하는 것과 대여 및 기타 형태의 신용을 제공(외상매출금) 또는 결제하는 것 등 다양하다. 지분상품 및 채무상품을 매수, 매도 또는 보유하는 것에 대한 현재 및 잠재적 투자자의 의사결정은 그 금융상품 투자에서 그들이 기대하는 수익, 예를 들면 배당, 원금 및 이자의 지급 또는 시장가격의 상승에 의존한다. 마찬가지로 대여 및 기타 형태의 신용을 제공 또는 결제하는 것에 대한 현재 및 잠재적 대여자 및 기타 채권자의 의사결정은 그들이 기대하는 원금 및 이자의 지급이나 그 밖의 수익에 의존한다. 투자자, 대여자 및 기타 채권자의 수익에 대한 기대는 기업에 유입될 미래 순현금유입액의 금액, 시기 및 불확실성(전망)에 대한 그들의 평가에 달려 있다. 따라서 현재 및 잠재적 투자자, 대여자 및 기타 채권자는 기업에 유입될 미래 순현금유입에 대한 전망을 평가하는 데 도움을 주는 정보를 필요로 한다.

현재 및 잠재적 투자자, 대여자 및 기타 채권자는 미래 순현금유입에 대한 기업의 전망을 평가하기 위하여 기업의 자원, 기업에 대한 청구권, 그리고 기업의 경영진 및 이사회가 기업의 자원을 사용하는 그들의 책임을 얼마나 효율적이고 효과적으로 이행해 왔는지에 대한 정보(information)를 필요로 한다.

공인회계사는 기업의 재무정보에 대한 회계감사를 통해 기업이 공시하는 회계정보가 회계기준에 부합하는지 확인함으로써 어느 정도 허위정보 공시를 방지할 수 있다. 그러나 투자자가 회계감사를 통과한 회계정보를 확보하더라도 정확한 가치평가는 어려운 것이다. 가치평가가 어려운 이유는 투자자가 기업에 대한 자세한 정보를 알지 못하기 때문이다. 경영자가 기업의 실제 상황을 잘 파악하고 있으나 투자가에게 모든 정보를 공시할 수가 없다. 또는 의도적으로 중요한 정보를 숨길 수도 있다.[3] 몇몇 회사 기

---

3) 백복현 등 3인, p.15.

밀정보는 외부에 알려진다면 기업에게 큰 피해를 줄 수도 있기 때문이다.[4] 또한 기업의 부채비율이 이미 높아 추가적으로 부채를 조달할 경우 신용등급이 하락하고 조달비용이 증가하며 심지어 채권자가 더 이상 돈을 빌려주지 않을 것이기 때문이다.[5]

4. 허위 회계정보와 처벌

기업을 경영하는 사람들은 많고 적은 정도의 차이는 있으나 모두 세금을 낸다. 세법에서 인정되고 있는 적법하고 합리적인 수단에 의해 세금을 줄이는 것은 절세(tax saving)라고 한다. 반면, 탈세(tax evasion)는 불법적인 방법을 이용하여 고의로 세금을 줄이려는 행위를 말하며 대표적인 예로 비용 부풀리기, 타인 명의로 위장하기 등이 있다.[6]

탈세는 허위 기타 부정한 행위에 의하여 납세를 면탈하는 범죄 행위이다. 탈세는 적법한 절세와 구별되며 사법(私法)의 형성 가능성을 이용한 합법적 조세 회피(tax avoidance)와 구별된다. 탈세를 하면 범죄이기 때문에 형사처벌과 함께 국세청이나 세무 당국에 의해 강제 징수가 될 수 있다.

분식회계는 회계장부를 조작하는 것으로 범죄행위다. 이미 만들어진 장부를 조작한다는 의미가 아니라 기업의 실체를 제대로 반영하지 않도록 회계를 조작하는 것이다. 영어로는 window dressing(in account)이나 accounting fraud(회계부정)라 하는데, 사회적 물의를 일으키며 범죄로 연결되는 경우는 accounting fraud라 한다. 분식회계라는 말은 일본에서 왔다. 분식(粉飾)이란 말은 실제 모습보다 좋게 보이도록 하기 위해 얼굴에 분칠을 한다는 뜻이다. 대출을 받기 위해 분식회계를 하는 경우도 있다.[7] 대출을 받기 위해서는 기업 경영자의 신용점수도 좋아야 하고 매출도 잘 되고 있고 부채 규모도 적정하고 자산도 튼튼하며 자본 잠식도 없어야 가능하다. 그래서 기업 경영자들은 대출을 쉽게 받기 위해서 정상적이 재무제표로는 어렵겠다고 판단하고 분식을 한다. 또는, 기업 경영자가 비자금을 마련하거나 횡령을 위해서도 분식회계를 한다. 회사 돈을 빼돌리고 이를 들키지 않으려면 장부를 조작하지 않으면 불가능하다. 분식회계를 하는 방법으로 허위 매출을 기재하거나 비용을 줄이거나 부채를 누락하는 등의 방법을 쓰고 있으

4) 백복현 등 3인, 재무제표분석과 기업가치평가, 박영사, 2011, p.15.
5) 백복현 등 3인, 재무제표분석과 기업가치평가, 박영사, 2011, p.56.
6) 최고경영자가 알아야 할 세무관리, 국세청, 2020, p.8.
7) 나무위키, 분식 회계 참조.

며 분식회계 사례와 유형은 훨씬 더 많다. 또한 전문 분식회계는 공인회계사와 세무사들과 연결되어 조직적으로 분식회계를 하는 사례도 있다.

공인회계사·감정인 또는 신용평가를 전문으로 하는 자가 업무로 분식회계에 동조하는 경우에는 자본시장법에 의해, 회사의 대주주나 임원이 분식회계를 지시한 경우는 주식회사의 외부감사에 관한 법률에 의하여 처벌을 받지만 돈의 유혹에 빠져 분식회계에 동참하는 경우가 가끔씩 적발되기도 한다.

㈜대우의 분식회계는 그룹의 회계 전문가들과 수십명의 공인회계사들이 만든 합작품이라 알려져 있으며 27조원에 달하는 자본을 부풀린 ㈜대우는 천문학적인 금액만큼이나 기발한 분식회계 기법을 사용하여 금융감독원 직원과 검사들도 분식 여부를 가리는데 어려운 사례로 알려져 있다.

회계사법은 회계사의 단 한 건의 부실감사나 공인회계사법의 어느 한 조항의 위반인 경우도 회계법인 영업정지처분이 가능하다. 반대로 법무법인과 세무법인은 소속변호사나 세무사가 변론 오류·세무신고 착오 등을 하여도, 법인인가 취소나 영업정지 등의 징계처분은 열거 규정되어 있지 않아 개인징계로 종결된다.

분식 결산은 일반적인 탈세와 반대로 기업의 영업실적을 좋게 보이기 위해서 장부를 조작하여 매출액이나 이익을 크게 부풀려 결산하는 것을 말하며, 주로 자산과 매출을 실제보다 더 많이 계상하거나 비용과 부채를 적게 계상하는 방법을 이용하고 있다.[8)]

제 2 절 현대사회와 회계

1. 회계의 분류

일반적으로 기업 외부의 일반 회계정보이용자들은 그들이 필요로 하는 회계정보를 기업에 직접 요구할 수가 없기 때문에 기업이 보고하는 재무보고서에 그대로 의존할 수밖에 없다. 따라서 기업은 어떤 특정 이해관계자집단에 치우치지 않는 일반목적의 공

8) 국세청, 최고경영자가 알아야 할 세무관리, 2020, p.12.

정한 재무보고서를 작성하게 되는데, 이렇게 작성된 재무보고서를 일반목적의 재무제표라고 하고, 이러한 외부이해관계자에게 정보를 전달하는 것(공시)을 주된 목적으로 하는 회계를 '재무회계(financial accounting)'라 한다. 재무회계는 주주, 은행, 거래처, 국가나 지방공공단체 등 정보이용자에게 회사의 경영정보를 제공하기 위한 것이다.

경영자가 기업경영에 관한 의사결정을 하는 데 필요한 정보를 제공한다. 이렇게 경영자가 기업 내부의 경영활동에 필요한 모든 재무정보를 전달하는 것을 목적으로 하는 회계를 '관리회계(managerial accounting)'라 하며, 경영계획과 통제를 목적으로 한다.

기업은 법인세, 부가가치세, 지방세 등 여러 가지 세금을 납부하고 있다. 법인세는 일반적으로 기업이 1년 동안 벌어들인 소득에 대하여 내는 세금으로서 1사업년도(1회계기간) 동안 법인의 사업에서 생긴 소득을 기준으로 내는 세금으로 세금계산의 기초가 되는 과세표준을 계산하게 된다. 부가가치세는 기업이 재화나 용역을 공급할 때 구매자로부터 징수한 부가가치세에서 원재료나 상품을 공급 받을 때 이미 징수당한 부가가치세를 뺀 차액을 납부하는 것이다. 통상 부가가치세는 6월을 과세기간으로 하여 각 과세기간을 다시 3개월로 나누어 1년에 4번 신고납부를 한다.[9] 이러한 과세표준을 기준으로 납부할 세액을 산출하는 과정과 보고하는 회계를 '세무회계(tax accounting)'라 한다.

2. 회계의 생성과 발전과정

1) 회계의 생성

근대 회계는 중세에서 근대로 넘어오는 14~15세기 시대에 십자군 원정으로 동서양의 교류가 활발해지면서 문예부흥기의 동서양의 교역 중심지가 되었던 이탈리아의 상업도시인 Florence, Genoa, Venice 등에서 상인들 간에 복식부기가 사용되면서 생성되었다.

이탈리아의 복식부기법은 상인들과 은행가들이 사업상의 필요에 의해서 당시 기장기술을 한 단계 발전시킨 것이다. 1494년에 출판된 Luca Pacioli의 「산술·기하·비 및 비례총람」에서 처음으로 복식부기의 원리가 소개되었다. 이 책의 구조를 살펴보면, 그 장부조직은 단순하여 분개장 및 원장은 각 일책으로 되어 있었다. 당시에도 각 계정을 분개하여 분개장에 기록하고 원장의 각 계정과목에 전기를 하였으나 정기적인 결산은

---

9) 최고경영자가 알아야 할 세무관리, 국세청, 2020, pp.38~40.

하지 않았으며 실지재고조사는 하지 않았다.

2) 회계의 제도화

미국에서 1929년의 경제공황은 회계의 제도화라는 큰 변화를 촉진시킨 역사적 사건이었다. 경제 파탄에 따른 증권시장의 붕괴는 기존의 회계제도에 대한 깊은 반성을 하게 되었다. 당시 주식투자자들은 기업이 공인회계사의 감사를 받아 공표한 회계보고서를 검토하고서 주식투자결정을 하였는데, 기업이 공표한 회계보고서가 당시의 기업상황을 제대로 반영하지 못하였기 때문에 이를 믿고 투자한 투자자들이 주가 폭락으로 막대한 손실을 보게 된 것이다. 당시의 기업의 회계보고서는 기업 또는 업종마다 각기 다른 회계방법으로 작성되었기 때문에 오늘날의 관점에서 보면 문제가 많았던 것이다.

이에 따라 기업이 회계보고서를 작성할 때 준수해야 할 통일된 기준이 필요했다. 이러한 결과 미국의 모든 기업에 통일적으로 적용되는 회계기순(accounting standard)이 탄생하게 되었다.

이와 같은 과정을 거쳐 세계 여러 나라에서 기업이 회계업무 수행과 회계보고서 작성과정에서 준수해야 할 회계기준이 마련되었다. 즉 회계의 자발적 활용에서 출발하여 회계의 제도화 또는 규정화는 1930년대 이후부터 이루어진 것이다.

3. 자본시장과 회계정보

21세기에 접어들어 정보화와 세계화가 주목되고 있다. 인터넷을 중심으로 하는 전자상거래 비중이 커지면서 재화나 용역의 실물흐름은 국경없이 이동되고 있다. 또한 경제의 국경이 허물어지면서 세계의 금융자본과 글로벌 투자자들은 각국 기업들에게 투명하고 신뢰 가능한 고품질의 정보제공을 요구하고 있다.

2002년 미국의 재무회계기준위원회(FASB)와 국제회계기준위원회(IASB)가 세계적으로 통용되는 하나의 고품질 회계기준을 만들기 위해 각국의 회계기준을 2009년까지 일정부분 상호 합치시키기로 하는 Norwalk 협약을 발표함에 따라 국제회계기준의 통합을 더욱 촉진시키는 계기를 만들었다. 우리나라도 2011년부터 국제회계기준을 수용하여 K−IFRS라는 이름으로 상장법인에 적용하고, 나머지 기업들에 대해서는 중소기업회계기준을 적용하고 있다.

4. 회계의 사회적 기능

회계는 원시자료를 정보로 변환시켜 재무정보를 산출해내는 프로세스(process)를 의미하는 협의의 시스템개념과 회계제도(institution)와 같은 광의의 개념 및 회계 행위(activity)를 의미하는 것으로 파악할 수 있다. 이러한 회계 행위나 제도의 사회적 기능이란 회계의 사회적 역할 또는 작용을 의미한다. 따라서 회계행위가 사회에 대하여 어떠한 작용을 하는가 또는 어떠한 역할을 담당하는 것인가를 수시로 검토하여 회계기준(제도)을 개정하거나 새로이 제정하게 된다. 이러한 회계의 사회적 기능은 인식, 측정 및 전달의 회계 프로세스에 의해서 작동된다.

5. 기업의 경영활동

기업의 경영활동은 크게 영업활동, 투자활동, 재무활동으로 구분된다.

영업활동은 기업이 원재료를 구매하여 이를 생산하고 판매하는 활동을 의미하고, 투자활동은 영업활동을 위해 공장을 건설하거나 다른 기업에 투자하는 것을 말하며, 재무활동은 영업활동과 투자활동을 위한 자금을 조달하는 것을 말한다.[10)]

제 3 절 중소기업의 재무관리와 재무제표

재무관리란 기업활동에 필요한 자본의 조달과 조달된 자본의 효율적인 운용에 관한 투자활동을 계획하고 통제하는 관리기능을 말한다.[11)]

일반적으로 기업의 이해관계자들은 기업의 재무상태와 경영성과를 평가하고, 기업의 미래현금흐름을 예측할 수 있는 정보를 필요로 한다. 이러한 욕구를 충족시켜주기 위해서 작성되는 재무보고서를 '재무제표'라 한다. 재무제표는 기업의 재무상태와

---

10) 곽수근·송혁준, 글로벌 회계원리, 2013, 신영사, p.25.
11) 박상범, 중소기업경영론, 제3판, 2021, 탑북스, p.232.

경영성과를 일반적으로 인정된 회계원칙에 따라 체계적으로 표현한 재무보고서이며 K-IFRS에서는 재무상태표, 포괄손익계산서, 자본변동표 및 현금흐름표를 주재무제표로 삼고 있고 중소기업회계기준에서는 대차대조표, 손익계산서, 자본변동표, 이익잉여금처분계산서를 규정하고 있다. 이러한 재무제표들은 그림과 같이 서로 연관되어 있으며, 전체적으로 하나의 체계를 이루고 있다. 재무제표는 본문에 표시된 정보를 이해하는데 도움이 되는 추가적인 정보 또는 재무제표 본문에 표시되지 않은 자원, 의무등에 대한 정보를 함께 제공해주기 위해 주석 및 부속명세서 등의 기타 설명자료를 포함한다.

1. 재무제표의 기본가정

재무제표는 기업경영에 있어서 핵심적인 정보의 원천이다. 재무제표에 포함된 정보를 바탕으로 경영자는 투자의사결정을 내리지만 주식이나 채권 투자자들은 기업의 가치를 평가하고, 주식이나 채권의 매수나 매도의사를 경정하게 된다. 은행이나 세무당국도 재무제표의 정보를 사용한다.[12)]

재무제표는 기업의 경영활동에 대한 정보를 제공하는 주요 수단으로 기업이 외부정보이용자에게 재무정보를 전달하는 재무보고의 핵심이다. 재무제표는 일반적으로 기업이 계속기업(going-concern)이며 예상가능한 기간 동안 영업을 계속할 것이라는 가정하에 작성된다.

따라서 기업은 그 경영활동을 청산하거나 중요하게 축소할 의도나 필요성을 갖고 있지 않다는 가정을 적용하며, 만약 이러한 의도나 필요성이 있다면 재무제표는 계속기업을 가정과는 다른 기준을 적용하여 작성하는 것이 타당할 수 있으며 이 때 적용한 기준은 별도로 공시하여야 한다. 일반적으로 인정된 회계원칙은 상장법인은 K-IFRS, 비상장법인은 GAAP를 선택한다. K-IFRS는 회계기준위원회가 국제회계기준(IFRS)을 근거로 제정한 회계기준이다.

GAAP는 기업회계기준으로서, IFRS보다 상위 개념으로, GAAP의 한 종류로서 IFRS가 포함되는 것이다. 국제회계기준(IFRS)은 International Financial Reporting Standards의 약자로, 영국에서 회계전문가들이 1973년에 설립한 단체에서, 기업의 회계처리와 재무

12) 백복현·장귀화·최종학, 재무제표 분석과 기업가치 평가, 박영사, 2011, p.1.

제표에 대한 국제적 통일성을 높이기 위해 마련한 회계기준이다. 한국에서는 2007년 3월 15일에 '국제회계기준 도입 로드맵'을 발표하고 2009년부터 순차적으로 국내 상장기업에 도입하게 되었는데, 이것이 K-IFRS이다. 외부감사대상기업은 금융감독원 전자공시시스템(Data Analysis Retrieval and Transfer System)상에서 재무제표를 열람할 수 있다. 우리나라의 기업회계기준 및 기업회계기준서의 제정은 주식회사의 외부감사에 관한 법률에 근거를 두고 있다. 외감법에서는 자산총액 120억원 이상인 주식회사는 모두 공인회계사에 의한 외부감사를 받도록 하고 있다.[13)]

〈표 7-1〉 한국의 회계기준 체계

회계기준	적용 대상	외부감사	관련 법령
1. 한국회계기준	주식상장 및 금융회사	의무	주식회사등의외부감사에관한법률
2. 일반기업 회계기준	외부감사 대상 주식회사	면제	상법
3. 중소기업 회계기준	외부감사 대상 이외의 주식회사		

유료사이트로는 상공회의소 코참비즈, 한국신용평가정보(KIS-LINE), 한국기업데이터 등에서 열람이 가능하다.[14)]

2. 재무보고의 목적

재무제표의 각 요소들을 인식(recognition)한다는 말은 재무제표요소의 정의에 부합하고 인식기준을 충족하는 항목을 재무상태표나 포괄손익계산서에 반영하는 과정을 의미한다. 재무제표 요소를 인식하기 위해서는 첫째, 자산, 부채, 자본, 수익, 비용 등의 재무제표 요소들의 정의에 부합해야 하고 둘째, 그 항목이 다음 조건을 모두 충족하는 시점을 기준으로 재무제표에 인식한다.

13) 김경자, 경영지도사 회계학개론, 중소벤처기업부·한국경영기술지도사회, 2022, p.6.
14) 박혜경 등 4인, "이걸 모르고 시작할뻔했네", 북샾일공칠, 2022, p.120.

〈표 7-2〉 재무제표 요소의 인식 기준

전제요건	재무제표 요소의 정의에 부합
인식조건	(1) 거래의 항목과 관련된 미래경제적 편익이 기업에 유입되거나 기업으로부터 유출될 가능성이 높다. (2) 거래의 항목의 원가 또는 가치를 신뢰성있게 측정할 수 있다.

또한, 회계거래의 인식의 기본이 되는 것은 발생주의(accrual basis)원칙이다. 즉, 경제적 사건이나 거래를 인식할 때 현금이 유출되거나 유입되는 기간이 아니라 해당 거래나 사건이 발생한 기간에 인식한다. 발생주의와 대조되는 현금주의(cash basis)원칙은 현금이 유입될 때 수익을 인식하고 현금이 유출될 때 비용을 인식하는 것이다. 이러한 현금주의는 수익과 비용을 동일한 기간에 대응시킬 수 없으므로 기업의 기간별 성과를 왜곡시킬 수 있다. 따라서 기업은 현금흐름표를 제외하고는 발생주의 원칙을 적용하여 재무제표를 작성하고 있다. 현금주의 회계의 장점은 간단하고 관리에 따른 비용이 적다는 점이다. 그러나 복잡한 구조를 가진 오늘날 기업의 수요를 만족시킬 수 없고 기업의 진정한 경영성과도 정확히 반영할 수 없다는 단점이 있다. 일반적으로 기업이 경영하는 과정에서 수익의 발생과 현금유출과 동시에 일어나지 않는 경우가 대부분이며 이런 문제를 해결하기 위하여 기업은 발생주의 회계를 사용하고 있다.[15]

한편, 회계학에서 측정은 포괄손익계산서의 수익과 비용의 금액을 산정하고 재무상태표의 자산이나 부채의 금액을 확정하는 과정이라 할 수 있다. 일반적으로 회계연도 초기의 자산은 영업활동과정에서 이용과 사용에 따라 비용화되고 나머지는 기말의 자산가액으로 계상된다. 부채도 마찬가지이다. 이렇게 자산이나 부채의 금액이 화폐단위를 척도로 결정되지만 화폐단위 자체의 가치변동이나 재화의 가치변동이 있는 경우에는 언제 시점의 가격으로 측정하는가에 따라 금액이 달라질 수 있다. 또한, 구입시장과 판매시장에 따라서도 가격이 다르며 구입 또는 판매에 따른 수수료 등의 부대비용이 발생하기 때문에 재무제표를 작성하기 위해서는 여러 가지 측정기준이 다양한 방법으로 결합되어 사용된다.

15) 백복현 등 3인, 전게서, p.87.

〈표 7-3〉 일반기업 회계기준과 중소기업 회계기준의 재무제표 구성 비교

구 분	일반기업 회계기준	중소기업 회계기준
재무제표 구성 항목	• 재무상태표 • 손익계산서 • 현금흐름표 • 자본변동표 • 주석	• 대차대조표 • 손익계산서 • 자본변동표(또는 이익잉여금 처분 계산서)

3. 재무상태표

재무상태표(statement of financial position)는 일정시점에 있어서 기업의 재무상태(자산, 부채 및 자본)를 나타내기 위해 작성되는 재무보고서이다. 재무상태표는 일정시점에 기업이 보유하고 있는 경제적 자원과 경제적 의무 및 소유주지분에 관한 정보를 제공해주는 재무제표다. 재무상태표는 자산=부채+자본의 관계를 가지고 있는데 이를 재무상태표 등식이라고 한다. 부채와 자본은 기업의 자금원천을 나타내며 자산은 기업의 자금운영을 보여준다.[16)]

일정시점(일반적으로 12월 31일)에서의 재무상태표는 자산, 부채, 자기자본에 대한 정보를 알수 있다. 자산에서는 장단기매출채권, 예금적금보유, 시설 및 토지건물, 투자자산을 확인할 수 있다. 부채에서는 대출을 포함한 장단기 차입금, 미지급 매출채무, 미지급 급여를 확인할수 있다. 자기자본에서는 누적이익금(이익잉여금), 당기이익, 배당금, 적립금을 확인할 수 있다. 이러한 재무상태를 통해 유동성, 안정성, 수익성, 성장성, 활동성을 확인할 수 있다.[17)]

재무상태표는 자산, 부채, 자본에 속하는 계정의 차기이월액을 집계한 이월시산표를 기초로 작성한다.

이러한 재무상태표는 회계기간의 시작시점(1월 1일 현재시점)의 기초 재무상태표와 회계기간의 종료시점(12월 31일 현재시점)의 기말 재무상태표가 대표적이다.

일부 기업의 경우 회계정보를 조작하여 재무상태표에 인식하고 공시되어야 할 부채를 은닉함으로써 기업가치를 정확하게 분석하는 것을 어렵게 만든다.[18)]

16) 백복현 등 3인, 재무제표 분석과 기업가치 평가, 박영사, 2011, p.38.
17) 박혜경 등 4인, 앞의 책, p.121.
18) 백복현 등 3인, 앞의 책, p.56.

1) 자산(assets)

자산은 기업이 경영활동을 수행하기 위하여 보유하고 있는 경제적 자원(economic resources)으로서 경제적 가치가 있는 재화나 채권을 말한다. 현금, 건물, 토지, 상품, 비품 등 재화로서의 자산도 있고, 상품을 외상으로 판매한 경우 발생하는 매출채권, 현금을 타인에게 빌려준 경우에 발생하는 대여금과 같은 채권으로서의 자산을 예로 들 수 있다. 특허권, 저작권 등 무형자산도 자산의 범주에 포함된다. 즉, 자산은 과거 사건의 결과로 기업이 통제하고 있고 미래 경제적 편익이 기업에 유입될 것으로 기대되는 자원이다.

2) 부채(liabilities)

부채는 기업이 미래의 어느 시점에 제3자에게 지급해야 할 채무로서 상품을 외상으로 매입한 경우에 발생하는 매입채무와 은행으로부터 현금을 빌린 경우에 발생하는 차입금 등을 부채의 예로 들 수 있다. 부채는 과거사건에 의하여 발생하였으며 경제적 편익이 내재된 자원이 기업으로부터 유출될 것으로 예상되는 현재의무이다.

3) 자본(owners' equity)

자본(owners' equity)은 자산의 총액에서 부채의 총액을 차감한 금액을 말하며, 순자산(net worth)이라고도 한다. 즉, 자본은 기업이 가지고 있는 자산에서 채권자에게 갚아야할 부채를 차감한 금액을 말하는데 다음과 같은 등식으로 나타낼 수 있다.

$$자산 - 부채 = 자본$$

지금까지 기업의 재무상태의 구성요소인 자산, 부채, 자본에 대해서 살펴보았다. 이들 구성요소의 증감 변화를 일정한 복식부기원리에 의하여 기록·정리하여 기업의 재무상태를 표시하는 일람표로 나타낸 것이 재무상태표이다. 재무상태표의 기본양식을 등식으로 나타내면 다음과 같다.

$$자산 = 부채 + 자본$$

이 등식을 회계등식 또는 재무상태표등식이라고 하며, 자산을 재무상태표의 왼쪽에 부채와 자본을 재무상태표의 오른쪽에 표시한다.[19]

19) 최진현·하연자, 재무회계원리, 신론사, 2013, pp.30~31.

4. 포괄손익계산서

기업의 일정기간 동안 경영성과를 나타내는 회계보고서를 손익계산서라고 하며 수익과 비용에 속하는 각 계정의 잔액을 집계한 집합 손익계정을 기초로 작성한다. 포괄손익계산서(statement of comprehensive income)는 일정기간 동안 수익과 비용을 비교하여 얻은 기업의 성과, 즉 수익성에 관한 정보를 제공해주는 재무보고서이다.

수익－비용＝순이익

비용－수익＝순손실

1) 수 익

수익(revenue)은 일정기간 동안 기업의 주된 영업활동인 재화의 판매나 용역의 제공 등의 대가로 발생한 경제적 편익의 증가분을 말한다. 수익은 자산의 유입이나 증가 또는 부채의 감소를 수반하게 되고 궁극적으로는 자본의 증가시킨다. 예를 들면, 매출액, 수수료수익, 이자수익, 배당금수익 등이 있다.

2) 비 용

비용(expenses)은 기업이 일정기간 동안 수익을 창출하기 위해 소비하거나 희생시킨 경제적자원의 금액을 말한다. 수익은 자산의 유출이나 사용 또는 부채의 증가에 따라 자본의 감소를 가져오는 경제적 편익의 감소분을 의미한다. 예를 들면 매출원가, 급여, 광고비, 이자비용, 감가상각비 및 대손상각비 등이 있다.

5. 자본변동표

자본변동표(statement of changes in equity)는 일정기간 동안 발생한 자본의 변동을 상세히 보여주는 재무보고서이다. 자본변동표는 소유주(주주)의 투자와 소유주에 대한 분배, 포괄이익에 대한 정보를 제공한다. 소유주의 투자는 현금, 재화 및 용역의 유입 또는 부채의 전환에 의해 이루어지며, 그에 따라 기업실체의 자본이 증가하게 된다. 소유주에 대한 분배는 배당으로 이루어지며 그에 따라 기업실체의 자본이 감소하게 된다.

6. 현금흐름표

현금흐름표(statement of cash flows)는 일정기간 동안 기업의 현금흐름에 관한 정보를 제공해주는 재무보고서이다. 기업의 활동을 영업활동, 투자활동 및 재무활동으로 구분하고 각 활동별로 현금유입과 현금유출에 관한 내역을 나타내준다. 현금흐름 정보는 현금창출능력을 평가하는 데 유용할 뿐만 아니라, 서로 다른 기업의 미래현금흐름의 현재가치를 비교·평가하는 모형을 개발할 수 있도록 한다. 현금흐름표는 손익계산서와 마찬가지로 특정 회계기간의 기업의 경영성과를 반영하는 재무제표이다. 다만, 손익계산서에 반영된 경영성과는 발생주의 회계원칙에 근거하여 계산된 것이고 현금흐름표에 반영된 경영성과는 현금주의 회계원칙에 근거하여 계산된 것이라는 차이가 있다. 현금흐름표의 작성은 최근에 의무화되었다. 미국은 1988년, 한국은 1994년에 현금흐름표를 의무적으로 공시하도록 하였다.[20]

7. 재무제표의 상호관계

재무상태표는 기초나 기말시점에서 자산, 부채 및 자본이 어떻게 구성되어 있는가를 나타내고 포괄손익계산서는 기초의 재무상태표에 표시된 경제적 자원인 자산을 영업활동과정에서 어떻게 활용하여 한 회계 기간 동안 얼마만큼의 순이익을 창출하였는가를 나타내준다. 또한 현금흐름표는 한 회계기간 동안의 현금의 유입과 유출을 나타내며, 자본변동표는 한 회계 기간 동안의 자본의 변동내역을 나타낸다.

당해연도 포괄손익계산서와 기말재무상태표의 연결고리는 자본이다. 자본은 자본금과 이익잉여금으로 구성되는 데, 자본금은 기업의 주주가 납입했거나 납입했을 때 변화하고 이익잉여금은 기업이 영업활동을 통하여 수익을 발생시키거나 그러한 수익을 발생시키기 위해서 사용된 비용이 발생했을 때 변화한다. 배당금, 수익, 비용은 최종적으로 회계기간 말에 이익잉여금으로 이전되기 때문에 결과적으로 수익, 비용, 배당금 중 어느 하나의 변동은 자본에 영향을 미친다. 포괄손익계산서의 당기순이익은 재무상태표의 자본항목 중 이익잉여금에 반영되어 이익잉여금을 증가시키고 당기순손실은 이익잉여금을 감소시킨다.

---

20) 백복현 외 3인, 박영사, 2011, pp.136~139.

포괄손익계산서의 기타포괄손익은 재무상태표의 자본항목인 기타포괄손익누계액에 반영된다. 기중에 주주로부터 추가출자액이 있는 경우에는 기말의 납입자본을 증가시키고, 당기순이익은 기말이익잉여금을 증가시키며, 기타 포괄손익은 기타 포괄손익누계액에 포함된다. 기업이 배당을 지급하는 경우에는 포괄손익계산서에 비용으로 인식되지 않고 이익잉여금에서 직접 차감되어 자본의 이익잉여금이 감소된다.

주주에게 지급되는 배당금은 현금의 유출을 수반하지만 비용이 아니라 영업활동의 결과를 주주들에게 배분하는 것이기 때문이다.

자본변동표는 기초의 자본총계에서 유상증자는 가산하고 배당지급은 차감하여 기말자본총계를 보여주는데, 기말자본총계는 당기재무상태표의 자본총계와 일치한다. 즉 기초재무상태표에는 기초자본잔액이 나타나고 기말재무상태표에는 기말자본잔액만 나타나 있으나, 자본변동표를 통해서 기중에 어떤 거래를 통해 기초와 기말자본 변동이 발생하였는지 파악할 수 있다. 한편, 기초재무상태표에는 기초현금잔액이 나타나고 기말재무상태표에는 기말현금잔액이 표시되어 있으나, 현금흐름표에는 당기 중 현금변동액이 어떤 활동들로부터 발생했는지를 나타내준다. 또한 간접법으로 작성된 현금흐름표는 포괄손익계산서의 당기순이익으로부터 출발하여 당기의 영업활동 순현금흐름을 산출한다. 이와같이 재무상태표와 포괄손익계산서, 자본변동표, 현금흐름표는 서로 상호 연관관계를 갖고 있음을 알 수 있다.

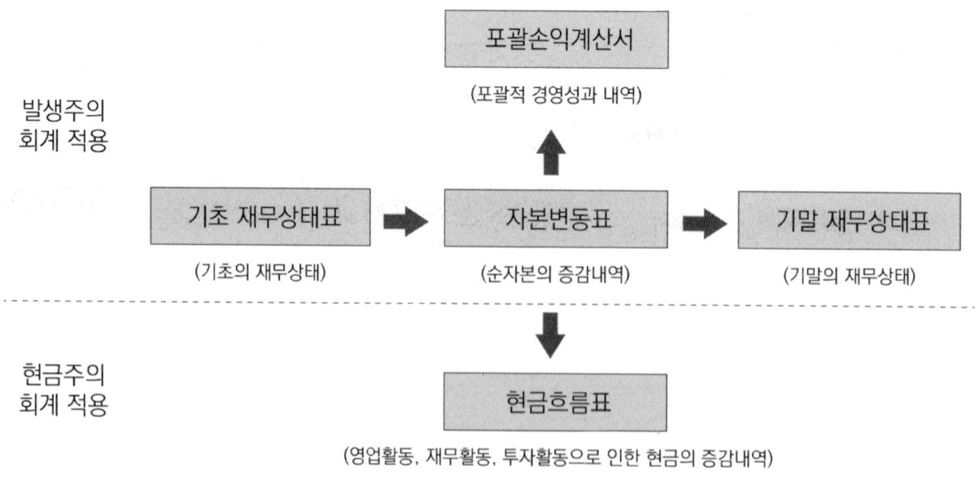

[그림 7-1] 재무제표의 상호관계

제 4 절 재무정보와 신용분석

1. 재무진단의 의의

기업재무는 자본의 조달과 운용및 관리를 대상으로 한다. 즉 자본의 흐름 및 관리의 적절성을 판단하고 원래의 기능을 회복시키며 이를 충분히 발휘할 수 있도록 하는 것이다.

2. 재무진단의 내용

재무의 목적은 궁극적으로 기업목적과 일치한다. 따라서 재무의 목적은 재무적 균형을 유지하며 기업의 이익극대화를 도모하는 것이다.

3. 기업 신용분석

신용이란 현재 시점에서 어떤 재화를 차용 또는 이용한 후 일정 시간이 경과한 미래 시점에 재화의 가치를 지급할 것을 약정할 수 있는 능력을 말한다.

미래 시점에서 지급을 약정한다는 것은 현재의 자산 가치 혹은 지불 능력을 근거로 미래의 상환 능력을 측정하여 그 한도만큼을 약정한다는 것이다.

따라서 신용은 현재의 본인 가치를 기준으로 미래의 예상 가치만큼을 추가하여 소비할 수 있는 능력이라고 할 수 있다.

또한, 신용거래라 함은 이러한 신용을 바탕으로 상호간에 발생하는 거래를 뜻하며, 이는 개인과 개인, 개인과 법인, 법인과 법인 등 거래 주체에 따라 구별될 수 있다.

기업신용분석이란 분석 대상기업의 산업위험, 경영위험, 영업위험, 재무위험 등 위험도를 분석하여 기업의 현재 및 미래의 채무원리금 상환능력 및 상환의지 등을 종합적으로 평가하는 직무이다.

국내에서 개인의 신용점수를 조회할 수 있는 기관은 나이스 신용평가, SCI 평가정보, KCB(코리아크레딧뷰) 등이 있다.

제 5 절 회계거래와 회계등식

회계상의 거래를 장부상에 기록해서 재무보고서를 작성하는 절차는 일련의 정해진 과정을 거친다. 이를 '회계의 순환과정'이라 한다.

이는 여섯 가지 단계를 거친다.

회계거래의 식별분석 → 분개 및 분개장 → 전기(총계정원장) → 시산표 → 계정의 마감 → 재무제표의 필수적인 절차를 거치게 된다.

1. 회계거래와 거래의 이중성

1) 회계상의 거래(accounting transaction)

회계 실체인 기업의 자산, 부채, 자본에 영향을 미치고 화폐단위로 측정이 가능한 경제적 사건(economic events)을 말한다. 예를 들어, 부동산 임대차계약, 상품 주문, 토지 담보설정, 종업원의 고용계약 등은 일상생활에서는 거래라고 하지만 기업의 자산, 부채, 자본에 영향을 주지 않기 때문에 회계상의 거래로 인식하지 않는다. 반면 화재, 도난, 분실 등은 일상적인 거래는 아니지만 자산, 부채, 자본에 영향을 미치기 때문에 회계상의 거래로 인식한다. 이와 같이 발생된 경제적 사건들이 회계상의 거래가 되기 위해서는 다음의 요건을 동시에 만족해야 할 것이다.

〈표 7-4〉 회계상 거래의 인식 요건

① 회계 실체의 순자본(자산, 부채, 자본)의 변동을 야기하고,
② 객관적으로 측정가능한 시점이어야 한다.

2) 거래의 이중성

회계상의 거래는 반드시 양쪽이 같은 금액으로 변동하는 성질을 가지고 있는데 이를 거래의 이중성(duality of transaction)이라고 한다.

2. 회계거래와 회계등식

어떤 경제적 사건이 회계거래로서 회계시스템에 기록될 때 회계등식의 구성요소에 영향을 미친다. 어떤 경제적 사건이 회계거래로 기록될 때마다 항상 자산=부채+자본이라는 등식은 항상 성립한다. 이 등식을 재무상태표 등식이라 하는데, 재무상태표의 대변에 기록된 부채와 자본은 자금이 누구로부터 조달되었는지를 나타내주고, 차변에 기록된 자산은 이렇게 조달된 자금이 어떻게 사용되고 있는지를 보여준다. 자산의 변동은 부채의 변동, 자본의 변동 또는 둘의 결합으로 나타난다. 그래서 대변의 자본과 부채는 기업자금의 원천을 표시하고 반면 차변의 자산은 조달자금의 현재 운용상태를 나타낸다고 말한다.

〈표 7-5〉 재무상태표의 등식

차 변	대 변
자산 =	지분(부채+자본)
자금의 운용상태 - 노동의 대상(토지, 재고자산) - 노동의 도구(유형자산 등)	자금조달 원천 - 소유주 지분 - 채권자 지분
×××	×××

회계거래가 회계등식에 미치는 영향을 분석할 때는 먼저 해당 거래로 인하여 거래 당사자인 기업의 자산, 부채 또는 자본 중에서 어느 항목이 얼마나 변화하게 되는지를 따져보아야 한다. 동시에 회계등식의 왼쪽과 오른쪽에 영향을 미친 금액이 회계등식의 관점에서 일치하는지를 살펴보아야 한다.

3. 단식부기와 복식부기

거래가 발생하면 이를 회계장부에 기록해야 하는데 단식부기와 복식부기가 있다. 단식부기는 일정한 원리, 원칙없이 현금의 유입과 유출이 있을 때마다 장부에 기록하는 것으로 기업의 회계기록방법으로는 적합하지 않다. 복식부기는 일정한 원리에 따라 조직적으로 기록, 계산, 정리하는 방법으로[21] 재산에 영향을 미치는 모든 거래를 파악함

21) 윤진호, IFRS 회계원리, 탑북스, 2010, p.38.

으로써 재산이 변화한 원인과 그에 따른 결과를 동시에 기록하는 것이다.

4. 외부거래와 내부거래

회계상의 거래는 외부거래와 내부거래로 나눌 수 있다. 외부거래(external transaction)란 기업이 회계기간(period) 동안 기업외부의 제3자와 계약체결, 물품교환 등을 수행하는 영업활동을 의미한다. 반면 내부거래(internal transaction)란 회계기간 말의 시점(timing)에 기업 외부의 제3자와 관련없이 기업 내부에서만 발생된 사건으로 재무상태표에 영향을 미치는 경제적 사건을 말한다. 주로 도난, 분실, 화재로 인한 손실이나 보유하고 있는 자산의 사용에 따른 비용의 발생 등을 말한다. 이러한 내부거래는 회계기간 중에 인식하지 못한 경제적 사건과 수익과 비용의 회계기간의 구분으로 인한 것이며 재고조사표의 내용을 구성한다. 일반적으로 기말정리사항 또는 기말수정사항이 이러한 내부거래를 요약한 것이다.

〈표 7-6〉 회계상의 거래

외부거래	내부거래
• 제3자와의 교환에서 발생 • 회계기간(1월 1일~12월 31일) 동안 발생과 동시에 인식	• 기업 내부에서 발생 • 회계기간 말 시점(12월 31일)에 인식

제 6 절 외부거래의 처리과정

1. 계정과 계정기입 방법

1) 계 정

계정(account)은 자산, 부채, 자본의 증감과 수익, 비용의 발생을 기록하는 단위를 말하며, 각 계정에 붙인 이름을 '계정과목'이라 한다. 일반적으로 계정과목은 재무상태표계정과 포괄손익계산서계정으로 구분되는데, 재무상태표계정은 자산계정, 부채계정,

자본계정으로 나누어지며, 포괄손익계산서계정은 수익계정, 비용계정으로 나누어진다. 계정의 왼쪽을 차변(Debit, Dr)이라 하고, 오른쪽을 대변(Credit, Cr)이라 한다.

계정의 형식에는 표준식과 잔액식이 있는데, 실무에서는 일반적으로 잔액식을 많이 사용하고 있다.

2) 계정기입 방법

모든 거래는 일정한 원칙에 따라 해당되는 계정의 차변 또는 대변에 기록하여야 한다. 자산의 증가는 그 계정의 차변에 기입하고, 자산의 감소는 그 계정의 대변에 기입한다. 부채 및 자본계정의 증가는 그 계정의 대변에 기입하고 부채 및 자본계정의 감소는 그 계정의 차변에 기입한다. 수익의 발생은 자본(이익잉여금)의 증가를 가져오기 때문에 그 계정의 대변에 기입하고 비용의 발생은 자본(이익잉여금)의 감소를 가져오기 때무에 그 계정의 차변에 기입한다.

2. 분개장(전표)과 분개

분개장(journal)이나 전표(slip)는 계약서, 대금청구서, 영수증 등의 증빙서류에 의하여 거래를 계정과목으로 분해하여 순서대로 기록하는 장부이다. 분개장은 회계시스템에 있어서 거래가 최초로 기록되는 중요한 장부이다. 거래를 분개장에 기록하는 과정을 분개라 하는데, 분개(journalizing)란 어느 계정의 어느 변(차변, 대변)에 얼마의 금액을 기입할 것인가를 결정하는 과정을 말한다.

3. 원장과 전기

분개장에 기록된 거래는 각 계정에 옮겨 적게 되는데, 분개장의 차변에 기입된 내용은 원장 해당계정의 차변에 옮겨 적고, 대변에 기입된 내용은 원장 해당계정의 대변에 옮겨 적는다. 이렇게 분개장에 기록된 거래를 원장의 해당계정에 옮겨 적는 절차를 전기(posting)라고 하며, 계정이 포함된 장부를 총계정원장(general ledger) 또는 원장(ledger)이라고 한다.

4. 수정전시산표 작성

시산표(試算表, trial balance; T/B)는 결산을 확정하기 전에 분개장으로부터 총계정원장의 각 계정으로 정확하게 전기되었는지를 확인하기 위해서, 대차평균의 원리를 이용해 작성하는 집계표이다. 기중 회계처리의 정확성을 확인하고 결산을 준비하는 과정에서 총계정원장에 나타나 있는 모든 계정과목과 그 금액들을 한군데 모은 시산표를 작성하는 데 이를 수정전시산표(unadjusted trial balance)라 한다. 회계시스템에서 분개장과 원장은 필수적인 장부이지만 시산표는 보조적인 서류의 일부일 뿐이다. 복식부기의 원리에 따라 총계정원장에 기록된 차변합계와 대변합계는 일치하게 되는데, 이를 대차평균의 원리라 한다. 시산표는 이러한 대차평균의 원리를 이용하여 기중에 이루어진 장부기록이 정확하게 기록되어 있는가를 확인하기 위해 작성한다. 만약, 시산표상의 차변합계와 대변합계가 서로 일치하지 않는다면 총계정원장의 회계기록에 오류가 없음을 알 수 있다. 그러나 시산표의 차변합계와 대변합계가 일치한다고 해서 전혀 오류가 발생하지 않았다고 볼 수는 없다. 예를 들면, 현금계정의 차변에 기록해야 할 것을 건물계정의 차변에 기록하더라도 시산표의 차변합계와 대변합계는 일치하기 때문에 오류는 검증되지 않는다.

시산표는 작성시점에 따라 수정전시산표, 수정후시산표, 이월시산표로 구분되며 각 계정의 합계액을 표시하느냐 또는 잔액을 표시하느냐에 따라 합계시산표, 잔액시산표, 합계잔액시산표 등 세 종류로 구분된다.

제 7 절 내부거래와 수정처리과정: 회계순환과정의 완료

결산 이전의 총계정원장의 각 계정의 잔액은 외부거래에 따라 수입과 지출에 의한 수익과 비용의 발생액, 자산과 부채의 실제액을 나타내고 있다. 그래서 자산의 감치감소 부분과 수익과 비용의 기간대응 및 상품계정의 정리에 의한 매출원가 등을 산정할 필요가 있다. 이러한 결산(closing)과정에서 총계정원장의 잔액을 수정하여 실제와 일치시키기 위해 실사에 의해 재고조사표(inventory sheets)를 작성하게 된다. 재고조사표의 내용은 다음과 같다.

〈표 7-7〉 재고조사표의 내용

재고조사표의 내용
20×1년 12월 31일

대상항목	적 요	관련 계정과목	사 례
현 금	현금과부족 해소	잡손실 또는 잡이익, 현금	
매출채권	대손충당금 설정	대손상각비, 대손충당금	
상 품	재고수량, 평가	재고감모손실, 재고자산(재고자산평가충당금)	
유가증권	평가손익 산정	매도가능금융자산평가손익, 매도가능금융자산	
유형자산	감가상각누계액 설정	감가상각비, 감가상각누계액	
무형자산	상각비	무형자산상각비, 무형자산	
인출금	자본금에서 차감	자본금	
비 용	당기지급액－당기부담액	선급비용(자산), 비용	선급보험료, 선급임차료, 선급이자
	비용의 미지출액	미지급비용(부채), 비용	미지급이자, 미지급급여
수 익	당기수입액－당기해당분	선수수익(부채), 수익	선수이자, 선수임대료
	수익의 미회수액	미수수익(자산), 수익	미수이자, 미수수수료

1. 결산수정분개와 수정후시산표 작성

회계기간 말이 되면 기업은 재무제표를 작성하기 전에 먼저 각 원장계정의 잔액이 발생주의관점에서 적정한지를 검토하여 수정분개를 거친 후 재무제표를 작성한다. 수정분개는 수익비용대응의 원칙이 잘 지켜지도록 하는 절차이다. 여기서 발생주의란 현금의 수입이나 지출에 관계없이 수익과 비용을 발생시키는 사건이 발생한 때에 인식하는 기준을 말한다. 일반적으로 발생주의 기준에서는 상품을 인도하거나 용역을 제공하는 시점에서 수익을 인식하게 된다.

수정분개를 통하여 원장의 계정잔액을 수정하고 나면, 수정된 계정잔액으로 수정후시산표(adjusted trial balance)를 작성한다. 수정후시산표는 재무제표의 작성을 용이하게 할 뿐만 아니라 수정절차에서 발생할 수 있는 오류를 검증할 수 있게 한다.

1) 수정분개의 유형

(1) 발생분개

발생분개란 당기에 실현되었으나 아직 현금을 수취하지 않은 수익(미수수익－자산)이나, 당기에 발생하였으나 아직 현금을 지급하지 않은 비용(미지급비용－부채)을 당해 회계기간에 인식하기 위해 실시하는 수정분개를 말한다.

(2) 이연분개

당기에 이미 현금을 수취했으나 아직 실현되지 않은 수익(선수수익－부채)이나, 당기에 이미 현금을 지급했으나 아직 발생하지 않은 비용(선급비용－자산)의 일부를 다음 회계기간으로 이연·배분시키는 수정분개를 말한다.

(3) 대손상각

대손상각이란 외상매출금이나 받을어음 등의 매출채권이나 대여금 등의 채권의 회수가 회계기간 중에 불가능하게 되었거나 기말에 회수가 어려울 것으로 예상되는 차기 이후로 이월되는 채권에 대해 그 추산액을 당기의 비용(대손상각비: bad debt expenses)으로 인식하는 것을 말한다. 이러한 대손의 추산방법에는 채권잔액비율법(balance rate method)과 연령분석법(aging method)이 있다. 여기서 대손예상률은 과거 몇 년 간의 경험률이다.

이런 경험율에 의한 기말 매출채권에 대한 대손 추산금액의 회계처리는 기말의 재무상태표(대차대조표)의 매출채권을 순실현가치로 표시하고 발생주의에 의한 당기손익을 확정하는 절차다.

(4) 감가상각

감가상각은 시간이 지남에 따라 가치가 감소하는 자산을 내용연수에 따라 비용을 나누어 주는 것이다. 기업의 활동에 사용되거나 시간의 경과에 따라 유형자산이나 무형자산의 가치감소를 인식하는 인위적 과정이다.

일반적으로 유형자산은 토지 등과 같은 특수한 자산을 제외하고는 취득시점 이후부터 수년간 영업활동에 사용되므로 물리적·경제적 가치가 점차 감소되어 간다. 따라서 정확한 기간손익을 계산하기 위해서는 유형자산의 취득원가 중에서 당기에 가치가 소멸되어 비용화된 부분과 아직 가치가 남아 있어 미래의 편익을 제공할 수 있는 부분을 구분하는 절차가 필요하게 된다. 이러한 회계절차를 감가상각이라고 한다. 감가상각을 수행하기 위해서는 취득원가, 잔존가치, 내용연수를 알아야 하는데 이를 감가상각계산의 3요소라고 한다.

당기의 가치감소분을 당기의 비용으로 인식하기 위해 유형자산의 경우에는 감가상각비(depreciation), 광업권 등의 감모성 자산에는 상각비(amortization), 기타의 무형자산에서는 상각(depletion)이라 한다.

2. 장부의 마감

장부의 마감은 한 회계기간의 기록내용과 다음 회계기간의 기록내용을 구분하고 준비하기 위하여 이루어지는 결산과정이다. 장부의 마감은 먼저 회계연도와 관련되어 1년간 임시적으로 설정된 각종의 수익과 비용계정(임시계정: temporary account) 잔액을 각각 집합손익계정에 대체하여 당기순손익을 산출한 다음 이익잉여금계정에 대체한 후, 회계기간과 관계없이 영구적으로 지속되는 자산, 부채, 자본계정(영구계정: permanent account)을 다음 회계연도의 장부에 이월시킴으로써 마감하게 된다.

1) 집합손익계정을 설정하여 수익과 비용계정의 잔액을 집합손익계정에 대체한다

집합손익계정(income summary)은 한 회계 기간의 수익과 비용을 한 곳에 집계하여 당기순손익을 계산할 목적으로 설정되는 계정으로서 차후에 포괄손익계산서의 작성자료가 된다.

집합손익계정을 설정한 후에 수익에 속하는 모든 계정은 집합손익계정의 대변에, 비용에 속하는 계정은 집합손익계정의 차변에 옮겨 적는다. 이와 같이 한 계정에서 다른 계정으로 금액을 옮기는 것을 대체라고 한다.

2) 집합손익계정의 잔액(당기순손익)을 이익잉여금계정 또는 결손금계정에 대체한다

수익과 비용계정의 잔액이 모두 집합손익계정에 집계되면 차변합계는 총비용을, 대변합계는 총수익을 나타내므로, 대변합계가 차변합계보다 크면 그 차액은 당기순이익이 되며, 차변합계가 대변합계보다 크면 그 차액은 당기순손실이 된다. 이 때 당기순이익은 이익잉여금계정의 대변에 대체하여 자본을 증가시키고, 당기순손실은 이익잉여금계정의 차변이나 결손금계정의 차변에 대체하여 자본을 감소시킨다.

자산계정은 잔액이 차변에 생기는 데 이 금액은 차기(다음 회계연도)로 이월되어 활용되는 금액이므로 이 금액을 결산일자의 대변에 차기이월이라고 붉은색으로 기입하고 차변합계와 대변합계를 일치시켜 마감한다. 부채와 자본계정은 잔액이 대변에 생기며 이 금액도 차기로 이월되어야 하므로 차변에 차기이월이라고 붉은색으로 기입하고 차변합계와 대변합계를 일치시킨다. 이러한 절차를 마감기입(closing entry)이라고 한다. 그리고 자산·부채·자본계정의 차기이월이라고 기입한 반대편에 다음 회계연도의 첫 날짜로 전기이월이라 기입한다. 이를 개시기입(beginning entry)이라 한다. 차기이월액을 모아서 마감후이월시산표(post closing trial balance)를 작성한다.

3. 재무제표의 작성

총계정원장 및 기타장부의 마감이 끝나면, 당해기업의 한 회계기간의 경영성과를 나타내주는 포괄손익계산서와 결산일 현재의 재무상태를 나타내주는 재무상태표를 작성한다.

한국채택국제회계기준에서는 재무상태표, 포괄손익계산서, 현금흐름표 및 자본변동표를 재무제표로서 작성하도록 규정하고 있다. 여기에서는 우선 재무상태표와 포괄손익계산서작성만을 간단히 살펴보기로 한다.

1) 재무상태표 작성

재무상태표는 총계정원장의 자산, 부채 및 자본에 속하는 계정의 차기이월액을 모아서 작성한다. 이월시산표가 작성된 경우는 이를 토대로 재무상태표를 작성할 수 있다.

2) 포괄손익계산서 작성

포괄손익계산서는 수익과 비용에 속하는 각 계정의 잔액을 집계한 집합손익계정을 기초로 하여 작성한다.

제 8 절 중소기업의 경영활동과 재고조사법

1. 중소기업의 경영활동

중소기업은 상품을 생산하거나 상품을 매입하여 이를 재판매하는 영업활동을 한다. 이들의 영업활동은 그림과 같이 영업주기로 설명할 수 있다. 구입한 상품은 판매되기 전까지 회사에서 보유하게 되는 데 이를 재고자산(inventory)이라고 부른다. 보유중인 재고자산은 현금이나 외상으로 판매되는데, 외상으로 판매된 경우 그 판매대금은 매출채권이라는 자산으로 존재하다가 일정한 기간이 경과한 후 현금으로 회수된다. 회사는 영업을 계속하기 위하여 상품을 구입해서 판매하는 과정을 반복적으로 거치게 되는 데 이를 영업주기(operating cycle)라 한다. 상품을 판매하면 전체 판매금액을 매출이라는 수익으로 기록하며, 판매한 상품의 구입원가는 매출원가라는 비용으로 기록한다. 매출액에서 매출원가를 차감한 금액을 매출총이익이라 하는데, 매출총이익은 상품을 판매해서 얼마의 이익을 얻었는지를 알려준다.

2. 중소기업의 장부작성

중소기업의 경영에서 발생하는 각종 거래를 기록·계산·정리하기 위한 기록부를 장부라고 한다. 장부를 기능면에서 분류하면 주요부와 보조부로 나눌 수 있다. 주요부는 장부의 기본이 되는 것으로 분개를 기입하는 분개장과 분개한 것을 전기하는 총계정원장이 있다.

보조부는 총계정원장의 각 계정에 관한 거래내용을 보다 상세하게 기록하는 장부로 보조기입장과 보조원장으로 나눈다.[22]

22) 손원준, 중소기업 경리업무 세무회계 인사노무 4대보험 실무설명서, KGB 지식만들기, 2022, pp.59~60.

복식부기 장부는 사업의 재산상태와 그 손익거래내용의 변동을 빠짐없이 이중으로 기록하여 계산하는 부기형식의 장부를 말한다.

사업의 재산상태는 자산과 부채에 대한 거래이고, 손익은 수익과 비용의 거래를 말한다.

그리고 이중으로 기록한다는 것은 매출이 생기면 현금이 들어오게 되어 수익과 자산을 함께 기재하게 되고, 카드로 경비를 지불하면, 비용과 부채(카드미지급금)가 동시에 발생하여 장부에 모두 기재하게 되는 것을 말한다.

그리고 해당 내역을 차변과 대변에 각각 기록하게 된다.

중소기업 회계장부정리에 있어서는 통장거래가 원칙이다. 법인은 경영이 투명해야 한다. 모든 돈은 통장을 통해서 거래되어야 하고, 이체확인서와 세금계산서가 첨부되어야 한다. 통상 작은 중소기업은 기업대표가 돈을 마음대로 인출하는 경향이 있다. 기업대표의 가지급금이 장부에 누락되어 문제가 생긴다.

3. 시산표와 정산표

시산표(試算表, trial balance: T/B)는 결산을 확정하기 전에 분개장으로부터 총계정원장의 각 계정으로 정확하게 전기되었는지를 확인하기 위해서, 대차평균의 원리를 이용해 작성하는 집계표이다. 시산표에는 합계시산표, 잔액시산표, 합계잔액시산표등의 종류가 있다. 기초잔액에 기중에 발생한 모든 거래를 반영하여 모든 계정과목과 금액을 하나의 표로 집합시킨 것이 시산표이고, 수정전 시산표에 결산수정분개를 반영하면 수정후 시산표가 작성된다.[23]

시산표는 총계정원장에서 전기가 정확한지를 검증할 수 있다. 재무상태표와 손익계산서 작성을 위한 기초자료로 사용하며 일정기간 거래총액도 파악할수 있다.

정산표(精算表, work sheet: W/S)는 잔액시산표를 기초로 하여 재무제표를 작성하기 위한 다란식의 표이다. 이 표의 작성은 시산표와는 달리 선택적이다. 일반적으로 정산표는 결산의 본 절차에 들어가기에 앞서 잔액시산표를 토대로 손익계산서와 재무상태표가 작성되는 과정을 나타내는 일람표로 많은 계정과 정리가 필요한 기업에서는 필수적인 결산기구의 하나이다.

23) 위키백과 참조.

정산표는 란의 구성에 따라 6위식, 8위식, 10위식의 3가지로 구분한다.

① 6위식: 잔액시산표, 손익계산서, 재무상태표

② 8위식: 잔액시산표, 정리기입, 손익계산서, 재무상태표

③ 10위식: 잔액시산표, 정리기입, 수정후잔액시산표, 손익계산서, 재무상태표

4. 재고관리시스템

기말상품재고수량을 파악하고 재고자산관리를 위한 방법에는 계속기록법과 실지재고조사법이 있다.

1) 계속기록법

계속기록법(perpetual inventory method)은 매출이 발생할 때마다 매출원가를 계산하는 방법이다. 상품의 구입 및 판매가 발생할 때마다 매입거래와 매출거래를 상품계정과 매출원가계정에 직접적으로 기록한다.

기초재고액+당기매입액−매출원가=기말재고액

2) 실지재고조사법

실지재고조사법(periodic inventory method)은 기말시점에 한번 매출원가를 계산한다. 상품계정 대신에 매입계정을 사용하고 기말시점에 재고조사를 실시하여 기말재고자산을 파악하고 매출원가를 산정한다. 실지재고조사법은 기말에 매출원가를 계산한다는 점에서 매출이 발생할 때마다 매출원가를 계산하는 계속기록법과 차이가 있다.

기초재고액+당기매입액=판매가능상품원가

기초재고액+당기매입액−기말실제재고액=매출원가

제 9 절 중소기업의 회계순환과정

1. 매입과 매출거래의 회계기록

1) 매입과 매출

중소기업은 상품을 판매함으로써 발생하는 수익은 매출이라는 수익계정의 대변에 기록되며, 차변엔 현금판매인 경우에는 현금계정, 외상판매인 경우에는 매출채권계정에 기록한다. 이 때 판매된 상품의 매입원가를 매출원가(cost of goods sold)라 한다. 계속기록법을 사용할 경우 판매와 동시에 판매한 상품의 원가인 매출원가를 매출원가계정의 차변에 기록하고 감소한 재고자산의 원가를 재고자산 계정의 대변에 각각 기록한다. 이는 상품의 판매로 인하여 매출원가라는 비용이 발생하였고, 상품이라는 재고자산이 감소했다는 것을 나타낸다.

상품을 구입하는 경우 상품이라는 재고자산계정의 차변에 기록하며, 대변엔 현금구매인 경우 현금계정, 외상구입인 경우는 매입채무계정에 기록한다.

2) 상품매매운임

상품매매시의 운임비를 누가 부담할 것인가를 결정해야 하는데, 이는 상품매매계약을 체결할 때 선적지인도조건인지 아니면 도착지인도조건인지로 구분된다. 만일 상품인도조건이 선적지 인도조건이면 판매를 위해 상품을 선적하는 시점에서 상품매매가 이루어지기 때문에 상품의 소유권을 가지는 구매자가 운임을 부담하고, 도착지 인도조건이면 상품이 구매자의 목적지까지 도착해야 상품매매가 이루어지기 때문에 판매자가 운임을 부담한다.

구매자가 매입상품에 대한 운임을 부담한다면 이 운임은 상품의 취득원가에 포함하여 회계처리하고, 판매자가 판매된 상품의 운임을 부담한다면, 판매자는 이 운임을 운송비(판매비)계정에 기록한다.

3) 환입·환출과 에누리

구입한 상품이 파손되었거나 결함이 있는 경우구매자가 판매자에게 되돌려 보내게 되는데, 이와 같이 구매한 상품을 판매자에게 되돌려 보내는 것을 매입환출이라 하고, 판매자의 입장에서는 매출환입이라 한다. 매입환출시의 회계처리는 상품을 구입했을 때와 반대로 재고자산계정에서 차감하는 회계처리를 하거나 매입환출이라는 별도의 계정을 사용하여 관리하기도 한다. 매출환입시의 회계처리는 매출계정에서 차감하는 회계처리를 하거나 매출환입이라는 별도의 계정을 사용하여 관리하기도 한다.

구입한 상품의 파손이 크지 않으면 구매자는 적당히 값을 깎고 상품을 그대로 구입하게 되는데 이를 에누리라고 한다. 에누리의 회계처리도 매입환출, 매출환입과 같은 방식의 회계처리를 한다.

4) 매입할인과 매출할인

외상으로 상품을 판매한 경우 외상대금을 빨리 현금으로 회수하기 위하여 일정기간 내에 외상대금을 지급하면 일정금액을 깎아주는데 이를 할인이라고 한다. 예를 들어 2/15, n/30이라는 신용조건으로 상품을 외상으로 판매했다고 가정하면, 2/15의 의미는 15일 이내에 외상대금을 지급하면 송장가격에서 2%를 깎아준다는 것을 의미하고, n/30의 의미는 신용기간은 30일로서 30일 이내에 외상대금을 결제해야 한다는 것을 의미한다.

5) 순매출액과 순매입액

순매출액은 매출액에서 매출환입과 매출에누리, 매출할인을 차감하여 계산한다. 순매입액은 매입액에 매입운임을 가산하고 매입환출과 매입에누리, 매입할인을 차감하여 계산한다.

서식으로 나타내면 다음과 같다.

순매출액 = 매출액 − 매출환입, 매출에누리, 매출할인
순매입액 = (매입액 + 매입운임) − 매입환출, 매입에누리, 매입할인

여기서 주의할 점은 매입운임은 순매입액에 포함되어 매출원가를 구성하지만 매출운임은 판매비(비용)로 처리한다는 점이다.

2. 수정분개 및 수정후시산표 작성

실지재고조사법을 채택하고 있는 중소기업의 기말수정분개는 먼저 매출원가를 산출하는 것으로부터 시작한다. 실지재고조사법 하에서는 상품을 판매할 때 판매한 상품의 원가인 매출원가기록을 하지 않기 때문에 그 대신 회계기간 말에 팔리지 않고 남아있는 기말상품재고액을 파악하여 판매가능상품원가에서 기말상품재고액을 차감하여 매출원가를 계산한다. 따라서 회계기간 중에는 매출원가를 알 수 없기에 재무제표를 작성하기 전의 기말수정분개 단계에서 매출원가를 계산해야 한다.

먼저 매출원가계정을 통해서 기초재고자산을 제거하는 수정분개를 하고, 기말실사에 의해 파악된 기말재고자산을 재무상태표에 계상하는 수정분개를 한 다음, 당기의 상품구입액에 대해 매입이라는 임시계정을 사용한 경우 매입계정을 마감하여 매출원가에 대체시키는 수정분개를 한다.

<table>
<tr><th>계속기록법</th><th>실지재고조사법</th></tr>
<tr><td rowspan="3">수정분개 필요 없음</td><td>수정분개 1: 기초재고자산의 제거
(차) 매출원가 ××× (대) 재고자산 ×××</td></tr>
<tr><td>수정분개 2: 기말재고자산의 계상
(차) 재고자산 ××× (대) 매출원가 ×××</td></tr>
<tr><td>수정분개 3: 매입계정을 매출원가계정에 대체
(차) 매출원가 ××× (대) 매 입 ×××</td></tr>
</table>

3. 마감분개

마감분개절차에 대해서는 제2장에서 이미 설명하였다. 중소기업의 마감절차도 먼저 수익과 비용계정의 잔액을 집합손익계정에 대체하여 당기순손익을 산출한 다음, 자산, 부채, 자본계정을 다음 회계연도의 장부에 이월시킴으로써 마감하게 된다.

4. 중소기업의 재무제표 작성

중소기업의 재무제표작성도 총계정원장 및 기타장부의 마감이 끝나면, 당해기업의 한 회계기간의 경영성과를 나타내주는 포괄손익계산서와 결산일 현재의 재무상태를 나타내주는 재무상태표를 작성한다.

한국채택국제회계기준에서는 재무상태표, 포괄손익계산서, 현금흐름표 및 자본변동표를 재무제표로서 작성하도록 규정하고 있다.

제 8 장 계정별 회계처리

제 1 절 현금 및 단기금융자산

1. 현금 및 현금성자산

1) 현금 및 현금성자산

현금은 기업이 보유하는 자산 중에서 유동성이 가장 높은 자산이다. 유동성(liquidity)이란 기업의 자산이 현금으로 전환하는 데 걸리는 시간을 의미하며, 유동성이 높은 자산이란 단기간 내에 현금으로 전환이 가능한 자산을 의미한다. 예를 들면, 현금 및 현금성자산은 매출채권보다 유동성이 높으며, 단기매매금융자산은 건물보다 유동성이 높다.

일반적으로 현금은 주로 '통화'만을 지칭하는데, 회계상의 현금은 통화인 지폐와 동전뿐만 아니라 타인발행수표, 자기앞수표, 송금수표, 지급기일이 도래한 사채이자표, 송금환, 우편환증서등의 통화대용증권을 포함한다. 그리고 당좌예금과 보통예금 같은 요구불예금도 현금에 포함시킨다.

현금성자산(cash equivalent)이란 큰 거래비용없이 현금으로 전환이 용이하고 이자율 변동에 따른 가치 변동의 위험이 적은 단기금융자산으로서 다음과 같은 것을 말한다.

① 취득 당시 만기가 3개월 이내에 도래하는 채권

② 3개월 이내에 상환조건인 환매채

③ 신탁계약기간이 3개월 이내인 단기수익증권

주식 등 지분상품은 만기가 없으므로 현금성자산에서 제외한다. 다만, 상환일이 정해져 있고 취득일로부터 상환일까지의 기간이 단기인 우선주와 같이 실질적인 현금성자산인 경우에는 예외로 한다. 기업어음(CP: ommercial paper), 양도성예금증서(CD: ertificate of deposit), 어음관리계좌(CMA: ash management account), 환매조건부채권(RP: epurchase agreement) 유동성이 매우 높은 정형화된 금융상품은 현금성자산으로 분류될 가능성이 매우 높다.

2) **기업어음**(CP: commercial paper)

기업이 단기적인 자금조달을 위해 발행하는 어음으로서, 투자금융회사는 이것을 할인매입하여 투자자에게 판매한다. 최저발행금액은 1천만원, 만기는 30~270일이다. 기업어음은 보통 무담보로 팔지만 개인투자자가 매입한 경우 발행기업이 부도가 나더라도 투자금융회사에서 대납하여 위험부담이 없다.

3) **양도성예금증서**(CD: certificate of deposit)

양도성예금증서는 정기예금에 대하여 은행이 발행하는 무기명잔고증명서로서 증서소지자는 이를 금융시장에서 자유로이 매매할 수 있다. 양도성예금증서의 기간은 일반적으로 30일 이상으로 1년 넘는 것도 있으나 대개는 90~180일이고, 금리는 기간이 길수록 높다. 은행은 예금의 만기일에 예금증서 소지인에게 원금 및 약정이자를 지급한다.

4) **어음관리계좌**(CMA: cash management account)

고객이 맡긴 예금(예탁금)을 투자금융회사가 어음이나 양도성예금증서, 국·공채 등의 채권에 투자하여 얻은 수익 일정수수료를 제외하고 고객에게 돌려주는 실적배당 금융상품으로서 종합자산관리계정이라고도 한다. 어음관리계좌(CMA: cash management account)는 증권회사의 대표적인 단기금융상품으로서, 은행의 보통예금처럼 입출금, 자동납부, 급여 이체 등의 서비스도 가능하고 주식청약 자격이 주어진다.

5) **환매조건부채권**(RP: repurchase agreement)

금융기관이 보유하고 있는 채권을 담보로 제공하고 투자자 등의 돈을 받아 다시 채권에 투자하는 형식의 중·단기 저축수단의 금융상품이다. 가입기간에 따라 확정금리가 적용되고, 정부, 금융기관, 우량기업 등의 공신력있는 채권에 투자 운용되므로 안전한 편이다. 그러나 예금자 보호대상이 되지 않는 단점이 있다.

〈표 8-1〉 현금 및 현금성자산, 단기금융자산, 장기금융자산의 구분

구 분	분류항목		계정분류
현금및현금성자산	통화, 통화대용증권(자기앞수표, 타인발행수표, 송금수표, 우편환증서, 송금환, 지급기일이 도래한 공사채이자표, 배당금지급통지표) 요구불예금(보통예금, 당좌예금)		
금융자산	정기예금, 정기적금, RP(환매채), CD(양도성예금증서), CP(기업어음), CMA(어음관리계좌)	취득일로부터 3개월 이내 만기도래	현금성자산
		보고기간 말로부터 1년 이내 만기도래	단기금융자산
		보고기간 말로부터 1년 이후 만기도래	장기금융자산
기타항목	선일자수표(매출채권, 미수금), 급여가불증(단기대여금), 우표 및 수입인지(소모품), 당좌개설보증금(장기금융자산)		

2) 현금과부족

현금과부족(cash over－or－short)이란 장부상의 현금계정의 잔액과 실제잔액이 일치하지 않는 경우 설정하는 일시적인 계정으로서, 현금의 실제잔액이 장부잔액보다 많으면 현금초과로서 현금계정의 차변과 현금과부족계정의 대변에 표시하고, 그 반대의 경우에는 현금부족으로서 현금계정의 대변과 현금과부족계정의 차변에 표시한다. 그 후 원인이 밝혀지면 해당 계정에 대체하고, 결산시까지 그 원인이 밝혀지지 않으면 현금부족액은 잡손실계정, 현금초과액은 잡이익계정에 대체한다.

3) 당좌예금과 당좌차월

(1) 당좌예금

대부분의 기업은 대금결제수단으로 수표발행을 하게 된다. 이 때 수표발행을 위하여 기업은 은행과 당좌계약을 체결하고 당좌예금계좌를 개설한다. 당좌예금은 기업이

은행에 현금을 예입하고 필요한 때에 언제든지 수표를 발행하여 현금을 인출할 수 있는 요구불예금으로서 현금 및 현금성자산에 포함되지만 회계기간 중 장부에 기록할 때는 현금계정과 분리하여 당좌예금계정(checking account)을 사용한다. 기업이 현금이나 타인발행수표를 은행에 예입시키면 당좌예금계정이 증가하여 차변에 기록되고, 반대로 대금결제를 위하여 수표를 발행하게 되면 당좌예금계정이 감소하여 대변에 기록한다.

(2) 당좌차월

기업은 원칙적으로 당좌예금잔액 범위 내에서 당좌수표를 발행할 수 있다. 만일 당좌예금잔액을 초과하여 수표를 발행하게 되면 그 수표는 은행으로부터 지급이 거절되어 부도수표가 된다. 그러나 은행과 미리 당좌차월약정을 체결한 경우에는 일정한 한도 내에서 당좌예금의 잔액을 초과하여 수표를 발행할 수 있다. 이와 같이 당좌예금잔액을 초과하여 수표를 발행한 경우 당좌차월(overdraft)이라는 단기차입금이 발생한다.

기중에는 당좌예금과 당자차월을 구분하지 않고 당좌예금계정으로 기록하며, 보고기간 말에는 당좌예금계정의 잔액이 차변에 있으면 당좌예금으로, 대변에 있으면 당좌차월로 분류하여 단기차입금으로 기록한다.

2. 현금성자산의 내부통제

1) 소액현금제도

일반적으로 기업의 현금거래는 은행을 통해 이루어진다. 현금수입이 있으면 은행에 즉시 당좌예금에 예입하고 지급은 수표를 발행한다. 사소한 일상적 업무의 수행과정에서 교통비, 접대비, 문구비, 잡비 등의 소액현금(petty cash) 지출을 매번 복잡한 결제과정을 거치고 수표를 발행한다면 비효율적일 것이다. 따라서 소액의 경비를 지급하기 위하여 용도계 등을 두어, 일정기간(1개월 단위) 소액지출에 대한 예상금액을 회계과로부터 용도계에 전도하여 일정기간의 소액현금지출에 충당하고 있다. 회계과는 용도계에 소액의 현금을 필요에 따라 수시로 전도하기도 하나, 대부분 월말에 용도계로부터 소액현금지출에 대한 보고서를 받는 동시에 지출한 금액을 수표 발행하여 보급한다. 이렇게 사용한 금액만큼을 수표를 발행하여 보충해주는 것을 소액현금제도(petty cash system)라고 한다.

2) 은행계정조정표

기업은 재무제표이용자들에게 올바른 정보를 제공하기 위한 목적 및 현금에 대한 내부통제의 유지를 위하여 정기적으로 현금성자산의 정확한 금액을 파악해야 한다. 이를 위해서는 기업의 장부상 예금계정에 관한 기록과 은행이 독립적으로 유지하고 있는 해당 기업에 대한 예금 잔액이 일치하는가를 확인해보게 되는데 이때 작성하는 표를 은행계정조정표라고 한다. 기업의 당좌예금계정 잔액은 거래은행의 예금잔액증명서 잔액과 일치해야 하는데, 은행과 기업 간의 기록시점의 차이로 인하여 일치되지 않는 경우가 있다. 그러한 불일치의 원인을 살펴보면 다음과 같다.

(1) 미기록예금(deposit in transit)

기업이 타인발행수표를 은행에 예입하여 당좌예금계정을 증가시키는 회계처리를 하였으나 은행측의 당좌예금계정에는 아직 기록되지 않은 경우가 있다. 이는 은행의 업무 마감시간 이후에 은행금고에 임시예치하거나 혹은 타지역에서 송금되어 거래은행에 아직 통지가 되지 않은 경우에 발생할 수 있다. 이러한 경우에는 은행측 잔액이 과소계상되어 있으므로 은행측 잔액을 증가시키는 조정을 해야 한다.

(2) 기발행미인출수표(outstanding checks)

기업이 수표를 발행하여 당좌예금계정을 감소시키는 회계처리를 하였으나 발행한 수표대금이 아직 은행에서 지급청구되지 않은 경우가 있다. 이러한 경우에는 은행측 잔액이 과대계상되어 있으므로 은행 측 잔액을 감소시키는 조정을 해야 한다.

(3) 미통지예금(unnotified deposit)

거래처에서 대금결제를 통보하지 않고 온라인으로 혹은 무통장으로 입금시킬 수 있다. 이러한 경우에는 기업이 아직 통보를 받지 않아 기업측 당좌예금잔액이 과소계상되어 있으므로 회사 측 잔액을 증가시키는 조정을 해야 한다.

(4) 부도수표(dishonored check)

거래처로부터 받은 수표를 은행에 예입하고 당좌예금계정을 증가시키는 회계처리를 하였으나 거래처의 은행예금잔고 부족으로 상대방 은행이 지급을 거절하고 수표를 반송해 올 경우 이는 부도수표가 된다. 이러한 경우에는 은행은 부도수표 금액만큼의 당좌예금을 감소시키지만 회사는 이를 통보받지 못해 당좌예금계정잔액 과대계상되어 있으므로 회사측 잔액을 감소시키는 조정을 해야 한다.

(5) 은행수수료(bank service charges)

당좌차월이자와 같은 은행 서비스에 대한 수수료가 은행의 당좌예금계정에서는 차감되었으나 기업은 통보를 받지 않아 아직 기록하지 않은 경우가 있다. 이러한 경우에는 기업의 당좌예금계정잔액이 과대계상되어 있으므로 회사측 잔액을 감소시키는 조정을 해야 한다.

(6) 기장오류(entry error)

기업은 기업대로 은행은 은행대로 거래의 기록시 오류를 범할 수 있다. 이러한 경우에는 오류를 발생시킨 측에서 조정을 해야 한다.

수성 후에는 회사측 장부잔액과 은행잔액증명서잔액이 일치해야 한다. 은행계정조정표를 작성하는 과정에서 회사측 장부잔액이 조정되어야 할 것으로 파악된 모든 항목에 대해서는 수정분개를 실시하여 기말에 재무상태표의 현금계정잔액이 정확하게 보고되도록 해야 한다.

제 2 절 수취채권과 지급채무

1. 매출채권과 매입채무

수취채권(receivables)이란 기업이 영업활동을 수행하는 과정에서 재화와 요역을 외상으로 판매하고 그 대가로 미래에 현금을 수취할 권리를 획득하는 경우, 또는 다른 기업에 자금을 대여하고 그 대가로 차용증서나 어음을 수취하는 경우 등에서 발생하는 채권을 말한다. 수취채권은 매출채권과 비매출채권으로 구분된다.

수취채권은 일반적인 상거래에서 발생한 매출채권(외상매출금+받을어음)과 일반적인 상거래 이외의 활동에서 발생한 기타채권(미수금, 미수수익, 대여금 등)으로 분류한다.

매입채무는 상품을 매입하면서 그 매입자금을 나중에 지급하기로 한 채무로서 외상매입금과 지급어음으로 구분한다.

2. 매출채권의 평가

1) 대손상각과 손상차손의 인식

기업은 상품이나 용역을 외상으로 판매하여 발생한 매출채권(trade receivables)을 현금으로 회수한다. 그러나 거래처의 경영상태가 악화되어 자금난을 겪게 되는 경우 매출채권의 회수가능성은 낮아지게 되어 자산손상 징후가 나타날 수 있다. 이때 기업은 자산손상의 발생을 면밀히 검토한 후 손상차손의 인식 여부를 결정하고 손상차손이 발생하였다고 판단되면 차변에는 대손상각비(bad debt expense)라는 비용계정을 발생시킨다.

한편 한국채택국제회계기준(기준서 1039호)에서는 대손상각을 자산손상차손(asset impairment losses)의 하나로 설명하고 있다. 이러한 회수불능채권에 대한 회계처리방법에는 직접상각법과 충당금설정법이 있다.

(1) 직접상각법

직접상각법(direct write-off method)은 채권의 회수불능이 예상되는 시점이 아닌 실제로 회수불가능하게 되었을 때 그 손실을 대손상각비로 처리하는 방법으로 대손금액에 대한 불확실성이 없다는 장점을 가진다. 그러나 대손비용이 매출과 대응되지 않아 수익·비용대응의 원칙에 어긋난다는 것이다. 따라서 일반적으로 인정된 회계기준은 이 방법을 허용하지 않고 있다.

(2) 충당금설정법

충당금설정법(allowance method)은 매 기간 말에 재무상태표상 외상매출금을 추정된 회수불능채권의 금액만큼 차감하여 외상매출금의 순실현가능가치(net realizable value)로 표시하는 방법이다. 대손충당금계정은 잔액이 대변에 남지만 재무상태표에 보고할 때는 외상매출금에서 차감하여 표시한다. 차기 이후에 실제로 대손이 발생하면 대손충당금과 외상매출금을 상계하여 처리하고, 대손충당금잔액이 부족한 경우에는 부족한 금액만큼 대손상각비로 처리한다.

한국채택국제회계기준에서는 대손비용이 금액적으로 중요할 때 재무보고목적을 위해서 충당금설정법을 사용하도록 하고 있다.

2) 대손충당금의 추정

회계기간 말에 대손을 추정하고 대손충당금(allowance for uncollectable account)을 설정하기 위해서는 우선 과거의 경험 등을 바탕으로 대손가능 채권금액을 추정한다. 대손가능 금액을 추정하는 방법에는 매출채권잔액비례법과 연령분석법이 있다.

(1) 매출채권잔액비례법

매출채권비례법에서는 외산매출금 중 몇 %가 회수불가능한 것인지를 과거의 경험과 미래 외상매출정책 등에 기초하여 결정한다. 따라서 대손비용을 예측할 때 당해 연도의 외상매출총액 또는 순액에 예측된 대손예상률을 곱하여 대손비용을 결정한다.

(2) 연령분석법

연령분석법(aging method)은 채권의 발생시점부터 경과된 일수에 따라서 대손가능 비율을 달리 적용하는 방법이다. 채권이 발생한 후 오랜 기간 농안 회수되지 않았다면 그 채권의 회수가능성은 낮아지고 대손가능성은 높아진다고 할 수 있다. 연령분석법에서는 채권의 회수기간이 오래된 경우에는 높은 수치의 대손추정률을 적용하고 최근 발생한 채권에 대하여는 낮은 수치의 대손추정률을 적용한다.

3. 어음의 회계처리

1) 받을어음과 지급어음

약속어음(promissory note)은 어음의 발행자가 어음 수취인에게 특정한 지정일에 일정금액을 지급하겠다고 약속한 증서이다.

그림에서 보는 것처럼 어음은 수표와 모양이 흡사하나 지급기일이 있다는 점이 수표와 다르다. 기업은 상품이나 용역을 제공하고 약속어음을 받기도 하고 상품이나 제품을 구입한 대가로 약속어음을 발행해주기도 한다. 이 경우 약속어음을 받으면 받을어음(note reivable) 계정에 기록하고 약속어음을 발행하여 지급하면 지급어음(note payable) 계정에 기록한다.

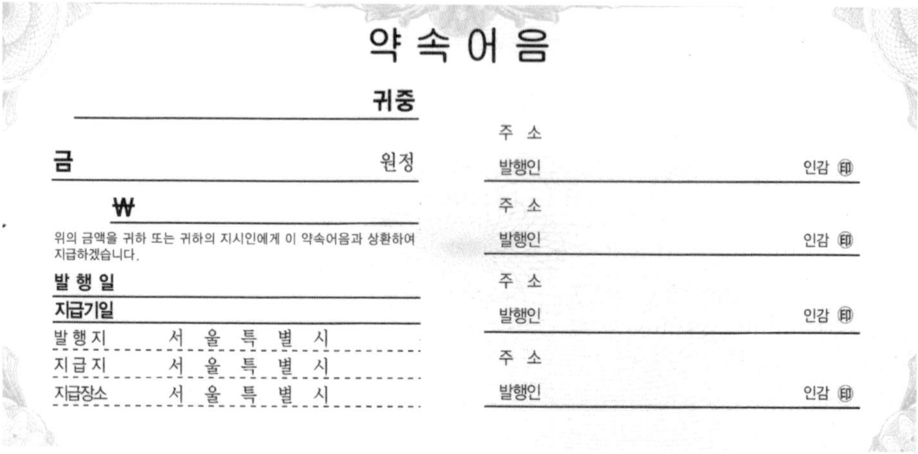

약 속 어 음

귀중

금 원정

₩

위의 금액을 귀하 또는 귀하의 지시인에게 이 약속어음과 상환하여 지급하겠습니다.

발 행 일

지급기일

발 행 지 서 울 특 별 시

지 급 지 서 울 특 별 시

지급장소 서 울 특 별 시

주 소

발행인 인감 印

주 소

발행인 인감 印

주 소

발행인 인감 印

주 소

발행인 인감 印

[그림 8-1] 약속어음 견본

2) 받을어음의 할인 및 배서양도

약속어음을 보유하고 있는 회사가 자금조달을 위하여 소지하고 있는 어음을 만기일 이전에 금융회사에 매각하여 현금화하는 것을 어음의 할인이라 하고 이런 어음을 할인어음(bill discounted)이라 한다. 금융회사에 어음을 할인하면 어음의 만기일까지의 이자 및 수수료(할인료, discount charge)를 차감한 잔액을 받게 된다. 이 할인료를 받을어음에 대한 상환청구권이 없으면 매출채권처분손실로 처리하고, 받을어음에 대한 상환청구권이 있는 경우에는 이자비용으로 처리한다.

4. 기타 채권 및 채무

1) 대여금과 차입금

기업은 차용증서나 어음을 받고 현금을 대여하기도 하고 현금이 부족하여 차입을 하기도 한다. 현금을 대여한 경우에는 차변에 대여금(loan receivable)으로 표시하고 차입한 경우에는 대변에 차입금(loan payable)이라 표시한다.

2) 미수금과 미지급금

일반적인 상거래에서 발생하는 채권은 매출채권, 일반적인 상거래에서 발생하는 채무는 매입채무로 표시하지만, 그 이외의 거래에서 발생하는 채권은 미수금(account due), 그 이외의 거래에서 발생하는 채무는 미지급금(accrued amount payable)으로 표시한다.

3) 선급금과 선수금

상품이나 제품을 매입하거나 매출할 목적으로 상품이나 제품의 인도가 이루어지기 전에 대금의 일부를 계약금 형태로 먼저 지급하거나 받는 경우 등 일반적 상거래에서 발생한 채권을 선급금(advances payed)이라 하고 채무를 선수금(advances received)이라 한다.

4) 가수금과 가지급금

가수금은 기업통장에는 수입으로 잡혀있지만 거래내용이 불분명하거나 거래관계가 종료되지 않아 계정과목이 불확정일 때 일시적 채무로 표시하는 임시로 처리하는 가계정이다. 기업입장에서는 가짜로 받은 돈이다. 가수금은 기입의 입장에서는 반드시 갚아야 할 돈이다. 기업에 가수금이 발생하면 부채비율이 높아져 기업의 신용등급도 떨어진다.

보통 회사에 자금이 부족하여 대표이사가 법인통장에 본인의 자금을 넣을 때 발생하곤 한다. 상당수 대표들은 본인의 자금을 사용한 것이기 때문에 크게 문제될 것 없다고 생각하지만, 과세당국에서는 가수금을 기업의 매출을 고의로 누락시키거나 법인세를 줄이는 수단으로 보아 엄격히 적발하여 막대한 세금을 부과하고 있으며 가수금이 많으면 은행대출도 막히게 된다.

가지급금(假支給金)은 임시로 지급한 돈을 말하며, 정해진 날보다 앞당겨 임시로 지급하는 돈을 뜻한다. 보통 회사가 계열기업이나 대주주, 종업원 등에게 회사의 돈을 빌려주는 가불금의 의미로 쓰인다. 회사에서 현금지출이 이루어졌으나 처리해야 할 계정과목이나 금액에 있어 확정이 되지 않아 미확정인 경우 이를 임시로 처리하는 계정이다. 회계에서는 현금거래가 발생하였으나 그 계정과목이 명확하지 않은 경우 임시적으로 가지급금(temporary payment) 또는 가수금(temporary receits) 계정을 설정하여 회계처리한다. 따라서 이들 계정은 거래내용이 밝혀져 계정과목이나 금액이 확정되면 해당계정에 대체하여야 한다. 가지급금과 가수금계정은 내용이 불분명한 가계정으로서 결산시점에서는 반드시 거래내용을 밝혀 적절한 과목으로 표시하여야 한다.

5. 예수금

예수금(deposit received)이란 제3자에게 지급해야 할 금액을 기업이 거래처나 종업원으로부터 미리 받아 일시적으로 보관하는 경우 사용되는 유동부채계정이다. 예를 들면, 종업원에게 급여를 지급할 때 원천징수하는 근로소득세나 매출에 따른 부가가치세 등을 들 수 있다. 근로소득세의 부담자는 근로자이지만 회사가 급여지급시 미리 근로소득세를 차감하여 보관하고 있다가 일괄하여 세무서에 납부하게 된다. 이런 경우에 일시적으로 보관하고 있게 되는 근로소득세 금액을 근로소득세 예수금이라 한다. 마찬가지로 부가가치세의 경우에 최종소비자가 부가가치세를 부담하지만 상품이나 서비스의 소비자가격에 포함되어 있기 때문에 판매자가 매출시점에 부가가치세액을 미리 받아 보관하게 된다. 이렇게 세무서에 납부하기 전까지 보관하고 있는 부가가치세액을 부가가치세예수금이라 한다. 이런 종류의 예수금에는 의료보험료예수금과 국민연금예수금도 있다.

제 3 절 재고자산

1. 재고자산과 매출원가

재고자산(inventory)은 기업이 정상적인 영업활동과정에서 판매 또는 제조를 목적으로 보유하는 자산이다. 상품매매기업 또는 유통기업의 재고자산은 상품이며, 제조기업의 재고자산은 원재료, 재공품, 반제품, 제품 등이 있다.

동일한 자산이라 하더라도 판매목적이 아닌 자산은 재고자산으로 분류하지 않고 자산의 성격에 따라 유형자산 등으로 분류한다. 예를 들면, 자동차매매회사가 판매를 목적으로 보유하고 있는 자동차는 상품(재고자산)으로 분류하지만, 일반적인 업무용 자동차로 보유를 하는 경우에는 유형자산으로 분류한다.

재고자산과 매출원가는 상호밀접한 관계를 가지고 있다. 재고자산은 기초재고자산을 시작으로 당기매입액만큼 재고자산이 증가하며, 매출한 만큼 재고자산이 감소하고 나머지는 기말재고자산으로 남게 된다. 즉 기초상품재고액에다 당기에 매입한 금액을 합하면 판매가능상품원가가 된다. 이 판매가능상품원가 중 판매된 상품의 원가는 매출원가(cost of sales)로 포괄손익계산서에 표시되고 회계기말까지 판매되지 않아 창고에 보유하고 있는 상품원가가 기말상품재고액으로 재무상태표에 보고된다.

기초상품재고액 + 당기매입액 = 판매가능상품원가
판매가능상품원가 = 매출원가(판매) + 기말상품재고액(창고 보유분)
기초재고액 + 당기매입액 = 매출원가 + 기말상품재고액

2. 재고자산의 수량결정

기말재고수량을 파악하기 위한 방법으로는 계속기록법과 실지재고조사법이 있다.

1) 계속기록법

계속기록법(perpetual inventory system)은 상품의 매입과 매출이 발생할 때마다 상품의 증가와 감소를 기록하고, 매출과 매출원가를 계산하여 기록하는 방법이다. 계속기록법에서는 상품을 매입하면 자산계정인 재고자산계정의 차변에 기록하고, 상품을 판매하면 판매대금을 수익계정인 매출계정 대변에 기록하면서 동시에 판매된 상품의 원가를 비용계정인 매출원가계정의 차변에 기록한다. 계속기록법하에서는 매입과 매출시점마다 재고자산의 증감과 매출원가를 기록하므로, 결산일에 기말재고자산이나 매출원가를 결정하기 위해 별도의 결산수정분개를 할 필요가 없다.

계속기록법에서는 기초재고액에다 당기매입액을 합하여 판매가능상품원가를 산출하고 판매가능상품원가에서 매출원가를 차감하여 기말재고액을 계산하게 되는 데 이를 산식으로 표현하면 다음과 같다.

기초재고액 + 당기매입액 − 매출원가 = 기말재고액

계속기록법에서 판매 이외의 도난이나 파손, 마모 등을 통해서도 재고자산이 감소할 수 있기 때문에 실지재고자산이 장부재고자산보다 적은 경우가 발생하게 된다. 이를 확인하기 위해 정기적으로 실지재고조사를 하는 것이 바람직하며 실지재고액이 장부재고액보다 적은 경우에 발생하는 차이를 재고자산감모손실로 인식한다. 수량부족분에 대한 취득원가는 재고자산감모손실의 과목으로 하여 발생한 기간의 당기비용으로 인식한다.

재고자산감모손실＝(장부상 수량－실제 수량)×장부상 취득단가

계속기록법을 적용하면 재고자산을 판매할 때마다 매출원가를 계산해야 하기 때문에 구입상품의 단가가 구입시마다 다른 경우나 다양한 상품을 취급하는 경우, 매매가 빈번하게 이루어지는 경우에는 적용하기가 불편하다는 단점이 있다.

2) 실지재고조사법

실지재고조사법(periodic inventory system)은 상품매입시는 매번 기록을 하지만 상품매출시는 재고자산의 감소나 매출원가를 계속기록하지 않고 기말에 실제로 창고에 남아있는 재고수량을 조사하여 기말재고를 결정하고 매출원가를 계산하는 방법이다.

실지재고조사법하에서는 기중에 보유상품의 재고수량이나 매출원가와 매출총이익이 얼마인지 파악할 수 없다. 따라서 결산일에 기말재고를 파악하기 위해 창고에 있는 상품에 대한 실지재고조사를 해야 한다. 즉, 회계 기간 말에는 창고에 남아있는 기말재고를 파악하고 기중 판매된 상품에 대한 매출원가를 계산한다. 즉, 기초재고액에다 당기매입액을 합하여 판매가능상품원가를 산출하고 판매가능상품원가에서 기말재고액을 차감하여 매출원가를 산출하게 된다, 매출액에서 매출원가를 차감하면 매출총이익이 산출되는데, 이를 산식으로 표현하면 다음과 같다.

기초재고액＋당기매입액－기말재고액＝매출원가

매출액－매출원가＝매출총이익

실지재고조사법에 의하여 기말재고액을 결정하면 기중에 발생한 도난, 파손, 분실 등도 기중에 모두 매출된 것으로 계산하는 오류를 범할 수 있는 단점이 있다. 실지재고조사법은 상품의 종류와 수량이 많고 그 단가가 상대적으로 중요하지 않으며 상품의 매입과 매출이 빈번하게 발생하는 기업에서 계속기록의 번잡성을 피하기 위해 사용된다.

〈표 8-2〉 계속기록법과 실지재고조사법의 비교

항 목	계속기록법	실지재고조사법
기초재고	전기말에서 이월	전기말에서 이월
당기매입	재고자산계정에 기록	매입계정에 기록
기말재고	기초재고에다 당기매입을 합한 후 매출원가를 차감하여 계산, 매출발생시마다 계산	기말에 실사를 통해 계산
매출원가	매출발생시마다 계산	당기판매가능상품원가에서 기말재고차감하여 계산
산 식	기초재고+당기매입-매출원가=기말재고	기초재고+당기매입-기말재고=매출원가

3. 재고자산의 단가 결정

상품매매기업의 경우 기초재고자산에다 당기매입액을 합하면 판매가능상품원가가 된다. 이 중 판매된 부분은 매출원가로 포괄손익계산서에 반영하고, 기업이 기말 현재 판매하지 않고 보유하고 있는 부분은 기말재고자산으로 재무상태표에 구분하여 표시한다. 이를 재고자산의 원가배분이라고 한다.

재고자산의 원가배분방법(cost allocation method)으로는 개별법과 가중평균법, 선입선출법, 후입선출법이 있으나, 한국채택국제회계기준에서 후입선출법은 실제물량의 흐름을 반영하지 못한다는 이유로 인해 허용하지 않고 있다. 재고자산의 원가를 결정할 때는 회계정보의 비교가능성을 높이기 위해 특별한 사유가 발생하지 않는 한 한번 선택한 원가배분방법을 변경하지 않고 계속해서 사용해야 한다.

실제원가의 흐름에 의한 원가배분 방법은 다음과 같다.

1) 개별법

개별법(specific identification method)은 실제로 판매된 개별상품의 단위당 원가를 파악하여 매출원가와 기말재고액을 결정하는 방법이다. 이 방법은 상품의 단위당 원가뿐만 아니라 취득, 보유, 매출상황을 정확하게 알 수 있는 방법으로서 상품의 개별성이 강하고 비교적 고가인 귀금속이나 모피제품 또는 주문생산을 하는 선박이나 항공기에 적용할 수 있다.

개별법은 원가흐름과 실물흐름이 일치하며 수익과 비용이 정확하게 대응되어 손익에 반영된다는 점에서는 우수한 방법이라고 할 수 있다. 그러나 상품의 수량과 종류가 많고 매매거래가 빈번하게 일어나는 경우에는 개별적으로 원가를 파악하는 것이 번거로우며, 때로는 경영자가 의도적으로 매출이익을 조작하는 데 악용할 소지도 있다는 단점이 있다.

원가흐름의 가정: 선입선출법, 가중평균법, 후입선출법

2) 선입선출법

선입선출법(first-in first out method: FIFO)은 실물흐름과 관계없이 먼저 매입한 상품이 먼저 매출된 것으로 가정하는 방법이다. 선입선출법을 적용하면 재무상태표상 표시되는 재고상품은 항상 나중에 구입한 상품들로 표시되므로 기말재고상품은 최근의 구입원가로 계산된다. 그에 비해 포괄손익계산서에 표시되는 매출원가는 상대적으로 과거에 매입된 가격으로 표시된다. 선입선출법은 식료품이나 의류와 같이 장기간 보관할 때 품질이 저하되거나 기능이 진부화되는 재고자산의 경우에 적합하다.

3) 후입선출법

후입선출법(last-in first out method: LIFO)은 실제 물량흐름과는 관계없이 가장 최근에 매입한 상품을 가장 먼저 판매한다는 가정 하에 기말재고액과 매출원가를 계산하는 방법이다. 후입선출법을 적용하면 재무상태표상 표시되는 재고자산은 가장 먼저 구입한 상품들로 구성되므로 기말재고금액은 과거의 구입원가로 계산된다. 상대적으로 포괄손익계산서상 표시되는 매출원가는 가장 최근에 구입한 원가들로 구성된다. 한국채택국제회계기준에서는 후입선출법을 비현실적인 원가흐름으로 가정하고 허용하지 않고 있다.

4) 가중평균법

가중평균법(weighted average method)은 기초재고자산과 당기매입을 구분하지 않고 평균적으로 매출이 발생한다는 가정 하에 기초재고와 당기매입원가를 평균하여 단위원가를 결정하는 방법이다. 평균단가는 기말시점에 한 번 또는 매입이 발생할 때마다 다시 계산할 수 있다. 실지재고조사법을 적용할 때에는 회계기간 말에 판매가능상품의 총금액을 총수량으로 나누어 하나의 가중평균단가를 구하고 그 단가를 기말재고액과 매출원가의 계산을 위한 단위원가로 적용하는데 이를 총평균법(gross average method)이라고 한다.

> (총평균법)
> 총평균단가 = 판매가능재고자산금액(기초재고 + 당기매입) ÷ 판매가능 상품수량
> 기말재고액 = 기말재고수량 × 총평균단가

반면, 계속기록법을 적용할 때에는 상품을 매입할 때마다 기존의 재고자산에다 새로 구입한 재고자산을 포함한 가격에 대하여 새로운 평균단가를 계산하여 기말재고액과 매출원가를 계산하는데, 이를 이동평균법(moving average method)이라 한다.

제 4 절 유형자산과 무형자산

1. 유형자산의 회계처리

1) 유형자산의 의의

유형자산(tangible asset)은 재화나 용역의 생산이나 재공, 타인에 대한 임대 또는 관리활동에 사용할 목적으로 보유하는 물리적인 형태가 있는 자산으로서 1년을 초과하여 사용할 것으로 예상되는 자산을 말한다. 기업의 영업활동에 사용할 목적으로 보유하고 있는 유형자산의 종류와 수는 대단히 많은데, 대표적인 예를 들어보면 토지, 건물, 구축물, 기계장치 등을 들 수 있다. 유형자산으로 인식되기 위해서는 다음의 인식요건을 모두 충족하여야 한다.

2) 유형자산의 취득원가 결정

유형자산을 최초로 인식할 때에는 원가로 측정한다. 원가란 자산을 취득하기 위하여 자산의 취득시점이나 건설시점에서 지급한 현금 및 현금성자산이나 제공한 기타 대가의 공정가치를 말한다. 유형자산의 취득원가에는 유형자산을 매입하거나 건설할 때 발생하는 원가뿐만 아니라 후속적으로 증설, 대체 또는 수선·유지와 관련하여 발생하는 원가를 포함한다. 즉 그 자산이 본래의 기능을 수행하기까지 발생하는 부대비용

(incidental expenses), 예를 들면, 매입수수료, 등록세, 운송비, 설치비, 시운전비, 취득세, 토지정지비용, 토지구획정리비, 배수로설치비 등을 가산하여 취득원가를 산정하여야 한다. 만약 새로운 건물을 짓기 위하여 기존에 건물이 있는 토지를 구입했다면 기존 건물을 철거하는 비용도 토지의 취득원가에 포함해야 한다. 단 기존 건물철거시 폐자재처분으로 인한 수익이 있다면 토지의 취득원가에서 차감하여 처리한다.

안전 또는 환경상의 이유로 취득하는 유형자산은 그 자체로는 직접적인 미래 경제적 편익을 얻을 수 없지만 다른 자산에서 미래 경제적 편익을 얻기 위하여 필요할 수 있다. 이러한 유형자산은 당해 유형자산을 취득하지 않았을 경우보다 관련 자산으로부터 미래 경제적 편익을 더 많이 얻을 수 있게 해주기 때문에 자산으로 인식할 수 있다.

3) 유형자산 취득 후의 지출(유지보수 및 개량개축)

유형자산을 취득하여 사용하는 기간 동안에도 그 자산과 관련된 여러 가지 지출은 발생한다. 이러한 지출 중에는 기업의 영업활동과정에서 경상적으로 발생하는 수선유지비 등의 성격을 갖는 것도 있고, 자산의 본래 용도를 변경한다든지 생산능률을 향상시키는 지출 등이 있을 수 있다. 일반적으로 유형자산의 내용연수를 증가시키거나 유형자산이 미래에 제공할 서비스의 양이나 질을 증대시키는 지출이면 자본적 지출(capital expenditure)로 처리하고, 유형자산의 원상회복이나 능률유지를 위한 지출 및 중요성 기준에 의하여 일정액 이하의 지출은 수익적 지출(revenue expenditure)로 처리한다.

4) 유형자산의 손상차손과 처분

유형자산에 자산손상을 시사하는 징후가 있다면 당해 유형자산의 회수가능액을 추정하고, 이 금액이 자산의 장부금액에 미달하면 손상차손을 인식한다. 회수가능액이란 자산의 순공정가치와 사용가치 중 큰 금액을 말한다. 순공정가치는 합리적인 판단력과 거래의사가 있는 독립된 당사자 사이의 거래에서 자산의 매각으로부터 수취할 수 있는 금액에서 처분 부대원가를 차감한 금액이고, 사용가치는 유형자산을 사용함에 따라 당해 자산에서 창출될 것으로 기대되는 미래현금흐름의 현재가치를 말한다.

유형자산을 회수가능액으로 손상처리하는 경우에는 감가상각비(depreciation expense)를 먼저 인식하고 손상차손(impairment loss)은 나중에 인식한다. 감가상각은 회계기간 동안 사용한 부분에 대한 원가를 비용처리하는 것이므로 회수가능액의 하락으로 인한 손상차손의 인식보다 먼저 이루어져야 한다.

손상대상이 되면 감가상각비를 인식한 이후의 장부금액은 회수가능액으로 조정하고, 동 차액을 유형자산손상차손의 과목으로 하여 당기손익에 반영한다. 유형자산손상차손으로 인식한 금액은 손상차손누계액의 과목으로 하여 당해 유형자산의 차감계정으로 표시한다.

손상차손을 인식한 유형자산은 매 보고기간말마다 과거에 인식한 손상차손이 더 이상 존재하지 않거나 감소된 것을 시사하는 징후가 있는지를 검토한다. 회수가능액이 회복되어 손상차손이 환입되는 경우에는 동 회복액을 유형자산손상차손환입의 과목으로 하여 당기손익으로 처리한다. 손상차손환입으로 증가된 유형자산의 장부금액은 과거에 손상차손을 인식하기 전 장부금액의 감가상각 후 잔액을 초과할 수 없다.

2. 유형자산의 감가상각(평가)

1) 감가상각의 의의

건물이나 기계장치와 같은 유형자산은 사용하거나 시간이 경과하면 가치가 감소하는데 이를 감가라 하며, 유형자산의 원가에서 잔존가치를 차감한 금액을 자산의 내용연수에 걸쳐 합리적이고 체계적인 방법으로 배분하여 비용으로 처리하는 절차를 감가상각(depreciation)이라 한다. 유형자산의 감가상각은 모든 유형자산에 적용되지만, 토지와 건설중인자산은 감가상각하지 않는 것이 원칙이다. 토지는 내용연수가 무한한 유형자산이고, 건설중인자산은 완공되기 전까지는 사용할 수 없는 자산으로서 사용기간 동안 그 원가를 배분하는 감가상각을 하지 않는 것이 타당하다 하겠다.

유형자산의 가치감소 원인을 살펴보면 다음과 같다.

① 물리적 마모: 사용하거나 시간이 경과함으로서 유형자산이 닳거나 훼손되어 가치가 감소하는 것이다

② 기능적 진부화: 물리적으로 쓸 수 있지만 새로운 기술 등으로 기능적으로 뒤떨어져 유형자산의 가치가 감소하는 것이다.

2) 감가상각비의 결정요소

당기의 감가상각비를 결정하는 요소로는 취득원가, 잔존가치, 내용연수 및 감가상

각방법 등이 있다.

(1) 잔존가치

잔존가치(salvage value)란 유형자산을 내용연수까지 다 사용하고 난 후 처분시 예상되는 처분가액에서 예상처분비용을 차감한 금액을 말한다. 유형자산의 취득원가에서 잔존가치를 차감한 금액이 감가상각대상금액으로서 내용연수동안 감가상각할 전체금액을 의미한다.

(2) 내용연수

내용연수(service life)는 자산이 사용가능할 것으로 기대되는 기간, 즉 예상사용기간으로 표시되는 경우가 많지만, 자산으로부터 예상되는 생산량 등이 더 적절한 경우에는 생산량이나 이와 유사한 단위 수량으로 표시할 수 있다.

유형자산의 잔존가치와 내용연수는 적어도 매 회계기간 말에 재검토하여야 하며, 재검토결과 추정치가 종전 추정치와 다르면 이를 반영해야 한다. 이를 회계추정의 변경(change in accounting estimates)이라 한다.

3) 감가상각방법

감가상각방법(depreciation methods)은 유형자산의 감가상각대상금액을 자산의 내용연수 동안 체계적으로 배분하는 구체적인 방법이다. 한국채택국제회계기준에서는 감가상각방법으로 정액법, 체감잔액법, 생산량비례법을 인정하고 있다.

(1) 정액법

정액법(straight-line method)은 자산의 내용연수동안 매기 일정한 금액의 감가상각비를 계상하는 방법으로서 계산이 간단하기 때문에 실무에서 많이 사용되고 있다. 정액법에 의한 연간 감가상각비는 감가상각대상금액(취득원가-잔존가치)을 내용연수로 나누어서 계산한다

(2) 체감잔액법

체감잔액법(declinning-balance method)은 연간 감가상각비가 동일하지 않고 매기 감소하는 방법으로서 가속상각법이라고도 한다. 체감잔액법에는 정률법과 연수합계법이 있다.

(가) 정률법

유형자산의 미상각잔액(장부금액, 취득원가 - 감가상각누계액)에 매기 일정한 비율(상각률)을 곱하여 감가상각비를 계산하는 방법이다. 정률법(fixed percentage method)에서는 상각률은 동일하지만 미상각잔액이 매년 감소하므로 감가상각비도 매년 감소하게 된다.

(나) 연수합계법

연수합계법(sum of year's digits method)은 감가상각대상금액에 상각률을 곱하여 연간 감가상각비를 계산하는 방법으로서, 여기서 상각률은 내용연수합계를 분모로 하고 잔여내용연수를 분자로 하여 계산한다. 예를 들면, 내용연수가 3년인 경우 분모는 내용연수합계인 6(1+2+3)이고 분자는 매년 3, 2, 1의 순서를 적용하여 줄여나간다. 즉 1차년도의 상각률은 3/6, 2차년도의 상각률은 2/6, 3차년도의 상각률은 1/6이 된다.

(다) 생산량비례법

생산량비례법(unit - of - production method)은 내용연수 동안 예상총생산량(사용량)에 대한 실제생산량의 비율을 감가상각대상금액에 곱하여 감가상각비를 계산하는 방법이다. 생산량비례법은 자산의 용역 잠재력이 시간의 경과보다는 생산량에 비례하여 감소되는 항공기, 차량운반구, 광업권 등에 적합한 방법이다.

4) 감가상각의 기장 방법

감가상각의 기장 방법은 직접법과 간접법이 있다. 직접차감법(직접법)은 감가상각비를 해당자산에서 직접적으로 차감하는 형식으로 다음과 같이 분개한다.

충당금설정법(간접법)은 당기분 감가상각비가 계산되면 차변에 감가상각비를 기록하고, 대변에 감가상각누계액을 기록한다. 감가상각누계액은 대변에 잔액이 남지만 부채가 아니라 자산에 대한 차감적 평가계정이다. 감가상각비는 당기에 인식한 비용으로 포괄손익계산서에 반영되는 데 반해, 감가상각누계액은 해당 유형자산의 소멸된 원가, 즉 가치감소분을 별도로 기록하는 계정으로, 취득 이후 인식한 감가상각비의 합계액을 나타낸다. 감가상각누계액은 재무상태표에 표시되는데, 해당 유형자산에서 차감하는 형식으로 표시한다. 유형자산의 원가에서 감가상각누계액을 차감한 금액을 유형자산의 장부금액이라 한다.

5) 기중(期中)에 구입한 유형자산의 감가상각

유형자산을 회계연도 초에 취득한 경우에는 연도 말 결산시에 연간 감가상각비를 계산하지만 회계기간 중에 취득한 경우에는 사용기간에 비례하여 감가상각비를 계산한다. 이 때 유형자산의 취득연도의 취득일 후 결산일까지의 날짜를 계산하여 감가상각비를 계산(일할계산)할 수도 있고, 월할계산(개월 수를 계산)하여 감가상각비를 계산할 수도 있다. 대부분 실무에서는 월할계산을 하는데, 취득일이 15일 이전이면 같은 달 1일에 취득한 것으로 간주하고, 15일 이후면 다음 달 1일에 취득한 것으로 간주하여 회계처리 한다.

3. 무형자산

1) 무형자산의 의의와 종류

(1) 무형자산의 의의

무형자산(intangible assets)은 물리적 실체는 없지만 식별이 가능한 비화폐성자산을 말한다. 식별가능성이란 자산이 분리 가능하거나 계약상 권리 또는 기타 법적 권리로부터 발생하는 것을 의미한다. 대부분의 무형자산은 식별이 가능하다. 예를 들면, 산업재산권, 라이선스와 프랜차이즈, 저작권, 개발비, 임차권리금, 광업권, 어업권 등이 있다. 그러나 영업권의 경우에는 식별가능성이 없는 무형자산이다. 한국채택국제회계기준에서는 무형자산으로 정의되기 위한 3가지 요건으로서 식별가능성, 자원에 대한 통제 및 미래경제적 편익을 들고 있다.

(2) 무형자산의 종류

(가) 산업재산권

산업재산권(industrial property rights)은 산업상 이용가치가 있는 새로운 물건이나 방법을 고안한 권리자를 보호하기 위하여 법률에 의하여 부여하는 권리로서 특허권(patent), 실용신안권(utility model patent), 의장권(design right), 상표권(trade mark) 등은 산업재산권에 속한다. 산업재산권은 관련법에 의해 일정기간 독점적·배타적으로 사용할 수 있는 권리를 말한다. 그 외에도 남해안에서 볼 수 있는 죽방렴이나 양식장과 같은 어업권(fishery right)이나 북태평양에서 명태를 잡을 수 있는 입어권(common piscary right)도 이런 산업재산권에 속한다.

(나) 라이선스와 프랜차이즈

라이선스(licence)는 특정 기술이나 지식을 일정기간 동안 허가를 받아 사용하는 권리를 말한다. 프랜차이즈는 본부와 가맹점계약을 맺고 일정한 지역에서 특정 제품이나 서비스, 상호 등을 독점적으로 사용하여 영업할 수 있는 권리를 말한다. 프랜차이즈(franchise)의 대표적인 예로는 파리바게뜨, 뚜레주르, 베스킨라빈스, 버거킹, KFC 등이 있다.

(다) 개발비

연구개발비는 회계상 연구비, 경상개발비, 개발비로 분류한다. 연구비와 경상개발비는 비용으로 처리하고 개발비는 무형자산으로 인식한다. 개발비(development cost)란 연구된 신제품 또는 신기술에 대한 설계, 시험제작 등을 위하여 발생한 비용을 말한다.

무형자산을 창출하기 위한 내부 프로젝트를 연구단계와 개발단계로 구분할 수 없는 경우에는 그 프로젝트에서 발생한 지출은 모두 연구단계에서 발생한 것으로 본다. 연구단계와 개발단계에 속하는 활동의 예는 다음과 같다.

〈표 8-3〉 연구단계와 개발단계에 속하는 활동의 예

단 계	관련 활동
연구단계	① 새로운 지식을 얻고자 하는 활동 ② 연구결과나 기타 지식을 탐색, 평가, 최종선택, 응용하는 활동 ③ 재료, 장치, 제품, 공정, 시스템이나 용역에 대한 여러 가지 대체안을 탐색하는 활동 ④ 새롭거나 개선된 재료, 장치, 제품, 공정, 시스템이나 용역에 대한 여러 가지 대체안을 제안, 설계, 평가, 최종 선택하는 활동
개발단계	① 생산이나 사용 전의 시제품과 모형을 설계, 제작, 시험하는 활동 ② 새로운 기술과 관련된 공구, 지그, 주형, 금형 등을 설계하는 활동 ③ 상업적 생산 목적으로 실현가능한 경제적 규모가 아닌 시험공장을 설계, 건설, 가동하는 활동 ④ 신규 또는 개선된 재료, 장치, 제품, 공정, 시스템이나 용역에 대하여 최종적으로 선정된 안을 설계, 제작, 시험하는 활동

※ 개발단계의 자산인식 요건

① 기술적 실현가능성: 무형자산을 사용하거나 판매하기 위해 그 자산을 완성할 수 있는 기술적 실현가능성

② 기업의 의도: 무형자산을 완성하여 사용하거나 판매하려는 기업의 의도

③ 기업의 능력: 무형자산을 사용하거나 판매할 수 있는 기업의 능력

④ 미래 경제적 편익의 창출

⑤ 기술적, 재정적 자원의 입수가능성: 무형자산의 개발을 완료하고 그것을 판매하거나 사용하는데 필요한 기술적, 재정적 자원 등의 입수 가능성

⑥ 신뢰성 있는 측정: 개발과정에서 발생한 무형자산 관련 지출을 신뢰성있게 측정할 수 있는 능력

※ 내부적으로 창출한 무형자산의 원가에 포함하지 아니하는 지출

① 판매비, 관리비 및 기타 일반 경비 지출(다만 자산을 의도된 용도대로 사용하도록 준비하는 데 직접 관련된 경우는 제외)

② 자산이 계획된 성과를 달성하기 전에 발생한 명백한 비효율로 인한 손실과 초기 영업손실

③ 자산을 운용하는 직원의 교육훈련과 관련된 지출

④ 내부적으로 창출한 브랜드, 제호, 출판표제, 고객 목록과 이와 실질이 유사한 항목에 대한 지출

2) 영업권

영업권(goodwill)은 인수합병과 영업양수에서 순자산의 공정가치를 초과하여 지급한 금액으로서 초과수익력을 화폐가치로 표시한 금액이다. 경영자의 탁월한 경영능력, 기업의 명성이나 좋은 평판, 고정 단골고객, 브랜드가치, 우수한 기술력, 우수한 직원 등이 영업권의 좋은 예이다. 영업권은 다소 추상적이고 주관적인 개념이기 때문에 이를 실무적으로 측정하기는 어렵다. 영업권은 내용연수가 불확실하여 유한하게 추정하기가 어렵기 때문에 매 회계 기간에 상각을 하지 않는다. 다만 손상징후가 있을 때 손상검사를 하여 손상차손을 인식한다.

3) 무형자산의 상각

무형자산의 상각은 감가상각이라는 용어 대신에 상각(amortization)이라는 용어를 사용하며 무형자산의 잔존가치는 없는 것으로 본다. 무형자산의 상각방법으로는 정액법, 정률법, 연수합계법 및 생산량비례법이 있으며, 합리적인 상각방법을 정할 수 없는 경우에는 정액법을 사용한다. 무형자산의 상각은 무형자산의 내용연수가 유한한지 아니면 일정기간으로 한정할 수 없는지에 따라 다르다. 내용연수가 유한하다면 내용연수동안 무형자산을 상각한다. 영업권(goodwill)과 같이 내용연수가 불확실하거나 특정 연한을 결정할 수 없으면 이를 비한정 내용연수를 갖는 무형자산으로 분류하고 상각하지 않는다. 대신에 손상징후가 있을 때 혹은 정기적으로 매보고기간 말에 자산손상검사를 실시하여 필요시는 손상차손(asset impairment loss)을 인식한다.

제 5 절 자 본

1. 주식회사와 자본

1) 주식회사의 특징

상법에서는 기업을 합명회사, 합자회사, 유한회사, 주식회사로 분류하고 있다.

법인기업에는 크게 합명회사, 합자회사, 유한회사, 주식회사로 나뉜다. 각각의 특징에 대해 알아보면 다음과 같다.

합명회사는 무한책임사원 2인 이상이 모여 만든 회사이다. 일반적으로 규모가 작은 소규모 병원이나 혹은 공인회계사 사무소 등이 합명회사에 속한다.

합자회사는 1인 이상의 유한책임사원과 1인 이상의 무한책임사원이 만든 회사이다.

유한회사는 유한책임사원들로만 구성된 회사이다. 유한책임 사원들이 총회를 해서 선임된 이사가 경영을 하게 된다. 유한책임 사원들로 구성된 주식회사와는 달리 유한회사는 그 유한책임사원의 수가 50인 이내로 제한되어 있다.

기업의 가장 대표적인 형태는 주식회사이다. 오늘날 가장 일반적인 기업형태인 주식회사는 물적회사로서 사원(주주)이 출자하여 자본이 구성되고, 자본은 일정한 금액의 주식으로 분할되어 있으며, 자신이 인수한 주식의 인수가액의 한도에서 회사의 채무에 대해서 유한책임을 지는 주주로 구성되어 있는 사단성과 법인성이 뚜렷한 회사로서, 기업의 소유주인 주주는 납입한 자본금을 한도로 유한책임을 진다. 따라서 자본, 주식 그리고 주주의 유한책임이 주식회사의 본질적 요소라고 할 수 있다.

주식회사의 자본은 회사에 대해서 성립의 기초가 되며 주식회사에서는 회사의 재산만이 회사채무의 담보가 되므로 목적사업을 위한 기본재산을 갖추어야 그 성립이 가능하다. 회사성립 후 사업계속 중에도 이익의 처분 및 기타 재산관리의 규범적 기준이 된다. 또한 자본은 주주에 대해서 출자액과 책임의 한계를 의미한다. 주주는 회사의 주식을 소유함으로써 회사재산을 경제적으로 소유하고 지배하며 법적으로 주주의 권리를 행사한다. 그리고 자본은 회사채권자에 대해서 회사신용도의 공시적 기능을 한다. 주식회사에서 주주는 자신이 인수한 주식가액을 한도로 회사채무에 대해서 책임을 부담할 뿐이므로 회사채권자에게 담보가 되는 것은 회사의 재산뿐이다. 그런데 회사의 재산이란 회계연도 동안에는 변동이 심하고 재산내역은 결산기가 되어서야 알 수 있다. 반면에 자본은 정해진 절차를 밟아야만 증감할 수 있고, 회사의 기준재산이므로 자본을 토대로 회사의 신용도를 대충 알 수 있게 된다.

주식회사의 설립은 상법에서 정하고 있는 사항을 따르면 되는 준칙주의에 의하며, 특별한 허가절차를 필요로 하지 않는다. 또한 회사가 발행할 수 있는 주식의 총수를 미리 정관에 기재하고, 발행할 주식총수의 4분의 1 이상을 발행하여 발기인 등으로부터 주금이 납입되면 주식회사가 설립된다. 그리고 나머지 주식은 설립된 후에 이사회의 결의에 따라 필요한 때에 수시로 신주를 발행할 수 있는데 이와 같은 제도를 수권자본제도(authorized capital system)라고 한다. 우리 상법에서는 수권자본제도를 채택하여 자본의 증가는 이사회의 결의만으로 가능하도록 하여 엄격한 법절차를 요구하지 않는 반면, 자본의 감소에만 엄격한 법절차를 요구하고 있다.

2) 주식의 종류와 발행

주식회사는 주식을 발행하여 자본을 조달하는 회사로서, 주식회사가 발행하는 주식에는 액면주식과 무액면주식이 있다. 액면주식은 회사의 정관과 주권에 명목금액인 액면금액이 명시된 주식을 말하고, 무액면주식은 액면금액이 회사의 정관과 주권에 명시되어 있지 않은 주식을 말한다. 액면금액에 발행주식수를 곱하여 자본금을 산출한다.

자본금=액면단가×발행주식수

주식회사가 발행하는 주식의 종류에는 가장 기본이 되는 보통주와 추가적인 권리를 부여하는 우선주가 있다.

(1) 보통주

보통주는 기본적인 소유권을 나타내는 주식으로서, 기업이 실패할 경우 최종위험을 부담하고, 성공할 경우 이득을 받는 잔여지분의 성격을 갖는 주식이다. 일반적으로 한 가지 주식만을 발행했다면, 이 경우 당해 주식은 보통주가 된다. 우선주는 반드시 발행될 필요가 없지만, 보통주는 반드시 발행되어야 한다.

(2) 우선주

우선주는 특정 사항에 관해서 보통주에 비하여 우선적인 권리가 부여된 주식을 말한다. 우선주는 보통주에 앞서 이익배당을 우선적으로 받을 권리가 부여되어 있지만 이보다 더 중요한 권리인 의결권을 행사할 수 없는 것이 일반적이므로 대부분의 경우 우선주는 보통주보다 상대적인 가치가 낮다. 배당에 관한 우선권이 부여된 우선주에는 누적적 우선주와 참가적 우선주가 있다.

(3) 누적적 우선주

특정 연도에 배당가능이익이 부족하여 받지 못한 약정된 배당을 다음 연도로 이월하여 보통주에 대한 배당을 지급하기 전에 이익배당을 우선적으로 받을 수 있는 권리가 부여된 우선주를 말한다. 특별한 규정이 없는 한 우선주는 누적적 우선주로 간주한다.

(4) 참가적 우선주

우선주가 우선적 배당을 받은 후 보통주가 배당을 받을 때 다시 이익배당에 참여할 수 있는 권리가 부여된 우선주를 말한다. 참가적 우선주는 추가적 이익배당에 참여할 수 있는 정도에 따라 완전참가적 우선주와 부분참가적 우선주로 구분된다. 완전참가적 우선주는 우선주배당률에 해당하는 배당금을 우선주와 보통주에게 지급하고도 배당액이 남는 경우, 보통주와 우선주를 대상으로 동일한 수익률이 발생하도록 배당을 하는 우선주이다. 부분참가적 우선주는 우선주배당률에 해당하는 배당금을 우선주와 보통주에게 지급하고도 배당액이 남는 경우, 보통주보다는 우선주에게 낮은 수익률이 발생하도록 배당을 하는 우선주이다.

우선주배당률에 대한 배당을 받고난 후에 잔여배당에 대해서는 참가할 수 없고 잔여배당을 모두 보통주에게 귀속시키는 우선주를 비참가적 우선주라고 한다.

(5) 주식발행비

회사 설립시 또는 유상증자(신주발행)시의 주식발행과 관련하여 주주모집 등을 위한 광고비, 주식청약서, 사업설명서 인쇄비, 금융기관 등의 취급수수료, 기타 주식발행을 위하여 직접 지출한 비용 등 주식발행비용이 발생한다. 이러한 주식발행비는 주식의 발행가액에서 차감하는 회계처리를 하는데 이를 자본차감법이라 한다. 주식발행비는 주식을 발행하여 자본을 조달하는 과정에서 발생된 것이고, 또한 주식발행으로 인한 자본조달액은 주식발행비용만큼 감소하므로 주식발행비를 자본에서 차감하여야 한다는 것이다.

(6) 주식관리

법인에 있어서 주식의 변동에는 양도, 증여, 증자, 감자 등 여러 가지 형태가 있다. 이 중에서 각 변동사항에 따라서 세금이 발생될 수 있다.

① 양도: 양도소득세, 증권거래세

② 증여: 증여세

③ 증자: 불균등 증자시 증여세

④ 감자: 불균등 감자시 증여세

2. 납입자본

자본은 크게 납입자본과 이익잉여금 두 가지로 구분이 되는데, 납입자본은 실제로 주주가 납입한 자본으로, 주주들이 출자한 자본금 및 자본잉여금으로 구성이 된다. 자본금은 주주들이 납입한 법정자본금으로 보통주자본금과 우선주자본금으로 분류하고, 자본잉여금은 증자나 감자, 주주와의 기타 거래에서 발생한 잉여금으로서, 주식발행초과금과 기타자본잉여금(감자차익, 자기주식처분이익)으로 구분할 수 있다. 이익잉여금은 주식회사가 영업활동을 통하여 창출한 당기순이익에서 배당금을 차감한 금액의 누적액이다.

3. 자본금

자본금은 발행주식이 액면주식인지 아니면 무액면주식인지에 따라 다르게 결정되는데, 액면주식의 자본금(capital stock)은 발행주식수에 액면금액을 곱한 금액을 말한다. 주식을 발행하면 자본금이 증가하고 주식을 매입소각하게 되면 자본금이 감소한다.

자본금＝발행주식수×주당 액면금액

4. 자본잉여금

자본잉여금은 증자와 감자, 주주와의 기타 거래에서 발생한 잉여금으로서, 자본거래에서 발생한 잉여금을 말한다. 재무상태표상 자본에 가산되는 자본잉여금에는 주식발행초과금과 기타자본잉여금(감자차익, 자기주식처분이익)이 있다.

1) 주식발행 초과금

주식의 발행금액이 액면금액을 초과하는 경우, 즉 주식을 할증발행한 경우 발생하는 초과금액을 말한다. 이때 주식의 발행금액은 신주발행수수료 등 주식발행비용을 차감한 후의 금액으로 한다.

2) 기타자본잉여금

기타자본잉여금은 주식발행초과금을 제외한 자본잉여금에 속하는 것으로 감자차익과 자기주식처분이익 등이 있다. 감자차익은 자본감소의 경우에 주주에게 지급되는 환급금액이 해당 주식의 액면금액보다 적을 경우에 발생한다. 회사가 감자를 하는 이유는 크게 두 가지가 있다. 첫째, 사업의 규모를 줄이기 위하여 주식을 매입하여 소각하는 것이다. 둘째, 누적된 결손금을 보전하기 위하여 자본금을 감소시키는 것이다. 한편, 자기주식처분이익은 기업이 자기주식을 취득원가보다 높은 금액으로 처분했을 경우에 발생하는 항목으로서, 자기주식처분손실을 차감한 후의 금액으로 한다.

5. 이익잉여금

1) 이익잉여금

이익잉여금은 영업활동, 재무활동 및 투자활동과 같은 기업의 이익창출활동에 의해 축적된 이익을 기업 외부에 유출하거나 납입자본에 대체하지 않고 기업내부에 유보한 것을 말한다. 이익잉여금은 재무상태표와 포괄손익계산서를 연결시켜주는 계정으로서, 당기순이익에 의하여 증가한다. 반면에 당기순손실, 배당, 결손금보전, 주식할인발행차금상각, 배당건설이자상각, 전기오류수정손실 등에 의해 감소한다.

이익잉여금은 크게 법정적립금(이익준비금), 임의적립금, 미처분이익잉여금으로 구성된다.

(1) 법정적립금

법정적립금은 상법 및 기타 법률에 의하여 의무적으로 적립해야 하는 적립금으로서, 회사의 재무상태를 견고히 하기 위하여 도입된 것이다. 법정적립금에는 이익준비금과 기타법정적립금이 있다. 상법에서는 기업의 유지와 채권자 보호를 위해서 자본금의 1/2에 달할 때까지 매 결산기 금전배당액의 10% 이상을 이익준비금으로 적립하도록 규정하고 있다. 이익준비금은 결손보전과 자본전입 이외의 목적에는 사용할 수 없다.

(2) 임의적립금

임의적립금은 법정적립금과는 달리 제3자와의 계약 또는 회사경영자의 판단에 의하여 자발적으로 적립하는 적립금이다. 회사에서는 사업확장, 부채상환 등을 위하여 배당 등 사외유출을 제한할 필요가 있을 때 임의적립금을 적립한다. 임의적립금에는 사업확장적립금, 배당평균적립금, 결손보전적립금, 감채적립금 등이 있다.

2) 배 당

배당이란 기업이 창출한 이익 중 일부를 주주들에게 분배해주는 것을 말한다. 배당은 현금으로 지급하는 것이 원칙이나 필요에 따라서는 현물배당이나 주식배당을 할 수도 있다.

(1) 현금배당

현금배당은 가장 일반적인 배당의 유형이다. 일반적으로 기업은 주주명부를 확정하고 주주명부에 등록되어 있는 주주에게 배당을 받을 권리를 부여하게 된다. 회계 기말로부터 3개월 이내에 개최되는 주주총회를 통하여 얼마의 배당금을 언제 지급할 것인지를 결의한다. 일단 주주총회에서 배당금액이 결정되면 기업은 이익잉여금에서 차감되는 배당금을 인식하고 대변에 유동부채인 미지급배당금을 기록한다. 현금배당이 이루어지면 회사의 순자산이 감소한다.

(2) 주식배당

상법에서는 이익배당 총액의 1/2에 상당하는 금액의 범위 내에서 주식을 배당할 수 있도록 규정하고 있다. 주식배당은 이익잉여금을 자본금에 대체하는 회계처리를 하기 때문에 회사의 순자산은 변동하지 않는다. 주주총회에서 주식배당이 결의되면 주식을 교부해야 할 의무가 발생하므로 미교부주식배당금이라는 자본조정계정을 설정한다. 추후 실제로 주식이 교부될 때 미교부주식배당금을 제거하고 자본금을 증가시키는 회계처리를 한다.

6. 기타자본의 구성요소

1) 기타 포괄손익 누계액

포괄손익은 주주의 투자 및 주주에 대한 분배가 아닌 거래나 회계사건으로 인하여 일정 회계기간 동안 발생한 순자산의 총변동액을 말한다. 이러한 순자산의 변동중에서 당기순손익을 결정하는 항목은 재무상태표의 이익잉여금 증감을 가져온다. 당기순손익에서는 제외되지만 포괄손익에는 포함되는 항목을 기타포괄손익이라고 하는데, 이는 재무상태표의 기타포괄손익누계액(accumulated other comprehensive income)을 증가 또는 감소시킨다. 기업은 보고기간말의 마감분개에서 당기손익을 이익잉여금에 대체하듯이 기타포괄손익을 기타포괄손익누계액으로 대체하게 된다. 기타포괄손익누계액의 원천이 되는 기타포괄손익에는 해외사업장 환산손익, 자산재평가잉여금, 현금흐름 위험회피 파생상품평가손익, 매도가능 금융자산평가손익 등이 있다.

2) 자본조정

자본조정(capital adjustment)이란 자본에 가산하거나 차감할 항목으로서 납입자본 및 이익잉여금으로 분류할 수 없는 항목을 말한다. 자본조정항목에는 자기주식, 주식할인발행차금, 감자차손, 자기주식처분손실, 주식매수선택권, 미교부주식배당금 등이 있다.

3) 자본잠식(資本蠶食, Impairment of Capital, Capital impairment)

자본잠식은 주식회사의 자본총계가 자본금보다 작아진 상태로 순자산이 자본금보다 적은 상태다. 즉, 자본금+잉여금 중, 잉여금이 바닥난 후 자본금마저도 잠식되기 시작하는 상태이다.[1)]

회사는 영업활동 등을 통해 순이익을 올리면서 자기자본을 쌓아나가게 되는데, 만약 회사가 이익을 발생시키지 못하여 순손실이 발생하게 되어, 기업의 적자폭이 커져 잉여금이 바닥나고 자본금마저도 잠식되기 시작하는 심각한 상태를 의미한다.

- 자본: 자본금+잉여금
- 자본금: 발행주식수×1주 액면가액
- 잉여금: 자본잉여금+이익잉여금
  - 자본잉여금: 액면가보다 높게 주식발행하여 발생한 차액(주식발행초과금) 또는 이익 가운데, 주주에게 배당금 지급 후의 유보금
  - 이익잉여금: 영업 등을 통해 발생한 이익

$$\text{자본잠식률}(\%)=[(\text{자본금}-\text{자기자본})/\text{자본금}]\times 100$$

보통의 주식회사는 완전 자본잠식 상태가 되면 생존하는 것이 힘든 정도가 아니라 사실상 파산만 앞두고 있는 상황이다.

(1) 자본잠식 해소 방법

자산을 증가시키거나 부채를 감소시켜 자본잠식을 해결한다.

(가) 무상감자

자본을 감소시켜, 감소된 자본으로 결손을 보전하는 방법

(나) 유상증자

신주를 발행하여 자본을 증가시키는 방법

- 출자전환: 자본금을 납입하는 대신, 부채를 주식으로 전환하여 자본을 증가시키

1) 나무위키, 자본잠식 참조.

는 방법

(2) 자기주식

자기주식(treasury stock)이란 회사가 이미 발행한 주식 중 일부를 추후에 재발행하거나 소각할 목적으로 재취득한 주식을 말한다. 기업들은 주가안정, 경영권 방어 또는 종업원들에게 보상형태로 분배하기 위한 목적으로 자기주식을 취득하기도 하고, 기업 내부에 과도하게 현금이 축적된 경우 이를 줄이기 위해 자기주식을 취득하기도 한다.

(3) 주식할인발행차금

주식을 액면금액 이하로 발행함으로써 발생하는 주식할인발행차금은 주식발행초과금과 우선 상계하고 그 잔액에 대하여는 자본조정으로 분류하여 자본에서 차감하는 형식으로 기록한다. 주식할인발행차금은 주식발행연도부터 3년 이내의 기간에 균등액을 상각하는데, 주식할인발행차금상각은 이익잉여금의 처분항목이다. 주식할인발행차금은 주식발행초과금의 범위 내에서 상계하여 처리한다.

제 6 절 현금흐름표(statement of flows)

1. 현금흐름표의 의의와 유용성

1) 현금흐름표의 의의

현금흐름표(statement of cash flows)는 일정기간 동안 현금의 유입과 유출, 혹은 현금의 원천과 사용에 관한 정보를 제공하는 재무보고서이다. 재무제표 중의 하나인 포괄손익계산서는 발생주의(accrual basis)에 의해 작성되지만, 현금흐름표는 현금주의(cash basis)에 의해 작성된다.

현금의 수익과 지출을 수익 및 비용의 인식기준으로 삼는 방법이다. 즉 현금의 수입이 있을 때 수익을 인식하고 현금의 지출이 되었을 때 비용을 인식하는 방법이다. 현금주의에서는 상품을 현금으로 판매한 경우에는 현금 수익액만큼 수익으로 인식하지만, 상품을 외상으로 판매한 경우는 판매시점에는 현금 수익액이 없으므로 수익을 전혀

인식하지 않게 된다.[2)]

현금흐름표는 일정기간 동안 영업활동, 투자활동, 재무활동에 의해 현금이 어떻게 조달되었고 또한 어떻게 사용되었는지에 대한 정보를 제공해준다. 기업이 영업활동을 통하여 창출한 현금흐름에 관한 정보를 제공하여 포괄손익계산서만으로 파악할 수 없는 현금주의 이익정보를 제공한다. 현금흐름표상에서의 현금이란 현금 및 현금성자산을 말한다.

2) 현금흐름표의 유용성

현금흐름표는 기업의 각 활동, 즉 영업활동, 투자활동 및 재무활동으로부터 창출된 현금과 그에 사용된 현금에 관한 정보를 제공해준다. 각 활동별로 현금의 유입과 유출을 세분하여 표시함으로써 그 유용성을 높일 수 있다. 현금흐름표는 다른 재무제표와 같이 사용되는 경우 순자산의 변화, 재무구조(유동성과 지급능력 포함), 그리고 변화하는 상황과 기회에 적응하기 위하여 현금흐름의 금액과 시기를 조절하는 능력을 평가하는데 유용한 정보를 제공한다. 현금흐름정보는 현금및현금성자산의 창출능력을 평가하는데 유용할 뿐만 아니라, 서로 다른 기업의 미래현금흐름의 현재가치를 비교·평가하는 모형을 개발할 수 있도록 한다. 또한 현금흐름 정보는 동일한 거래와 사건에 대하여 서로 다른 회계처리를 적용함에 따라 발생하는 영향을 제거하기 때문에 영업성과에 대한 기업 간의 비교가능성을 제고한다.

현금흐름표는 회계기간 동안 발생한 현금흐름을 영업활동, 투자활동 및 재무활동으로 분류하여 보고한다. 하나의 거래에서 서로 다른 활동으로 분류되는 현금흐름이 포함될 수 있다. 예를 들어 이자와 차입금을 함께 상환하는 경우, 이자지급은 영업활동으로 분류될 수 있고, 차입금에 대한 원금상환은 재무활동으로 분류된다.

(1) 영업활동 현금흐름

영업활동 현금흐름은 주로 기업의 주요 수익창출활동에서 발생한다. 따라서 영업활동 현금흐름은 일반적으로 당기순손익의 결정에 영향을 미치는 거래나 그 밖의 사건의 결과로 발생한다. 영업활동 현금흐름의 예는 다음과 같다.

① 재화의 판매와 용역 제공에 따른 현금 유입

---

2) 중소벤처기업부 한국경영기술지도사회, 회계학개론, p.31.

② 로열티, 수수료, 중개료 및 기타수익에 따른 현금유입

③ 재화와 용역의 구입에 다른 현금유출

④ 종업원과 관련하여 직·간접으로 발생하는 현금유출

⑤ 보험회사의 경우 수입보험료, 보험금, 연금 및 기타 급부금과 관련된 현금유입과 현금유출

⑥ 법인세의 납부 또는 환급. 다만 재무활동과 투자활동에 명백히 관련되는 것은 제외한다.

⑦ 단기매매목적으로 보유하는 계약에서 발생하는 현금유입과 현금유출

기업은 단기매매목적으로 유가증권이나 대출채권을 보유할 수 있으며, 이 때 유가증권이나 대출채권은 판매를 목적으로 취득한 재고자산과 유사하다. 따라서 단기매매목적으로 보유하는 유가증권의 취득과 판매에 따른 현금흐름은 영업활동으로 분류한다. 마찬가지로 금융회사의 현금 선지급이나 대출채권은 주요 수익창출활동과 관련되어 있으므로 일반적으로 영업활동으로 분류한다.

영업활동 현금흐름은 다음 중 하나의 방법으로 보고한다.

① 직접법: 총현금유입과 총현금유출을 주요 항목별로 구분하여 표시하는 방법

② 간접법: 당기순손익에 현금을 수반하지 않는 거래, 과거 또는 미래의 영업활동 현금유입이나 현금유출의 이연 또는 발생, 투자활동 현금흐름이나 재무활동 현금흐름과 관련된 손익항목의 영향을 조정하여 표시하는 방법이다.

한국채택국제회계기준에서는 영업활동 현금흐름을 보고하는 경우에는 직접법을 사용할 것을 권장한다. 직접법을 적용하여 표시한 현금흐름은 간접법에 의한 현금흐름에서는 파악할 수 없는 정보를 제공하며, 미래현금흐름을 추정하는 데 보다 유용한 정보를 제공해준다.

직접법과 간접법을 비교하면 다음과 같다.

(가) 직접법

직접법(direct approach)은 영업활동 현금흐름을 표시할 때 현금을 수반하여 발생한 총유입항목과 총유출항목을 주요 항목별로 구분하여 표시하는 방법으로서, 매출과 같은 영업활동으로 인한 거래로부터 유입된 현금에서 매출원가와 같은 영업활동으로 인한 거래로 인해 유출된 현금을 차감하여 현금주의에 의한 순이익을 계산하는 방법이다.

(나) 간접법

간접법을 적용하는 경우, 영업활동 순현금흐름은 당기순손익에 다음 항목들의 영향을 조정하여 결정한다.

① 회계기간 동안 발생한 재고자산과 영업활동에 관련된 채권·채무의 변동
② 감가상각비, 자산평가손익, 외화환산손익 같은 비현금성 수익·비용항목
③ 투자활동 현금흐름이나 재무활동 현금흐름으로 분류되는 기타 모든 항목

(2) 투자활동 현금흐름

투자활동이란 주로 기업의 재무상태표상의 비유동자산 및 영업활동과 관련없는 유동자산의 변동을 가져오는 모든 거래를 의미한다. 이러한 투자활동의 예로는 대여금의 회수, 유형자산, 무형자산의 취득에 따른 현금유출과 이의 처분에 따른 현금유입 등이 포함된다.

(3) 재무활동 현금흐름

재무활동이란 납입자본과 차입금의 증감을 가져오는 활동과 배당금의 지급 등과 같은 부채 및 자본계정에 영향을 미치는 활동을 말한다. 이러한 재무활동의 예로는 현금의 차입 및 상환활동, 신주발행이나 배당금의 지급 등을 들 수 있다. 이들 부채 및 자기자본의 증가와 관련된 거래는 현금의 유입을 가져오고, 감소와 관련된 거래는 현금의 유출을 가져온다.

(4) 별도 표시하도록 규정하고 있는 이자와 배당금, 법인세 관련 항목

한국채택국제회계기준에 따르면 매 기간마다 일관성을 유지하는 조건으로 기업의 선택에 따라 이자와 배당금의 수취 및 지급에 다른 현금흐름을 영업활동 현금흐름으로 분류할 수 있다. 또한 간접법에 의해 현금흐름을 작성하더라도 이자와 배당금의 수취 및 지급, 법인세 납부 등의 현금흐름은 직접법에서와 마찬가지로 별도의 항목으로 표시하도록 요구하고 있다. 따라서 이자와 배당금의 수취와 지급을 영업활동으로 분류하는 경우에도 별도 표시를 위해 법인세비용차감전순이익에서 가감하여 현금흐름에 미치는 영향을 제거해 두어야 한다.

즉, 이자수익과 배당금수익을 영업활동으로 분류하는 경우, 이자수익과 배당금수익을 법인세비용차감전순이익에서 차감하여 영업활동에서 창출된 현금흐름을 구하고

다시 실제 받은 이자수익과 배당금수익을 가산하여 영업활동 현금흐름을 구한다.

이자와 배당금 수취 및 지급에 따른 현금흐름을 영업활동으로 분류하지 않는 경우, 투자 및 재무활동에 분류되는 항목이기 때문에 법인세비용차감전순이익에서 차감한 후에 투자활동에서 실제로 현금으로 받은 이자수익과 배당금수익을 추가로 표시한다. 법인세 납부도 별도의 항목으로 표시한다. 간접법으로 영업활동현금흐름을 계산할 때는 영업에서 창출된 현금흐름 아래에 실제 법인세 납부액으로 차감하여 영업활동 순현금흐름을 계산한다.

제 4 부

정책자금관리와 ICT 융합전략

제 9 장 중소기업 정책자금관리

제 1 절 정책자금관리의 개요

1. 중소기업 금융의 의의와 특성

1) 중소기업 금융의 의의

(1) 경제 환경의 변화와 중소기업 육성

산업구조의 고도화·다양화로 다품종 소량생산체제 구축이 필요해지고, 지식기반 산업의 확대로 산업 및 국가 경제를 초월한 네트워크가 확대되어 제조업과 서비스업의 구분이 모호해지고 생산체계가 고도화되고 있다.

경제의 이중구조 내지 불균형 문제를 해소하기 위해서 경쟁력 있는 중소기업의 육성이 필요하다.

(2) 중소기업 정책금융의 필요성

중소기업금융 부문에서 시장실패(market failure)가 발생하거나 발생 우려가 있는 경우, 즉 시장실패란 독과점, 공공재, 불완전정보, 거래비용, 교섭력의 격차 등 완전경쟁을 저해하는 요인들로 인해 시장기능에만 의존할 경우 효율적 자원배분이 이루어지지 않고 있다.

중소기업금융 부문에서 조정실패(coordination failure)가 발생하거나 발생할 우려가 있는 경우, 즉 정보비대칭, 의사소통 곤란 등에 의한 신뢰 기반의 붕괴로 경제주체 모두에게 이득의 기회를 놓치고 사회적 후생이 감소하게 될 것이다.

2) 정책자금의 의의

정책자금이란 정부가 특정 정책의 목적을 달성하기 위해 한정된 재원을 특정부문에 공급하는 자금이다.

기업이 경영을 하는데 있어서 혈액과 같은 운전자금, 시설자금, 공장설립자금 등의 운영자금이 필요할 때 정부, 금융기관 등에서 기업에게 유리한 상환조건으로 지원하는 자금으로서 일반 융자보다 훨씬 더 낮은 이자율, 높은 지원 한도, 비교적 긴 상환기간이 특징이다.

3) 정책자금의 역할

첫째, 미래 성장가치가 있는 유망 중소기업을 발굴하여 선택적으로 집중 지원함으로써 국가 경제에 기여 및 전후방 산업 파급효과 극대화 등 정책 목적을 수행한다.

둘째, 제도권 금융의 접근이 어려운 창업, 개발기술 사업화, 사업전환, 장기 시설투자에 대한 지원으로 민간 금융기관의 시장실패 부문을 보완한다.

셋째, 미래가치 중심의 평가를 통해 신용대출 등 일반 금융기관의 대출구조를 선도한다.

넷째, 성장 가능성에도 불구하고 담보 여력이 부족한 중소기업의 자금조달 창구 역할을 수행한다.

4) 운용 목적 및 방향

(1) 목 적

정책적 지원이 필요한 기술·사업성 우수 중소기업에 장기·저리의 자금을 공급하여 중소기업의 성장을 촉진한다.

(2) 방 향

고용 창출, 수출, 시설 투자 중소기업 및 혁신성장 분야 등 중점 지원 분야 영위기업[1]에 대한 자금 우선 지원한다.

---

1) 혁신성장분야, 비대면분야, 소재·부품·장비산업, 지식서비스산업, 물류산업, 그린 분야, 뿌리산업, 지역특화(주력)산업, 융복합 및 프랜차이즈산업, 유망소비재산업.

기술·사업성 평가를 통해 미래 성장가능성이 높은 기업에 직접·신용 대출 위주로 지원한다.

5) 중소기업 금융의 특성

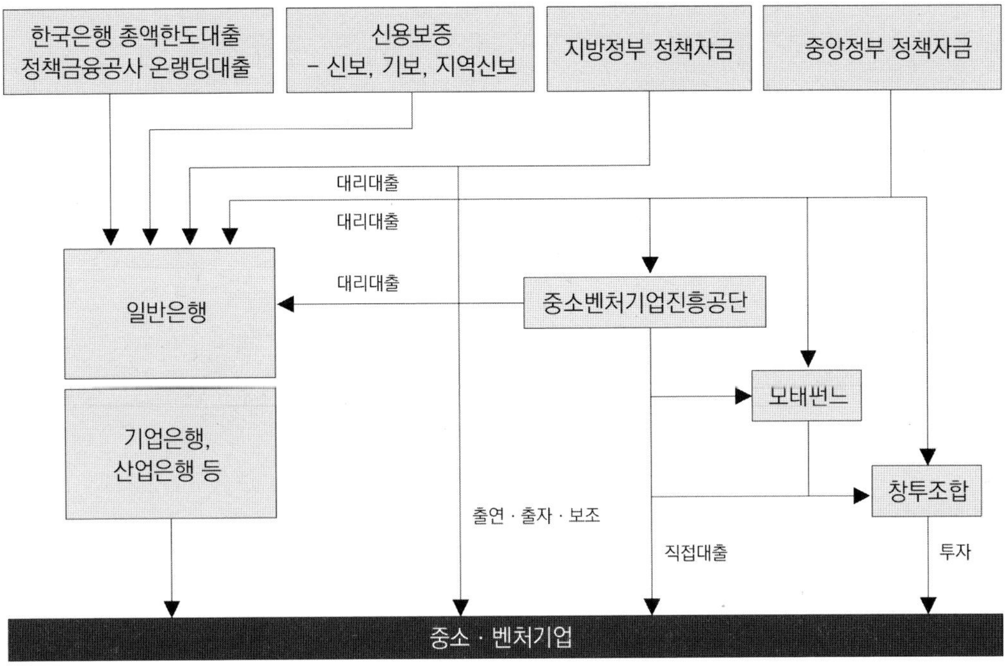

자료: 송성호, KIET 산업경제, 2012. 9.

[그림 9-1] 중소기업 정책자금 지원체계

(1) 지원체계의 다양성

정부 부처, 지방자치단체, 공적 신용보증기관, 국책은행 등으로 정책금융 지원 체계가 다양하다.

정책자금 융자 지원은 각 부처, 지방자치단체별로 산하기관이나 위탁금융기관을 통해 집행하며, 정책자금 출자 지원은 중소벤처기업부 등 해당 부처가 모태펀드[2]에 출

---

2) 모태펀드(Fund－of－Funds)는 기업에 직접 투자하기보다는 개별펀드(투자조합)에 출자하여 직접적인 투자위험을 감소시키면서 수익을 목적으로 운영하는 펀드를 말한다.
투자가가 내부에 전문조직을 갖출 필요가 없는 장점이 있다. 우수한 운용사를 선별하고, 이들에 대한 접근이 보다 용이하기 때문에 높은 수익률을 기대할 수 있는 특징이 있다.

자하여 관리를 위탁하고 이를 모태펀드가 투자조합에 다시 출자, 지원한다.

신용보증 지원은 신용보증기금 등 신용보증기관들이 직접적으로 신용보증을 공급하며, 은행을 통한 대출 확대 지원은 한국은행이 제도적 규제와 인센티브 시스템을 통해 운영한다.

(2) 중소기업 정책금융이 전체 중소기업금융에서 높은 비중을 차지함

대출 부문에서 중소기업 대출잔액 기준으로 정부 부처, 신용보증, 지방자치단체의 지원이 차지하는 비중이 최소 20% 이상일 것으로 추정된다.

(3) 정확한 신용평가의 한계

재무정보의 신뢰성이 비교적 낮고 정보의 비대칭성이 높아 정확한 신용평가가 어렵다는 점이다. 일부 중소기업은 재무제표를 체계적으로 관리하지 않고 세무서에 보고하는 정보와 금융기관에 제출하는 정보 사이에 차이가 있어 신뢰성이 낮고 비대칭성(정보 불균형)이 높다.

(4) 간접금융 위주의 지원

첫째, 중소기업의 자금조달 경로는 은행 차입 위주이며, 자본시장을 통한 직접 금융 활용도는 매우 저조한 편이다. 하지만 중소기업들은 간접금융 중심의 수요 구조를 갖고 있다.

둘째, 중소기업 정책금융의 역할도 중소기업 금융의 현실적 애로가 작용하여 간접금융에 집중한다.

(5) 라이프사이클에 따라 다른 금융조달 방식

중소기업은 성장단계별로 리스크, 필요자금의 성격 및 규모가 다르다. 성장 초기단계에서는 자기자본을 이용하거나 정책금융, 엔젤투자를 이용하는 경향이 많고, 성장이 가시화되어 생산설비나 사업규모를 확장하는 성숙단계에서는 은행을 이용하는 빈도가 높아진다.

(6) 정책 목적과 지원 대상의 차이

첫째, 정책자금의 경우 부처별, 자금별로 자금 목적에 부합하는 지원요건을 설정하여 이를 충족하는 기업을 지원 대상으로 한다. 일반적으로 대부분의 부처들이 은행을 통한 대리대출 방식으로 지원함에 따라 은행이 적격업체로 간주하는 중소기업이 주 수혜 대상이다.

둘째, 신용보증은 담보력이 취약한 중소기업, 신기술사업자, 소상공인 등이 지원 대상이다.

셋째, 실제 중소기업 정책금융의 지원 대상은 거의 모든 업종·규모의 중소기업군을 포함하고 있으며, 은행 활용 가능성이 높은 기업군도 지원 대상에 포함된다.

넷째, 은행의 주거래 고객, 은행 및 신용보증기관이 신용평가 기준에 의한 적격업체, 정책자금별 지원요건을 충족하는 중소기업들이 주요 지원 대상이다. 이 기업군 중 상대적으로 은행 활용 가능성이 높은 기업들이 많다.

다섯째, 지원 대상에 대한 주요 선별 기준은 외형, 실적 중심으로 기업의 현재가치 기준이다. 이는 은행 대출의 기준과 정책금융의 지원 기준이 유사함을 의미한다.

2. 정책자금 지원 근거법

1) 지원 근거

'중소기업진흥에 관한 법률' 및 '국가재정법'에 의거 중소기업진흥기금을 중소벤처기업진흥공단이 운영 및 관리한다.

2) 중소기업진흥에 관한 법률 제63조(중진기금의 설치)

정부는 중소기업의 창업 촉진, 산업의 균형 있는 발전과 산업기반의 구축, 경영 기반 확충 및 구조 고도화에 필요한 재원을 확보하기 위하여 중소기업 창업 및 진흥기금을 설치하도록 되어 있다.

3) 국가재정법 제5조(기금의 설치)

기금은 국가가 특정한 목적을 위하여 특정한 자금을 신축적으로 운용할 필요가 있을 때에 한하여 법률로서 설치하되, 정부의 출연금 또는 법률에 따른 민간부담금을 재원으로 하는 기금은 규정된 법률에 의하지 아니하고는 이를 설치할 수 없다.

3. 정책자금 분류

1) 정책자금 성격별 분류

〈표 9-1〉 정책자금 성격별 분류

분 류	내 용	지원기간	기술 성격	상환 여부
출연, 무담보, 무이자	출연자금을 지원 받는 경우에는 연구기간이 만료됨	1~3년 이내 단기	• 요소기술개발 및 상용화 • 높은 기술수준 • 높은 경쟁률 • 지원규모 보통	성공시에만 기술료 (정액, 정률)로 상환
융 자	담보(물적·기술담보) 설정 후 은행권 이자보다 낮은 이율로 장기저리 대출	5년 정도의 장기	• 상품화 • 중 이하 기술수준 • 낮은 경쟁률 • 지원규모 큼	지원금 및 이자 상환
투 자	정부에서 투자하는 벤처캐피탈 자금	3년 정도의 중기, 성장 단계별로 다수 지원 가능	• 전 단계로 수익모델·아이디어 중심 • 기술수준 전 단계 • 매우 높은 경쟁률 • 적은 지원 금액	IPO, M&A를 통한 회수

일반적으로 정책자금은 크게 담보 유무에 따라 정부출연금, 보조금, 융자지원금으로 분류된다.

〈표 9-2〉 정책자금 담보 유무별 분류

구 분	내 용
정부출연금	정과제사업에 선정된 기업(기관)에게 무담보, 무이자로 지원되는 현금으로 과제 성공 시 일부를 상환함이 원칙
보조금	정책사업에 선정된 기업에게 무담보, 무이자로 지원하면서 일체의 상환의무가 없는 금액으로 사업을 보조하는 자금
융자지원금	정부과제사업에 선정된 기업에게 기술 또는 신용을 담보로 지원되는 현금으로 일정기한 내에 원금과 이자를 상환함

〈표 9-3〉 정책자금 지원기관별 내용

금융기관	조 건	한 도	비 고
신용보증재단	신용등급 1~6등급(7등급), 소상공인, 연매출액 5억 미만, 법인보다 개인, 설립 후 2개월의 경우는 매출이 몇 천일 경우에도 가능	5천만원	서울, 경남권 인터넷 예약 가능, 타 지역은 대표가 직접 신청
소상공인 진흥공단	직원 5인 미만, 제조업 직접 대출	4천~1억	대표가 공단 방문
신용보증기금	신용등급 1~4등급, 매출 6억 이상, 재산 가압류, 세금 연체 없어야 함	1~10억	
기술신용 보증기금	기술력 있는 기업, 특허, 연구소, ISO, 벤처 등 인증 우대, 대표자 경력이 중요. 제조업이면 매출 없어도 가능	1~10억	
중소벤처기업 진흥공단	직원 5명 이상(건설업 10명 이상), 제조, 도소매, 서비스, 무역 등 다양함, 매출 낮아도 가능	1~10억	

(1) 출연지원금과 융자지원금의 차이

(가) 출연지원금

① 기술료: 보통 출연금에는 '기술료'라 하여 지원사업이 종료되는 시점에서 정부가 출연(지원)한 금액의 20~40%를 1~5년에 걸쳐 회수하는 사후 기업부담금이 수반되는데, 지원사업의 종류에 따라 기술료가 면제되거나 기술료 요율(%)과 상환기간이 다르다.

② 매칭펀드: 특정 정부지원사업에 100%를 모두 정부에서 지원하는 사업은 거의 없으며 보통 50~75%만 정부가 지원하고 잔여 25~50%는 민간부담금이라 하여 지원사업에 참여하는 중소기업이 부담하게 된다. 이렇게 상호간에 펀드를 일정 비율로 부담하는 방식을 말하며, 대부분의 정부 지원금이 매칭펀드의 형태로 지원한다.

(나) 융자지원금

융자사업에는 해당 주관기관이 직접 자금을 융자하기도 하지만 보통 주관 기관은 기업을 선정만 하고 실제 융자금의 대출은 금융기관을 통해 이루어진다.

이 경우 융자시 반드시 담보를 요구하게 되는데, 부동산 등의 담보 제공능력이 없는 기업은 기술신용보증기금을 통하여 기술담보 보증서를 발급받아 대출을 받게 된다.

융자가 발생시 일반적으로 3년 거치 5년 상환으로 대출한 금액을 상환하게 되는데

3년 거치 5년 상환이란 융자금의 이자만 3년 동안 납부하다가 3년 이후부터는 5년 동안 원금과 이자를 갚게 된다는 의미이다.

(2) 정책자금과 신용보증

(가) 중소기업 정책자금

정부 및 지방자치단체 등 중소기업 지원 기관이 중소기업 지원 정책 수립시 활용하는 자금. 중소기업청 소관으로 중소벤처기업진흥공단 및 은행을 통해 중소기업에 지원되는 융자자금이다.

(나) 신용보증

담보가 부족한 기업이 보유하고 있는 무형의 신용을 발굴하여 보증기관(신용보증기금, 기술신용보증기금, 지역신용보증재단)이 신용보증서를 발급하여 금융기관 등으로부터 원활하게 자금을 지원받을 수 있도록 하는 제도이다.

신용보증제도는 통화정책과 재정정책과의 이중적 효과를 갖는 경제정책 수단으로 경기변동의 완충 역할을 수행하고 있다. 신용보증이 경기변동에서의 역할 분석 등을 통하여 신용보증제도의 활용 가능성, 국민경제적 성과 제고 등의 정책수립의 자료로 활용한다.

그 동안 신용보증제도는 도적적 해이 문제로 보증사고 등 리스크도 있었지만 IMF 등 국민경제 위기의 극복, 담보력이 미약한 소상공인에 대한 신용보증을 통해 양극화 해소와 기업이 보유한 기술 등의 미래가치 평가를 통한 기술성 평가보증으로 금융 선진화에도 크게 기여한다.

2) 정책자금 용도별 분류

자금 용도에 따라 크게 운전자금과 시설자금으로 분류된다.

(1) 운전자금

〈표 9-4〉 운전자금 용도와 범위

용 도	융자 범위
기업 경영활동	원부자재 구입, 제품의 생산, 시장 개척, 기술개발, 인건비 등 기업 경영활동에 소요되는 자금
약속어음 감축	약속어음 폐지·감축을 위해 대금 지급방식을 현금지급 방식으로 전환하는데 필요한 비용

(2) 시설자금

〈표 9-5〉 시설자금 용도와 범위

용 도	융자 범위
설비 구입	생산, 정보화 촉진, 유통·물류, 생산환경 개선 등에 필요한 기계장비의 구입에 필요한 자금
사업장 건축	• 자가 사업장 확보를 위한 토지 구입비 및 건축 자금 범위: 사업장(공장) 내의 기숙사 등 복리후생 관련 복지시설 포함 • 토지구입비는 건축 허가가 확정된 사업용 부지 및 산업단지 등 계획입지의 입주계약자 중 6개월 이내 건축 착공이 가능한 경우에 한함
사업장 매입	자가 사업장 확보를 위한 사업장 매입 자금(경·공매 포함). 자가 사업장 확보자금은 기업당 3년 이내 1회로 지원 한정
임차보증금	사업장 확보를 위한 임차보증금

(3) 창업자금

정부지원 청년 창업 대출 종류로는 중소벤처기업진흥공단, 소상공인시장진흥공단, K스타트업에서 진행하는 제도이다.

(가) 중소벤처기업진흥공단(www.kosmes.or.kr)

중소벤처기업진흥공단에서 지원하는 청년 전용 창업자금은 대표자가 만 39세 이하로서 업력이 3년 미만인 중소기업 또는 중소기업을 창업하려는 경우 지원한다.

대출 한도는 연간 1억원 이내로 제조업이나 지역특화주력산업은 2억원 이내로 적용되며 대출 금리는 2.0% 고정금리가 적용된다.

대출기간은 시설자금의 경우 10년 이내, 운전자금은 6년 이내로 정해져 있으며 시설자금은 담보 4년 이내, 신용 3년 이내 거치기간, 운전자금은 거치기간 3년 이내로 설정한다.

※ 혁신창업사업화자금

신청 대상: 창업기반지원, 일자리창출촉진, 미래기술육성, 고성장촉진, 개발기술사업화 자금으로 구분된다.

(창업기반 지원)

업력 7년 미만인 중소기업 또는 중소기업을 창업하는 자

단, 「중소기업창업지원법」 제2조에 따른 창업자에 한함

– 업력은 사업개시일로부터 정책자금 융자신청서 제출일까지의 기간으로 산정

– 창업기반지원자금 내 다음 지원 대상을 위한 자금 별도 운용

A. 청년전용창업자금

대표자가 만 39세 이하로서, 업력 3년 미만인 중소기업 또는 중소기업을 창업하는 자 '창업성공패키지지원' 유형의 경우 대표자가 만 39세 이하로서, 업력 7년 미만인 중소기업

B. 시니어기술창업지원자금

대표자가 대기업·중견기업·정부출연연구소 경력보유자, 기술사, 이공계 석·박사 학위 보유자로서, 업력 7년 미만인 중소기업 또는 중소기업을 창업하는 자

C. 비대면분야창업자금

비대면 분야를 영위하는 업력 7년 미만인 중소기업 또는 중소기업을 창업하는 자로서, 중소벤처기업진흥공단 청년창업자금대출 신청 절차로는 온라인으로 신청 후 자가진단, 사전상담, 현장실태 조사 4단계를 거쳐 대출이 결정된다.

대출 실행이 된 이후에 전문적인 인력이 투입되어 교육이나 멘토링 서비스도 함께 받을 수 있다는 장점이 있다.

(나) 소상공인시장진흥공단

소상공인시장진흥공단은 청년들을 위한 창업자금보다는 소상공인 모두에게 해당되는 제도들이 다양하고, 세부적으로 분류되어 있으므로 홈페이지, 상담을 통해서도 확인이 가능하다.

(다) K스타트업(https://www.k-startup.go.kr/main.do)

K스타트업에서는 사업을 희망하는 청년들을 올바르게 교육하여 지원하는 여러 가지 프로그램들이 있어서 역량 강화가 가능하다.

중소벤처기업부와 창업진흥원이 공동 운영하므로 전문적인 인력이 투입되어 전문적인 교육을 받을 수 있다는 장점이 있다.

단순하게 지원금을 지원하는 제도가 아닌 철저하게 교육하여 폐업의 확률을 최대한 낮추고 위험부담을 줄일 수 있도록 교육하게 된다.

금융권과 연계하여 수시로 지원 대출 모집공고가 게시되고, 홈페이지를 통해 상시

확인하고 상세한 내용은 은행 대출 신청시 도움을 받을 필요가 있다.

※ 실전 창업 교육

(예비)창업자를 대상으로 교육, 멘토링 등을 통해 비즈니스 모델을 구체화하고 최소 요건 제품 제작, 고객반응조사 등을 지원하여 비즈니스 모델 검증 및 보완

<사업 개요>

– 지원 대상: 혁신적인 아이디어를 보유한 (예비)창업자

– 지원 예산 및 규모: 교육생 2,100명 내외, 시장검증 200명 내외

<참고>

2021년 비대면서비스 바우처 지원사업 관련 사업관리지침(6차 개정) 내용

– 본 사업의 관계자(운영기관, 바우처 결제기관, 공급기업, 수요기업 등)는 해당 지침을 확인하여 사업을 추진할 필요가 있음

(라) 창업 전 무직 대출 사례

자금이 필요한 무직 주부들에게 해당된다.

다만, 다음과 같은 조건이 있다.

① 무직 주부, 신용카드 2년 이상 사용

② 신용등급이 5등급 이내

③ 차량 15년식 이상으로 설정 금액이 없는 차량(본인 자가, 배우자 자가)

(4) (기업)공장설립자금

(가) 공장설립 정책자금 개요

중소기업에 공장신축 또는 증축을 위한 토지 및 건물 등에 소요되는 제반비용(매입자금)을 일반 금융기관보다 저금리로 중소기업에게 지원하는 정부정책자금

(나) 공장설립자금 자금지원 규모

중소기업이 공장신축 및 증축에 필요한 제반비용을 기업의 신용평가에 따라 최대 300억원 한도까지 지원

(다) 정부지원자금의 특징

중소기업의 공장설립시 지원하는 정부정책자금은 일반 금융기관과 비교시 자금 지원 한도가 높으며 금융비용을 절감하도록 저금리로 지원

〈표 9-6〉 중소기업 공장설립자금 세부 내용

지원대상	매출 10억원 이상의 개인사업자 및 법인사업자 국세 및 지방세 체납이 없는 신용등급이 양호한 중소기업
지원종류	정부지원 공장설립자금(공장신축 및 증축 소요자금)
융자한도	기업 신용등급에 따라 최대 300억원 한도
연금리	연 2.3~3.4%
융자기간	5~10년
상환방식	만기 일시상환(이자만 납입하는 형식)
융자방식	정부기관 직접융자/금융기관 대리융자
소요기간	15~45일
지원불가 대상	신용등급 불량기업, 국세·지방세 체납기업 등
상담서류	재무제표, 사업자등록증사본, 부가세표준증명원

(5) B2B 자금

(가) 정 의

기업에서 단기간에 자금이 필요할 때 많이 사용하는 B2B 구매자금으로 전자상거래를 통해 구매자와 판매자간에 체결된 계약을 은행에 자동 전송하고, 전송된 계약 내용에 따라 평균 금리 5~6% 이자율의 구매자금 대출을 구매자가 받아 판매자에게 자동으로 결제하는 제도이다.

(나) 특 성

① 마이너스 통장과 유사함

② 담보증액 효과로 인해 대출보증 증액 가능(대출한도 증대)

③ 매출 확정 즉시 결제액을 현금으로 받을 수 있음

④ 구매대금 결제의 유연성 확보(최장 180일 이내 결제 가능)

⑤ 100% 결제 금액 보장(대금결제 불확실성 해소)

⑥ 일반 구매자금 대출에 비해 대출이자 저렴

⑦ 대출금액 확대에 따른 매출액 증가

⑧ 보증한도 전부가 아닌 사용금액에 대해서만 이자 발생

⑨ 수금 관련 업무에서 해방

(다) 진행하기 위한 조건

① 회사의 신용등급이 보통 이상은 되어야 하고 매출이 우수해야 함

② 장점은 법인세에 대한 세액공제를 결제금액의 0.4%를 혜택을 받음

③ 전자상거래업이나 서비스업에 해당되기는 하지만 설비투자에 대한 공제도 가능. 엠피사에 대한 수수료도 약 7% 정도 공제가 가능

(라) 사 례

A주유소에서 신용보증기금 통해 하나은행에서 B2B 5억 승인. 한도거래 1억의 경우 3억을 B에서 1억, C에서 1억, D에서 1억을 주요소에서 기름을 구입하여 판매. 일반적으로 서울보다 경기도 지역에서 처리 빈도가 많은 편이다.

(6) 고용촉진장려금(고용노동부)

(가) 관련 규정

□ 「고용보험법」 제23조 및 같은 법 시행령 제26조

□ 「고용창출장려금·고용안정장려금의 신청 및 지급에 관한 규정」(고용노동부 고시 제2021-000호)

(나) 사업 개요

□ (개요) 코로나19 지속에 따라 어려워진 고용상황을 개선하고 중소기업의 취업촉진을 지원하기 위해 추진(<u>예산 범위 내 한시사업</u>)

* 현행 고용촉진장려금의 특례 지원사업(2020년 시행 사업과 별개)

□ (지원대상 사업주) 취업촉진 지원이 인정되는 실업자*를 고용하는 중소기업(우선지원대상기업) 사업주

* 고용보험법 시행령 제26조 제1항에 따라 고용일 전부터 1년 이내 기간 중 구직등록을 한 실업 중인 사람으로서 다음 어느 하나에 해당하는 자

① 고용일전 1개월 이상 실업중인 자 또는,

② 기존 고용촉진장려금 지원 대상자

□ (지원 대상) 취업 촉진이 필요하다고 인정되는 실업자*를 고용하는 우선 지원대상기업 사업주(2차 추경 중견기업 포함, 사업 시행기간 내 고용된 경우에 적용)

* 우선기업 대상 기업: 고용보험법 제19조, 동법 시행령 제12조 및 별표 1에 따라 고용보험 가입사업장에 대해 근로자의 수, 고용안정을 위한 조치 등을 고

려하여 구분한 기업으로 일반적으로 상시 근로자수를 기준으로 제조업(500인 이하), 운수 및 창고업, 건설업, 정보통신업 등(300인 이하), 도매 및 소매업, 숙박 및 음식점업 등(200인 이하) 해당함

– 중견기업 3년 평균 매출액이 업종별 기준을 초과하거나 자산총액 5천억원 이상인 기업(금융업, 보험 및 연금업 제외)

* 지원 대상 실업자: 고용보험법 시행령 제26조 제1항에 따라 직업안정기관 등에 구직등록을 한 사람으로서 고용일 전 다음 어느 하나에 해당해야 함. 고용일 전 1개월 이상 실업 중인 자 또는 기존 고용촉진장려금 지원 대상 실업자. 취업지원프로그램 이수 후 1년 이내인 자 또는 중증장애인 등 이수 면제자. 다만, 세법에 따라 사업자등록을 한 경우는 실업으로 보지 아니함(단, 부동산 임대업 중 근로자를 고용하지 아니하고 임대사무실도 두지 아니한 경우 제외)

□ (지원요건) 최소 6개월 이상 근로계약 체결, 최저임금액 이상, 피보험자(상용) 가입 등

* 단, 고용일 이전 1개월 및 이후 6개월간 사업주의 고용조정시 제한되며, 고용일 이전 3개월 이내 이직한 사업장의 동일 또는 관련 사업주는 지원 제외

□ (지원수준) 근로자 1인당 월 최대 100만원(사업주가 지급한 금품의 80% 한도 내), 고용기간에 대해 최대 6개월간 지원

* 만약 정규직 채용으로 6개월 지원기간 이후 계속하여 6개월 이상 고용시 추가 지원 가능

(7) 기타 정책자금(중소벤처기업진흥공단)

혁신창업사업화자금, 투융자복합금융, 신시장진출지원자금, 신성장기반자금, 재도전지원자금, 긴급경영안정자금 등

(8) 4대 보험 절감

사업자가 되면 국가에 납부해야 하는 4가지의 세금이 있다. 이는 근로자와 근로자의 가족을 상해, 질병, 노령, 실업, 사망 등의 위험으로부터 보호하기 위한 것으로 근로기준법상의 임금과 구별되는 월 보수액을 산정하고 각각의 보험료율을 곱하여 산정된 금액이 4대 보험료로 과세된다.

기업에서는 국민연금, 건강보험, 산재보험, 고용보험의 형태로 임금 총액의 약

15~18%의 보험료를 지불하고 있으며, 기업의 상당한 부담요인이 된다.

개인사업자, 법인사업자 모두 이에 따른 영향을 받을 것으로 예상되므로 다음과 같은 방법으로 4대 보험료를 절감해야 한다.

첫째, 두루누리 사회보험 제도를 활용하는 것이다. 근로자가 10인 미만의 소규모 사업장을 운영하고 있다면 고용보험, 국민연금의 일부를 지원받을 수 있다. 월급 평균 임금이 25만원 미만인 경우, 사업자와 근로자 모두 사회보험료를 일정 부분 지원을 받을 수 있으며, 최대 90%까지 지원이 가능하다.

둘째, 일자리 안정자금 제도를 활용하는 것이다. 최저임금 기준이 높아지며 사업자, 소상공인 등을 위해 사업자 1명당 최대 11만원까지 받을 수 있고 5인 이상의 사업장은 최대 9만원까지 지원받을 수 있다.

셋째, 비과세를 이용한 급여 지출이다. 4대 보험은 과세 급여액을 기준으로 효율성을 곱하여 정산되기 때문에 소득세법의 비과세 급여 부분을 활용하면 절세가 가능하다. 비과세 항목에는 식대보조비, 업무상 사용하는 근로자 본인의 차량 경비, 근로자 또는 배우자의 출산 또는 6세 이하 자녀의 보육수당, 연구 보조비, 연구 활동비, 기업 부실 연구소 연구비 지원, 학자금, 출장비, 근로자의 야간근무수당, 근로자의 국외 근무수당이 해당되며 각 항목에 따라 10~150만원의 비과세 혜택이 있다.

넷째, 납부 기한을 지키는 것이다. 납부해야 할 범위도 줄여야 하지만 직원이 입사하고 퇴사하는 기준에 맞춰 신고 기간을 지켜야 한다. 취득 및 상실에 대한 신고를 기간 내에 하지 않을 경우, 많은 과태료가 부과될 수 있기 때문이다. 4대 보험료의 납부기한은 익월 10일이므로 누락하는 부분 없이 잘 준비해 불필요한 지출을 하지 않아야 한다. 이를 미납하는 경우, 연체료가 추가될 뿐만 아니라 지원 혜택을 받지 못하게 된다.

또한 근로자의 급여 변동과 기업의 경영 사정에 대한 자료를 제대로 신청하지 않는 경우, 변경되지 않은 급여의 기준으로 보험료가 청구될 수 있다.

다섯째, 근로자의 직무 형태와 상황에 맞게 급여 테이블을 구성하고, 이를 통한 비과세 혜택을 적용하는 것이 중요하다. 이에 따라 평균 임금, 통상 임금, 각종 수당 등 소정 근로의 대상으로 지급되는 임금, 비과세 근로소득 세분화 등의 제도 정비가 먼저 이루어져야 한다. 또한, 기업 현황, 급여 대장, 고용 및 산재보험료 환급 기업을 검토하고 근로계약서 및 취업규칙 작성 등의 기업 노무 전반에 관련된 사항을 정비해야 한다.

특히 2022년부터 근로기준법의 변화가 크고 직원들의 권익을 신장하기 위한 정책이 뒷받침되고 있기에 반드시 노무제도를 정비해야 한다. 4대 보험을 절감할 수 있는 해답은 기업의 노무제도 정비에서 찾을 수 있으며, 적절하지 않은 노무제도 정비로 추가 피해를 받지 않도록 한다.

제 2 절 정책자금관리 및 인증

1. 융자 방식

중소벤처기업진흥공단의 혁신창업사업화자금 등 6개 자금 지원 시 융자 대상 및 절차, 융자제한기업, 융자 시기 등 공통적으로 적용되는 내용을 위주로 소개한다.

〈표 9-7〉 정책자금 지원시 공통 적용되는 내용

구 분	내 용
지원 대상	중소기업기본법상 중소기업 다음의 중점 지원분야 영위 및 사업재편 승인 기업에 대해서는 연간 예산의 일정 부분을 우선 배정 지원 * 중점 지원분야: 혁신성장, 뿌리, 소재·부품, 지역특화(주력), 지식서비스, 융복합 및 프랜차이즈, 물류, 유망소비재산업
융자 범위	시설자금과 운전자금으로 구분하여 융자하며, 각 사업의 목적에 따라 자금 용도 및 융자 범위를 구분하여 지원
융자 한도	개별기업당 융자한도는 중소벤처기업부 소관 정책자금의 융자잔액기준으로 60억원(수도권을 제외한 지방소재기업은 70억원) * 잔액 기준 한도 예외 적용의 경우에도, 최대 100억원 이내에서 지원
대출 금리	대출금리는 정책자금 기준금리(분기별 변동금리)에 자금종류, 기업별 신용등급, 담보종류 등에 따라 차등 적용되며 특별한 경우(사회적경제기업, 수출성과 창출기업 등) 이자 환급을 통해 금리 우대

자료: 중소벤처기업부, 2021년도 중소·벤처기업 지원사업, p.4에서 재정리.

중진공에서 융자신청·접수하여 융자 대상을 결정 후, 중진공(직접대출) 또는 금융회사(대리대출)에서 신용, 담보부 대출을 실행한다.

* 보증서 담보는 재창업자금 중 신용회복위원회 재창업지원에 대해서만 취급 가능

2. 융자 절차

1) 융자 신청·접수

중진공 홈페이지(www.kosmes.or.kr)를 통한 온라인 신청하는데, 융자 신청은 온라인 신청예약→자금상담→온라인 신청 순으로 진행되며 당월 자금 희망기업은 전월말까지 신청예약 및 자금상담(신청서 제출 포함)이 필요하다.

단, 정책우선도 평가가 필요한 경우 또는 지역본(지)부 접수상황에 따라 온라인 신청 접수 월 조정이 가능하다.

* (온라인 신청예약) 홈페이지(www.kosmes.or.kr)를 통해 상담 예약 후 신청 대상 여부 및 신청자금 적정성 등 온라인 '자가진단' 실시한다.

3. 중소기업 금융의 문제점

1) 중소기업 정책자금의 과다 지원

과거 10여 년간 중소기업정책이 확대되는 과정에서 일부의 중소기업정책의 실효성이 낮고, 지원 시책이 지나치게 복잡하고 다양하다. 특히 중소기업에 대한 저금리 정책자금 지원(신용보증 지원 포함)이 확대되면서, 과다한 정책자금 지원이 중소기업의 구조조정을 오히려 지연시킨다는 단점이 있다.

한편 정책자금 확대에도 불구하고 자력으로도 자금조달이 가능한 우수 중소기업에도 저금리 정책자금이 지원되고 있어, 실제 자금난이 심각한 실수요 창업초기의 기업 및 소기업은 정책자금에 대한 접근이 어렵고, 매년 상반기에 정책자금의 70%가 조기 집행되어 시기를 놓치는 경우도 있다.

2) 벤처기업 혁신형 중소기업 육성시책의 실효성 부족

벤처기업 혁신형 중소기업 육성시책은 10여 년간 정부에서 가장 중점적으로 추진한 시책이다. 이 과정에서 일부 혼선 및 지원성과의 부족이 초래되고 있다.

정부는 벤처기업, 이노비즈 기업, 경영혁신형기업의 지정 등 각종 지정제도를 운용

중에 있다. 하지만 중소기업의 혁신활동에 대한 정책 지원이 지정 중소기업에만 국한하지 않아 다양하고 광범위한 지정제도의 실효성이 부족하다고 볼 수 있다.

3) 간접금융 위주의 금융정책

금융정책이 은행의 대출 공급량을 확보하는데 집중되어 있으므로 직접금융 활성화 정책이 약화되어 있다. 중소기업경제의 특징으로 고위험 고수익원칙으로 돈을 빌려 주는 것은 고위험 고수익 경제에는 근본적으로 부합하지 않다. 국내 금융시장에서 시장이자율이 제한되고 있어서 간접금융은 더욱 규제가 되고 있는 실정이다.

4) 정부의 개입에 의한 시장의 비효율성

시장 규제의 문제를 해소하기 위하여 정부는 대출시장에 직접 개입하고 있다. 그 이유는 시장자발적인 중소기업대출이 부족한 편이고 정부의 직접 개입으로 중소기업 대출공급량의 확보가 가능하기 때문이다. 그런데 정부개입에 의한 대출의 분배는 시장의 원리에 의한 분배가 아니고, 이에 시장 비효율이 발생하게 된다.

5) 담보·보증 의존도의 심화

중소기업에 대한 정확한 신용도 평가가 어려워 상업금융기관들은 신용평가에 따른 신용대출보다 담보대출을 선호하는 경향이 높다. 담보대출은 채무자의 신용위험을 낮추고 각종 대리인 문제를 해소하는 등 장점도 있지만, 지속적으로 담보대출을 증대하다 보면 신용평가 기회와 능력을 상실하고 성장 가능성이 높은 중소기업의 선별이 어려워 경제의 양극화, 이중구조를 심화시키고 부실대출화로 금융기관의 건전성, 금융시스템의 안정성을 저해할 가능성이 있다.

6) 기업금융의 양극화

상업금융기관들이 담보에 의존하고 경기에 민감하여 위험회피 경향이 있어 대기업과 중소기업 사이의 자금공급의 양과 질이 다를 수 있다. 그 이유는 인지도, 시장점유율, 매출 규모, 현금흐름 등이 상대적으로 높은 대기업은 담보의 유무, 업종의 경기 민감도 등에 비교적 영향을 받지 않고 장기 저리의 자금을 안정적으로 공급받을 수 있다. 한편 중소기업은 상업금융기관들의 과도한 담보 대출, 경기 민감도, 위험회피 경향으로 인해 자금 공급의 양과 질 측면에서 불리하기 때문이다.

4. 인 증

1) 중소기업 인증의 배경

공인된 인증시스템을 바탕으로 중소기업의 기술력, 성장성, 경영능력 등을 효율적으로 파악하여, 정부의 중소기업정책에 따른 각종 지원 혜택을 해당 기업들에게 집중적으로 지원하여 중소기업경영을 활성화하고자 한다.

2) 중소기업 인증 프로세스

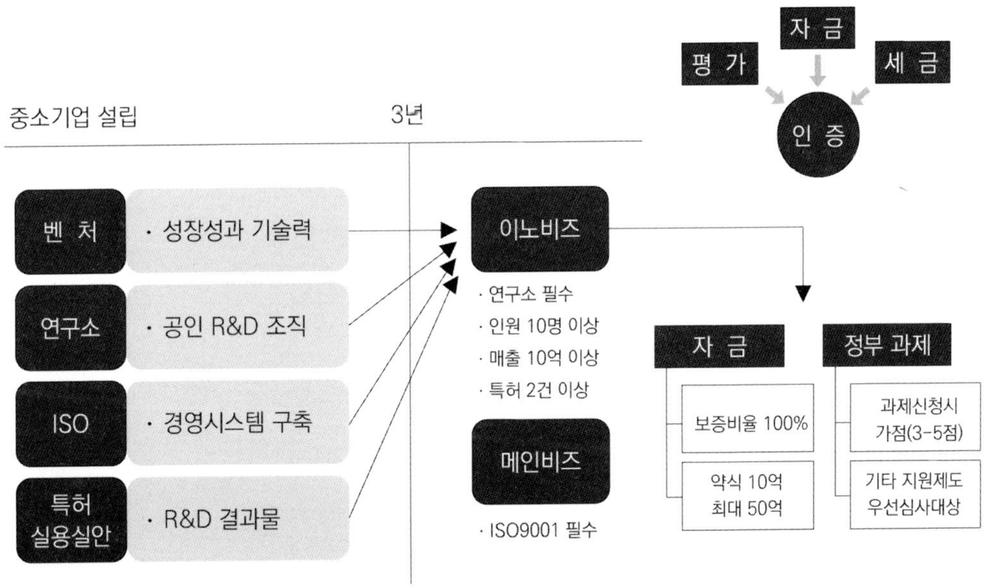

[그림 9-2] 인증 프로세스

3) ISO

(1) 정 의

다양한 산업 분야에 국제적으로 통용되는 표준을 개발하여 보급하는 국제 표준화 기구, 해당 산업 법규 및 ISO의 표준에 따른 인증과정을 통해 시스템을 구축함으로써 업무 효율성, 품질, 기업이미지 향상으로 고객 신뢰도를 높임으로써 매출 증대에 기여한다.

(2) 업무 수행 범위

① 표준 및 관련 활동의 세계적인 조화를 촉진시키기 위한 조치를 취함
② 국제표준을 개발, 발간하며, 이 표준들이 세계적으로 사용되도록 조치
③ 회원기관 및 기술위원회의 작업에 관한 정보의 교환을 주선
④ 관련 문제에 관심을 갖는 다른 국제기구와 협력하고, 특히 이들이 요청하는 경우 표준화 사업에 관한 연구를 통하여 타 국제기구와 협력
⑤ 표준화 사업에 관한 연구를 통하여 타 국제기구와 협력

(3) 인증 제도의 종류

① ISO 9001: 품질경영시스템에 대한 인증
② ISO 14001: 환경경영시스템에 대한 인증
③ ISO 9001 & ISO 14001: 품질&환경통합시스템에 대한 인증
④ ISO 22000: ISO 9001+ISO 14001+HACCP에 대한 통합 인증
⑤ ISO/TS 16949: 자동차분야 품질경영시스템에 대한 인증
⑥ ISO 13485: 의료기기분야에 대한 인증
⑦ ISO 17799: 정보보호경영시스템에 대한 인증

(4) ISO 인증 혜택

(가) ISO 9001

① 대내외적인 기업 이미지 및 신뢰성 향상
② 경영시스템 체계 확립을 통한 품질향상, 원가절감, 생산성 향상
③ 기술 개발의 토대 마련
④ 업무의 표준화 및 책임과 권한의 명확화로 업무 효율성 증대
⑤ 조직구성원에 대한 체계적인 교육프로그램 확보

(나) ISO 14001

① 환경친화적 기업으로 이미지 개선
② 환경성과와 환경상태 개선
③ 환경영향의 지속적인 감소 및 관리

④ 원자재, 에너지 및 폐기물 처리비용의 절감

⑤ 환경법규 위반 가능성 및 사고의 감소

⑥ 비상사태 발생시 대응력 향상

⑦ 고객 및 이해관계자 요구 사항 충족

⑧ 해외시장 진출에 있어서 바이어 요구 충족

⑨ 환경경영을 통한 생산 제품 경쟁력 강화

(4) 인증 평가 항목과 용도

① 창업 단계시중은행의 창업자금, 중소벤처기업진흥공단, 기술신용보증기금, 신용보증기금에 창업자금을 요청할 때, 보유기술, 사업성에 대한 내용의 전달과 함께 ISO 9001(품질경영시스템) 인증과 ISO 14001(환경경영시스템)이 가점 항목

② 설립 후 3년 이상: 경영혁신형 중소기업(메인비즈), 기술혁신형 중소기업(이노비즈) 등을 받고자 할 때에도 ISO 9001 인증, ISO 14001 인증을 기본적으로 보유하고 있으면 인증평가에 가점

③ 지방자치단체별 유망 중소기업 선정: ISO 인증 보유 여부를 확인하여 가점

④ 수출 분야 전문기업을 위한 수출 유망 중소기업 선정: ISO 보유는 필수 항목

⑤ ISO 22000 시리즈는 식품안전경영시스템으로, HACCP와 같이 농수축산기업, 식품 관련 프랜차이즈 등이 인증을 받아 자금지원, 정책지원, 신뢰성을 담보로 하는 마케팅의 수단으로 활용하는 인증이고, ISO 22000은 기본적으로 ISO 9001 인증을 기반으로 식품안전에 대한 인증임

⑥ 정부지원제도상 가점: ISO 인증기업에게는 우수 조달물품 지정의 신인도 심사시 가점 부여, ISO 14001 인증기업에게는 친환경 건축물 인증시 가점, 지방자치단체 자금 신청시 세부심사 항목 중 2개 항목 가점, 한국수출입은행의 경우 특례 신용대출 지원시 가점, 시중은행 친환경·녹색성장기업 대출 지원시 가점

4) 메인비즈

경영혁신형 중소기업은 경영(Management), 혁신(Innovation), 기업(Business)의 합성어로 현재 경영혁신 활동을 수행하고 있거나, 최근 3년 이내 경영혁신 활동을 수행하여 기존의 벤처, 이노비즈와 같이 높은 기술을 보유하지 않아도 마케팅·조직관리·생산성 향상 등으로 탁월한 경영성과를 나타내는 기업을 의미한다.

5) 이노비즈

혁신(Innovation)과 기업(Business)의 합성어로 기술 우위를 바탕으로 경쟁력을 확보한 기술혁신형 중소기업을 의미한다. 혁신기술을 보유한 차세대 성장동력으로서 국민소득 5만 달러 조기 달성 및 일자리 창출의 견인차 역할 수행 및 기술, 경영, 가치혁신을 이룬 글로벌 경쟁력을 갖춘 중소기업 분야의 중심이며 정부의 차세대 브랜드 파워의 역할을 갖게 된다.

6) HACCP

위해요소분석(Hazard Analysis)과 중요 관리점(Critical control point)의 합성어로, 식품안전관리인증기준이라 한다.

위해요소 분석이란 “어떤 위해를 미리 예측하여 그 위해요인을 사전에 파악하는 것”을 의미하며, 중요관리점이란 “반드시 필수적으로 관리하여야 할 항목”이란 뜻을 포함한다. 즉 HACCP는 위해 방지를 위한 사전 예방적 식품안전관리체계이다.

즉, 식품을 만드는 과정에서 생물학적, 화학적, 물리적 위해요인들이 발생할 수 있는 상황을 과학적으로 분석하고 사전에 위해요인의 발생 여건들을 차단하여 소비자에게 안전하고 깨끗한 제품을 공급하기 위한 시스템적인 규정을 말한다.

결국, HACCP이란 식품의 원재료부터 제조, 가공, 보존, 유통, 조리단계를 거쳐 최종 소비자가 섭취하기 전까지의 각 단계에서 발생할 우려가 있는 위해요소를 규명하고, 이를 중점적으로 관리하기 위한 중요 관리점을 결정하여 자율적이며 체계적이고 효율적인 관리로 식품의 안전성을 확보하기 위한 과학적인 위생관리 체계라고 할 수 있다.

적용 대상은 식품위생법, 건강기능식품에 관한 법률 및 축산물 위생관리법에 따라 영업허가를 받거나 신고 또는 등록을 한 자와 축산법에 따라 축산업의 허가 또는 등록을 한 자 중 안전관리인증기준을 준수하여야 하는 영업자·농업인과 그 밖에 안전관리인증기준의 준수를 원하는 영업자를 대상으로 적용하고 있다. 다만, 국외에 소재하여 식품·축산물을 제조·가공하는 자나 수출을 목적으로 하는 자도 원하는 경우에도 적용할 수 있다

5. 기업부설 연구소 설립

1) 연구소 개요

연구소와 전담부서의 설립신고 제도 또는 일정한 요건을 갖춘 기업의 연구소와 전담부서를 신고·인정함으로써 각종 조세·관세·자금 지원 및 병역대체복무 등의 혜택을 부여하고, 기업의 기술개발을 적극적으로 촉진, 유도하며 이들 연구조직을 효율적으로 육성·지원하기 위하여 1981년에 제정된 제도이다.

2) 연구소 신청 요건

(1) 기업부설연구소 설립 요건

〈표 9-8〉 기업부설연구소 설립 요건(기업 규모 및 창업 형태별 연구전담요원 수)

구 분			신고 요건
인적 요건	연구소	벤처, 연구원·교원창업기업	연구전담요원 2명 이상
		소기업	연구전담요원 3명 이상(창업 후 3년 이내 2명 가능)
		중기업/국외기업부설연구소	연구전담요원 5명 이상
		중견기업	연구전담요원 7명 이상
		대기업	연구전담요원 10명 이상
	전담부서	기업규모에 관계없이 동등	연구전담요원 1명 이상
물적 요건	연구시설 및 공간 요건		연구개발활동을 수행해 나가는데 있어서 필수적인 독립된 연구공간과 연구시설을 보유하고 있을 것

① 벤처기업, 연구원·교원 창업기업은 연구전담요원이 2명 이상

- 연구원·교원 창업기업은 정부출연연구기관, 국·공립연구기관, 고등교육법에 따른 대학 등에 소속된 연구원 또는 교원이 휴직, 겸직을 통하여 창업하거나 퇴직한 창업한 연구개발형 중소기업
- 기업부설연구소 설립신고 기준일 현재 벤처기업으로 인정된 기업

② 소기업은 연구전담요원이 3명 이상이나, 창업일로부터 3년 이내의 소기업은 2명 이상 인정

- 소기업은 주된 업종별 평균 매출액 등의 소기업 규모 기준에 해당하는 기업

③ 중기업은 연구전담요원이 5명 이상 인적 요건을 충족

- 중기업은 중소기업에 해당하며, 소기업을 제외한 기업(중소기업현황정보시스템에서 중기업, 소기업 확인서 발급)

④ 중견기업은 연구전담요원이 7인 이상이면 인적요건을 충족

⑤ 대기업은 연구전담요원이 10인 이상이어야 하며, 위의 기업에 포함되지 않는 기업

⑥ 해외 기업부설연구소는 기업구분에 상관없이 연구전담요원이 5인 이상

- 기업의 주업종이 서비스 분야에 해당하고, 관련분야의 연구개발활동을 수행하는 경우에는 연구전담요원의 자연계열 전공 여부에 관계없이 연구전담요원 자격요건 충족
  - 학사 이상 학위 소지자
  - 서비스 분야 1급 이상 자격증 보유자
- 중소기업의 경우에는 연구전담요원이 전문학사 또는 산업기사 자격증 보유자로서 연구경력이 2년 이상(3년제 전문학사의 경우 1년 이상) 경력 보유자

※ 서비스분야의 경우에는 기업부설연구소 설립만 가능함(단, 주업종이 정보서비스 또는 소프트웨어개발공급의 경우에는 연구개발전담부서 설립 가능)

3) 기업부설연구소 물적 요건

(1) 연구공간 확보 기준

기업부설연구소 설립요건 중에서 물적요건 충족이 되어야 하며, 연구공간에 대한 설치 기준이 있다.

- 연구공간은 독립공간으로 사방이 막혀있고, 출입문이 있어야 한다.
- 중기업, 소기업, 연구원 창업 중소기업, 벤처기업이 설립한 기업부설연구소 및 연구개발 전담부서
- 서비스 분야 대기업, 중견기업 연구개발 전담부서(출판·영상·방송통신 및 정보서비스 분야 중 정보서비스 또는 소프트웨어개발공급 업종만 해당)로서 연구공간 면적이 50㎡ 이하인 경우는 파티션, 책장 등으로 타부서와 구별이 되어있으면 연구공간으로 인정함
- 무허가 건물, 가건물, 주거전용 건물은 연구공간으로 인정받을 수 없음

(2) 연구 기자재 확보 기준

- 연구 기자재는 연구전담요원 또는 연구보조원이 연구개발용으로만 사용하는 연구전용 설비로서 기업부설연구소(연구개발 전담부서)안에 위치하고 있어야 함
  - 타 부서와 공동 사용하는 경우에는 연구 설비로 인정받을 수 있으며, 연구시설은 다른 부서와 분리하여 관리되어야 함
- 연구 기자재 보유 수에 따른 기준은 없으나, 연구개발활동에 필요한 연구 기자재를 보유하고 있어야 함
  - 사무용 PC, 팩스, 복사기 등은 연구 기자재로 인정 안됨
- 대부분의 제조업에서 보유하고 있는 일반적인 측정기기 등은 연구 기자재로 인정 안됨
  - 예: 버니어캘리퍼스, 마이크로미터, 전자저울, 다이얼게이지 등은 해당 안됨

4) 연구소 설립 프로세스

(1) 기업연구소 설립·육성

정부로부터 「기업부설연구소 및 연구개발 전담부서 신고관리제도」를 위탁받아 운영하며 기업연구소 설립을 돕고 있다.

4만 1천여 개에 이르는 기업연구소는 한국산업기술진흥협회 자료에 의하면, 국가 R&D의 핵심 주체로서 현황은 다음과 같다.

① 설립 증가: 1,000개('91년) → 20,000개('10년) → 40,000개('18년) → 44,067(2021년)

② 총 연구개발비는 62.6조원('17년)으로 국가 R&D 투자의 79.4% 차지

③ 총 연구인력 수는 34.3만 명('17년)으로 국가 R&D 인력의 71.1% 차지

④ 기업연구소에 대해서는 조세·자금·인력 등이 지원되고 있다.

가. 연구인력개발비 세액공제, 연구소용 부동산 지방세 감면 등

나. 국가연구개발사업 참여지원, 투·융자지원, 기술보증지원 등

다. 전문연구요원제도, 고경력 연구인력 채용지원 등

5) 기업부설연구소 지원 혜택

기업부설연구소 혜택은 조세, 관세, 인력, 자금, 판로, 기술, 기타 지원 등이 있다. 기업부설연구소 세제 혜택은 가장 대표적인 지원제도로서 적극적으로 활용하면 기

업 경영에 많은 도움을 부여한다.

기업부설연구소 및 연구개발전담부서에 따라 지원제도 별로 다소 차이가 있다.

지원제도 중에서 일반연구·인력개발비 세액공제는 기업부설연구소 또는 연구개발전담부서에 소속되어 신고된 연구인력의 급여 총액의 25%를 납부할 법인세(소득세)에서 공제 받을 수 있는 사항으로 기업부설연구소 혜택의 대표적인 지원내용이다.

6. 벤처기업 확인

1) 벤처기업 정의

벤처기업(venture business)이란 신기술, 아이디어로 창업한 소규모의 창조적인 기업으로, 벤처캐피털의 투자, 지원을 통해 설립된 기업이다. 미국에서는 venture company, high－tech company라 하며, 일본에서는 연구개발형기업, 모험기업이라 한다.[3)]

2) 벤처기업의 특성

① 규모는 작지만 첨단기술, 독특한 아이디어와 창의력을 보유

② 성공시 높은 성장과 수익으로 기대할 수 있으므로 고위험·고수익(high risk－high return)

③ 왕성한 기업가정신을 바탕으로 신시장, 신기술개발의 위험에 도전

④ 융복합적인 기술을 바탕으로 하므로 사업 기회가 다양하며, 시장 지향적이고, 성장 속도가 빠름

⑤ 동태적·수평적인 조직이므로 기동력, 창의력을 자유롭게 발휘

3) 벤처기업 기술성 평가

기술성 평가 배점은 신청기업에 해당되는 평가 등급(A~E)별 가점 부여, 등급별 가점(A: 배점×5/5, B: 배점×4/5, C: 배점×3/5, D: 배점×2/5, E: 배점×1/5)을 적용한다.

3) 박상범, 중소기업경영론, 탑북스, 2021, p.144.

4) 벤처기업의 지원 혜택

(1) 조세 특례

취득세, 재산세, 법인세, 소득세 감면 혜택은 창업 후 3년 이내에 벤처 확인을 받은 기업에만 적용된다.

① 취득세 75% 감면: 벤처확인일부터 4년 이내에 취득하는 사업용 부동산에 대한 취득세 감면

② 재산세 50% 감면: 벤처확인일부터 3년간 사업용 부동산 재산세 면제, 이후 2년간 50% 감면

③ 법인세, 소득세 50% 이상 감면: 벤처확인일 이후로 최초로 소득이 발생한 과세연도와 그 다음 과세연도 개시일로부터 4년 이내에 끝나는 과세연도 동안(총 5년) 법인세와 소득세 50% 감면이 적용. 수도권 과밀억제권역 외에 위치한 신성장 서비스업이라면 첫 2년 동안 75%까지 감면받을 수 있음

(2) 기술보증·대출 우대

기술보증 규정에 따라 기술보증기금은 벤처기업에 대해 우선적으로 신용을 보증한다. 보증 한도는 확대해 적용하고, 보증료율은 0.2% 감면된다. 신용보증기금·기술보증기금의 보증을 받으면 은행에서 더 낮은 금리로 대출할 수도 있다.

또한 스톡옵션으로 벤처기업 확인의 혜택은 특히 주식매수선택권(스톡옵션)에서 효과가 크다. 적극적 인재 영입에 활용할 수 있도록 스톡옵션의 부여 대상이 넓어지고, 부여 한도가 높아진다.

(3) 창업·인력 우대

① 산업재산권 출자: 창업 시 특허권, 실용신안권, 디자인권 등 산업재산권으로도 현물출자를 할 수 있다.

② 교수·연구원 창업: 교수·연구원이 벤처기업을 창업하거나 근무하기 위해 3년 이내 휴직을 할 수 있고, 교육공무원이 벤처기업의 대표 또는 임직원을 겸직할 수 있다.

③ 병역특례 우대: 일반기업은 연 1회 병역 특례 연구기관으로 지정받을 수 있지만, 벤처기업은 연 2회 신청할 수 있으며 산업기능요원 추천 심사 시 가점을 부여한다.

(4) 코스닥 상장 우대

코스닥 상장 시 기업의 주식 분산 정도, 경영성과 및 시장평가, 경영 투명성 등을 평가. 벤처기업은 이 중 경영성과 및 시장평가 항목에서 자기자본, 매출액 등 일부 기준을 50% 낮게 적용받을 수 있다. 예를 들어 똑같이 시가총액 300억원인 일반기업과 벤처기업이 상장을 준비한다면 일반기업은 최근 사업연도 매출액이 100억원 이상이어야 하지만 벤처기업은 그 절반인 50억원 이상으로 기준이 하향 적용된다.

7. 기술닥터

1) 정 의

경기도 내 제조기업의 경쟁력 강화 및 일자리 창출을 위해 현장 맞춤형으로 애로기술 해결을 지원하는 사업이다.

2) 사업 개요

〈표 9-9〉 기술닥터사업 개요

구 분	내 용
사업 목적	산·학·연에서 보유하고 있는 연구자원(인력·장비·기술·정보)을 활용한 기업 현장기술 애로 지원으로 중소기업 경쟁력 강화 및 일자리 창출 실현
지원 대상	경기도 소재 중소·중견 제조기업
사업기간	당해연도 1~12월(사업비 소진 시까지)
주최·주관	경기도·(재)경기테크노파크
기업지원 관련 협약기관	국공립연구기관, 도 기술(경영)지원기관, 산학협력단, 기타 과학기술관련 단체 등 98개 기관(단체)

제10장 중소기업 경영분석과 신용관리

제 1 절 경영분석의 내용

1. 경영분석의 의의

1) 중소기업의 재무분석

중소기업이 재무분석을 효과적으로 활용하면 기업의 위험한 상황을 사전에 예측하고 대비가 가능하다. 즉 사전에 재무관련 자료의 분석을 통하여 미래에 전개될 상황을 사전에 예측하고 대비가 가능하다.

하지만 중소기업은 체계적인 재무활동을 수행하는 능력과 재무활동과 관련된 기초정보를 제공하는 재무분석 능력이 취약하다. 따라서 기업활동이 악화될 수 있는 상황을 사전에 예방할 수 있는데도 예고지표와 징후를 인식하지 못하고 도산하는 경우가 많다.

2) 재무분석 중요성의 근거

첫째, 재무활동을 분석적이고 체계적으로 접근하는 방법보다 과거 경험, 직관에 의존한다.

둘째, 생산·판매활동에 중점을 두고, 제무·인사관리 등에 소홀히 한다.

셋째, 자본 조달은 매우 중요하다고 여기지만 자본의 운영과 관리 업무는 가볍게 인식한다.

넷째, 재무활동을 효율적으로 수행할 수 있는 전문인력이 부족하다.[1]

2. 재무지표 분석

〈표 10-1〉 재무지표 분석 비교

지 표	측정 내용	인간과 비교	분석 방향
유동성	단기채무지급능력, 타인자본의존도	면역력 상태	현금화와 채무불이행 능력의 제고
안전성	자산·부채·자본의 균형적 성장	체중의 과다 등 비만	기업의 성장에 맞도록 균형 유지
활동성	물리적인 활용도, 회전율	관절·폐활량·반사신경 등 운동 가능성	운영의 효율성 향상
수익성	전체적인 효율성을 파악하여 경영성과	소화기계의 원활한 상태	인프라의 효율적인 투입과 경영성과를 유도
생산성	사용하고 있는 인적·물적 인프라의 능률성	내부기관의 활동성	경영합리화, 성과 배분
성장성	사업경제의 성장 하에 기업 외형과 수익	육체적 발달 상태	외형적인 성장의 긍정적·부정적 요소를 파악하여 개선

1) 유동성(레버리지 비율, Liquidity)

유동성비율(liquidity ratio)은 기업의 단기채무지급능력을 측정하기 위한 비율로 단기채무를 충당할 수 있는 유동자산의 비율을 나타낸다.

$$\text{유동성비율}(\%) = \text{유동자산}/\text{유동부채} \times 100$$

레버리지비율(leverage ratio)은 기업이 타인자본에 어느 정도 의존하는가를 측정하는 비율로 '부채비율'이라고도 한다. 이 부채비율은 자기자본과 타인자본의 상대적인 비율로 자본 구성의 안정성을 측정하는 비율로, 유동성비율과 같이 재무위험을 측정하는 지표로서 사용한다.

---

1) 박상범, 중소기업경영론, 탑북스, 2021.

2) 안전성

조달한 자본이 어느 정도 타인자본에 의존하고 있는가를 나타내는 비율로서, 원리금 상환능력을 측정할 수 있다. 대표적인 비율로 부채비율(부채 의존도), 이자보상비율 등이다.

부채비율(%)＝타인자본(총부채)/자기자본(총자산)×100

3) 활동성(Activity)

기업의 자산이 얼마나 효율적으로 활용되고 있는가를 나타내는 비율이다. 유동성 비율을 평가할 때, 추가적으로 고려되는 비율로서 재고자산회전율, 유형자산회전율, 총자산회전율 등으로 구분된다. 이 중 재고자산(상품·제품) 회전율이 높을수록 효율적인 판매활동이 수행되고 있음을 나타낸다. 재고자산은 (기초＋기말) 재고자산÷2로 산출한다.

재고자산회전율(%)＝매출액(매출원가)/재고자산×100

즉, 재고자산회전율은 매출액을 재고자산으로 나눈 것으로 재고자산이 일정기간 동안에 매출액을 발생시키기 위해 몇 회나 효율적으로 사용되는가를 측정하는 비율로, 재고자산이 당좌자산으로 변하는 속도를 나타낸다.

4) 수익성

기업이 투자한 자본으로 얼마만큼의 이익을 달성했는가를 측정하는 비율이다. 대표적인 비율은 총자본이익률(ROI), 총자산순이익률(ROA), 투하자본순이익률(ROIC), 자기자본순이익률 등이다.

총자본(총자산)이익률(ROI)은 '투자수익률'이라고도 하며, 기업이 사용한 총자본에 대하여 얼마의 이익이 발생하였는지를 나타내는 지표이다. 즉 자본이 얼마나 효율적으로 이용되었는가를 나타내는 것으로 이 비율이 높을수록 기업은 효율적으로 자본이 운용되고 있음을 의미한다.

총자본(총자산)이익률(%)＝순이익/총자본×100

5) 생산성(Producrivity)

기업이 투입한 생산요소(토지, 노동, 자본, 기업가정신, 지식)에 대한 산출량을 나타내는 비율이다. 경영활동의 효율성을 파악하는 비율로서, 대표적인 비율은 노동생산성, 부가가치생산성, 자본생산성이 있다.

(1) 노동생산성

노동생산성은 특정 시간 단위(한 시간, 일주일, 분기, 한 해) 동안 구성원이 생산한 작업량(산출물 수). 생산 단위 또는 특정 서비스의 성과를 생산하는데 소요되는 시간이다.

노동생산성(P)=산출물(Q)/근로자 수(H)

P: 노동생산성
Q: 단위 시간당 특정 제품의 산출물(단위 시간당 수행된 작업 수)
H: 참여 인원 수

(2) 부가가치생산성

부가가치 계산 방법은 다음과 같다.

① 가산법

부가가치액=순이익+인건비+조세공과+감가상각비+대손상각

② 감산법

총산출-(재료비+외주가공비+에너지비+소모품비)

부가가치액=순이익+인건비+조세공과+감가상각비+대손상각

생산성 계산 방법은 다음과 같다.

① 물적 생산성=투입산출수량. 예: 1인당 생산성=생산수량/종업원 수

② 가치 생산성=투입산출금액. 예: 시간당 생산성=생산액/노동시간

부가가치액=순이익+인건비+조세공과+감가상각비+대손상각

1인당 부가가치=부가가치율×1인당 매출액

[부가가치/종업원 수=부가가치/매출액=매출액/종업원 수]

6) 성장성(Growth)

기업활동의 성과가 얼마나 증가했는가를 과거의 성과와 비교해 나타내는 것으로, 매출액 증가, 이익 및 자본 등이 어떤 변화를 보이고 있는지를 파악하는 것이다.

대표적인 비율은 매출액 증가율, 순이익 증가율, 총자산 증가율, 자기자본 증가율이다.

매출액 증가율=(당기－전기)매출액/전기 매출액×100

3. 주요 재무 활동

1) 자금관리

전통적으로 기업의 목표는 이윤 창출과 주주 부의 극대화이었지만, 외부 경영환경의 급변으로 경영악화 가능성에 대응하고 지속가능한 사업을 운영하기 위한 Cash Flow(현금흐름 창출) 경영이 중요시되고 있다.

자금관리는 현금흐름경영과 함께 재무관리의 양 축이 된다.

기업의 자산, 매출 규모를 체격, 자기자본과 이익을 체력에 비유한다면, 자금(현금흐름)은 혈액과 같다.

한정된 자금력과 수익성으로 사업을 유지하고 있는 중소기업은 적정한 수준의 현금을 확보하여 지급능력의 유지가 최소한의 생존 조건이 된다.

대부분의 중소기업은 경영자 회계정보를 직접 관리하고 있고, 자금관리도 잔액 중심으로 단기적으로 관리를 하고 있다.

이에 기업의 장단기 현금흐름을 파악하고 있으면, 단기적으로는 운전자금, 장기적으로는 시설투자 자금 확보, 차입원리금 상환과 같은 자금계획의 수립이 가능하다.

자금관리의 핵심은 현재 보유 자금의 파악된 현금흐름 추정치를 고려한 자금계획에 따라 선도적으로 대응, 자금의 적시 조달이 중요하다.

2) 자본조달

기업이 중장기적으로 수익을 창출하기 위해서는 조직설계 및 인원 배치뿐만 아니라 설비투자와 연구개발투자와 같은 고정자산투자가 요구된다. 기업의 투자를 위해 자금을 조달하는 방법에는 조달 경로에 따라 내부금융과 외부금융으로 구분할 수 있다.

(1) 내부금융

내부금융은 '자기금융'이라 하는데 영업활동의 결과로 얻어진 이익의 일부를 사내 준비금으로 유보하여 필요할 때 사용하는 자본이다. 이에는 이익잉여금, 자본잉여금 등이 있으며, 외부금융에서 필요한 비용이 발생하지 않으며 상환할 필요가 없는 특성이 있다.

내부금융은 기업 내부로부터 조달되는 자금으로 이익의 내부유보와 고정자산에 대한 감가상각비 등이 포함된다.

(2) 외부금융

외부금융은 기업활동에 필요한 자금을 외부에서 차입하여 조달하는 것으로, 주식시장에서 주식, 채권을 발행하여 필요한 자금을 조달하는 직접금융, 은행 등 금융기관에서 차입하는 간접금융이 있다. 중소기업은 자본시장에서 조달받기가 어려워 간접금융에 의존하는 경우가 많고, 금융비용의 부담이 많고, 이는 중소기업의 경쟁력, 수익성을 낮추는 요인이 되기도 한다.

외부금융은 금융기관으로부터의 차입금, 기업어음 및 회사채 발행, 주식시장을 통한 주식발행 등으로 구성된다. 설비투자와 연구개발투자는 투하된 자금의 회수를 위해서는 장기간이 요구되므로, 이러한 고정자산을 확충하기 위한 투자자금의 원천으로는 금융기관 차입금, 회사채 발행에 의한 외부로부터의 장기자금 차입이 있다.

신용평가등급은 전문적인 분석능력 및 객관성을 보유한 신용평가기관에 의해 발행자가 공시한 재무상태, 지급능력 등의 정량적 요인뿐 아니라, 산업별 특성, 경영환경 등의 비재무적, 정성적 요인까지 고려하여 평가되므로 금융기관의 여신심사 참고자료, 기관투자자의 투자심사기준, 거래기업에 대한 신용판단의 기준, 조달청, 공공기관의 입찰 시 적격심사의 참고자료로 활용된다.

따라서 기업은 신용평가를 통해 기업 인지도를 제고하고 신용등급에 따라 차별적 금리를 적용받을 수 있어 신용평가 등급이 높을수록 낮은 자금조달 비용으로 기업에 필요한 자금을 용이하게 조달할 수 있다.

또한 신용등급은 상대적으로 제한된 정보와 분석능력을 보유한 투자자에게 유용한 정보를 제공하여 발행자와 투자자 간에 존재하는 정보의 비대칭성을 완화시킨다.

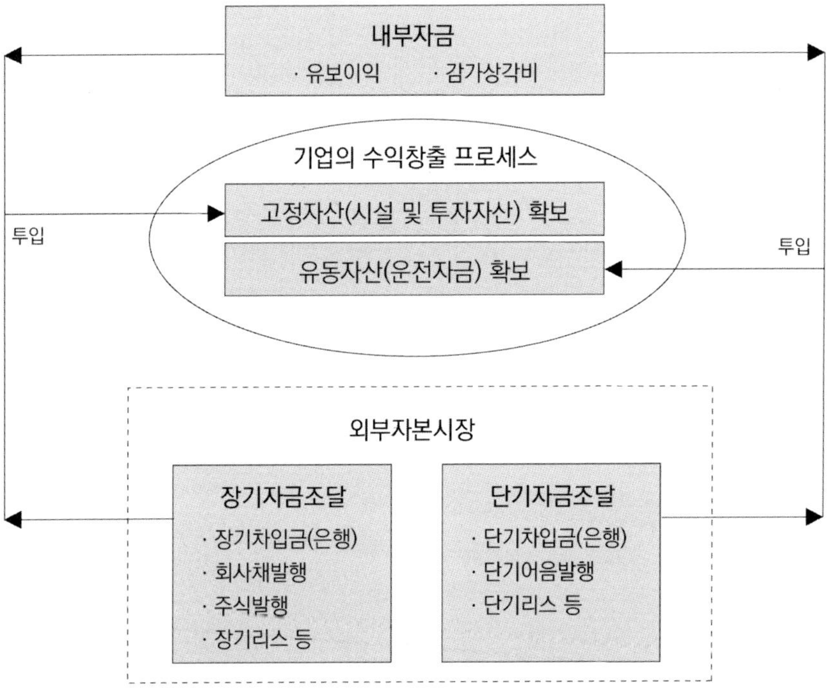

[그림 10-1] 자금조달의 필요성과 자금원천

이는 투자자의 미래 채무상환에 대한 불확실성을 감소시키고 투자 의사결정과정에서 기업분석을 위한 시간과 비용의 감소를 유발하기 때문에 투자자 보호 및 투자자의 시장참여 확대에 기여한다.

한편 발행자는 신용평가를 통해 투자자의 투자위험에 대한 불확실성을 경감시켜 직접금융시장에서 자금을 조달함으로써 자금조달원천의 다양성을 제고할 수 있으며, 발행자의 자금조달비용을 경감시킬 수 있다.

3) 예산관리

예산관리(budgetary management)는 기업의 전체 입장에서 미래 일정기간에 대한 예산계획을 편성하여, 경영의 각 부문활동을 종합적으로 고려하여 조정·통제하는 계량적 경영관리방법을 의미한다. 이는 재무활동을 계획하고 통제하는 방법의 가장 일반적인 수단이 된다.[2]

---

2) 박상범, 전게서, p.241.

(1) 예산관리의 기능

① 예산은 경영계획을 수치에 의해 구체화하여 기업 전체의 유효성(effectiveness)을 높이는 계획(plan) 기능을 수행한다.

② 예산편성의 실행과 수정을 통하여 각 부문 활동을 조정(coordination)한다.

③ 예산 수치로 거래활동의 달성 목표, 능률 측정의 기준으로 각 부문활동을 통제(control)한다.

(2) 예산관리 사례

예산관리 소프트웨어는 프로세스를 자동화하고 정확도를 높이며 비용 절감 방법에 대한 심층적 분석까지 더해 재무관리의 스트레스를 완화해 줄 수 있다. 기업에 도움이 될 만한 예산관리 툴을 소개한다.

어댑티브 인사이트(Adaptive Insights)는 클라우드 기반 기업성과관리(CPM) 툴에서 예산 계획, 보고, 분석 기능을 제공한다. 셀프서비스 대화형 대시보드는 분석 기능이 내장되어 있어 그래프 및 차트로 변환되는 재무 통찰력을 제공한다.

즉 비용, 인력, 자본, 매출, 판매량, 할당량, 지역 관리는 모두 조직의 특정 기능, 산업, 지역을 모델링할 수 있다. 사용자는 기간을 비교하고 소스 트랜잭션 데이터로 드릴다운하여 컨텍스트를 이해한 다음 다시 계획하고 예측하여 조처할 수 있다. 이 소프트웨어는 엑셀 기반 웹 애플리케이션과 순수 엑셀 인터페이스로 제공된다. 세일즈포스, 오라클, 넷스위트, 세이지 인택트(Sage Intacct), MS 다이내믹스, 엑셀이나 기타 시스템의 사용자 정의 데이터 소스 같은 다양한 플랫폼과 통합된다.

4) 투자관리

기업에서 어떤 사업에 투자하고자 할 때는 사전에 투자의 대상, 내용, 투자기간, 투자금의 회수 가능성 등을 투자하는 자본규모와 비교, 분석하는 과정을 반드시 거쳐야 한다. 특히 자금력이 부족한 중소기업은 투자기간의 장·단기 여부, 수익성의 크기를 상세하게 분석하여 투자 여부를 결정해야 한다.

중소기업 경영자는 자금관리의 중요성을 잊고 고정자산에 과다한 투자로 자금난을 겪는 경우가 많다. 특히 중소기업이 고정자산에 대한 과대투자를 조절하고 투자 효율성을 높이기 위해 다음과 같은 사항을 고려하여 설비투자의 효율성을 높이도록 한다.[3)]

3) 박상범, 전게서, pp.242~243.

① 고정자산에 투자할 때는 구입보다 리스(lease) 구매방법을 이용하여 자금지출의 부담을 줄인다.

② 일시적으로 주문량이 급증하거나 자사의 능력만으로 주문을 감당하기 어려운 경우 기계설비를 추가로 도입하는 대신 재도급을 주는 방법을 검토한다.

③ 새로운 설비를 도입하고자 할 때는 국내외 최신 정보를 수집 후 가장 경제적인 설비를 선정한다.

④ 아웃소싱(outsourcing)을 적극적으로 활용하여 설비투자의 부담을 줄이도록 한다.

참고로 한국벤처캐피탈협회는 벤처·중소기업을 효과적으로 지원하기 위하여 글로벌 스타벤처 육성, M&A, 투자연계형 R&D, 상담, 온오프라인 IR, 벤처기업 확인 등 기업지원사업을 포괄적으로 수행하고 있다.

4. 경영분석 사례

① 경영관점: 상법(법무), 세무행정, 노무행정 매출 6억(2022년)에서 2023년 ㈜법인 전환

② 성실신고 기준: 1년에 2회. 제조업 7.5억, 서비스 5억, 도소매 10억

③ 개인에서 법인 전환 사례: 부동산 보유시 현무, 세 감면 포괄 양수도. 자기자본 마음대로 처분이 안되고 법인에게 판매. 즉 자산 10억, 부채 4억, 순자본 6억으로 판매한다.[4)]

〈표 10-2〉 중소기업 경영분석지표와 재무요소 평가 예시

구 분	배점(%)	재무지표	배점(%)	평가(%)	평가 항목
안정성	35	자기자본비율	7	7	자기자본비율, 차입금의존도 등
		부채비율	15	12	
		유동부채비율	3	0	
		장단기차입금의존	7	0	
		이자보상배수(1.5↑)	3	3	
			35	22	

4) 김명호 외 2인, 실전재무비율, 서울의과학연구소, 2008.

수익성	20	매출증가율	7	1	매출액 영업이익률 등
		영업이익률	7	6	
		유동비율	3	1	
		당좌비율	3	3	
			20	11	
활동성	15	총자본회전율	5	5	총자본회전율 등
		매출채권회전율	5	5	
		재고자산회전율	5	5	
			15	15	
현금흐름	30	영업현금흐름	20	20	영업현금흐름/총부채 등
		총부채	10	10	부채총액<매출액
			30	30	
50%	100%	합계	100%	78%	

〈표 10-3〉 중소기업 경영분석지표와 비재무요소 평가 예시

구 분	배점(%)	재무지표	배점(%)	평가(%)
계량	30	기업 업종	25	20
		기업 업력	10	10
		기업 규모	5	2
		기술성	35	15
		거래 관계	20	20
		사업장	5	5
		소계	100	72
비계량	70	사업성(매출)	30	10
		CEO 지분율	20	20
		CEO 경력	10	10
		재무제표	20	20
		기타	20	15
		소계	100	75
50%		합계	200%	147%
		재무	60%	47%
		비재무	40%	29%
		종합 평가	100%	76%

추가로 대표이사 지분, 가지급금 비율, 유형자산 비중, 제조인정 기준 등의 지표가 있다.

제 2 절 중소기업의 신용관리

1. 신용평가와 신용등급

1) 신용정보

신용정보란 금융거래 등 상거래에 있어서 거래 상대방에 대한 신용도와 신용거래 능력 등을 판단할 때 필요한 정보로서 식별, 신용거래, 신용도 판단, 신용능력 및 공공정보 등을 의미한다.

신용정보에는 식별정보개인의 성명·주소·주민등록번호(외국인의 경우 외국인등록번호 또는 여권번호)·성별·국정 및 직업 등과 기업 및 법인의 상호·법인등록번호·사업자등록번호·본점 및 영업소의 소지자·설립연월일·목적 및 임원에 관한 사항 등 특정 신용정보 주체를 식별할 수 있는 정보(타 신용정보와 결합되어 이용되는 경우에 한함)가 있다.

(1) 신용거래정보

금융거래 등 상거래와 관련하여 신용정보 주체의 거래내용을 판단할 수 있는 정보로 대출, 보증, 신용카드, 가계당과 예금, 당좌예금, 기업신용공여 현황 등의 정보

(2) 신용도 판단정보

금융거래 등 상거래와 관련하여 신용정보 주체의 신용도를 판단할 수 있는 정보로 연체정보, 대위변제, 대지급정보, 부도정보, 관련인정보, 금융질서문란정보 및 그 관련인 정보

(3) 신용능력정보

금융거래 등 상거래에 있어서 신용도 등의 판단을 위한 개인의 재산, 재무, 소득 등과 기업 및 법인의 개황, 사업의 내용, 재무에 관한 사항 등 신용정보 주체의 신용거

래능력을 판단할 수 있는 정보

(4) 공공정보

금융거래 등 상거래에 있어서 신용정보주체의 식별. 신용도 및 신용거래능력을 판단할 수 있는 법원 또는 공공기관의 재판 결정정보, 조세 또는 공공요금 등의 체납정보, 주민등록 및 법인등록에 관한 정보 및 기타 공공기관이 보유하고 있는 정보

2) 신용평가

(1) 신용평가의 의의

신용평가제도는 전문신용평가기관이 특정기업에 대한 여러 가지 환경을 신용도로 평가함으로써 해당 기업이 자금조달 목적으로 발행하는 채권에 대하여 원리금을 약정한 기일 내에 상환할 수 있는가를 분석하여 등급화하는 제도이다.

(2) 신용평가의 역할

신용평가제도는 투자자와 발행자, 금융시장 전체에 대하여 매우 유용한 기능을 수행하는 자본시장 하부구조의 일부이다.

투자자에게는 투자위험을 최소화시키기 위한 판단자료를 제공하여 투자위험의 불확실성 축소 및 의사결정 비용을 절감시키는 등 투자자의 신용분석을 보완하는 투자지침으로 활용됨으로 보다 합리적인 금융자산의 운용을 가능하게 한다.

또한 발행기업은 자본시장에 대한 접근 가능성이 제고되는 가운데, 기업의 대외 신용도를 감안한 자금조달계획을 수립함으로써 자금조달의 탄력성을 확보할 수 있다. 아울러 금융시장에 대해서는 금융중개비용을 축소시킴으로써 금융시장의 효율성을 제고시키는 역할을 수행하게 된다.

(3) 신용평가의 특성

(가) 신용위험에 대한 평가

신용평가는 채무자 또는 특정채무의 신용위험(Credit Risk)을 일정한 기호로 표현하는 것이다.

신용위험이란 당초에 정해진 조건대로 이자 또는 원금이 상환되지 못할 채무불이행 위험(Default Risk)과 채무불이행 시 발생할 것으로 예상되는 손실의 정도인 손실위험

(Risk of Loss)을 포함한다.

(나) 중립적 위치에서의 평가

발행자나 투자자와 이해관계가 없는 중립적인 위치에서 평가대상의 신용도를 평가함으로써 유가증권의 발행 및 유통을 원활하게 하는 기능을 수행한다.

즉, 당사는 발행자나 투자자로부터 독립적인 지위에서 의견을 제시하므로 편향성으로부터 자유롭다.

(다) 전문가적 판단에 기초한 등급 결정

채무자 또는 특정 채무의 성격에 따라 신용도에 영향을 주는 요소는 매우 복잡하고 다양하므로, 이들 요소들을 정형화하는 것은 불가능하며 기계적인 모형에 기초하는 평가방식은 한계가 있다.

(라) 미래의 순환주기 전체를 고려한 등급 결정

신용평가는 기본적으로 미래에 대한 판단이며, 미래의 채무상환가능성을 예측하고 평가하는 업무이다.

신용등급 결정시 발행기업의 과거 실적 및 현재 신용상태 파악에 집중하기보다는 합리적 기준에 기초하여 환경변화와 이에 따른 발행 기업의 사업 및 재무상태 변화를 전망하여 신용등급을 결정한다.

전망하는 시간적 범위는 3년에서 5년으로서, 적어도 경기순환의 한 주기를 포함하는 기간이 되며, 전형적인 경기 순환주기 전체("through the cycle")를 반영하여 신용등급을 결정한다. 이에 시황 변화에 따라 기민하게 움직이는 다른 신용스프레드, 또는 주가에 기초한 평가방식("Point－in－time")이 제공하는 신용등급에 비하여 신용등급은 기본적으로 변동성이 낮도록 한다.

(마) 신용등급은 상대적 신용위험에 대한 의견

신용등급은 채무자 또는 특정채무의 상대적인 신용위험에 대한 의견이다. 즉 신용평가회사의 신용등급 부여는 개별 채무가 전체 포트폴리오 내에서 위치하는 신용위험의 상대적 서열을 정확하게 설정하는 데에 목적이 있다.

(바) 신용등급은 투자자의 신용분석을 보완하는 역할

신용등급은 투자자가 투자의사결정에 유용하게 활용할 수 있는 수단으로서 제시한 의견이며, 이러한 의견은 투자자가 독립적으로 수행하는 신용분석을 보완할 뿐 이를 완전히 대체하는 것이 아니다. 또한 신용등급은 특정 유가증권의 매수, 매각 또는 처분을 추천하거나 특정 투자자의 투자가 적정한지에 대하여 적극적으로 의견을 제시하는 것이 아니다.

3) 신용등급

기업신용등급은 기업의 부도 가능성을 평가하여 기업 신용위험의 상대적인 수준을 서열화한 뒤, 위험 수준이 유사한 기업들을 동일한 등급으로 계량화한 지표이다. 금융기관에서는 내부 신용평가시스템을 통해 차주의 부도 위험을 평가한 '차주 등급'과 개별 여신에 대한 손실위험과 관련하여 특정 거래 요인을 평가하는 '여신등급'의 이원화된 체계로 운영하고 있다.

기업 신용등급은 개별 기업 고유의 신용위험을 평가한 '차주 등급'을 의미한다. 이를 위해 기업 규모, 해당 기업이 속한 산업 등에 관계없이 신용등급에 대해 동일한 수준의 부도율을 정의하여 관리하고 있다.

2. 신용관리 방법

1) 신용관리의 배경 및 중요성

신용평가가 활용되는 영역은, 공공기관과의 입찰계약, 대기업의 협력업체 선정, 금융기관 자금조달 및 보증, 정부 정책자금 활용, 투자유치 등 기업의 경영활동, 영업활동, 재무활동, 투자활동 등에 다양하게 활용된다.

또한 상거래 시 상대방의 신용상태를 사전에 인지하고 실제 거래처들로부터 발생할 수 있는 신용위험을 사전에 예방하기 위해 거래 상대방의 신용등급을 파악하기도 한다.

사전에 거래처의 신용도를 파악하여 위험성을 인지한 기업들은 부실채권 발생이 훨씬 적은 것으로 나타나고 있어 기업의 신용관리기능 강화가 영업(구매 및 판매) 활동에 매우 중요하다.

정부는 개별 중소기업의 신용에 근거한 정책자금 지원과 신용등급에 따른 보증 수수료 차별화 등을 정책 방향으로 제시하고 있으며, 금융기관은 유해 폐기물의 국가간 이동 및 교역을 규제하는 협약인 바젤 협약과 경영환경의 불확실성 증가에 따른 자산

건전성 제고를 위해 신용등급이 양호한 중소기업을 중심으로 대출 포트폴리오를 구성하고 있다.

정부, 금융기관, 대기업의 정책 변화는 중소기업으로 하여금 신용관리를 수행하지 않고 외부자금 조달을 사실상 불가능하거나 불리한 조건으로 운영될 수 있으며, 중소기업들은 외상거래 시 상대기업의 부실 가능성과 대금결제일 준수를 가장 중요한 요인으로 보고 있기 때문에 신용관리를 체계적으로 하지 않는다면 기업의 성장은 제한적이다.

2) 중소기업 신용관리체계 수립

급변하는 기업 경영환경의 변화로 인하여 미래를 예측하기 어려운 상황이다. 원자재, 환율 변동, 이자율 변동 외에도 국가적 리스크로 국가 신용도 하락 위기와 같은 기업 외부환경이 특정 기업에 불리하게 작용할 가능성이 높은 상황도 외생변수로 중요하다.

기업들의 지속적인 성장을 위해서는 경영전략을 과거의 이윤 추구에서 신뢰경영 중심으로 전환해야 하는 환경에 직면하고 있다. 중소기업들은 유리한 조건의 자금조달과 매출 확대를 통한 지속 성장을 달성하기 위해서 효과적인 신용관리 체계를 수립하는 노력이 필요하다.

첫째, 기업간의 상거래 및 금융거래 시 적정한 신용(자금)한도를 설정하고 그 범위 내에서 거래할 수 있는 신용관리체계를 수립하고, 현재 기업의 신용등급 상태를 파악하고 지속적으로 상향시키는 노력이 필요하다.

둘째, 중소기업은 신용관리체계를 자체적으로 구축하기에는 내부 인적자원이 부족하기 때문에 신용관리 전문기관을 활용하는 것도 방법이다.

먼저 기업자체의 신용등급을 파악하여 현재의 문제점을 인식하고 개선사항에 대한 체크리스트를 작성하여 신용관리에 적극 활용하여야 한다.[5)]

셋째, 중소기업에도 ESG 모델을 적용하여 신용관리에 반영할 가능성이 높아진다.

글로벌 신용평가기관인 무디스(Moody's), 피치(Fitch Ratings), S&P(Standard & Poor's) 등에서는 ESG 평가 결과를 신용 등급에 반영하고 있다.

S&P Global의 경우, 환경오염이나 탄소배출량, 안전보건, 내부통제, 리스크 관리 등으로 분류하여 조정 사유에 해당하는 기업에 대해 신용등급을 조정했다.

---

5) 박수진, 중소기업의 신용관리 전략, 정보통신신문, 2017. 12. 26.

예를 들어, 듀크에너지(Duke Energy)의 경우 석탄발전소에서 과도하게 석탄재가 배출된다고 보고 신용등급을 'A-Stable'에서 'A-Negative'로 조정하여 ESG에 따른 신용위험을 알렸다.

신용평가기관들은 ESG 전문 역량을 강화하기 위해, 전문성을 보유한 ESG 평가기관들을 인수하고 있다. 신용등급에 비재무적 성과를 포함하는 글로벌 사례는 국내 신용평가기관에게도 영향을 주고 있다.

기업의 신용관리는 정책자금 융자, 은행대출, 보증서 발급, 직접금융 활용 등에서 신용등급이 적용하게 된다. 대기업이 협력회사를 선정할 때에도 다양한 정보를 활용하는데 그중 하나가 기업의 신용등급이다.

자금조달 관점에서 신용관리의 중요성은 다음과 같다.

즉, 신용대출 한도, 대출금리, 각종 수수료, 대출기한, 담보인정 비율 등에서 기업신용등급이 높을수록 혜택을 받을 수 있다.

영업활동 측면에서 대기업의 납품업체 선정기준에서 기업 신용도가 40% 정도 사용되었다. 신용도가 높으면 다른 부문이 낮더라도 커버할 수 있다.

3) 기업 신용평가 방법

재무제표는 안정성인 차입금의존도(부채비율), 수익성인 총자산수익률, 유동성 지표인 당좌비율, 활동성인 재고자산 회전율, 변동성인 매출의 증감, 현금흐름(cash flow), 외형 규모인 매출액, 총자산 등의 지표를 통해 평가한다. 회사의 기업업력, 사업장 소유, 금융거래, 금융거래 신뢰성, 대표자의 신상정보, 대출, 보증 등을 파악한다.

기업신용평가는 평가대상 기업의 경영상태와 채무상환능력 등 종합적인 신용상태를 평가하는 것이다. 재무제표만 가지고 평가를 하지 않고, 규모가 작거나 신설기업인 경우 재무제표 반영 비율이 현저하게 낮아지게 된다. 기업의 신용등급은 AAA, AA, A, BBB, BB, B, CCC, CC, C, D, NR로 등급으로 분류되며, 보통의 기업들이 B등급 부분에 해당하게 된다.

즉, 최근 3년간 재무제표상 매출채권, 매입채무, 재고자산, 판매비와 관리비 등 여러 계정과목의 지표를 통해 분석을 하게 된다. 이와 같이 추정한 결과의 값은 실제와 매우 일치하게 된다. 예를 들어 어느 업체가 신용등급은 양호한데 다른 이상 한점이 있어 한 단계 낮은 등급을 부여했는데, 현금흐름 부분이 가장 낮은 등급을 몇 년간 유지하여 결국 부도가 났다. 매출채권이 늘어난다는 의미는 외상이 많고 현금이 안 들어오고 있다는 의미이다.

KED의 기업신용평가등급 결정 절차는 모형 결합모형을 이용한다. 재무모형과 비재무 계량화 요소, 정성적 분석(비계량 비재무)을 통해 진행하게 되며, 여러 요소들을 결합하여 기업신용평가등급을 결정하게 된다.

대출, 카드 발급시 금융기관에서 신용평가시 등급에 따라 금리 차이 발생하고, 능력에 맞지 않는 신용거래는 과다 조회, 연체의 결과가 된다.

〈표 10-4〉 신용등급 기준

등 급	KIS(크레딧 뱅크)	MICE(마이크레딧)	KCB(홈크레딧)
1	865－1,000	900－1,000	900－1,000
2	855－864	870－899	850－899
3	825－854	840－869	805－849
4	800－824	805－839	750－804
5	770－799	750－804	680－749
6	720－769	665－749	610－679
7	665－719	600－664	510－609

4) 신용등급제 폐지와 신용점수제

금융위원회의 '개인신용평가체계 개선 방안'에 따라 2021년 1월 1일부터 기존의 신용등급제가 완전히 사라지고 신용점수제로 바뀌었다.

(1) 신용점수제 시행의 의미

첫째, 현재는 다수 금융회사는 개인신용평가회사(Credit Bureau, 'CB사')에서 제공하는 신용등급을 여신전략으로 활용한다.

즉 금융회사 신용위험 관리역량은 낮아지고, CB사 신용등급에 따라 획일적 금융서비스를 제공한다.

둘째, 신용을 개선하여 CB사는 신용점수만 제공하고, 금융회사는 이를 토대로 리스크 전략 등을 감안하여 자체적인 신용위험평가를 실시한다.

즉 금융권 신용위험 관리역량 제고, 금융회사별 리스크 전략, 금융소비자 특성에 따라 차별화된 서비스 제공하여 저신용층의 금융 접근성을 제고한다.

(2) 신용점수제 도입 이유

기존의 신용등급제는 1~10등급으로 나누어 신용을 평가하고, 매겨진 등급을 바탕으로 대출 심사, 카드 발급 심사 등 금융거래에 적용이 되었는데, 단 1~2점 차이로 등급이 분류되는 경우 신용카드 발급이나 대출 신청이 반려되는 등의 문제를 겪는 것을 해소하고자 등급제를 폐지하고 점수제를 도입한다. 1점 단위로 신용을 평가하기 때문에 개인의 특성에 맞는 대출 심사가 가능해졌다.

(3) 신용점수제 내용

첫째, 2021년 1월 1일부터 개인신용평가시 신용등급을 산정하지 않고 신용점수만 산정하는 신용점수제로 전환하여 실시한다.

둘째, 신용점수제 도입시 정교한 여신 심사가 가능하여, 신용등급에 따른 획일적 대출 거절 관행을 개선하여 저신용층에 대한 금융 접근성을 제고하도록 한다.[6)]

(4) 신용점수는 올랐지만 상위(%)는 떨어진 이유

신용평가 체계가 변경됨에 따라 많은 사람들의 신용점수에 변동이 있을 것으로 예상된다.

개인의 신용을 평가하는 지표인 신용점수(신용평점)는 0~1,000점으로 평가되는데 새로운 체계가 적용된 이후 신용점수는 올랐지만 상위 %는 떨어질 수도 있다.

그 이유는 상위 %라는 것은 상대적인 수치이기 때문이다. 신용점수가 높은 사람이 상위에 많이 분포한다면 기존의 점수보다 변경된 제도 이후 내 신용점수가 기존 신용등급제 때보다 높아졌다 하더라고 상위 %에서는 뒤로 밀릴 수 있는 것이다.

(5) 신용점수의 산정 기준

구체적인 평가 방법은 기관마다 차이가 있는 것은 기존과 같다.

돈을 갚을 능력이 있는지, 갚을 의사가 있는지가 중점으로 평가하고 2021년부터는 상위 누적 구성비(%)와 장기연체 가능성(%)이 지표로 추가되었다. 장기연체 가능성(%) 역시 숫자가 작을수록 신용도가 좋은 것을 의미한다.

---

6) 금융위원회·금융감독원, 보도자료, 2020. 12. 28.

상위(%)와 동일 점수대의 인원 1,000명이 대출을 진행했을 때, 그중에 앞으로 1년 안에 90일 이상의 장기 연체를 할 인원의 숫자를 나타내는 통계적 지표를 확인한다는 것이다. 동일 점수대의 인원이 장기연체를 할 가능성의 지표를 산출할 수 있다.

장기연체 이력이 발생한다면 당장 자신의 대출 승인 및 카드 발급에 문제가 되고, 통계에 반영되어 동일 점수인 인원의 평가에도 영향을 줄 수 있다.

(6) 신용등급 점수제 전환 전·후 변화

금융회사가 세분화된 대출심사 기준을 도입함으로써 신용등급에 따라 획일적으로 대출이 거절되지 않고, 저신용 금융소비자의 금융 접근성이 제고되는 효과가 있다.

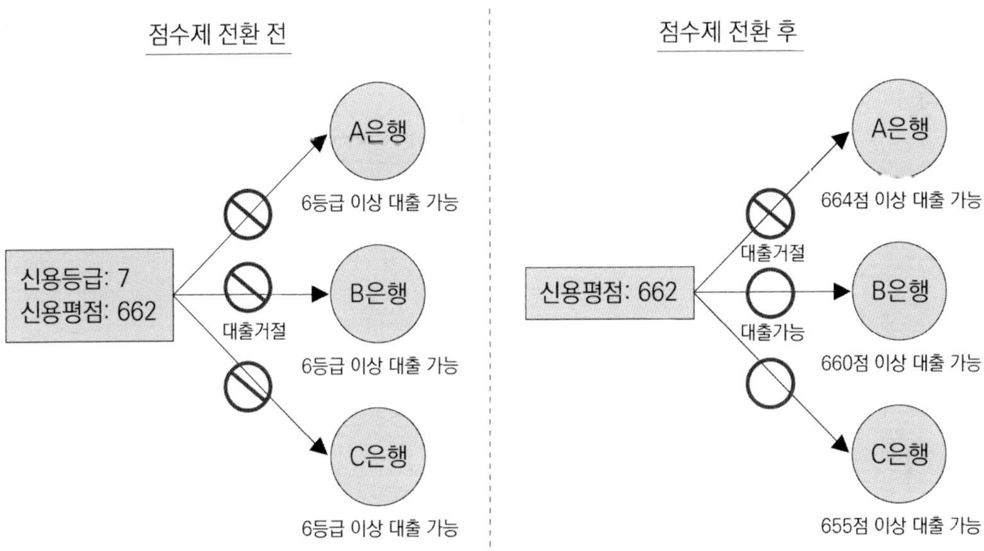

[그림 10-2] 신용등급 점수제 전환 전·후 변화 예시

5) 기업 신용등급 관리 포인트

① 기업의 신용관리는 정책자금 융자, 금융기관 대출, 보증서 발급, 직접금융 활용 등에서 기업의 신용등급을 이용하게 된다. 또한 대기업이 협력회사를 선정할 때에도 다양한 정보를 활용하는데 그중 하나이다.

② 신용관리의 중요성: 자금조달 측면에서 신용대출 한도, 대출금리, 각종 수수료, 대출기한, 담보인정 비율 등에서 신용등급이 양호할수록 혜택을 받을 수 있다.

③ 영업활동: 대기업의 납품업체 선정기준에서 기업 신용도가 40% 정도 사용되었다. 신용도가 높으면 다른 요소가 낮아도 커버할 수 있다.

④ 기업신용평가는 평가 대상기업의 경영상태와 채무상환능력 등 종합적인 신용상태를 평가하는 것이다. 재무제표만 가지고 평가를 하는 것은 아니다. 규모가 작거나 신설기업인 경우 재무제표 반영 비율이 현저하게 낮아지고, 기업의 신용등급은 AAA, AA, A, BBB, BB, B, CCC, CC, C, D, NR로 등급을 분류할 수 있다. 보통의 기업들이 B등급 부분에 속해 있게 된다.

⑤ 최근 3년간 재무제표를 바탕으로 매출채권의 추이, 매입채무의 추이, 재고자산의 추이, 판매비와 관리비 등 여러 분야의 지표를 통해 분석을 한다.

이렇게 추정한 결과 값은 실제와 많이 동일하게 나타난다. 예를 들면, 어느 회사가 신용등급은 양호한데 다른 이상한 점이 있어서 한 단계 낮은 등급을 부여했는데, 현금흐름 부분이 가장 낮은 등급을 몇 개 년간 유지하여 결국 부도가 났다. 매출채권(외상매출금, 미수금)이 늘어난다는 의미는 현금이 안 들어오고 있다는 의미하다.

⑥ KED(한국기업데이터)의 기업신용평가등급 결정 절차는 모형 결합모형을 이용한다. 재무모형과 비재무 계량화 요소, 정성적 분석(비계량비재무)을 통해 진행하게 된다. 여러 요소들을 결합하여 기업신용평가등급을 도출한다.

⑦ 재무제표는 안정성인 차입금의존도, 수익성인 총자산수익률, 유동성인 당좌비율, 활동성인 재고자산 회전율, 변동성인 매출의 증가와 감소, 현금흐름, 규모인 매출액, 총자산을 가지고 평가한다. 회사의 기업 업력, 사업장 소유, 금융거래, 금융거래 신뢰성, 대표자의 신상정보, 대출, 보증 등을 파악한다.

⑧ 중소기업의 경영자가 개인으로서 대출을 내고, 캐피탈로 차를 이용하면 본인 회사의 신용도에 영향을 미치게 된다.

⑨ 취약점 분석으로 재무제표, 회사, 대표자인지를 확인한다. 재무제표가 취약한 경우 높은 외부자금 의존도와 낮은 수익성, 부족한 현금흐름에 대한 단기적으로 개선은 어렵다. 회사 입장에서는 여신 규모 점검과 중요 부동산의 효과적 활용이 중요하다. 또한 대표자는 본인 소유의 자가 집이 반드시 필요하다.

또한 금융업권별 여신 규모를 축소하여야 한다. 특히 캐피탈론이나 카드론은 피해야 한다.

6) 기업신용등급 올리기 위한 방법

① 장기적인 방안과 단기적인 방안으로 분류해야 한다. 장기적인 방향은 재무제표의 사업성, 성장성, 수익성, 안정성, 유동성 등을 고려하여 장기적인 플랜으로 관리하여야 한다.

② 단기적으로는 회사 자체의 영업장을 구입하거나, 대표자의 자가 구매한다. 캐피털과 같은 제2금융권 이용을 하지 않으면 단기적으로 수치가 좋아질 수 있다.

기업 자체적으로 건강진단과 같이 취약점 분석을 통한 대책 마련에 대한 계획을 실행하면 된다. 즉 재무제표의 경우 정량적으로 부족한 부분으로, 수익성, 안정성, 유동성 등에 대한 문제가 도출된다.

재무제표 문제가 있는 경우 단기적으로 개선은 어렵고, 재무제표 개선은 장기 플랜이지만, 회사 여신의 경우 어디에 여신을 두느냐는 매우 중요한 문제이다. 금융기관을 많이 이용하는 것보다는 필요한 제1금융권 1~2개로 집중, 선택하여 운영함이 매우 중요하다.

③ 사업장이 임차, 자가에 따라 신용등급에 영향을 미치게 된다. 사업이 잘되면 월세가 오르는 경우가 많고 운영하던 사업장에서 나오게 되면 회사가 어려워지는 경우가 상당히 많게 된다. 임차사업장의 경우 자주 옮길 수 있다는 리스크가 있어서 기업신용등급에서 마이너스 요인이 될 수 있다.

④ 자동차의 경우 리스를 이용하면 기업신용등급에 영향을 받게 된다. 렌트를 하면 해결될 수 있으며, 리스는 금융거래 내용으로 올라오기 때문에 지양할 필요가 있다.

⑤ 신용점수 올리는 방법으로 세금, 서비스, 가압류, 금융 연체, 4대 보험, 공과금, 통신료 등 관리가 중요하다.

제11장 사업계획서 작성

제 1 절 사업계획서 개요

1. 사업성 분석의 개요

1) 개 념

기업의 창업 단계에서 사업의 성공 가능성을 사전에 분석·평가하는 것이다. 즉 회사의 목표가 무엇인지 설명하고, 앞으로 이 목표를 달성하기 위하여 어떠한 수단을 사용할 것인가를 설명하는 서류이다.

창업하는 사업의 특성에 따라 사업성의 분석 방법은 달라질 수 있지만 시장분석, 기술분석, 재무분석 등을 수행한다. 특히 이 분석과 함께 사업의 내용과 공익과의 관련 여부를 분석하는 공익성 분석을 추가하는 경우가 많은데, 이와 같은 분석을 실시할 때 '사업성 분석(feasibility analysis)'이라 한다.

2) 필요성

체계적인 사업성 분석을 실시하면 창업의 성공 가능성을 높일 수 있고, 사업성 분석을 통하여 보완이 필요한 내용을 발견할 수 있고, 수익성이 낮을 경우 포기해야 하는 이유를 찾을 수도 있다.

사업성 분석의 필요성은 창업의 초기 과정에서 첫째, 기업의 미래를 정확하게 파악이 가능하다, 둘째, 기업의 설계도 역할, 셋째, 창업자의 경영능력을 향상시킬 수 있다.

사업계획서의 중요성은 다음과 같다.

① 자금조달 시 중요한 설명자료

② 객관적이고 체계적인 사업성 분석 유도

③ 계획사업에 대한 Self-checking 기능

3) 단 계

사업 아이디어 탐색 → 발견 → 분석 → 시장·기술·재무분석 → 공익성 분석 → 사업계획서 작성이다.

2. 사업계획서 작성의 의의

4차 산업혁명의 등장은 핵심기술의 출현뿐만 아니라 신산업의 등장을 촉진하는 등 기존 주요 제품과 서비스의 생산·소비에서 혁명적 변화를 촉진할 것이다.

따라서 급변하는 산업의 흐름에 따라 창업기업들이 대처하는 방법으로 창업기업들이 스스로 문제를 인식하고 이를 해결 방안을 모색하는 과정이 필요하다.

이에 따라 창업기업의 지원 방향도 문제를 스스로 인지하고 이를 해결하고 성장하려는 의지가 있는 창업자나 기업을 발굴하고 실제 성장에 필요한 요소들을 지원하는 체계 구축이 요구되고 있다.

창업 도약 패키지 사업의 창업사업화 지원 사업계획서는 PSST(Problem-Solution-Scale up-Team) 방식의 구조를 작성을 원칙으로 한다.

PSST 방식은 창업기업들이 성장할 수 있는 아이템을 개발·개선할 수 있는 방법으로 창업자 및 팀원들이 지원하는 아이템 개발·개선을 위해 무엇이 필요한지를 인지하고, 해결방안을 제시한 후 본 아이템이 개발된 후 성장 가능성에 대하여 목표를 설정하며, 이를 실행할 수 있는 팀원이나 파트너들의 보유 역량과 필요 역량에 대하여 계획을 세우는 방식을 말한다.

① 1단계(Problem): 창업기업이 아이템을 개발하는데 고객 기반, 경쟁자 기반 차별성 등의 차원에서 인지하고 있는 해결 요소가 무엇인지를 파악한다.

② 2단계(Solution): 파악한 해결해야 할 요소들을 어떻게 해결할 것인지에 대한 방

안을 도출, 자원과 프로세스를 작성한다.

③ 3단계(Scale up): 솔루션을 통해 만든 사업 아이템을 통해 예상 매출은 얼마인지를 추정하고 이를 실현하기 위해 필요한 소요자금 내역과 자금조달 방안에 대하여 작성한다.

④ 4단계(Team): 추정 매출액을 달성하기 위해 필요한 인력(팀원, 파트너 등)에 대한 실행계획 수립한다.

3. 사업계획서의 구성

〈표 11-1〉 사업계획서의 구성 요소

구성 요소	내 용
1. 사업 개요	
2. 회사 소개	주요 임원진 약력, 시설 및 생산 현황, R&D 현황, 미션, 비전
3. 제품 및 서비스	현재의 제품 및 브랜드, 개발 중인 제품 및 브랜드, 제품 및 서비스의 차별성
4. 핵심 역량	보유기술, 조직문화, 가치사슬
5. 환경분석	거시경제 및 국제관계 요인, 정치, 문화요인, 산업환경, 국가 정책 및 법률 개정, 신기술 출현, 경쟁환경 분석, 대체재의 출현 가능성, SWOT 분석
6. 경영 목표	장기목표, 중기목표, 단기목표, 신제품 개발, 신시장 개척, 성장, 브랜드 개발
7. 사업전략	사업/제품 포트폴리오, 제품, 시장, M&A, 가치사슬 통합, 공급사슬 혁신, 합작투자, 해외진출, 전략적 제휴
8. 마케팅 전략	4전략, 가격, 제품, 유통, STP, EC, 커뮤니케이션, 브랜드, Positioning, 실행계획
9. 재무계획	자금의 조달 및 운용계획, 추정재무제표, 추정재무상태표, 추정손익계산서, 추정현금흐름표, 추정제조원가 명세표, 재무타당성분석, 각종 비율분석
10. 위기분석 및 대응계획	위기요인 정의, 각 위기요인 평가 및 우선순위표, 위기대응 계획

제 2 절 사업계획서 작성 요령

1. 사업계획서 작성 내용

1) 사업계획서 작성 준비

- 서면평가, 대면평가, 최종 평가에 활용하며 선정의 기준 숙지
- 지원사업의 목적 파악
- 충분한 여유를 두고 작성
- 사업계획서, 사업비 비목별 소요 명세서 작성

2) 사업계획서의 유기적 연계

- 계획, 목표, 개발 내용, 추진 일정, 사업비 집행, 사업화까지 최종 목표 달성을 위한 연차별 목표 및 개발 내용
- 연차별 목표를 달성하기 위한 연차별 추진일정 및 사업비 구성
- 최종 목표를 확인할 수 있는 정량적 평가항목 및 객관적 측정 방법 구성
- 최종 목표 달성을 위한 연구진 구성

3) 사업 기획의 단계

개발의 당위성(필요성, 기존 기술의 문제점, 독창성, 차별성) → 목표 설정(정량적 목표 설정, 핵심 구현 요소기술에 대한 평가 항목, 사업화를 전제로 한 아이템) → 기술개발 내용(핵심 차별화 기술, 문제해결 방법, 상세 개발방법/How to Develop, 기간 내 개발 구현위한 체계적 계획, 명확한 업무 분장) → 사업화 방안(수익성, 각종 사업화 관련 근거 자료, 각종 지표(B/C, BEP, ROI, NPV, IRR 등)), 마케팅, 홍보 전략

4) 사업계획서 구체적 내용

사업계획서는 일반적으로 총 3가지(일반현황, 제품·서비스 개요, 본문) 영역으로 구성된다.

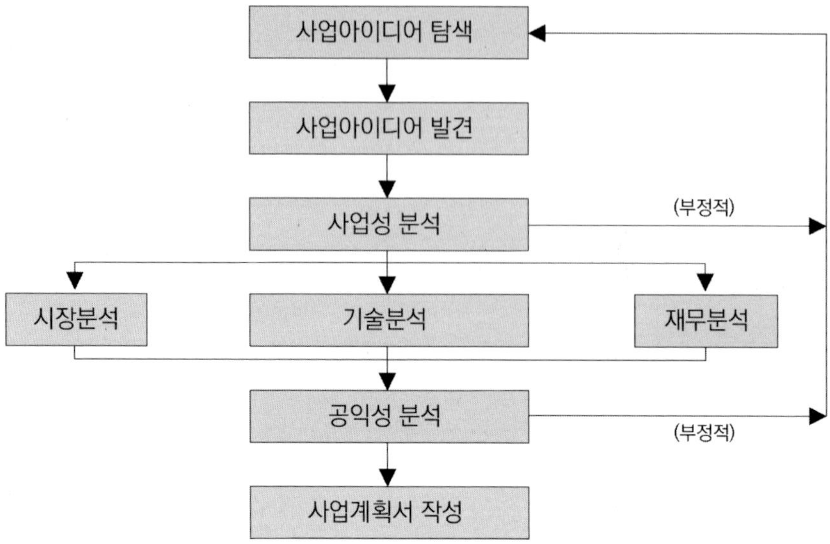

자료: 박상범, 전게서, p.133.

[그림 11-1] 사업성 분석의 프로세스

(1) **일반현황**: 창업자와 창업기업의 기본 정보에 대한 내용

(2) **제품·서비스 개요**(요약): 지원 아이템에 대한 내용을 요약

(3) **본문**: PSST 방법론을 활용하여 사업 아이템에 대한 내용을 상세 작성

① 문제 인식(Problem)·서비스에 대한 해결 과제

- 자사가 개발(보유)하고 있는 서비스에 대해 인지하고 있는 문제점 등·고객의 니즈에 대한 개선과제
- 고객의 니즈 및 해당 분야 전문가 등에서 개선을 요구하는 문제점 등·시장·경쟁자 대비 개선과제
- 시장·경쟁자 등의 서비스 등과 비교 시 개선을 요구하는 문제점 등

② 실현가능성(Solution)·서비스의 개발(개선) 방안

- 자사에서 인지한 서비스에 대한 문제점 개선(개발) 방안, 현재 구현 정도, 제작 소요기간 및 제작 방법(자체, 외주) 등·고객 요구사항에 대한 대응방안
- 고객 및 해당 분야 전문가 등이 요구하는 문제점에 대한 개선방안 등
- 시장 경쟁력 확보 및 강화방안: 시장·경쟁자 등의 서비스 대비 문제점에 대한 개발(개선) 방안, 우위요소, 차별화 전략 등

③ 성장전략(Scale-up)·자금소요 및 조달계획

- 자금의 필요성, 금액의 적정성 여부를 판단할 수 있도록 사업비[정부지원금+대응자금(현금)]의 사용계획을 기재
- 시장 진입 및 성과창출 전략: 창업사업화 지원사업 사업계획서
- 내수시장: 주 소비자계층, 시장진출 전략, 실적 등
- 해외시장: 글로벌 진출 실적, 역량, 수출망 확보계획 등·출구(EXIT) 목표 및 전략
- 투자유치: 엔젤투자, VC(벤처캐피탈), 크라우드 펀딩 등의 투자처, 향후 투자 유치 추진전략 및 방법 등
- 인수·합병(M&A): M&A를 통한 사업확장 또는 출구전략에 대한 중·장기 전략
- 기업공개(IPO): 기업의 경쟁력 강화, 투자자금 회수 등을 위한 IPO 중·장기 전략
- 정부지원금: R&D, 정책자금 등 정부 지원금을 통한 자금 확보 전략

④ 팀(Team) 구성

- 대표자 및 팀원의 보유 역량: 대표사 및 팀원(업무파트너 포함) 보유하고 있는 경험, 기술력, 노하우 등
- 팀의 기술개발 역량: 제품·서비스 개발을 위한 자사의 자체 기술개발 역량
- 사회적 가치 실천계획: 양질의 일자리 창출을 위한 중소기업 성과 공유제, 비정규직의 정규직화, 근로시간 단축 등 사회적 가치 실천계획

〈표 11-2〉 사업성 분석 내용

사업성	주요 내용	
시장성	시장의 특성	시장의 위치, 유통방법과 조직, 거래 조건
	소비자 분석	목표시장과 고객, 예상 소비량, 고객 니즈
	경쟁기업 분석	공급능력, 경쟁 우위요소, 경쟁제품의 가격·품질·판매전략
	미래수요 분석 및 예측	수요의 변화를 기술 발전과 함께 고려
	시장점유율(M/S) 추정	현재와 미해 시장점유율 분석 및 추정

기술성	보유, 도입 기술	제품의 물리적·기계적·화학적 특성에 관련된 모든 기술
		제조공정의 설계와 배치
		로열티를 지급할 경우 기술료 크기
		구입하는 기계 규격, 가격, 대금 지불방식, 설비 신뢰성과 성능, 예비 부속품의 조달 가능성, 설비 유지비 고려하여 기계 선정
		설비의 속성과 장단점 비교, 검토한 자료
		예상되는 폐기물의 종류, 양, 처리방식과 비용
재무분석	소요자본의 크기, 경제성, 수익성	총사업비, 초기 투자액, 시간 변동에 따른 재무상태, 경영성적, 현금흐름을 나타내는 재무제표
		총사업비 명세, 초기 자본 소요액 및 사업 관련 현금수지분석
		재무제표에 기초한 미래 재무구조 예측(추정 재무제표 작성)
		재무예측을 지원하는 보조자료: 판매대금의 회수기간, 재고수준, 구매제품 및 경비의 지불기간, 생산원가의 항목, 판매관리비, 재원조달, 투자비용 등
		수익성 분석 위한 투자수익률(ROI), 주당수익률, 손익분기점(BEP), 생산량, 가격 분석 등

자료: 박상범(2021) 자료에서 재정리.

2. 사업계획서 구성 및 체크 포인트

1) 기술 수준

- 기존제품(기술)과의 차별성, 독창성을 명확하게 제시하기 위해 세계 최고 수준 등을 근거로 구체적으로 제시
- 수입대체, 외국 제품의 역설계(Reverse Engineering) 가능

2) 사전 준비

- 기술개발 역량을 판단하기 위한 근거이므로 사실적으로 제시
- 기초 실험 결과, 시료(샘플) 확보 및 분석 자료, 기술개발 관련 인력, 시설 등 기본 인프라 구축 여부

〈표 11-3〉 사업계획서 구성과 주요 포인트

<table>
<tr><th>사업계획서 구성(예)</th><th>사업계획서 작성 주요 포인트</th></tr>
<tr><td>Ⅰ. 개요 및 현황
1. 기술개발 개요: 개발이 필요성, 중요성·독창성·기술적 파급효과
2. 관련 기술 현황: 국내외 기술개발 현황, 정부 정책 방향</td><td rowspan="2">• 사업계획서 작성 양식 및 요령 자료 활용
• 공고시 첨부된 RFP, 기술 로드맵 보고서 등 참고
• 운영 요령, 관리 지침 등 관련 규정 숙지</td></tr>
<tr><td>Ⅱ. 기술개발 준비 현황
1. 선행 연구결과 및 애로 사항
2. 지식재산권 확보 및 회피 방안·기술 유출 방지 대책</td></tr>
<tr><td>Ⅲ. 기술개발 목표 및 내용
1. 기술개발 최종 목표: 최종 산출물·목표 달성도 평가 지표
2. 기술개발 내용: 주요 핵심기술 위주 기존 제품(기술)과의 차별성 등</td><td rowspan="2">• 목표 및 연구 내용을 명확하게 설정, 실현 가능한 계획 수립
• 국내외 경쟁기술 및 기업과의 차별화(우위성 확보)</td></tr>
<tr><td>Ⅳ. 연구인력 구성·연구시설 및 장비 보유 현황</td></tr>
<tr><td>Ⅴ. 기술개발 활용 및 사업화 방안
1. 국내외 시장 현황: 목표시장 경쟁 현황, 국내외 시장 규모, 주요 경쟁사
2. 개발기술 활용 및 제품개발 계획
3. 양산 및 판로 확보계획·기대효과</td><td>• 시장규모, 가격 동향, 수요처 자료 제시(객관성 확보)
• 그림, 도표, 사진, 샘플 제시를 통한 가시적 내용 제시</td></tr>
<tr><td>Ⅵ. 사업비: 연차별·기관별·비목별</td><td>• 연구 내용과 조화되게 기술개발사업비를 구성(규정 준수)</td></tr>
</table>

3) 기술개발 및 사업화 목표, 연구내용을 명확하게 설정

• 기술개발을 통한 기업 성장 및 개발기술의 사업화 성과와 산정 근거를 객관적·체계적으로 명시

• 사업화 계획의 구체성, 목표 설정의 타당성의 제시

4) 모든 자료는 명확한 근거

시장 규모, 국내외 경쟁기술, 목표 설정은 명확한 근거가 부족시 평가에서 불이익 초래

5) 사업화를 위한 세부 추진계획

경쟁 제품의 분석을 통한 경쟁력 제시, 제품화 및 마케팅 계획 제시

6) 사업화에 따른 기대효과

기술 제품의 사업화를 통하여 고용창출효과, 지역 및 국가경제 발전 등 경제적 효과, 사회적 파급효과 등

3. 사업계획서 작성 요령

1) 연구개발과제의 필요성

연구개발과제와 관련되는 국내외 현황 및 문제점과 전망, 국내 연구개발의 필요성, 정부 정책과의 연관성, 해당 국가연구개발사업의 근거 법령 및 추진계획과의 부합성 등이다.

2) 연구개발과제의 목표 및 내용

(1) 연구개발과제의 최종 목표

연구개발하고자 하는 지식, 기술(또는 공정) 등의 정성적 또는 정량적 목표

(2) 연구개발과제의 단계별 목표(해당 시 작성)

연구개발과제가 단계로 구분되어 있는 경우에 단계별 목표

(3) 연구개발 내용

연구개발하고자 하는 지식, 기술 등

(4) 연구개발과제 수행일정 및 주요 결과물(해당 시 작성)

주요한 연구개발과제 수행일정과 각 수행일정별 확인 가능한 결과물을 기재

3) 연구개발과제의 추진전략·방법 및 추진체계(기초연구단계 연구개발과제의 경우 간략하게 작성 가능)

(1) 연구개발과제의 추진전략·방법

지식재산권 확보·보호, 기술 도입, 전문가 활용, 연구개발서비스 활용, 다른 기관과의 협력 등 연구개발과제의 목표 달성을 위하여 적용하려는 연구개발방법론(접근방법) 등

(2) 연구개발과제의 추진체계

연구개발과제 수행을 위한 추진체계, 방법, 절차 등을 도식적으로 표현하여 기재하되, 연구개발과제가 단계로 구분되는 경우 단계별로 구분하여 기재

4) 연구개발성과의 활용방안 및 기대효과

(1) 연구개발성과의 활용방안

연구개발과제 수행에 따라 예상되는 연구개발성과와 그 활용분야 및 활용방안

(2) 연구개발성과의 기대효과

연구개발성과의 과학·기술적, 경제·산업적, 사회적 측면에서 기대효과·파급효과 등

5) 연구개발성과의 사업화 전략 및 계획(해당 시 작성, 작성 시 연구개발과제 특성에 따라 항목을 선택적으로 적용 가능)

(1) 국내외 시장동향

연구개발과제를 통하여 연구개발하려는 기술·제품과 직접적으로 관련되는 시장동향

① 국내외 시장 규모 및 수출입 현황: 국내와 국외로 구분하여 현재 및 연구개발과제 종료 후 일정시점에 각각 예상되는 시장규모 및 수출입 현황 등

② 국내외 주요 수요처 현황: 국내외 주요 수요처명, 국가명, 수요량, 관련 제품 등

③ 국내외 경쟁기관 및 기술 현황: 국내와 국외로 구분하여 연구개발 내용과 관련한 경쟁기관 및 기술현황 등

(2) 지식재산권, 표준화 및 인증기준 현황

국내외 지식재산권 보유기관 및 경쟁기관을 구분하여 관련 현황

(3) 표준화 전략

연구개발과제를 통하여 연구개발하려는 기술·제품과 관련된 국내외 표준화 전략

(4) 사업화계획

연구개발기관별로 구분하여 기재

① 사업화 전략: 연구개발과제를 통하여 연구개발하려는 기술·제품의 홍보, 판로 확보, 판매 전략 등

② 투자계획: 연구개발과제를 통하여 연구개발하려는 기술·제품의 사업화를 위한 연구개발기관의 투자계획

③ 생산계획: 연구개발과제를 통하여 연구개발하려는 제품의 생산계획

④ 해외시장 진출계획: 연구개발과제를 통하여 연구개발하려는 제품의 해외시장 진출계획

⑤ 사업화에 따른 기대효과: 연구개발과제를 통하여 연구개발하려는 기술·제품의 사업화를 통한 고용창출 효과, 경제 기여도, 사회가치 기여도, 지역 내 파급효과 등

6) 연구개발 안전 및 보안조치 이행계획(연구개발과제 협약 시 제출 가능)

(1) 안전조치 이행계획

안전책임자의 지정·운영, 안전교육 실시, 안전사고 발생시 보고 및 조치계획, 사고 발생 시 대처방안 및 행동요령을 기재[필요시 해당 기술 관련 안전기준 준수방안 및 연구개발과제 수행 중 및 종료 후 안전점검(일상·정기·특별 안전점검 등), 정밀안전진단의 실시계획 등을 포함]

(2) 보안조치 이행계획

연구자 보안교육, 연구시설 및 연구관리시스템에 대한 보안 조치 사항, 외국인·외국기관·단체와 공동으로 수행 중인 경우 보안조치 사항, 영 45조 제2항에 따른 보안사고 예방·대응 방안 등

(3) 그 밖의 조치사항 이행계획

유전자 변형 생물체 연구시설 및 수입신고 현황 등 안전 및 보안 관련하여 연구개

발과제별로 요구되는 사항을 기재

7) 작성 주요 포인트

(1) 충분한 사업 준비 및 기반 구축

- 기초 실험 결과, 시료(샘플) 확보 및 분석 자료
- 인력, 시설 등 기본 인프라 구축

(2) 관련 분야의 특화, 전문화, 융합된 기술

- 개발과제: 14대 지식경제 분야, 산업기술 분류별, 융합산업 여부 등
- 정부 지원 사업 분야별, 수행기관별 전문성 고려

(3) 목표 및 연구 내용을 명확하게 설정, 실현 가능한 R&D 계획 수립

(4) 연구내용과 조화되게 기술개발 사업비 구성(규정 준수)

(5) 국내외 경쟁 기술 및 기업과 차별성(우위성)

(6) 시장 규모, 가격 동향, 수요처 관련 자료(객관성 확보)

(7) 그림, 도표, 사진, 샘플 제시를 통한 가시적 내용

(8) 사업계획서 작성 양식 및 요령 자료 활용

(9) 공고시 첨부된 RFP, 기획보고서 등 참고

(10) 관련 규정: 운영 요령, 관리 지침 등 파악

※ 사업 자금조달방안 사례

A사는 민간투자 프로젝트를 통하여 3억원 조달(목표 대비 160% 목표 달성)하였다. 향후 전문 엑셀레이터사(창업기획자)와 연계하여 지분 3% 분배, VC투자 5억을 목표로 하고 있다. 말레이시아 메디컬사와 기술합작 투자하여 말레이시아 시장에 진출할 예정이다.

4. 사업계획서 작성 사례

〈표 11-4〉 가이드라인 및 적용 사례

속 성	표현 방법	작성 방법	작성 사례(예시)
R&D 목적	"~을 위한"의 형태	R&D를 통해 해결하고자 하는 과학적·공학적·사회적 목적이나 파급효과 등을 표현	㉮ 6G bps 무선멀티미디어 통신 서비스 제공을 위한 ㉯ Euro-6 배기가스 규제 대응을 위한 ㉰ IT조명 통신융합을 위한
적용 대상	"~용"의 형태 ※ 단, 적용되는 시장이 특정국가 및 산업시장을 지칭하는 어휘 사용 금지	R&D 결과의 1차 적용대상이나 R&D 결과물이 적용될 시장·산업분야 등을 구체적으로 표현	㉮ 유무선 통합 중계기용 ㉯ 디젤자동차용 ㉰ LED용
R&D 목표	주로 "~기술"의 형태	R&D를 통해 구현될 기술을 표현	㉮ 트랜시버 원천 기술 ㉯ 엔진시스템 기술 ㉰ 가시광 RGB 선별 무선통신 기술
R&D 목표 수준	주로 "~급"의 형태	R&D 기술의 수준, 핵심 성능 및 사양 등을 정량적으로 표현	㉮ 60 GHz급 밀리미터파 기반 최고효율 50% 이상 증가된 2L급 ㉯ 380~780 나노미터
R&D 단계	'기초/응용/개발' 등 R&D 단계 표현 ※ 명확한 R&D 단계 표시가 불가능한 경우, 전체 과제명으로 파악 가능토록 작성		㉮ 기초단계 ㉯ 응용단계 ㉰ 개발단계

※ 대면평가 준비

① 사업계획서 내용 숙지: 내용 숙지와 주요 검토 사항 체크

② 평가위원과 논쟁 불필요: 논쟁보다 설득하려는 노력, 최고 기술 보유에 대한 자긍심보다 인정받음이 중요

③ 예상 질문 및 자료 준비: 예상 질문 시나리오 준비, 최대한 간결하고 자신감 있는 답변 준비, 발표 시간 준수(보통 발표 20분, 질의 응답 20분)

제12장 4차 산업혁명과 ICT 융합전략

제 1 절 4차 산업혁명과 ICT

1. 4차 산업혁명과 ICT 현황

4차 산업혁명시대에는 네트워크로 연결된 컴퓨터를 통하여 할 수 있는 일이 점차 증가할 것이다. 4차 산업혁명은 범용기술로서의 ICT가 그 핵심으로, 여러 분야 산업의 자동화뿐만 아니라 바이오 혁명 등 우리 삶의 질과 환경을 바꾸는 과학 혁명까지도 촉발시킨다. 특히 주목받는 것은 IoT(사물인터넷), 클라우드, 빅데이터, 모바일과 인공지능 등 지능정보기술로 그 진화 방향 및 상호 작용에 의해 4차 산업혁명이 전개될 전망이다.

IoT는 1차적으로 기업 또는 클러스터 차원의 생산 프로세스 자동화가 활발히 진행되고 있으며, 그 전개과정에서 제조업은 연결된 제조업, 연결된 산업으로 진화할 것이다.

클라우드는 IoT, VR 등의 발전으로 처리해야 할 데이터가 폭증하면서 일부 기능을 엣지 컴퓨팅, 즉, AI 소프트웨어를 갖춘 프로세서를 통해 데이터를 소스와 최대한 가까운 곳에서 수집, 처리하는 방식으로 이관하여 양자 간의 공생관계가 예상되며, 빅데이터는 실시간 데이터의 폭증으로 '자이너머스(Ginormous)' 데이터가 될 것이다.

모바일은 스마트폰 외에도 안경 등 VR, AR 기기, 웨어러블기 등으로의 다양화할 것이다. AI는 장기적으로는 여러 학습 방법의 단순 조합을 넘어서 더욱 일반적인 문제 해결이 가능한 인공 지능(AGI: artificial general intelligence)으로 발전하는 것이 지향점이다.[1)]

1) 최계영, KISDI Premium Report, '4차 산업혁명과 ICT', 정보통신정책연구원, 2017. 2.

2. 4차 산업혁명과 ICT 융합 전망

4차 산업혁명의 기술적 환경 변화로 의료분야에서 특히, ICT 융합의 전망이 밝다고 본다. 즉 개인의 보건의료서비스가 고급화되고 다양해지고 있다. 고령화와 만성질환자, 감염병의 증가로 의료수요가 급증해 보건의료비 지출의 절감을 위해 헬스케어 시스템에서도 변화를 촉진하고 있다.

예를 들어 3D 프린팅 기술로 환자 맞춤형 의료기기 제작, 빅데이터 분석으로 이용한 정밀의학, 유전체 분석을 통해 신의약 개발 등이다.

한국의 강점인 ICT와 의료의 융합은 국력의 디딤돌 역할로 시너지 효과가 충분하며, ICT를 포함한 신기술과 AI, 헬스케어의 융합에 따라 고용의 구조 개편이 이루어지게 되어 빅데이터와 함께 더욱 보건의료 분야 일자리의 수요도 증가할 것이다. 즉 노동시장에서 AI, 빅데이터, 로봇공학 등 의료융합을 통한 첨단 기술집약형으로 대체될 것이다.[2)]

제 2 절 ICT 융합전략

1. AI

1) AI 의의와 추진전략

과거 산업화 과정에서 기계가 인간의 육체노동을 대체했다면, 이제는 AI가 인간의 지적 기능도 수행하는 수준까지 발전함에 따라, AI는 이제 산업과 사회 모든 영역에 걸친 패러다임 변화를 촉발할 것이다.

AI는 막대한 부가가치를 창출, 산업의 근본적 혁신을 가져오며, 일자리 변동 등 사회의 변화도 유발하게 된다. OECD 조사에 의하면, 회원국의 일자리 자동화 확률은 평균 14%, 한국은 10% 수준으로 전망하고 있다(2019, OECD).

---

2) 문승권, '의료융합산업의 방향', 고양일보, 2021. 5. 7.

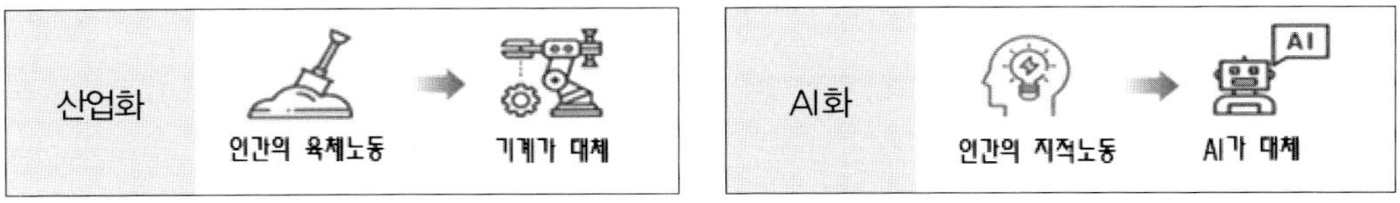

- **인공지능(人工知能, artificial Intelligence, AI)**은 인간의 학습능력, 추론능력, 지각능력, 자연언어의 이해능력 등을 컴퓨터 프로그램으로 실현한 기술

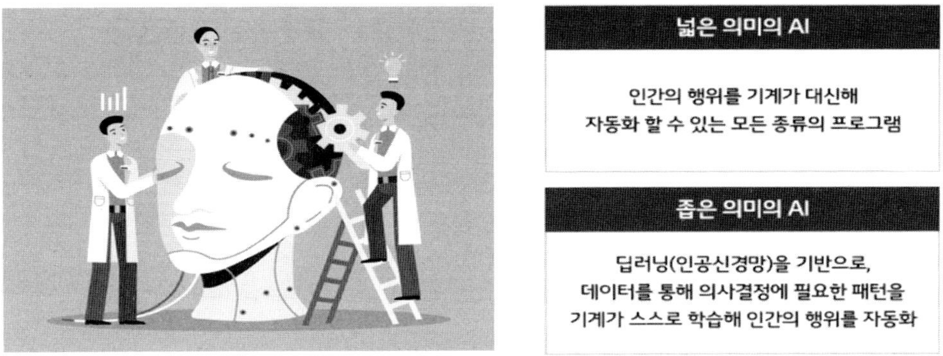

[그림 12-1] AI 정의

AI 시대에 변혁의 주체인 국민, AI 경쟁력 확보 주체인 기업, 미래 방향성을 제시할 학계 등 민간이 혁신을 주도하고, 정부는 이를 뒷받침하여 국가적 역량을 결집시켜 나갈 계획이다.

국민들의 높은 교육 수준과 최신 기술 수용성, 세계 최고의 ICT 인프라, 반도체·제조 기술 등 우리의 강점을 극대화할 수 있는 전략 수립에 중점을 두고 있다.

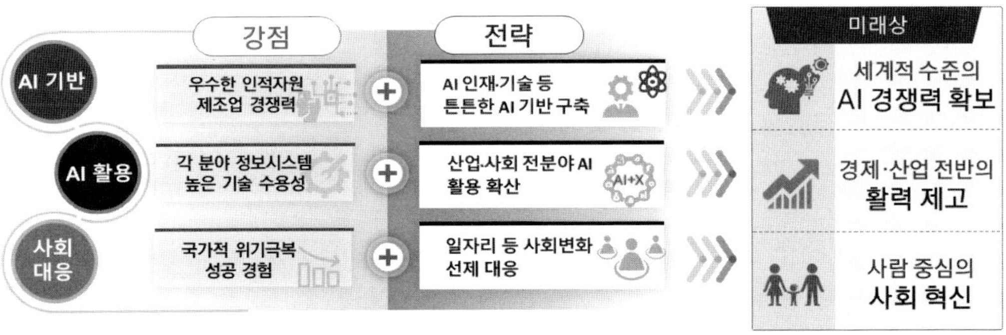

자료: 과학기술정보통신부, "IT 강국을 넘어 AI 강국으로!", 2019. 12. 17.

[그림 12-2] AI 추진전략과 미래상

정부에서는 'IT 강국을 넘어 AI 강국으로'를 비전으로, 2030년까지 디지털 경쟁력 세계 3위, AI를 통한 지능화 경제효과 최대 455조원 창출, 삶의 질 세계 10위를 목표로 하여, 3대 분야의 9대 전략을 수립한다.

자료: 과학기술정보통신부, "IT 강국을 넘어 AI 강국으로!", 2019. 12. 17.

[그림 12-3] 강국으로의 비전과 목표

세계를 선도하는 AI 생태계 구축 전략은 다음과 같이 요약된다.

① 데이터·컴퓨팅자원 등 AI 산업의 핵심 인프라 확충

② 글로벌 선도국과 대등한 기술·산업 경쟁력 확보

③ 마음껏 상상하고, 도전할 수 있는 제도적 환경 조성

④ 누구나 창업하고 성장해 나갈 수 있는 혁신 생태계 구축

2) 국내외 AI 공공 활용 정책 현황[3)]

(1) 국 내

① AI 공공 활용 정책은 국가 단위로 어젠다를 설정한 후 이를 부처 단위 및 기관 수준에서 사업 및 전략 단위로 발전시켜 공공부문에 활용하고 있다.

AI R&D 관련된 원천기술 및 응용기술개발을 위한 부분은 과학기술정보통신부의

3) 김주미, AI기반 정책 수립에 관한 연구, 중소기업연구원, 2020. 12.

주도하에 관련 연구기관, 학교, 기업들과 협력 체계를 구축하여 다양한 사업을 진행하고 있다. 디지털 정부 구축은 행정안전부의 주도하에 스마트시티 구축은 국토교통부의 주도로 진행되고 있다.

② 인공지능의 국가전략 및 공공 활용에 대한 논의가 비교적 일찍 시작했음에도 불구하고, 뚜렷한 성과에 대한 보고 없이 유사한 어젠다 및 전략이 반복적으로 제시되고 있다.

(2) 외 국

① 공공 특화전략 및 공공 활용 정책 원칙 수립: 공공 활용전략은 주로 국가전략의 하나의 요소로 포함된 것이 일반적이나 국가 수준에 특화된 전략을 발표하는 경우도 있으며, 이 경우 공공부문에서 인공지능의 윤리적이고 책임감 있는 사용에 집중되어 있다.

② 민간주도 협력: 미국과 중국은 원천·응용 기술개발을 비롯해 다양한 산업에 적용 및 확대하고 있으며 인재 유치에도 적극적인 모습을 보이며 인공지능의 기술적 수준을 꾸준히 향상시키고 있다. 특히, 혁신기술을 보유한 기업을 적극적으로 활용하고 있으며, 민간 주도·협력을 통한 글로벌 경쟁력 강화를 추구한다.

③ 공공 활용 R&D 및 사업화: 공공서비스에 적용 가능한 기술개발 및 사업화를 프로젝트 단위로 지원하며, 영국의 경우 공공 및 민간 분야 AI 활용 촉진을 위해 3개의 신규 기구와 2개의 기금을 설립하고 전용 기금을 마련하여 지원한다.

④ 사회적 문제 해결: 원천기술개발 외에 응용기술에 적극적인 국가로는 핀란드와 싱가포르를 들 수 있으며, 두 국가 모두 응용 연구 활성화를 통한 사회적 문제를 해결할 수 있는 공공부문 적용의 강화를 추구하고 있다.

⑤ 포괄적 접근: 영국과 일본은 원천·응용 기술개발에 적극적이며, 연구개발뿐만 아니라 규제, 윤리, 교육 등의 관점에서 포괄적인 접근을 취하며 전방위적인 정책을 추진하고 있다.

⑥ 국가 차원의 데이터 유통: 인공지능 국가전략 수준에서 언급된 AI 공공 활용은 주로 공공 활용을 위한 원천·응용 기술을 위해 연구개발 및 사업화 지원, 국가 차원의 인공지능 학습을 위한 데이터 공개·유통에 관한 내용이 주를 이루고 있다.

⑦ 데이터 유통 활성화를 위한 플랫폼 운영: 인공지능 학습을 위해 필수적인 데이터 공개를 추구하고 있으며, 공개뿐만 아니라 유통 및 활용을 위한 프로세스 활성화를 위해 플랫폼 구축을 추구한다. 전반적으로 공공기관의 공공데이터가 우선되나 프랑스

의 경우 민간데이터 공유를 포함한다.

3) 중소기업에서 AI 도입시 고려 사항

AI 도입은 아직 초기 단계에 불과하다. 이에 높은 투자비용에 비해 성공 가능성이 높지 않는 점이 있다. 특히 운영에 반드시 필요한 데이터, 관련 인력을 제대로 갖추지 못한 중소기업에게 AI 도입은 한계가 많다.

이는 AI 도입에 노력하고 있는 대기업도 어려운 과제이다. AI 도입을 검토하는 중소기업에서 고려할 사항은 다음과 같다.

(1) 명확한 목표

첫째, AI를 도입하는 목표로서, 대부분의 중소기업은 AI 도입으로 즉각적 성과를 기대하기 어렵거나 AI가 필요하지 않을 수도 있다. 이 경우 오히려 AI의 접근 가능성을 고려해 도입 비용이 저렴해질 경우 유리할 수 있다. 반대로 AI 도입이 생산성 증대 및 이익을 기대할 수 있는 경우라면 공격적 투자가 필요할 것이다.

(2) 소프트웨어 활용

대부분의 광고가 페이스북, 인스타그램 같은 사회관계망서비스(SNS)를 통해 송출되고 있다. 이미 열심히 AI를 활용 중인데, 그 이유는 SNS 광고는 자체 AI에 의한 순서화된 절차인 알고리즘을 통해 광고효과가 높을 것으로 예상되는 이용자들에게 광고가 자동적으로 노출되는 시스템이기 때문이다.

중소기업은 이런 서비스를 통해 소비자의 참여를 유도하거나, 적은 비용으로 효과적인 마케팅 활동을 수행할 수 있는데, 즉 간접적으로 AI를 활용할 수 있는 것이다.

실제 이미 대부분의 직장인이 AI 기술이 반영된 어플리케이션(앱)이나 소프트웨어를 사용하고 있다. 마이크로소프트(MS)의 워드 프로세서에도 AI 기술이 적용되어 있으며, 철자나 맞춤법이 틀린 단어, 문장에 빨간 줄을 긋거나 자동으로 바꿔주는 건 AI가 하는 영역이다. 다만 너무 익숙해 의식하지 못할 뿐이며, 워드프로세서가 대중화하지 않았던 시기에 관련 자격증이 넘쳐났던 사실이 있었는데, 자격증의 효용성이 낮아지는 경향이 있다.

또한 AI는 데이터 보안, 제품 품질검사, 업무 자동화, 인력 채용 등 각종 부문에서 존재하고 활용되고 있다. 예산과 시간이 많지 않아 AI 도입이 부담스러운 중소기업이라면 적극적인 소프트웨어를 활용함도 필요할 것이다.

4) 데이터로 미래 준비

4차 산업혁명이 심화하면서 중소기업은 자체 구축한 AI를 활용하거나, 이미 개발된 AI에 자사가 보유한 데이터를 입력시켜 성능을 보완하는 식으로 운영 방식을 바꿀 것이다. 특히 많은 중소기업이 자체 AI 프로그램을 도입하여 자동화하고 생산성을 극대화하고, 이와 함께 AI 도입을 위한 비용이나 시간도 단축될 것이다.

그러나 AI는 '데이터'가 필수적이다. 데이터 없는 AI는 '기름 없이 움직이는 자동차'와 같으며, AI는 데이터로 판단하고 움직이는 시스템이다. 즉, 과거 '노동자, 기계, 원자재'로 대변됐던 기업 필수자원의 범위를 데이터로까지 확장해야 한다는 것이다.

5) 경험에 기반한 많은 것을 데이터화

데이터를 지능화할 수 있는 방향으로 가야 한다. 특히 숙련된 작업을 요구하는 곳에서는 데이터 기반 고도화의 여시사 크다. 경험에 바탕을 둔 많은 노하우에 관한 것을 데이터화해 인간의 판단 오류(Human error), 일관되지 않은 판단(품질) 등 생산성 향상에 활용해야 한다.

현장의 문제를 데이터 기반 분석(인공지능 활용)으로 접근하면 비즈니스에 도움될 부분이 많다. 이를 위해 현실적으로 접근해야 하며, 현장 인력 교육과 현장 문제를 분리하지 않고 동시에 해결할 필요가 있으며, 더 좋은 방법이 있을 수도 있지만, 중소기업은 인공지능 관련 인력 확보가 어렵다는 현실적인 상황을 고려해야 한다.[4)]

6) 경영진의 인공지능 이해

이론적인 이해보다는 비즈니스 중심의 지능화를 위한 전략적 의사결정 관점에서 인공지능을 이해해야 한다.

2. 빅데이터

1) 의 의

3차 산업혁명시대에 정보통신기술(ICT)의 발달로 누적되는 데이터의 수는 이전과

---

4) 강상기, 중소기업 AI전략 및 방향 수립을 위한 조언, 한국경제신문, 2021. 3. 18.

는 비교할 수 없을 정도로 서버(server)에 저장되고 있다. 4차 산업혁명시대에 수많은 데이터를 단순히 처리할 수 있는 기술을 뛰어넘어 대량의 정형 및 비정형 데이터들을 가공하여 가치 있는 새로운 데이터를 추출하고 분석하는 기술이 필요하다.

디지털 환경에서 생성되는 다양한 형태의 데이터로, 증가한 데이터의 양을 바탕으로 인간들의 행동 패턴을 분석, 예측하고 이를 산업현장에 활용할 경우 시스템의 최적화, 효율화가 가능하다. 빅데이터는 PC, 인터넷, 모바일기기 보급률이 높아지고, 이용이 생활화되면서 데이터 양은 기하급수적으로 증가하고 있다.[5)]

2) 빅데이터 활용 효과

(1) 데이터 분석을 통해 정확하게 현황 파악

과거에는 기업은 사람의 느낌과 경험에 의지해, 비즈니스의 상태를 파악하는 일이 많았다. 빅데이터 활용으로 다양한 데이터의 수집 및 저장은 쉬워지고 데이터 분석이 가능해진다. 현황 파악에 필요한 정보를 데이터 분석 및 가시화 툴로 알기 쉬운 보고서로 전환하면 경영층이 조직 전체의 경영상황, 현장 구성원이 특정 업무의 진척 상황을 알게 된다.

(2) 과제 해결책을 마련

빅데이터 활용은 데이터 수집 외에 데이터 분석을 통해 업무의 일정한 법칙을 찾아낼 수 있다. 즉 신속하게 적절한 액션을 취함이 가능하고, 정책이나 전략의 효과를 데이터 분석을 통해 검증하고, 정책, 전략을 반복해 개선이 가능하다.

(3) 새로운 사업 기회를 발견

기존 제품과 서비스, 바이어와 공급자, 소비자의 취향에 대한 정보를 수집하고 통합적인 분석을 함으로써 기업들이 새로운 비즈니스 기회를 발견하고 완전히 새로운 서비스의 창출이 가능하다.[6)]

※ 추천할 빅데이터 활용 툴

빅데이터 활용을 위해 어떤 방법으로 빅데이터를 활용할지가 과제이다. 빅데이터 분석 도구에는 목적 및 용도별로 다양한데 BI 툴(Tableau, Fine Report), 데이터 마이닝 툴

---

5) 박경록 외 3인, 스마트팩토리 운영전략과 이해, 한올, 2010.

6) FineReport, 2021.

(Python, R), 데이터 시각화 라이브러리(Echarts, Highcharts), 데이터 맵(PowerMap, Polymaps) 등이 있다.

3) 사 례

(1) 에스제이테크(주): 비즈니스 이슈를 바탕으로 빅데이터 분석 요건을 정의

한국정보화진흥원의 중소기업 빅데이터 활용지원사업에 참여하게 된 에스제이테크(주)는 유아용 살균기 제품에 대한 대중들의 인식과 트렌드를 SNS상의 소비자의 목소리를 통해 찾아보고자 한다.

소비자 선호 요인을 확인하여 제품 기획 요인, 마케팅 전략 요인을 데이터 기반으로 찾기를 원하였다.

(가) 빅데이터 분석 요건

① 유아용 살균 제품 시장(쪽쪽이 상위 제품군인 젖병 살균기) 트렌드 분석

② 시장 소비자 구매 선호 요인 파악

③ 제품에 대한 온라인상 언급되는 화제어, 연관어 분석

④ 채널별 홍보에 최적합한 채널 도출, 각 채널별 화제어 비교

(나) 분석 결과

① 온라인상 판매되고 있는 유아 살균제품(젖병, 공감 젖꼭지)의 쇼핑몰 판매 정보를 활용하여 판매 비중으로 도표로 그림

② 유아 살균 제품의 판매 정보 비중은 안전 인증 정보>살균 기능>건조 기능: 보관 기능>기타(타이머, 저소음) 순으로 높게 나타났다.[7)]

(2) 제조업

제조업에서는 데이터가 ERP, MES(제조실행시스템), CMMS(컴퓨터화 설비 유지관리시스템) 등의 많은 시스템에 분산되어 있어, 데이터를 하나로 이용할 수 없으므로, 공장의 가동 상황을 전반적으로 파악하는 것이 어렵다. 기업에서 빅데이터 분석의 첫 단계는 즉시 데이터를 통합하여 관리해야 하는 것이다. 빅데이터를 잘 활용하여 제조 프로세스를 개선하고 생산성 향상 및 품질 안정 등에 공헌하게 된다.

---

7) 과학기술정보통신부·인천테크노파크, 2020 중소기업 빅데이터 분석·활용 지원사업 우수 사례집, 2020. 12. 15.

※ 빅데이터 활용 장면

① 설비 예지 보전: 센서 데이터의 가시화를 통하여 공장 전체, 라인별 설비의 운전 상황, 고장이 많은 설비의 파악, 설비 문제를 조기에 발견이 가능하다.

② 예산관리: 당초 계획에 대하여 실적이나 목표와 실적과의 차이를 인식하여 원인을 철저히 분석하여 차기부터 개선 가능하다.

③ 제품 트래킹: 바코드 스캐너와 무선장비를 이용하여 원자재 조달에서 생산, 소비 또는 폐기에 이르기까지 추적 가능하다.

(3) 의료업

매일 대량 복잡한 비구조화 데이터를 생성하는 의료업은 빅데이터 기술을 통해 의료정보 활용의 폭과 가능성이 넓어진다.

※ 빅데이터 활용 장면

데이터 분석 사례는 유행병의 발생을 예측하고 그 영향을 최소화하기 위해 어떤 예방책을 강구할지를 결정하는 데 도움이 된다. 엑셀을 통해 수백만 명의 환자로부터 수집된 엑셀 데이터, 다른 데이터를 사용하여 근거에 따른 진단을 하므로 치료비를 절감할 수 있다. 웨어러블 디바이스를 사용하면 빅데이터가 환자의 건강 상태를 감시하고 의사에게 보고가 가능하다.

3. IoT

1) 의 의

사물인터넷(IoT, Internet of Things)은 정보통신기술 기반으로 모든 사물을 연결해 사람과 사람, 사물과 사물 간에 정보를 교류하고 상호 소통하는 지능형 인프라 및 서비스 기술을 의미한다.

사물인터넷 기술로 인해 사람 이외에 사물까지도 모든 정보를 주고 받을 수 있다. IoT 기술은 센싱, 유무선 통신 및 네트워크 인프라, IoT 서비스 인터페이스, 배터리 기술 등이 있다.

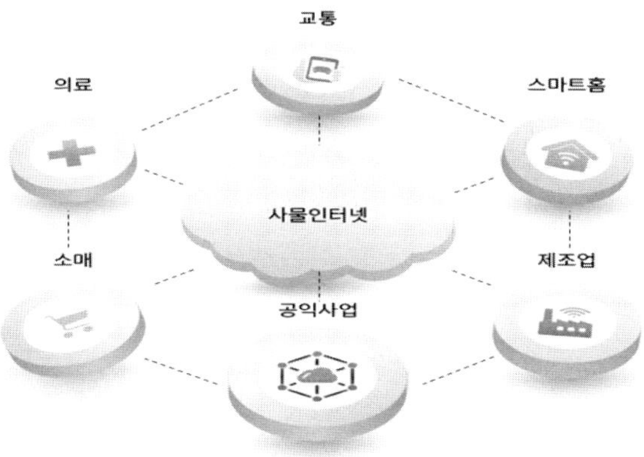

- 사물인터넷(IoT)이란 각종 사물에 센서와 통신 기술을 내장하여 인터넷에 연결하는 기술을 뜻함.
- 인간 사용자 간에 형성되는 인터넷이 아니라 서로 데이터를 공유하는 상호 연결된 장치 간에 형성된 인터넷.

[그림 12-4] 사물인터넷 정의

2) IoT의 변천

(1) 1세대: PC, 인터넷에 연결

1998년 이후로 윈도우98이 탑재된 PC가 보급되며 PC가 인터넷에 연결되기 시작한다. 인터넷에 연결되지 않았던 기존 PC는 문서 작업, 개발, 게임 등의 개별적 용도로 사용이 국한되어 있었다면, 인터넷에 연결된 PC는 기존에 없던 새로운 가치를 소비자에게 제공한다.

전자상거래가 시작되었으며, 전자메일과 포털, 검색엔진, 온라인 쇼핑 등 새로운 서비스가 탄생하여 삶의 모습은 크게 변하게 된다.

(2) 2세대: 스마트폰, 인터넷에 연결

2007년에 출현한 아이폰은 기존 모바일 패러다임에 큰 변화를 가져왔다. 모바일 디바이스가 인터넷에 접속되어, 경험하지 못한 다양한 서비스를 제공하기 시작하였다. 앱스토어 개념의 등장과 무선으로 위치 기반 서비스인 LBS를 통한 새로운 서비스, 기존 PC 중심 웹의 모습을 변화시키며 삶의 모습을 크게 변화시켰다.

(3) 3세대: 다양한 사물 인터넷에 연결

PC와 아이폰이 인터넷에 연결되며 만들어낸 새로운 서비스는 10년 전만 해도 출근길 지하철을 가득 채웠던 무가지 신문은 모바일 기술의 발달과 함께 급격하게 쇠퇴하였다. MP3 플레이어, 전자사전도 사라졌다.

기술의 발전이 삶과 산업 생태계에 큰 영향을 주고 있는 것이다. 이제 PC와 모바일 이후에 다양한 사물이 인터넷에 연결되며 새로운 서비스와 소비자 가치를 만들어내고 있다.

3) 중소기업의 적용 사례

사물인터넷 융합 제품·기기의 제작 및 기술보완·성능개선, 현장테스트, 평가·시험·인증, 국내외 시장진출에 필요한 비용 등을 지원한다.

운동용품 회사인 나이키가 만든 fuel band는 인터넷과 모바일이 연결된 디바이스를 통해, 소비자에게 새로운 가치를 제공하고 있다.

개인화된 운동기록 관리, 친구와의 경쟁 유발 등 다양한 서비스를 소비자에게 제공하며 새로운 시장을 창출하고 있다. Sphero는 스마트폰을 이용해 블루투스로 제어되는 움직이는 완구로, 증강현실 기술 및 다양한 모바일 앱 프로그램과 결합해 기존 완구가 제공하지 못하던 새로운 가치를 소비자에 만들어주고 있다.

Nest는 애플에서 아이팟 개발을 이끌던 Tony Fadell이 창업한 회사로 온도 조절기를 만들었다. 이 온도 조절기는 와이파이를 통해 웹에 연결되며 사용자가 설정한 온도를 기억해 집안의 최적 온도를 맞추고, 결과적으로 불필요한 연료 낭비를 막아주는 제품으로 미국에서 확산되어지고 있다.

AR.Drone의 경우 자유자재로 하늘을 날아다니는 고화질 카메라를 갖춘 비행체를 스마트폰으로 쉽게 제어할 수 있다.

Hue는 필립스에서 만든 와이파이가 탑재된 LED 전구로 스마트폰과 웹에 연결해 다양한 색상을 표현할 수 있고 원격에서 전구를 On과 Off할 수 있다.

기존 LED 전구는 저렴하고 전구 자체의 기능만 충실하면 된다고 보았지만, 필립스는 신제품을 만들어 판매하고 있다.

4. 클라우드 컴퓨팅

1) 의 의

클라우드 컴퓨팅은 인터넷(클라우드)을 통해 서버, 스토리지, 데이터베이스, 네트워킹, 소프트웨어, 분석, 인텔리전스 등의 컴퓨팅 서비스를 제공하는 것이다. 클라우드 컴퓨팅을 통해 더 빠른 혁신과 유연한 리소스를 제공하고 대규모 경영의 이익 효과를 누릴 수 있게 된다. 일반적으로 사용한 클라우드 서비스에 대해서만 요금을 지불하므로, 운영 비용을 낮추고 인프라를 보다 효율적으로 운영할 수 있다.

2) 기술의 강점

〈표 12-1〉 클라우드 컴퓨팅 기술의 강점

구 분	강 점
비 용	하드웨어 및 소프트웨어를 구입하고 온사이트 데이터 센터를 설치 및 운영하면서 발생하는 지출을 줄일 수 있음. 서버 랙, 전원 및 냉각에 사용되는 상시 대기 전기세, 인프라 관리를 위한 IT 전문가 비용 등의 비용이 빠르게 절감
속 도	대부분의 클라우드 컴퓨팅 서비스는 주문형 셀프 서비스로 제공됨. 이에 많은 양의 컴퓨팅 리소스도 대부분 몇 번의 마우스 클릭으로 몇 분 만에 프로비전될 수 있어 기업에 많은 유연성이 제공되며 기업은 용량 계획 부담을 덜 수 있음
뛰어난 확장성	필요한 때에 적절한 지리적 위치에서 대략적인 컴퓨팅 성능, 스토리지, 대역폭 등 적절한 양의 IT 리소스를 제공
생산성	온사이트 데이터 센터에는 하드웨어 설치, 소프트웨어 패치 및 기타 시간이 오래 걸리는 IT 관리 작업 등 많은 "래킹과 스태킹(racking and stacking)"이 필요함. 이러한 작업의 상당수가 불필요해지므로 IT 팀은 더 중요한 비즈니스 목표를 달성하는데 시간을 투자할 수 있음
성 능	최대 규모의 클라우드 컴퓨팅 서비스가 전 세계에 위치한 보안 데이터 센터 네트워크에서 실행됨. 이러한 데이터 센터는 최신 세대의 빠르고 효율적인 컴퓨팅 하드웨어로 정기적으로 업그레이드 됨. 따라서 일반 개별 기업이 보유한 데이터 센터와 비교하면 애플리케이션의 네트워크 대기 시간 단축과 더 큰 규모의 경제 등이 제공
안정성	클라우드 공급자 네트워크의 여러 중복 사이트에 데이터를 미러할 수 있으므로 데이터 백업, 재해 복구 및 비즈니스 연속성을 더 쉽게 제공할 수 있으며 비용도 덜 들게 됨
보 안	많은 클라우드 공급자가 전체적인 보안 태세를 강화하는 광범위한 정책 집합, 기술 및 컨트롤을 제공하여 데이터, 앱 및 인프라를 잠재적인 위협으로부터 보호함

클라우드 컴퓨팅 기술의 큰 가치는 '가상화'로 초기 투자비용 및 유지보수비용이 적게 들고, 시스템의 자원을 유연하게 늘리거나 줄일 수 있다. 또한 IoT 기반 기술로 수

집한 정보들을 빅데이터를 통해 분석할 수 있는 공간이 된다.[8)]

물리적 IT 인프라 없이도 데이터 통합 가능하며 머신러닝·빅데이터 등 기술 손쉽게 적용해 개인화된 고객 경험을 적은 비용으로 제공, 클라우드 활용 확대로 대-중소 제조기업 간 디지털 기술 불평등 완화해야 한다.

제조 밸류체인	클라우드를 활용한 제조기업 디지털 전환 전략			국내 기업사례
	전략의 키워드		전략의 함의	
기획·운영	D	Develop Data governance 데이터 거버넌스를 수립하라	데이터 기반 의사결정 체계 구축	두산인프라코어
R&D·제조	A	Augment Intelligence in Manufacturing 제조 공정을 지능화하라	제조 공정의 지능형 자동화	LS일렉트릭
판매·물류	T	Transform Channels for reaching Customers 고객에게 도달하는 채널을 혁신하라	판매·물류 채널의 디지털화	한미약품 그룹
사용·A/S	A	Analyze Customer experiences 고객의 경험을 분석하라	제품의 서비스화	코웨이

미션	스마트 제조 = 제조 가치사슬 전반의 디지털화/서비스화 및 통합
비전	생산성 향상과 고객가치 증대를 기반으로 지속 성장하는 기업

자료: 한국무역협회 국제무역통상연구원), 데이터(D.A.T.A): 클라우드를 활용한 제조기업 디지털 전환 전략, 2021.

[그림 12-5] 데이터(DATA): 클라우드를 활용한 제조기업 디지털 전환 전략

코로나19로 인해 디지털 전환이 가속화되면서 대기업과 중소기업 간 디지털 기술 불평등의 심화 우려가 더욱 커지고 있으며, 국내 제조업의 디지털 전환을 촉진하기 위해서는 클라우드 활용을 활성화해야 한다는 것이다.

한국무역협회 국제무역통상연구원에서 발표한 '데이터(DATA): 클라우드를 활용한 제조업 디지털 전환 전략'에 따르면 국내 제조업의 디지털 기술 활용도가 아직 OECD

8) 박경록 외 3인, 스마트팩토리 운영전략과 이해, 한올, 2020, p.155.

평균에는 못 미치는 것으로 조사되었다.

국내 제조기업의 클라우드 컴퓨팅 활용도는 22.1%, OECD 평균인 30.9%보다 낮다. 국내 기업의 빅데이터 분석 기술 활용도와 공급망관리(SCM) 정보공유 기술 활용도도 각각 2.5%, 9.1%로 모두 OECD 평균인 22.1%, 15.2%나 낮은 것으로 조사되었다.

여기서 "중소 제조기업의 디지털 전환, 제품의 서비스화, 가치사슬 구조 혁신을 지원하고 생산성 향상, 고객가치 증대, 대－중소기업 간 디지털 기술 불평등까지도 완화할 수 있는 좋은 수단을 '클라우드 기술'이라 하며, 클라우드를 활용한 디지털 전환 전략의 주요 키워드로 '데이터(DATA)'를 선정하였다.[9)]

5. 3D 프린팅

3차원의 입체 형상을 구현하기 위해 CAD로 제작된 디자인 설계 도면을 바탕으로 소재를 얇은 두께로 적층하여 3차원의 입체 형상을 만들어내는 제작 방법을 나타낸다. 즉 수학의 미분과 적분의 개념이다.

기존의 2D 인쇄 프린터는 종이 위에 잉크를 분사하여 인쇄한다면 3D프린터는 입체 형상을 구현, 적층 가공 또는 쾌속조형기라고도 하며, AM(Additive Manufacturing), RP(Rapid Prototyping) 등으로도 처리한다.

의료 분야에서 3D 프린팅은 보철 및 여러 의료 도구를 제작하는 분야에서 활발히 이용되고 있다. 특히 인공관절 등의 분야에서는 전통적인 방식보다 월등히 저렴해 환자들의 부담을 덜어주고 있다.

예를 들어 오픈 핸드(Open hand)나 이네이블(e－Nabel) 등의 프로젝트는 보철 손이나 팔을 만들기 위해 3D 프린터를 임대해주는 자원봉사 커뮤니티가 주도하고 있다. 환자들은 무료 또는 8~150달러 정도의 가격에 3D 프린터를 이용할 수 있다.

또한 영국의 오픈 바이오닉스(Open Bionics)라는 기업은 저렴한 가격으로 의수를 제공하고 있다. 즉 아이언맨과 같은 마블 캐릭터에 기반해 거부감 없이 의수를 착용하도록 돕는 차세대 생체 공학을 개발하고 있다.

9) 김진희, 헬로티, 2021. 9. 5.

6. 드 론

일반적으로 무인기를 드론으로 간주하고 있었으나, 법적으로 '드론'은 '조종자가 탑승하지 않은 채 항행할 수 있는 비행체'로 정의된다. 항공에 관한 기본법령인 '항공안전법'에서 규정하는 무인항공기와 무인 비행장치를 드론으로 준용하고, 드론 택시 등 기술개발 추이, 시장변화 등에 따라 새롭게 등장할 비행체도 탄력적으로 드론으로 규정할 수 있는 근거도 마련한다.

드론의 기술 중 핵심기술은 부품 및 기체 제어기술과 항법 제어를 위한 센서 융학기술, 가상현실 등을 구현하는 첨단기술로 분류된다. 부품 및 기체 제어기술은 기체를 제작하는 재료 분야와 배터리, 모터 등을 들 수 있고, 센서융합 기술에는 영상 처리와 각종 센서기술이며, 가상현실과 자율주행 등의 첨단기술의 접목 분야로 들 수 있다.

드론의 용도는 그 다양성을 자랑하고 있지만 세계시장에서 가장 많이 활용되는 분야는 농업, 산업, 물류, 방송, 안전 등 다양한 분야에서 활용되고 있으며 그에 따른 시장의 규모도 점차 확대되고 있다.[10]

드론 기술의 발달로 먼 섬지역이나 배달이 어려운 산골지역에 여러 가지 필요한 물품을 쉽게 배달이 가능하다. 또한 화재 진압, 인명 구조시 사람이 투입되기 어려운 곳이 투입되어 사람의 역할을 대신하게 될 것이다.

정부에서는 해안 쓰레기 현장정보 수집을 위해 드론을 활용을 지원, 최대 운용거리 4㎞ 내에서 20분 이상 해안 쓰레기 관측 임무를 자동 수행하는 시스템을 개발한 경우가 있고, 토조사 및 지적재조사를 위한 고정밀 이미지 정보처리용 드론 개발, 도서 산간 지역에서 방범과 순찰을 할 드론 개발 등 다양한 용도로 개발, 지원하고 있다.

7. 나 노

10억분의 1미터인 나노미터 크기의 물질을 조작하는 기술이다. 원자, 분자 및 초분자 물질을 합성하고, 조립, 제어하거나 그 성질을 측정, 규명하는 기술을 의미한다.

즉, 1~100nm 영역에서 물질을 조립, 조작, 관찰 및 제어하는 기술이다.

첫째, 재료는 나노미터 크기에서 새로운 구조나 특성을 발현이다.

둘째, 공정은 나노미터 크기로 원하는 모양을 형성한다.

---

10) 이영욱, 4차 산업혁명시대 우리나라 드론의 발전 방향, 융합보안 논문지 제18권 5호, 2018. 12.

셋째, 소자는 나노미터 크기에서 발현하는 특이한 효과(양자효과)를 응용하는 소자 구현이다.

물질의 크기가 대략 수－100nm일 때 나타나는 새로운 현상 및 특성을 이용하는 기술로서 수－100nm scale은 분자 혹은 원자 수준으로써 초미세 극한 기술이다.

Nano 기술의 이용 형태는 물질의 원자수준으로서 원자 3~4개가 늘어선 길이에 해당하는 크기로 만들어서 물질을 분석하고 조작하여, 전혀 새로운 성질과 특성을 얻는 기술이며 기존에 없었던 물질을 만들어서 새로운 물리－화학적 물질을 만들어낼 수 있는 기술을 의미한다.

8. CPS(가상물리시스템)

사이버 물리 시스템(Cyber－Physical Systems: CPS)은 인간이 살고 있는 물리 세계와 사이버 세계와의 융합을 추구하는 새로운 패러다임이다. CPS는 다수의 센서, 엑츄에이터, 제어기기들이 네트워크로 연결되어 복합 시스템(System of Systems)을 구성하고 물리 세계 정보를 습득, 가공, 계산, 분석하여 그 결과를 엑츄에이터 시스템을 통하여 물리 세계에 적용한다.

이를 통해 지속적으로 일어나는 변화에 능동적으로 적응하는 것에 중점을 두고 있다. CPS는 단순한 연결성을 뛰어넘어 어떻게 물리 시스템을 높은 신뢰성을 가지고 실시간으로 제어할 수 있는지에 주목한다는 점에서 차이가 있다.

우선 물리시스템을 수학적으로 표현하는, 모델링 작업이 필요하다.

결국 인간 주위의 물리 세계를 인간이 어떻게 제어하고 상호작용하는지를 객관적으로 밝히는 모델링 작업을 시작으로, 사이버 세계에서는 물리 시스템과의 복잡한 상호작용 및 의존 관계를 정확하게 모델링해야 한다. 이를 위해 기존의 제어 시스템에 대한 단순한 이해가 아닌 자연 과학을 기초로 하여 컴퓨터 과학을 융합한 새로운 융·복합적 기술 접근이 필요하다.

CPS의 미래 응용분야로 새로운 제품, 서비스에 대해 혁신적인 기회를 창출할 수 있는 다양한 도메인에 적용될 수 있으며, 경제적 효과는 매우 크다.

예를 들어, 의료 및 헬스케어 분야에서 네트워킹 기능 탑재한 고신뢰 의료기기, 의료 로봇에 적용될 수 있고, 노인, 장애인 등을 위한 원격 헬스케어에 적용이 가능하다.

제13장 중소기업 디지털 전환(DX) 전략

제 1 절 디지털 전환과 정책

1. 디지털 전환 정의와 특성

1) 정 의

4차 산업혁명은 전통적인 프로세스가 새롭게 정의되며, 기존에는 없었던 정보가 축적되고 활용되는 '디지털 전환'이 핵심이다. 즉, 4차 산업혁명은 3차 산업혁명에서 등장한 디지털 기술의 고도화와 적용범위 확장을 통해 제품과 서비스의 혁신, 일자리, 복지 등 사회구조의 변화까지도 발생한다는 것이다.

IBM(2011)은 디지털 전환에 대해 기업이 디지털과 물리적인 요소들을 통합하여 비즈니스 모델을 변화하고, 산업에 새로운 방향을 정립하는 것으로 정의하고 있으며, Agile Elephant(2015)는 디지털 전환에 대해 자산의 디지털화와 조직의 생각하고 일하는 방식을 바꾸는 프로세스 전환, 리더십과 신규 비즈니스 모델의 창출, 이해관계자, 고객, 직원 등의 경험을 향상시키기 위한 기술의 활용까지 포괄하는 개념이라고 정의한다. 즉 디지털 전환은 기술 혁신뿐 아니라 문화와 비즈니스 혁신으로서 고객 경험, 비즈니스 모델, 운영의 근본적인 재구상이고, 가치 제공, 수익 창출, 효율 개선을 위한 새로운 방법의 모색을 의미한다.

시장조사 전문기관 IDC는 디지털 전환을 '기업이 새로운 비즈니스 모델, 제품, 서비스를 창출하기 위해 디지털 역량을 활용함으로써 고객 및 시장의 파괴적인 변화에 적응하거나 이를 추진하는 지속적인 프로세스'라고 정의한다. ROA 컨설팅은 '디지털 전환이란 기존의 전통적 제조기업의 비즈니스 방식에서 벗어나 실시간 데이터 수집-분석 기술 역량을 바탕으로 양면-다면의 다양한 생산자-소비자가 새로운 가치 획득이 가능한 생태계 중심 플랫폼 비즈니스로 전환되는 현상을 통칭한다'고 정의한다.

4차 산업혁명으로 기업들이 인공지능·사물인터넷·클라우드·증강현실 등 최신의 디지털 기술을 활용해 기존 산업의 프로세스는 물론 가치사슬 변화를 이끌어내고 있던 시점에서, 코로나 19는 디지털 전환의 기폭제가 됐다. 소비자 입장에서는 온라인화, 기업 입장에서는 스마트워크화가 가속화되면서 디지털 전환은 이제 선택이 아닌 필수가 된다.[1)]

2) 특 성

디지털 전환의 특징을 범위, 규모, 속도 차원으로 나눌 수 있는데, 첫째, 디지털 전환 기업의 범위와 규모이다. 디지털 전환으로 전통적인 기업의 경계(가치사슬, 산업경계)가 파괴되고, 기업의 활동 범위가 넓어지며 기업뿐만 아니라 더 많은 참여자가 가치 창출과 혁신 활동에 참여하게 된다. 과거에는 순차적, 단방향적으로 가치가 창출되었고, 경제의 주체들은 순차적으로 구성된 '가치사슬'에서 각각의 역할을 맡았고(Porter, 1985), 그 역할에 의해서 기업의 활동범위와 규모가 결정되었다.

반면 디지털 전환의 시대에서는 기업 간, 다양한 주체 간 상호작용과 협력적 활동으로 가치가 창출된다. 예를 들어, 자동차산업의 과거 가치사슬은 부품업체, 완성차업체, 딜러 네트워크, 정비업체, 보험회사 등으로 이루어져 완성차업체를 중심으로 수직계열화된 가치사슬의 전반을 통제했다. 하지만 최근 디지털 전환으로 등장한 오픈 오토모티브 얼라이언스(Open Automotive Alliance)와 같이 자동차산업의 협력관계는 완성차 기업과, SW기업 등 다양한 주체 간에 협력적·수평적 관계(부품 납품 관계가 아닌)가 등장하고 있다.

또한 카셰어링, 차량용 인포테이먼트(infotainment) 등 기존에 없었던 다양한 기업이 새롭게 자동차 산업에 참여하고 있으며, 우버와 같은 카셰어링 기업들은 전통적으로 부품업체나 완성차 업체에서만 진행하던 R&D 영역까지 진출해서 자율주행자동차를 개발

1) KOTRA 해외시장뉴스, 디지털 전환에 성공한 美 기업들의 전략, 2121. 3. 16.

하고 있다.

둘째, 디지털 전환의 속도이다. 디지털 전환의 근간이 되는 기술은 미래를 예측하기 어려울 정도로 급속도로 변화하고 확산되고 있으며, 기업의 기술개발과 신제품 출시도 더욱 빨라지는 추세이다. 대표적인 사례가 아디다스인데, 아디다스는 아날로그방식의 생산으로는 1년이 넘게 걸리던 신제품개발과 출시가 인공지능과 로봇기술을 도입하면서 단 5일로 단축되었고, 50만 켤레 생산에 기존 600명이 투입되던 것도 단 10여 명으로 해결하고 있다. 자동화 공장을 직접 수요처에 구축하기 때문에 동남아, 중국 등 원거리 생산 보다 배송과 유통의 단계도 대폭 줄었다.

즉, 범위와 규모가 넓어지면서 각각의 기업이 모든 활동을 통제할 수 없게 되었고, 제품과 서비스의 혁신 속도가 빨라지면서 자연스럽게 개별 제품과 서비스 차원을 넘는 생태계 차원의 새로운 경쟁우위가 중요해지고 있다.

2. 중소기업 디지털 전환 및 정책 현황

① 중소기업은 혁신기업의 90% 이상을 차지하는 등 혁신의 기본적인 원천이지만 기업 비중을 고려할 때 혁신에 대한 기여는 여전히 낮은 수준이다.

중소기업들은 새로운 비즈니스 모델 및 기술의 출현으로 많은 혜택을 보고 있으며, 틈새시장을 공략하고 경쟁할 수 있는 새로운 기회 포착이 가능하다.

② 모든 부문에서 디지털 주도 혁신이 확산되고 있으며, 전통적으로 중소기업 지배적인 산업에서도 이미 디지털 전환이 이루어지고 있는 상황이다.

첫째, 디지털기술은 중소기업들이 기업 운영을 통합하고, 비용을 감소시키며 새로운 시장으로 확장할 수 있는 많은 기회를 제공한다.

둘째, 디지털기술 사용으로 중소기업들은 지식 파트너와의 연계뿐만 아니라 우수한 구인 사이트, 아웃소싱 및 온라인 업무 채택 등을 통해 역량과 재능에 용이하게 접근 실제로 디지털 집약도가 높은 중소기업들은 부가가치와 고용증가율에서 디지털 집약도가 낮은 기업을 상회하는 성과를 달성한다.

하지만 많은 중소기업들이 디지털 전환에 의해 열려진 기회를 포착할 수 있는 비전과 자원이 결여되어 있다.

③ 중소기업의 혁신을 촉진하기 위한 정책적 접근은 국가마다 다르지만 각국 정부

는 중소기업들이 산업 전환에 신속하게 대응하는데 중점을 둔다.

첫째, 디지털기술의 적용은 중소기업들이 차세대 생산혁명으로 이행하는 핵심 지렛대이자 전제조건이기 때문에 중소기업의 디지털 전환 가속화를 적극 지원한다.

둘째, 국가혁신전략을 담당하고 있는 정부 부처들은 정책 입안과 실행에서 중소기업의 제약과 잠재성에 대한 고려를 확대하고, 혁신 정책에 중소기업정책을 통합시키고자 노력한다.

셋째, 비즈니스 혁신네트워크 확장 및 중소기업 참여 확대를 통해 중소기업과 기업가를 국가 및 국제 혁신네트워크에 연결시키는 것은 변화와 성장의 핵심 조건이다.

넷째, 정부데이터 공개(Open Government Data: OGD)는 중소기업이 저렴한 비용으로 새로운 데이터에 접근할 수 있는 기회를 제공한다.[2)]

④ OECD국가들의 정책은 중소기업을 위한 광범위한 전략적 방향성에 수렴하는 경향이 있지만 정책 설계 및 구현에 대한 접근법은 국가마다 매우 다르다.

중소기업의 이질성, 비즈니스 생태계의 다양성 및 당면한 긴급과제 등은 중소기업 및 기업가정신 정책에 대한 근본적인 재검토를 요구하고 있다.[3)]

3. 디지털 기술혁신 전략

각 가치 활동이 활용하는 디지털 기술은 다음과 같다.

가치사슬 모형은 경쟁 전략의 관점에서 경쟁 유위 확보와 내부 역량을 연계시키기 위해 기업 자원을 분석하는데 활용된다. 가치사슬에 포함된 다양한 활동들은 기업이 추구하는 원가 우의 전략 혹은 차별화 전략의 성공적 실행에 초점을 맞추고 부가가치를 창출하도록 한다. 디지털 기술의 이용은 경쟁 원천으로 인식되는 핵심 가치 활동의 경쟁력을 보다 향상시켜 궁극적으로 조직 전체의 경쟁우위를 향상시키게 된다.

가치사슬에 근거하여 각 가치 활동별 디지털 기술의 활용 사례는 다음과 같다.

2) 중소기업연구원, 중소기업 혁신 및 디지털화와 지원정책, Vol.2 No.6; 2019년 6월호, 2019. 10. 10.

3) OECD, SME and Entrepreneurship Outlook 2019. 5.

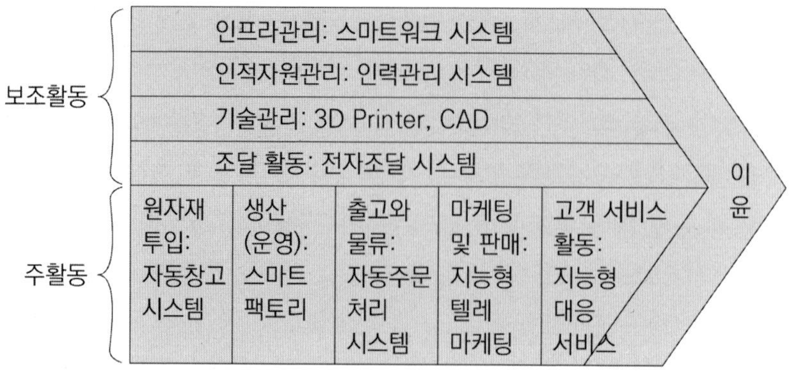

자료: 노규성, 디지털 대전환 시대의 전략경영혁신, 북스타, 2022.

[그림 13-1] 가치 활동별 디지털 기술의 활용 예

디지털 기술로 경쟁전략 혁신 방안은 다음과 같다.4)

〈표 13-1〉 디지털 기술로 경쟁전략 혁신 방안

경쟁전략 유형	추구하는 혁신 방안
원가 우위	• 업무 효율화 • 협력 강화 • 교섭력 증대
차별화	• 제품과 서비스 혁신 • 고객 개인화와 맞춤화 • 경쟁기업 분석
집중화	• 시장·고객 분석 • 유연 시스템 활용 • 교섭력 증대

실질적인 디지털 트랜스포메이션을 구현하려면 다양한 요소를 고려한 디지털 전환 전략이 필요하다.

첫째, 단순히 기능을 바꾸지 않고 정밀한 진단을 통해 프로세스 전반을 재구성해야 한다.

둘째, 속도, 인텔리전스, 경험이라는 디지털 기반을 구축하도록 한다.

4) 노규성, 디지털 대전환 시대의 전략경영혁신, 북스타, 2022.

셋째, 프로세스를 자동화하고 병목 현상을 없애야 하며, 예측을 돕는 데이터 분석 능력을 구축하고, 구성원과 고객의 경험을 향상시키도록 한다.

넷째, 구성원 만족도 등을 바탕으로 가치 측정 항목을 만들어 구매와 예산을 이에 맞추어 조정하도록 한다.

다섯째, 구성원들이 새롭게 구축한 디지털 도구를 사용할 수 있는 적합한 기술 트레이닝, 교육을 지원하도록 한다.

4. 디지털 전환 성공 전략

1) 디지털 기술에 의한 원가 우위 혁신

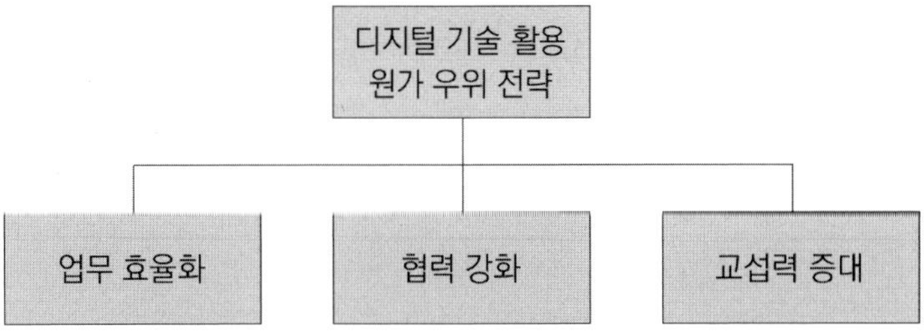

[그림 13-2] 디지털 기술에 의한 원가 우위 창출

(1) 업무 효율화를 통한 원가 우위 창출

독일 지멘스의 EWA(Electronics Works Amberg)는 매일 실시간으로 5천만 건의 정보를 수집하고 이를 통해 제조 공정마다 자동으로 작업 지시를 내린다. 1천 개 이상의 스캐너들은 모든 공정 단계를 실시간 점검하며 테스트 이상 여부 결과, 온도, 위치 정보와 같은 제품의 상세 데이터를 기록한다. 이 데이터와 공정 운영 데이터는 제조 실행시스템(MES)에 저장 및 분석된다. 기계와 컴퓨터는 전체 공정의 75%를 담당하면 나머지는 사람 손을 거친다. 10만 개의 제품을 생산하는 경우 1개의 불량률로 매우 낮은 수준이다.

(2) 협력 강화를 통한 원가 우위 창출

JIT(적기공급생산), PRM(파트너 관계관리), SCM 등 조직 간 정보 시스템(IOS)과 같은 디지털 기술을 이용하면, 업무 효율과 기능적 효과의 개선을 한 회사의 경계를 넘어 확장시킬 수 있다.

예를 들면, 회사의 생산계획 시스템을 공급자의 주문처리 시스템과 연결하면 제조공정상 재고량과 재주문처리 시간을 획기적으로 줄여 원가 우위를 창출할 수 있다.

스웨덴의 의류 브랜드인 H&M은 치열한 글로벌 경쟁 시대를 맞이하여 저렴한 가격, 최고의 디자인, 우수한 품질이라는 전략을 수립하여 구현 방안을 모색하였다.

즉 효과적인 신제품 디자인은 제조사 혼자 해낼 수 있는 것이 아니고 유능한 디자이너, 재료 공급회사, 물류회사, 유통 판매회사 등의 공급망 파트너들이 모든 진행 과정에서 시장 정보, 사내 정보 및 제반 이슈의 도출과 공유를 통해 긴밀하게 협력할 수 있을 때 달성할 수 있는 과업인 것이다.[5)]

(3) 교섭력 증대를 통한 원가 우위 창출

원자재 공급자가 구매자보다 유리한 상대적 지위를 가지고 있다면 이를 이용하여 가격을 올리거나 제품의 품질을 낮출 수 있다. 디지털 기술은 원활한 정보의 제공을 통해 자사 조직과 공급자들 사이에 효율적인 공급 시장을 만들어 주어 공급자에 대한 교섭력을 높여줄 수 있다.

기업 비즈니스 솔루션을 지원하는 휘트니보우스사는 3,500명 이상의 서비스 기술자들에 관한 중앙 데이터베이스를 구축하고, 이를 인터넷과 연결한 다음, 고객의 요청이 있으며 즉시 고객과 가장 가까운 거리에 있으면서 발생된 문제를 해결할 수 있는 최적의 기술자를 검색하여 파견한다.

2) 수작업 프로세스 디지털화

디지털화를 위해서는 기존 비즈니스 프로세스에 지능형 기술을 통합해야 한다. 먼저 아날로그 문서와 자산을 디지털 데이터로 변환하고, 그 후 프로세스를 최적화할 방법을 모색한다. 예를 들어 기존 기기와 기계를 IoT 네트워크에 통합하려면 게이트웨이 기기와 센서를 설치해야 한다. 고객 서비스, 재고관리 등 사람이 주도하는 프로세스를 보완하기 위해 가상현실(VR) 웨어러블 기기 같은 다른 기기를 통합할 수도 있다.

이 프로세스를 진행하려면 회사가 해당 업무를 처리할 수 있는 ERP 및 계획 시스템을 운영 중인지 확인한다. 최고의 ERP 솔루션은 AI와 머신러닝을 지원하고, 빠르고 확장성 있는 인메모리 데이터베이스에서 구동되어 다음 단계를 원활하게 진행하도록 한다.

5) 노규성, 전게서, pp.274~275.

3) 지능형 기술 적용

AI, 머신러닝, 고급 분석과 같은 기술은 정밀한 데이터 분석, 실시간 자동화, 복잡한 학습 알고리즘을 지원한다. 기업에서 통찰과 기능을 최대한 활용하려면 직무 기술 습득 및 재교육전략을 수립해 팀이 이러한 지능형 기술의 사용을 극대화하고 역할과 워크플로에서 최상의 가치를 실현하도록 해야 한다.

4) 기업문화와 변화 관리

하버드 비즈니스 리뷰 설문조사에 따르면, 기업 임원의 63%가 기업문화와 관련된 문제를 디지털 전환 활동의 최대 장애요인으로 본다. 가장 성공적인 전환은 변화가 어렵다는 사실을 받아들일 때 가능하다. 수 년간 또는 수십 년간 특정 방식으로 일을 하고 이해하는 데 익숙해진 사람들이 이러한 변화의 잠재적인 이점을 이해하고 이를 극대화하기 위해 워크플로와 습관을 수정할 수 있으려면 적절한 지원이 필요하다.

※ OECD 디지털 정책 주요 권고안

2014년 경제협력개발기구(OECD) 디지털 정부 전략 위원회 권고안에서 강조했듯이, 전자정부에서 디지털 정부로의 패러다임 전환이 필요하다. 이 문서는 동료 학습을 촉진하고 디지털 정부의 본질적 특성을 식별하는 데 효과가 있다.

■ **국내외 기술 및 지식 확산 강화**
- 대부분의 기술과 지식은 해외에서 이전되었으며, 무역, 투자 및 국제적인 인재에 대한 개방이 필요
- 기술확장 서비스의 폭넓은 활용, 과학·산업간 연결 강화 및 경제권 내 인재 이동 활성화를 통한 국내 지식 확산을 강화
  - 기술 확장 서비스: 기술 사용과 확산을 향상시키기 위해 기업에 직접 전문지식 또는 조언을 제공
- 유무형 자본, 특히 기술에 대한 투자 환경 조성. 다만 R&D, 프로세스 혁신과 기타 무형자산과 같은 보완 지식과 역량 강화에 대한 투자를 강조
- 노동자의 기술애 대한 투자가 핵심 포인트

■ **중소기업의 생산성을 향상시키는 디지털 전환을 하도록 함**
- 금융, 지식 네트워크 및 기술에 대한 접근성을 용이하게 함
- 역량 센터(competency) 및 기술 확장 서비스와의 협약, 모범 사례 도입을 위한 실행 지침 제공

■ **경제 분야에서 필요한 구조적 변화 촉진**
- 기존 기업에게 유리한 정책이 이루어지기는 하지만 새로운 아이디어, 기술, 비즈니스 모델을 시도할 수 있어야 함
- 창업 및 신생기업의 성장을 저해하는 정책은 구조 변화를 지연시킴
- 비효율적인 기업에 지원이 낭비되는 것을 피해야 함

자료: OECD(2019a), Productivity Growth In the Digital Age.

5. 디지털 전환 성공 사례

1) 국 내

(1) 패브릭타임

동대문시장 원단을 온라인으로 주문하도록 도와주는 스타트업으로 해외 디자이너들이 18만 개의 원단 DB를 보고 샘플을 주문하면, 샘플 배송과 확인 후 원단을 소량으로라도 주문할 수 있도록 한다. 이를 위해 샘플 원단 주문 제작, 본 주문 처리, 수출서류 처리 등을 자동화한다.[6]

(2) 네이버 스마트스토어센터

온라인 고객의 쇼핑 트랜드를 판매자가 빅데이터로 확인할 수 있는 쇼핑 인사이트 플랫폼이다. 애널리틱스 기능을 연계하면 [그림 13-3]과 같이 실시간 방문자 수, 채널별 유입 분석, 방문분석이 가능을 제공한다.[7]

실시간 분석은 현재 시점에서 내 사이트에 방문한 이용자 수, 유입 검색어, 네이버 검색광고 전환 등 사이트 이용 현황을 한눈에 파악할 수 있다. 이를 이용하여 마케팅 활동의 시작 여부와 효과를 실시간으로 측정하고 개선이 가능하다.

6) 김기웅, 소상공인 디지털 전환 지원 방안 연구, 중소기업연구원, p.3, 2019. 12. 31.

7) https://analytics.naver.com

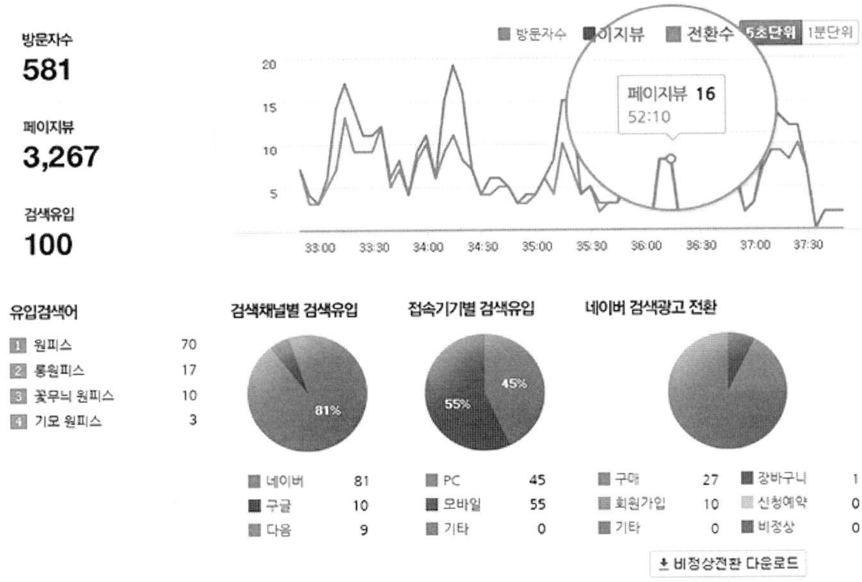

[그림 13-3] 실시간 분석

(3) 뷰노(VUNO)

뷰노는 학습을 통해 생각하는 컴퓨터와 같은 기계학습으로서, 딥러닝 기반의료 데이터 분석 스타트업이다. 자체 개발한 딥러닝 엔진인 뷰노넷을 이용하여 의료 데이터를 분석하여 다양한 질환에 대한 진단보조기술을 개발 중이다. AI 기반 골연령 진단 소프트웨어인 '뷰노메드 본에이지'는 국내 AI 기반 의료기기 분야에서 최초로 식약처의 인허가를 획득하였다. 즉 촬영한 엑스레이를 AI가 자동으로 분석하여 의사의 판독을 지원하여 판독 속도를 20~40%까지 높아져 판독 정확도를 10% 향상시켰다.

(4) 키오스크

서울시 동작구는 상도전통시장에 스마트기술을 도입하였다. 음식점·제조소매업·서비스업 등 43개 점포에 모바일로 예약·주문·결제 등을 할 수 있는 스마트 오더 시스템을 구축하였다.

또한 키오스크·스마트미러·서빙로봇 등 업종별 맞춤형 스마트기술을 통해 경영 효율화와 서비스를 개선하고, 아울러 시장 입·출구에 상점별 위치·판매제품·지역 명소 등을 사진과 영상으로 소개하는 디지털 사이니지를 설치하였다.[8]

8) 김구철 기자, '동작구, 상도전통시장에 스마트기술 도입', 문화일보, 2021. 10. 15.

(5) 온라인 플랫폼 이익공유 모델 발굴

온라인 플랫폼 기업이 자발적으로 발굴한 상생모델을 통해 발생한 이익을 입점 소상공인과 공유하는 사례를 적극적으로 발굴한다.

① A 화장품사: 고객이 자주 이용하는 오프라인 매장(대리점)을 온라인몰에서 '마이샵'으로 지정하면, 해당 고객의 온라인몰 구매액 일부를 마이샵으로 지정된 대리점에 공유한다.

② B 홈쇼핑사: TV 홈쇼핑 방송 매출 실적에 따라 수수료의 일부를 환급하는 방식으로 중소 협력사에 이익을 제공한다.[9)]

2) 외 국

(1) 딜리버리 히어로(Delivery Hero)

세계 최대의 음식 주문 네트워크 중 하나인 이 회사는 글로벌 음식점 파트너와 협업해 며칠 걸리던 고객 주문의 지급결제 주기를 수 시간으로 대폭 줄였다.

(2) 독일 경제에너지부(BMWi)

중소기업의 디지털화가 곧 미래 산업의 경쟁력이라는 사실을 강조하고 이를 위해 중소기업에서 필요한 정보와 정부로부터 지원받을 수 있다.

중소기업 4.0 역량 센터를 설립하여 기업의 디지털화를 현장에서 지원하고 각종 프로젝트를 이용하여 e비즈니스의 표준화, IT시스템의 구축 및 편리한 사용 등을 도와준다.

① 디지털화로 기대되는 기회는 최적의 제품 생산(79%), 새로운 사업 모델(50%), 제품과 서비스 영역의 확장(50%), 향상된 고객 관리 능력(38%), 매출 증가(17%) 등이다.

② 독일 중소기업의 약 52%는 현재 디지털화된 데이터로 작업하여, 고객 또는 배송 담당 업체의 정보 교환이 전자식으로 이루어지고 있다.

③ 연방경제에너지부의 중소기업 4.0－디지털 생산과 업무과정 프로그램은 지역의 중소기업 4.0 역량센터를 설립하여 중소기업 및 노동자를 도와 기업의 디지털화를 현장에서 지원한다.

④ 현재의 기업 디지털화 수준을 진단하고 기업 맞춤형 디지털화 계획을 함께 수립해 이를 실행하기 위한 대책을 마련함과 동시에, 실행될 디지털화가 경제적 측면에서

---

9) 한국판 뉴딜 관계장관회의 20－3, 소상공인 디지털 전환 지원방안(소상공인 성장·혁신 방안 2.0), 2020. 9. 17.

필요한 것인지 고려해보고 이와 함께 요구되는 보완 설비도 함께 검토한다.

⑤ 디지털화된 세계에서 기계, 배송, 생산품과 고객 사이의 의사소통은 인터페이스에서 이루어지므로, 전자적 매체 안에서의 기업 데이터를 표준화하여 순조롭게 대화가 이루어지도록 e비즈니스-표준화(e-표준화)가 중요하다.

⑥ 특정 분야의 유용성을 위한 도구들도 계속해서 개발되고 있는데, 대표적인 것이 건축이나 공장계획 등에 쓰이는 3D-소프트웨어, 3D-GUIde-Graphical User Interface Design, 스마트홈을 위한 SmartLive 등이다.[10)]

3) 독일 로켓인터넷

2007년 독일에서 설립된 로켓인터넷은 디지털 비즈니스 플랫폼기업으로 진출한 사업 분야가 전자상거래, 부동산, 자동차, 유통, 패션, 홈리빙, 식음료 등 36개에 이르며, 해외 진출 국가는 110가 넘는다.[11)]

〈표 13-2〉 로켓인터넷이 설립한 주요 플랫폼

업 종	벤치마킹 플랫폼
전자상거래	아마존, 이베이(인터넷 경매)
택시 호출	우버
숙박 공유	에어비엔비
온라인 신발 판매	자포스
항공권 및 호텔 예약	익스페디아
소셜 커머스	그루폰
사진 SNS 공유	핀터레스트
화장품 구독	글로시박스
음식 배달 앱	Grouhub
가정용품 및 가구 판매	Westwing
온라인 결제 시스템	Paymill
식자재 배달 서비스	Hello Fresh
소셜 게임	플링가

자료: 이코노미조선(2017) 참고하여 재구성.

10) 중소벤처기업연구원, '독일, 중소기업 비즈니스 프로세스의 디지털 전환 전략', 2021.

11) 김준연, "전통산업의 디지털 전환: 기회인가, 위기인가? 디지털 전환의 개념, 유형 그리고 조건", 월간SW 중심사회, 2016년 9월호, 2016.

디지털 전환에 대해 관심이 있는 중소기업을 위해 OECD(2019c)가 제시한 디지털 전환 관련 정책 수립 및 실행효과에 영향을 미치는 7개의 핵심 벡터를 활용하여 중소기업 디지털 전환 비즈니스 모델을 살펴보면 다음과 같다.

〈표 13-3〉 로켓인터넷의 디지털 전환 핵심 벡터

벡 터	내 용
플랫폼과 생태계	• 로켓인터넷은 전자상거래, 부동산, 자동차, 유통, 패션, 홈리빙, 식음료 등 다양한 산업에 걸쳐 플랫폼을 운영 • 플랫폼을 통해 시장 거래를 활성화하고, 상호작용 비용을 절감하며, 해당 산업의 혁신 활동에 허브 역할을 수행 • 역할 수행 과정에서 로켓인터넷은 해당 산업 및 시장의 보완적 생산자들과 긴밀한 협력을 통해 성공적인 현지화 과정을 수행
포괄적인 범위	• 로켓인터넷이 보유한 다양한 산업 분야의 플랫폼, 즉 수평적 플랫폼은 운영상 공통 기반 역할을 하는 디지털 기술의 결합에 의해 운영 효율성 확보가 가능 • 양면 시장 고객과의 지속적인 소통을 통해 축적한 방대한 자료와 그 자료의 분석 능력을 활용하여 다양한 산업 분야로 확장
속도: 시간적 역동성	• 각 분야의 선도자가 개발한 검증된 비즈니스 모델을 신흥국가에 빠르게 출시하여 시장을 선점하는 수평적 확산을 추구 • 성공 요소는 시장 수요의 불확실성 및 판단 오류, 보완재 미비에 의한 선발자의 불이익을 감수하기보다는 빠른 실험 및 반복 학습을 통한 사업 개선, 수익 창출보다는 규모 확장을 위한 속도 경제에 주력한 결과임

자료: 강재원, 중소기업 디지털 전환을 통한 경쟁력 제고, 중소기업연구원, 2019. 12. 31.

(4) 노레코

덴마크의 노레코는 제조업과 건설업의 현장에서 발생하는 폐기물 및 잔존 제품의 재활용과 처리를 담당하는 회사로, 덴마크 지역에 19개의 공장을 보유하고 있다.

① 중소기업인 노레코가 조직적인 디지털 전환을 추진한 계기

디지털화는 더 이상 선택적 옵션이 아니라 회사가 살아남기 위한 전략으로 고객이 기대하는 표준이 되었기 때문이다. 또한 고객, EU 기구 및 환경 규제 당국은 회사가 모든 데이터를 역추적할 수 있는 능력을 갖추도록 요구하고 있다.

② 디지털 전환으로 문제점 개선 내용

디지털 전환 사업 전, 장기간에 걸쳐 여러 공급업체가 제공하는 각기 다른 소프트웨어 프로그램 및 IT 시스템을 이용했고, 송장과 견적서 처리, 주문 관리 등이 산발적으로 운영되었다. 그 결과 회사 내 데이터 공유나 외부 파트너와의 상세한 데이터 공유가 불가능했다. 또한 성과 보고 및 미래 프로젝트 계획을 위해 행정 직원과 경영진 모두 엄청난 양의 반복 엑셀 작업과 수기 계산을 해야 했다.

계산을 위해 엑셀에 의존한다는 것은 노레코가 새로운 비즈니스 개발과 제품 혁신의 전제 조건인 정교한 데이터 분석을 제공하는 데 어려움을 겪었다는 것을 의미한다.

아울러 생산에 있어서도 수년간 지속되어 온 구식 작업 관행과 작업자 간의 주먹구구식 제조 공정으로 데이터의 정기적인 수집에 지장을 받아왔다.

비효율성적인 생산과정과 더불어 생산라인에서의 반복적인 병목 현상이 발생해 물류에도 부정적인 영향을 미쳤고 폐기물 및 잔존물 수거 계획에도 차질이 많았다.

그 결과 수년 동안 실제 필요량을 초과하는 트럭 십여 대를 운행해왔고 이는 장기적으로 큰 손해를 끼쳤다. 운행 중인 트럭의 수나 위치 파악 또한 불가능해 효율적인 폐기물 수거가 불가능했다.

③ 디지털 전환의 프로세스

노레코의 디지털화 계획의 프로세스는 다음 4단계로 나눠 진행된다.

1. 비전 수립, 2. 전략 수립, 3. 로드맵 개발, 4. 조직의 일상생활에서 비전 수립. 이 과정에서 경영진이 주 고객으로부터 주기적으로 의견과 피드백을 확보하며, 또한 각기 다른 집단에서 근무하는 고용인들에게 디지털화의 장점을 납득시키는 것이 중요하다.

④ 노레코의 디지털 전환에 대한 전반적인 개요

노레코의 디지털화를 구현하기 위한 주요 도구는 빅데이터 및 클라우드 기반 소프트웨어 플랫폼이다. 사내 경영진은 디지털화를 통해 기업 내부의 지속해서 증가하는 데이터를 더 잘 처리하고 활용할 수 있음을 깨달았으며, 특히 생산원가를 상세히 기록할 수 있다는 장점이 있다는 것을 발견했다. 향후 더욱 복잡해질 비즈니스 모델에 대비해 새로운 디지털 기술과 추가 매개 변수를 적용할 수 있는 유연한 조직 플랫폼을 구축하기 위해 노력하고 있다.

디지털 전환 세부 내용은 다음과 같다.

첫째, 세계적인 소프트웨어 공급업체로서 독일의 ERP 제품을 만드는 SAP의 소프트웨어 프로그램과 애플리케이션을 활용해 주문 처리, 판매, 구매, 재고, 재무, 생산, 물류에 이르기까지 회사의 모든 영역을 통합했다.

둘째, 각 영역 및 조직의 모든 수준에서 생성된 방대한 양의 데이터는 회사 전체를 망라하는 하나의 공통 데이터베이스에 저장되어 쉽게 접근 가능하게 했다.

결과적으로 노레코의 모든 비즈니스 거래를 확실하게 추적할 수 있었고 폐기물 수집 트럭의 운행을 체계적으로 추적, 관리할 수 있게 됐으며, 전국에 있는 처리공장의 폐기물 적재용량 또한 실시간으로 업데이트된다. 노레코의 운전기사들이 새로 도입된 IT시스템을 이용해 직접 수거 주문을 할 수 있게 해 환경규제 당국의 검사원이 공장을 직접 방문해 발주관리를 할 필요가 없어졌다.[12]

(4) COHEALO

COHEALO는 미국 병원의 의료장비 공유시스템을 지원하는 기술기업이다. 이를 통해 불필요한 구매 및 대여를 줄여 활용률과 수익을 제고한다. B2B 시장에서의 주문형(on-demand)으로 모든 시설에서 사용 가능하도록 물류와 분석 기능을 지원한다.

GE 헬스케어의 연구에 의하면, 병원은 해당 기기의 사용 기간이 42%에 불과하며 COHEALO는 병원 자원의 통합을 통해 사용률을 75~80%까지 높이는 것을 목표로 한다.

6. 디지털 전환과 ESG

디지털 전환은 ESG 경영을 달성하기 위한 효율적이고 실질적인 수단이다. 일반적으로 ESG 경영이 회사의 재무적 성과에 부정적인 영향을 미칠 수 있다는 인식이 있지만, 전문가들은 디지털 전환 등 기술혁신을 통해 ESG 경영 실천은 물론 기업의 장기적 경쟁력도 키울 수 있다고 보았다.

환경 문제를 해결할 수 있는 신재생 에너지 기술과 스마트 그리드 기술 등이 대표적인 혁신 기술이다. 장애인이나 고령층을 위한 기술, 저개발국가에 식수를 공급하는 기술 등 사회 문제를 해결하는 기술도 지속적으로 발전하고 있다.

빅데이터와 인공지능(AI) 등의 기술은 ESG의 마지막 축인 거버넌스(지배구조) 확립에 기여할 수 있다. ESG 경영에 기술을 접목해 ESG 목표를 달성함과 동시에 새로운

12) 강재원, 전게서, 2019. 12. 31.

성장 동력을 확보한 기업 관계자들이 참가해 성공 스토리를 들려준다.[13)]

7. 소상공인 디지털 전환 방안

첫째, 소상공인의 디지털 전환 성숙도를 정확하게 파악할 수 있는 조사가 부재한 상황이어서 소상공인의 특성을 반영한 디지털 전환 실태조사가 필요하다. 이를 위해서는 중소기업기술정보진흥원 중소기업정보화수준조사의 조사 대상을 소상공인으로 확대하고 소상공인시장진흥공단의 소상공인 실태조사에 디지털 전환 관련 항목을 보완하는 것을 검토한다.

둘째, 디지털 전환을 위한 기술 수용성, 준비 정도 제고가 우선 지원이 필요하다. 구조방정식 연구모형 검증 결과, 디지털 전환 준비 정도와 디지털 전환기술 수용성의 영향이 높게 나타났으며, 사업장 매출액의 조절효과가 나타나 매출액 규모가 우수한 소상공인에 대해 디지털 전환 준비 정도, 디지털 전환기술 수용성 관련 정책을 우선적으로 지원할 필요가 있다.

셋째, 소상인·소공인 간 지원을 차별화할 필요가 있다. 조하리 창(Johari Window) 분석 결과 디지털 전환에 대한 인식, 디지털 전환을 위한 기술 수용성, 디지털 전환에 대한 외부 반응의 항목 대부분에서 소공인 대비 소상인이 모르는 부분인 소상인의 보이지 않는 창(Blind area)으로 나타나 소상인에 대해서는 디지털 전환 의식 수준 제고와 관련된 정책이 우선 시행될 필요가 있다.

디지털 전환을 위한 정책 지원 요구사항 중에서는 상대적으로 소공인이 기술지원 필요성을 더 느끼고 있어 소공인에 대해서는 기술지원 정책을 우선 시행할 필요가 있고, 디지털 전환 준비정도에서 제조업과 도매 및 소매업 간에는 유의미한 차이가 나타나지 않아 소상인의 경우는 숙박 및 음식점업에 우선 지원될 필요가 있다.

넷째, 소상인 대상 디지털 전환 지원 거점을 마련할 필요가 있다. 소공인에 대해서는 소공인 집적지 중심으로 소공인특화지원센터를 통해 정보화 등 지원이 이루어지고 있는 반면 도매 및 소매업, 숙박 및 음식점업 등 소상인에 대한 디지털 전환 지원 거점은 부재한 상황이므로 소상인 대상의 거점 지원 정책이 필요하다.

다섯째, 상생 협업을 통한 생산성 향상 기술 지원이 필요한데 IoT, 클라우드컴퓨

13) 주영섭, 서울대 공학전문대학원 특임교수, GLOBAL HR FORUM, 2021 Digital Transformation, ESG, and Sustainable Future, Nov. 10 (Wed.) – 11(Thu.), Grand Walkerhill Seoul & Virtual Meeting.

팅, 빅데이터, 인공지능, 3D 프린팅과 같은 신기술 활용을 통해 소상공인의 업무 효율 및 생산성 향상에 기여하도록 하며 이를 위해서는 자원과 역량이 미흡한 소상공인에 대한 상생 차원의 협업 지원이 반드시 필요하며 이를 통해 소상공인뿐만 아니라 ICT 벤처기업의 양면(two side) 성장을 모두 고려하는 생태계를 조성할 필요가 있다.

여섯째, 소상공인 디지털 전환 비즈니스모델 수립을 지원할 필요가 있다. 디지털 기술을 통해 기존 비즈니스모델 확장, 산업 경계 모호화 등이 나타나고 있으며 이에 대응하기 위해서는 기존 비즈니스모델을 재점검하고 디지털 기술이 적용된 새로운 비즈니스모델을 신속하게 수립하여 실행할 필요가 있다.

특히 소상공인은 디지털 전환을 위한 기술역량 뿐만 아니라 비즈니스모델이 미흡한 상황으로 디지털전환 비즈니스모델 수립을 위한 정책적 지원이 시급히 이루어질 필요가 있다.[14)]

8. 디지털 전환의 효과

디지털 전환의 효과는 다음과 같다.

첫째, 디지털 전환을 추진할 경우 디지털화 된 데이터를 인터넷 망을 통해 객체간 상호 연결함으로써 다양한 신규 비즈니스 모델의 출현이 가능하고 혁신 생태계의 변화를 창출하는 효과를 얻을 수 있을 것으로 기대된다.

둘째, 디지털 전환의 흐름은 폭넓게 디지털 문화의 확산이 기대된다.

셋째, 디지털 문화의 핵심 가치는 지리적인 근접성을 초월한다는 것이다. 물리적 경계가 없으며, 사회적·경제적 인종 등과 같은 어떤 계층이나 분리를 인정하지 않는다.

넷째, 디지털 문화는 컴퓨팅 장치나 인터넷 연결을 통해 접근할 수 있는 누구에게나 개방된 가상 문화라는 것이다.

9. 디지털 전환의 전략과 과제

1) 디지털 전환의 전략

실질적인 디지털 트랜스포메이션을 구현하려면 다양한 요소를 고려한 디지털 전환

14) 중소벤처기업연구원, 소상공인 디지털 전환 지원 방안 연구, 2020. 2. 24.

전략이 필요하다.[15)]

첫째, 단순히 기능을 바꾸는 수준이 아닌 정밀한 진단을 통해 전체적인 프로세스 재구성해야 한다.

둘째, 속도, 인텔리전스, 경험이라는 디지털 기반을 구축해야 한다.

셋째, 프로세스를 자동화하고 병목 현상을 없애야 하며, 예측을 돕는 데이터 분석 능력을 구축하고, 구성원과 고객의 경험을 업그레이드시켜야 한다.

넷째, 구성원 만족도 등을 바탕으로 가치 측정 항목을 만들어 구매와 예산을 이에 맞춰 조정하도록 한다.

다섯째, 구성원들이 새롭게 구축한 디지털 도구를 사용할 수 있는 적합한 기술 트레이닝, 교육을 지원하도록 한다.

2) 디지털 전환의 과제

첫째, 국내 제조업체의 현실은 아직 초기 단계로 체계적 발전계획에 따라 데이터를 수집, 가공하고 거래하는 방법을 정립한다.

둘째, 디지털 전환 법제화와 데이터 생태계를 구축하고 육성함이 필요하다.

제 2 절 스마트팩토리 정의와 도입 현황과 전략

1. 스마트팩토리의 정의와 문제점

1) 정 의

스마트팩토리(Smart Factory)는 다양한 제품 개발부터 양산까지 시장 수요예측 및 모기업의 주문에서부터 완제품 출하까지의 모든 제조 관련 과정을 포함함. 국가기술표준원은 광의의 스마트 공장(제조)와 협의의 자동화에 초점을 맞춘 스마트공장으로 구분하고 있다.[16)]

스마트팩토리란 제품 기획, 설계, 생산, 유통, 판매 등 전 과정을 ICT로 통합, 최소

---

15) 전자신문, 2021. 7. 19.

16) 박경록 외 3인, 스마트팩토리 운영전략과 이해, 한올, 2020.

비용과 시간으로 고객맞춤형 제품을 생산하는 자율 제조시스템(자동화, 디지털화, 지능화)이다. 즉 스마트공장은 제품의 기획부터 판매까지 모든 생산과정을 ICT(정보통신)기술로 통합해 최소 비용과 시간으로 고객 맞춤형 제품을 생산하는 사람 중심의 첨단 지능형 공장이다.

Platform ID4.0으로 불리는 스마트팩토리의 핵심 개념은 사이버물리시스템(CPS)이다. CPS는 정보 및 소프트웨어 기술이 기계 구성요소와 결합해 데이터 전송 및 교환은 물론 인터넷과 같은 인프라에 의한 모니터링이나 제어가 실시간(real-time)으로 이루어지는 시스템이다.

고도화 수준에 따라 5개 단계로 분류된다. 협의의 기초단계에서는 바코드, RFID로 기초데이터를 수집하고 생산실적을 자동으로 관리한다.

중간수준 1에서 설비 정보를 최대한 자동화하며, 중간수준 2는 모기업과 공급사슬 관련 정보 및 엔지니어링 정보를 공유. 고도화 수준에서는 사물, 서비스, 비즈니스 모듈 간의 실시간 대화체계가 구축되어 기계 스스로 판단하여 생산 지시를 하고, 제어가 가능한 가상물리시스템 공장이 구현된다.

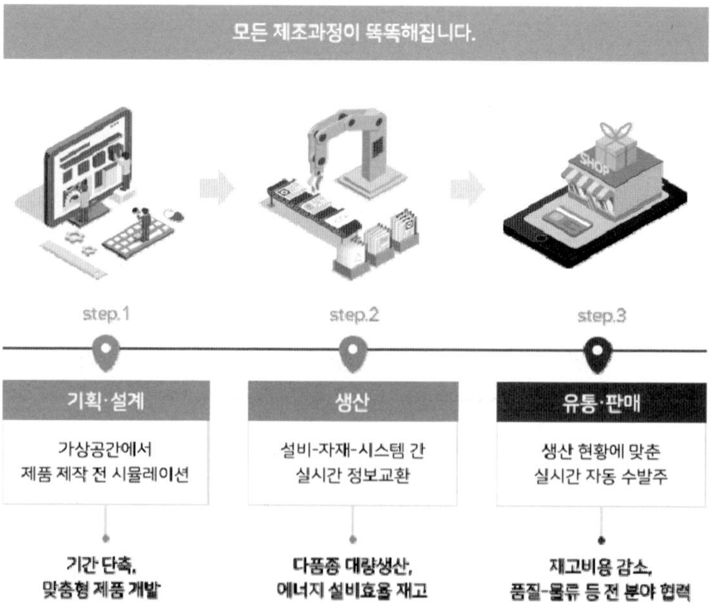

자료: (재)세종테크노파크(www.sjtp.or.kr).

[그림 13-4] 스마트팩토리 제조 과정

광의의 스마트 공장은 생산 프로세스의 정보화, 자동화를 넘어 비즈니스 가치사슬 전반에 최적화를 하고, 설비, 생산, 운영을 통합하여 상호 운용성을 지원하며 고객과 소통하는 공장. 이러한 스마트 제조 프레임워크 체계에서 스마트공장은 최소의 비용, 시간으로 고객 맞춤형 생산을 하고, 생산공정들이 실시간 연동 및 통합되는 생산체계로서 적기 생산, 생산성 향상, 에너지 절감, 인간 중심의 작업환경, 개인 맞춤형 제조를 가능하게 하는 공장이다.

스마트팩토리는 최근 인구 노령화와 숙련공·생산 능력 부족, 기업 간 생산성 경쟁, 코로나로 인한 IT의 영향력 확대 등 다양한 원인에 의해 관심을 받고 있다.

2) 스마트팩토리 문제점

국내 중소기업의 스마트팩토리 운영의 문제점으로 스마트팩토리의 양적 확대에 초점, 기업의 변화 대응 수준이 아직 낮은 편, 일부 공정의 자동화 수준인 스마트팩토리, 전문 인력 부족으로 인한 사후관리 어려움 등이 있다.

2. 스마트팩토리 적용 범위

제품을 생산하는 공정만 바뀐다고 해서 '스마트공장'이 아니다.

스마트공장은 제품 기획·개발부터 양산까지, 주문에서부터 완제품 출하까지 제조 관련 모든 과정을 말한다. 응용 시스템뿐 아니라 현장자동화와 제어자동화 영역까지 공장 운영의 모든 부분을 포함하는 것이다.

3. 스마트팩토리 도입 요인

제조기업이 디지털 전환의 대표적인 형태가 스마트팩토리의 도입이다. 스마트팩토리 선택 기준의 계층적 모형은 생산성 향상, 이미지 제고, 마케팅 향상, 비용 절감의 4가지 기준과 12가지 하부 계층으로 구성되어 있다.

〈표 13-4〉 계층별 스마트팩토리 고려 요인

상부 계층	하부 계층	설 명
생산성 향상	불량률 감소	재품 생산 시 불량률이 감소할 것으로 기대
	생산량 증가	스마트팩토리 도입으로 생산할 증가를 기대
	적정 재고 유지	기존의 생산방식에 비해 적정 재고의 유지가 예상
이미지 제고	고객 친화 이미지	회사에 대한 고객 친밀도가 증가
	산업 선도 이미지	같은 산업 내에서의 선도적 이미지를 기대
	제품 만족도 증가	제품의 만족도가 증가할 것으로 기대
마케팅 향상	새로운 영업 기회	제품생산에서의 고객의 참여가 새로운 영업기회 창출을 기대
	충성고객 증대	제품생산에서의 고객의 참여가 충성고객의 증대 기대
	새로운 트렌드 창출	제품생산에서의 고객의 참여로 트렌드의 새로운 창출을 기대
비용 절감	생산인력 인건비 절약	생산인력의 인건비 절약에 기대
	비생산인력 인건비 절약	비생산인력(생산을 제외한 모든 인력)의 인건비 절약에 기대
	재고비용 절약	재고비용의 절약을 기대

자료: 강재원, 중소기업의 디지털 전환을 통한 경쟁력 제고, 중소기업연구원, p.38.

4. 스마트팩토리 도입 전략과 전망

1) 도입 전략

① 제조혁신: 제조업과 ICT 융합을 통해 생산 경쟁력을 높이는 지능형(경쟁력 강화 → 매출 확대 → 고용 증가)

② 일자리 전환: 단순 작업 일자리의 양질의 지식집약형으로 창출

③ 신 산업과 서비스 창출: 4차 산업혁명시대의 신 산업과 서비스 창출

2) 도입 전망

(1) 인공지능이 스마트팩토리의 주요 분야에 Breakthrough(돌파구)를 가져올 전망

인공지능이 가진 스스로 배울 수 있는 학습역량, 기존 통계 분석보다 탁월한 분석역량, 스스로 창작할 수 있는 창조역량이 스마트팩토리 혁신에 새로운 전기를 마련해 줄 것으로 기대된다.

(2) 스마트팩토리의 주요 분야별로 신중한 접근이 필요할 이슈

산업별 적용 차이점: 자동차·전자·부품같은 조립 가공 산업과 금속·화학·에너지 같은 프로세스장치 산업에서 스마트팩토리의 전개 양상이 상당히 다르므로 각 기업이 속한 산업에 효과적인 도입전략이 필요하다.

① Connected Factory 연결 범위: 전체 공장의 데이터를 통합한 Connected Factory 개념이 스마트팩토리의 궁극적인 모습으로 제안되고 있지만 막대한 투자가 뒷받침되어야 하므로 초기에는 Target 범위 설정이 중요하다.

② 운영 모듈(MRP·MES·SCM)과 연계: 기존 운영 모듈에 공장 조업 데이터를 통합함으로써 운영 모듈을 혁신할 수 있다는 비전이 제시되고 있으나 전문가들은 조업 데이터의 통합이 운영 모듈에 줄 수 있는 가치에 회의적이다.

(3) 인공지능의 빠른 개발 속도와 잠재력을 고려하면 스마트팩토리 활용전략이 제조기업의 성패를 좌우

인공지능 기술이 초기 단계임에도 스마트팩토리에 큰 파급효과를 가져온 점을 고려하면 향후 인공지능 기술 발전에 따른 적용 범위와 파급효과는 더 확대될 전망이므로 예의 주시할 필요가 있다.

스마트팩토리 주요 분야별 투자규모 및 혁신 가치가 기업별로 상이하기 때문에 각 기업은 자사 특성에 적합한 스마트팩토리 활용전략을 수립하고 전개하는 것이 중요하다.

5. 단계별 스마트팩토리 구축

스마트공장의 ICT 기술의 활용 정도 및 역량 등에 따라 '구축시스템 스마트화 수준(기초－중간 1－중간 2－고도)'을 구분하고 있다.

즉 기업의 종합적인 스마트 역량을 측정하여 '기업제조혁신역량 수준(Level 1~5)'으로 구분하고 있다.

스마트공장 도입을 고민 중인 기업이라면, 첫 단계부터 고도 수준을 걱정할 필요는 없다. 스마트공장은 기업의 여력이나 상황에 따라 점진적으로 구현 가능하기 때문에 기업의 사정에 따라 적절한 수준 및 기능을 선택해 집중하는 것이 중요하다.

현재 많은 중소기업들이 비교적 적은 비용으로 쉽게 시작할 수 있는 기초 단계를 구축하고 있으며 기대 이상의 성과에 만족하고 있다. 기초 단계라 해도 실시간 만들어지는 제품을 바로 집계해 관리할 수 있고 자재 이력관리(lot-tracking)까지 가능하다.

〈표 13-5〉 단계별 스마트팩토리 구축

<table>
<tr><th>구 분</th><th>현장자동화</th><th>공장운영</th><th>기업자원관리</th><th>제품개발</th><th>공급사슬관리</th></tr>
<tr><td rowspan="2">고도</td><td colspan="4">IoT/IoS 기반의 CPS화</td><td rowspan="2">인터넷 공간 상의 비즈니스 CPS네트워크 협업</td></tr>
<tr><td>IoT/IoS화</td><td colspan="3">IoT/IoS(모듈)화 빅데이터 기반의 진단 및 운영</td></tr>
<tr><td>중간 2</td><td>설비제어 자동화</td><td>실시간 공장제어</td><td>공장운영 통합</td><td>시뮬레이션과 일괄 프로세스 자동화</td><td>다품종 개발 협업</td></tr>
<tr><td>중간 1</td><td>설비데이터 자동 집계</td><td>실시간 의사결정</td><td>기능 간 통합</td><td>기술 정보 생성 자동화와 협업</td><td>다품종 생산 협업</td></tr>
<tr><td>기초</td><td>실적집계 자동화</td><td>공정물류관리 (POP)</td><td>관리 기능 중심 기능 개별 운용</td><td>서버를 통한 기술 / 납기 관리</td><td>단일 모기업 의존</td></tr>
<tr><td>ICT 미적용</td><td>수작업</td><td>수작업</td><td>수작업</td><td>수작업</td><td>전화와 이메일 협업</td></tr>
</table>

〈표 13-6〉 성공적인 스마트팩토리 구축의 5대 조건

4M+1E의 디지털화	4M+1E의 요소(Man, Machinery, Material, Method, Environment)들을 실시간으로 디지털 값을 인지하고, 측정 가능한 정보를 제공해야 하면, 통신을 통해 대화가 가능해야 함
지능화	알고리즘 또는 인공지능 등의 솔루션을 이용, 최적해 또는 예측가능한 해를 제공해야 함
통 합	사회망과 가치사슬을 통해 단대단(End-to-end)의 정보 교류가 이뤄지도록 하는 수평적 통합과 최하위 수준인 기계장치부터 기업 비즈니스 수준까지 수직적 통합을 지향
엔지니어링 지식의 창출	지속해서 정보를 확보하고 저장한 후, 이를 바탕으로 자동화를 위한 제조 지식을 점진적으로 창출할 수 있어야 함
스마트 시스템과의 연결	향후에 발전할 스마트 제품들과 통신 표준에 의거해 연결이 가능해야 함

6. 스마트팩토리 기술 현황

1) 스마트팩토리와 AI 기술

인공지능의 주요 기술은 패턴 인식, 자연어 처리, 자동제어, 가상현실 등이 있으며, 이 기술이 이업종 기업 간 융합을 통해 파괴적 혁신을 만들어낸다.

예를 들어, 애플 아이폰에 기본적으로 탑재된 시리(Siri)가 음성인식을 바탕으로 한 인공지능 기술. 인공신경망은 컴퓨터가 인간처럼 생각하고 배울 수 있는 기술인 딥러닝(deep learning) 네트워크로 발전한다.

딥러닝의 장점은 빠른 속도의 고성능 컴퓨터들을 연결해 방대한 양의 데이터를 학습시킬 수 있다는 것이다. 즉 이미지 분류나 외국어 번역, 스팸 메일 분류 등 유형화 된 데이터에서 탁월한 성능을 보여주고 있다.

〈표 13-7〉 스마트팩토리 분야별 AI 통한 돌파

스마트팩토리 주요 분야	인공지능을 통한 Breakthrough(돌파)
설비예방 정비	다양한 설비 데이터를 수집한 후 단순한 통계분석보다 인공지능분석을 적용하여 예방 정비 신뢰성의 개선
공정 간 연계 제어	통계적 분석 기법으로 예측하기 어려운 공정 간 품질 결함도 인공지능 분석을 통해 예측할 수 있을 전망
전문가 공정 제어	전문가 공정제어에 강화학습 기반의 인공지능을 적용하면서 과거 전문가 제어시스템의 한계를 극보하고 전문가보다 나은 생산성 성과를 보여줄 것으로 기대
로봇 자동화	인공지능과 로봇의 융합을 통해 로봇 스스로 학습이 가능해져 다양한 작업에 대한 범용성의 증가

자료: 포스코경영연구원, 2017.

2) 디지털 트윈

제품 설계 및 테스트 분야 활용 사례는 다음과 같다.

디지털 트윈은 제품의 한 구성요소 또는 전체 제품이 다양한 조건에서 어떻게 동작하는지 시뮬레이션을 시도함으로써 일반적으로 시제품 제작이 완료된 후나 최종 테스트 시에서만 드러나는 문제를 찾아낼 수 있다.

문제를 조기에 발견함으로써 디지털 트윈은 초기 제품 개발 작업을 보다 효과적으로 수행하고 필요한 테스트 사이클 수를 최소화할 수 있다. 이는 신제품 개발 프로세스의 속도를 가속화하고, 전체 제품 출시 기간을 단축하며, 설계 비용을 억제한다.

예를 들어, 마세라티는 기블리 자동차 라인 설계 과정에서 자동차를 디지털 트윈으로 구현했다. 디지털 트윈을 이용해 마세라티는 더 적은 공기 저항 테스트와 테스트 드라이빙 세션으로 설계 문제를 해결할 수 있었으며, 그 과정에서 제품 완료 전 필요한 프로토타입(시험용으로 만드는 물품) 수를 줄일 수 있었다.

또한 마세라티는 디지털 트윈을 사용하여 자동차 부품의 생산과 제조 공정의 자동화를 계획하였고, 디지털 트윈은 공급망 최적화에 활용되었다. 결국 마세라티는 시장 출시 기간을 거의 50%까지 줄여 단 16개월로 단축했다.

이는 자동차 산업, 특히 하이엔드 분야의 일반적인 예상 수준보다 훨씬 짧은 기간이다. 소비자들의 맞춤형 제품에 대한 요구가 지속됨에 따라 제품 재설계에도 디지털 트윈이 활용된다. 이전에 고객의 요구를 생산 공정에 통합하려면 가끔 조립라인 조정을 위해 시간이 많이 걸리는 지연이 발생했다.

그러나 엔지니어가 디지털 트윈에서 커스터마이징(customizing)을 실행하면 그러한 통합이 생산공정에 어떠한 영향을 미치는지, 조립 라인을 지연시키거나 추가비용을 발생시키지 않으면서 어떻게 그러한 커스터마이징을 수용할 수 있는지 방안을 찾아낼 수 있다.

제품이 현장에 배치된 후에는 해당 디지털 트윈이 다양한 제품 구성이 성능에 미치는 영향을 제조업체가 이해하는데 도움을 줄 수 있음. 이를 통해 제조업체는 재구성에 대해 고객에게 보다 나은 제안할 수 있다.[17]

3) MES(Manufacturing Execution System)

(1) 의 의

MES(Manaufacturing Execution System), 제조업의 시스템 계층 구조를 계획－실행－제어의 3개의 층으로 구분하며, 그중 실행의 기능을 MES로 정의한다.

제조 전체공정에서 발생하는 데이터를 설비나 센서로부터 직접 수집하여, 이를 기

17) 오윤경 기자, '스마트팩토리를 가능하게 하는 기술들', ICNweb, 2021. 1. 18.

반으로 공정운영현황을 분석하고 현장을 실시간으로 모니터링하여 제조 전체공정을 효과적으로 관리한다. 현장 실무자나, 관리자, 경영진 등에게 제공해 data-driven 의사결정체를 구축한다.

MES는 제조 현장의 원활한 활동을 제고하고 변화에 신속하게 대응할 수 있으므로, 현장 운영 및 공정이 효과를 높이고, 납기, 재고순환, 현금흐름, 재고자산회전율 등을 개선, 운영예산의 회수 증가, 전사적인 생산활동과 양방향 통신을 구축하여 공급망관리에 있어 필수적인 중요한 정보를 제공한다.

다수의 유사 사업에서 축적된 기술과 경험을 바탕으로 MES·물류운영시스템 구축으로 사업의 성공적인 이행을 보장할 수 있다.

4) ERP(Enterprise Resource Planning)

(1) 정 의

전사적 자원관리시스템, 기업의 모든 업무 프로세스를 유기적으로 통합하여 상호간에 정보를 실시간으로 공유하고, 활용하여 기업의 모든 자원을 가장 효율적으로 배분할 수 있고, 기업 가치를 극대화하는 통합형 업무시스템이다.

또한 제조업, 다양한 비즈니스 분야에서 생산, 구매, 재고, 주문, 공급자와의 거래, 고객 서비스 제공, 재무, 인사 등 주요 프로세스 관리를 돕는 여러 모듈로 구성된 통합 애플리케이션 소프트웨어 패키지이다.

(2) ERP 구축 사례

사례 1. S사: 무선이동장비 개발사로 자재의 실시간 관리 및 분석할 목적으로 ERP 시스템을 구축함. 5월 말부터 7월 초까지 한 달여간 구축하고 가동한다. 이 ERP를 통해 발주등록의 시간 절감, 적정 소요량 및 발주량 산출, 미입고 현황 자동관리, 창고 자재의 재고 현황 파악, 신속 정확한 발주 및 구매량 산출 등의 성과를 달성한 것으로 평가하고 있다.

사례 2. H전자: 부품 제조업체로 자동차, 에어컨, 전자 제품 관련 부품을 생산, 납품함. 전 모듈을 전사적으로 도입하는 Big-Bang 방식이 아닌 모듈을 단계적으로 도입하는 구축 방식을 적용한다. 우선 물류관리 모듈과 고정자산관리를 위한 회계관리 모듈을 도입한다. 이 결과 재고 및 자재의 실시간 관리를 통해 일일 마감 및 일일 재고량 파악이 가능했고, 정확한 발주일 산출로 구매 리드타임과 공정 리드 타임의 단축효과를 얻게 되었다. 전반적으로 사내 정보의 표준화, 조직 내 자산의 정확한 관리로 회계의 투명성에 기여하게 된다.

5) SCM(Supply Chain Management)

(1) 정 의

고객 및 투자자에게 부가가치를 창출할 수 있도록 최초의 공급업체로부터 최종소비자에게 이르기까지의 상품, 서비스, 정보의 흐름이 관련된 핵심 비즈니스 프로세스를 통합적으로 운영하는 경영전략이다.

즉, 최종 목표는 재고를 줄이는 것이며, 물자, 정보, 재정 등이 공급자로부터 생산자, 도매업자, 소매 상인, 소비자에게 이동함에 따라 진행 과정을 감독하는 것이므로, 회사 내부와 회사들 간 모두에서 흐름들의 조정, 통합과정이 수반된다.

(2) SCM의 추진 모델[18)]

① 1단계: SCM 프로젝트 추진에 대한 타당성을 검토하고 타당성이 있을 경우 목표 설정하고, 이를 위한 비전 수립 과정으로 환경분석, 핵심 역량 파악, 비전 설정, 재강화 전략을 수립이다.

② 2단계: SCM 운영 전략 수립으로 변화와 혁신의 방향을 설정하고, 이를 위해 현재 프로세스 분석, 최대 성과를 위한 벤치마킹 모델을 검토하고 SCM 효율적 추진을 위해 사내 지원을 검토한다.

③ 3단계: SCM 모델 설계 단계, 미래 공급체인관리를 위한 프로세스를 디자인하고 가치 극대화 방안을 도출한다. 미래 프로세스에 대한 시뮬레이션을 통해 문제가 발생하는 영역을 보강, 문제점 제거한다. 구체적인 이행계획 수립, 시범과제 준비이다.

④ 4단계: SCM 실행 및 평가, SCM을 수행하고 성과를 측정하며 지속적인 경쟁우위를 창출하기 위해 변화관리를 수행한다.

(3) 사 례

전자구매 클라우드 서비스(Easy Pro)는 품목 및 협력사 관리·평가, 견적·입찰관리, 발주·납품·검수·입고 관리, 전자계약관리, 마감 및 정산까지 구매업무 전 과정을 자동

---

18) 박경록 외 3인, 스마트팩토리 운영전략과 이해, 한올, 2021, p.189.

화하는 솔루션이다. 대체 공급사 확보, 대비 계획 등이 대기업에 비해 현저히 떨어질 수밖에 없다. 전체 공급망에 대한 가시성도 매우 낮다.

현재 시점에서는 클라우드 기반 SCM을 활용하는 것이 대안으로 중요시한다.

클라우드 기반 SCM을 도입하면 자동차, 전자, 철강, 화학, 유통, 금융 등 다양한 대기업 구매 시스템 노하우를 집약적으로, 단기간에 얻을 수 있다.

서비스형 SCM을 의미하는 'SCMaaS'가 최근 관심을 받고 있다. SCM은 시스템으로 관리되는데, 단기간 내에 구축하기는 어렵다. 하지만 클라우드 기반 SCM에는 대기업이 장기간 구축해온 SCM 사례와 구매 시스템 노하우가 모여 있다.

중소기업은 클라우드를 통해 SCM 시스템을 빠르게 마련, 위기에 대응할 수 있다. 클라우드 기반 SCM은 시공간 제약 없이 공급업체와 수요업체 모두 쉽게 접근할 수 있다는 이점도 있다. SCM은 단순히 수급을 관리하는 수준에 그치지 않고, 제품과 서비스 출시 기간 단축, 고객 서비스 향상에도 이점이 있다.[19)]

7. 스마트팩토리 발전 방향

제조기업을 위한 스마트팩토리 솔루션은 다음과 같은 방향으로 추진되어야 한다.[20)]

첫째, 도입기업의 강력한 필요성(Needs)를 기반으로 해야 한다. 현대자동차와 같은 강력한 고객사의 데이터 기반 관리시스템을 요구하는 경우 스마트팩토리 성공사례가 많다. 구축에 대한 지원이 아닌 구축 결과(데이터)에 대한 지원을 보장하면 성공사례가 많을 것으로 기대한다.

둘째, 솔루션 도입 시 실질 생산성 향상에 기여해야 한다.

물리적 생산성 향상, 품질 개선이 가능한 시스템 제공을 통한 도입 기업 성공률 확대, 자동화·첨단화 지원사업 범위와 금액의 확대이다.

셋째, 지능형 스마트팩토리로 추가 비용이 없이 시스템 운용이 가능하고 구축 데이터의 효용성을 보장해야 한다. 즉 기존 MES와 ERP 도입에 추가 소요되는 인력을 절감할 수 있는 AI 도입으로 고도화, 이미 구축한 데이터를 활용할 수 있는 솔루션(AI, AR,

19) 전자신문, 2020. 5. 19.

20) 이상덕, AI와 제조업이 바라보는 스마트공장 고도화, 메타버스·SW 및 ICT융합기술 활용 산업 활성화 방안, 단국대·경기정보산업협회·경기 TP남동부사업단 공동 추계 세미나, 2021. 11. 1.

VR 등)을 제시하여 스마트팩토리 솔루션의 효용성을 증대이다.

8. 스마트팩토리 도입과 기대효과

자료: 중소벤처기업부·경기테크노파크, 2020 경기 남부 스마트공장 지원사업 참여기업 구축·우수 사례집, 2020.11.30. p.73.

〈표 13-8〉 스마트팩토리 기대효과

구 분	기대효과
생산성	• 설비 디지털화, 데이터 집계 자동화, 공정 물류 관리를 통한 사무업무 생산성 향상 • 공정 물류 체계 유연화, 설비 자동제어로 작업 생산성 향상 • 에너지·인건비 등 비용 절감 및 부가가치 증대
품 질	• 물리적 불량관리, 이력 추적, 품질 통제, 상관분석 및 원인 추적, 불량 예방 서례를 통한 품질 향상
매 출	• 과학적 실시간 운영계획을 통한 대 고객 납기 신뢰도 향상, 품질 신뢰도 향상, 기간 단축, 소비자 맞춤형 제품 개발
원 가	• LOT 단위 원가분석, 개별 원가 집계, 원가통제, 원가 발생 원인 및 통제를 통한 원가절감
기 타	• 해외로 이전되었던 생산기지의 국내 회귀로 산업공동화 방지 및 생산 거점 선택의 제약 감소

자료: 한국정보화진흥원, 사물인터넷과 빅데이터 분석 기반의 스마트공장 구현 사례 및 시사점, 2016. 10. 10.

제14장 중소기업 마케팅전략

제 1 절 마케팅 정의와 목표

1. 마케팅의 정의와 특성

1) 마케팅의 정의

미국마케팅협회(AMA)에서는 마케팅을 '생산자로부터 소비자 또는 사용자에 이르는 제품 및 서비스의 흐름을 관리하는 활동'이라고 정의한다.

소비자가 필요로 하는 욕구를 파악하여 소비자를 만족시킬 수 있는 제품, 서비스를 계획·개발하고, 최적의 가격과 유통과정을 거쳐 소비자 만족을 극대화시키는 것을 의미한다.

마케팅은 사전 서비스+판매+사후 서비스로 압축하더라도 판매보다는 범위가 훨씬 넓은 편이다.

<표 14-1>과 같이 마케팅 종류로 분류할 수 있다.

〈표 14-1〉 마케팅 종류

종 류	내 용	예 시
퍼포먼스 마케팅	데이터를 통해서 고객들의 행동을 분석하는 것	• 회사 홈페이지에 들어온 고객이 어떠한 경로를 통해 들어왔고, 어떠한 행동을 하고 어떤 페이지에 들어갔다가 이탈을 하는지까지 데이터 추적을 통해 측정, 개선하여 성과를 내는 것
콘텐츠 마케팅	특정한 고객 즉, 잠재 고객에게 그 고객이 원하고, 고객과 연관성이 높은 콘텐츠를 만들어 확산시킴	• 펫프렌즈는 반려동물 사료, 용품, 간식 등을 전국에 빠른 배송하는 전문몰 • 사람이 아닌 반려동물을 대상으로 하는 업종인 만큼 브랜드에 대한 고객의 신뢰도가 중요한 비즈니스 • 펫프렌즈를 처음 만든 과정, 운영하면서 고객들과 소통하는 방식 등을 효과적으로 전달하는 방법으로 '웹툰'을 사용 • 고객의 연령-성별 등을 고려하여 가장 많이 모여있는 채널 인스타그램, 인스타그램에서 인기 있는 웹툰을 사용한 점이 매우 전략적임
디지털 마케팅	디지털을 기반으로 한 플랫폼, 기술 등을 활용하여 제품 등을 홍보하는 것 디지털 플랫폼을 통해 홍보하는 점에서 콘텐츠 마케팅과 겹치는 부분이 있음	• SNS 디지털 마케팅은 페이스북, 인스타그램, 유튜브 등 소셜 미디어 플랫폼과 온라인을 이용해 자신의 비즈니스를 마케팅하는 것으로, 사람들이 유용한 가치를 찾을 수 있고, 다른 사람들과 공유하고 싶은 내용을 다양한 형태의 콘텐츠로 제공하는 것이 핵심 • 자사 비즈니스 브랜드의 인지도를 높일 수 있고 공유를 통한 바이럴 마케팅 효과도 기대할 수 있음 • SNS 마케팅은 디지털 마케팅 영역에서 주로 텍스트, 이미지, 비디오 형태의 콘텐츠를 통해 비즈니스 브랜딩의 목표를 달성하는 방법으로 사용됨
브랜드 마케팅	브랜드를 홍보하기 위해 자사 브랜드가 지향하는 점과 다른 곳과 어떠한 차별점이 있는지에 대해 다양한 콘텐츠, 광고, 디자인 등의 형태로 제시	• 쿠쿠 홈시스는 전기압력밥솥이 소비자의 예민한 밥맛을 맞춰야 하는 정교한 제품임을 잘 알고 있었기에 오직 '밥을 맛있게' 만드는 기능 확보에 주력 • '웃돈을 없애고 가치를 높였음'라는 슬로건으로 가격 대비 효용성을 강조하였으며 지속적으로 '밥맛'을 강조하면서 제품의 경쟁 포지셔닝에서 기능을 지속 강조 • 경쟁사 대비 가격이 높아진 이후에는 사후 서비스와 세련된 이미지 전달에 주력하며 시장 안착에 성공

자료: https://linda302.tistory.com/9에서 재구성함.

2) 마케팅 활동에 대한 관점

마케팅과 관련해 제기되는 긍정론과 부정론 시각이 있다. 부정적 관점은 마케팅 활동이 소비자들에게 필요하거나 건강에 유익하지도 않은 제품을 구매하도록 유혹해 사회적 과다한 비용을 초래하고 있다는 것이다.

예를 들어, 비싼 의류제품, 필요성이 없는 기능을 갖춘 가전제품을 구매하도록 촉진해, 건강에 해로운 술, 담배 판매 증가를 위한 다양한 제품과 상표를 개발해 소비자들을 유혹한다는 것이다. 또한 사회적으로 과다한 소비를 하게 유도해 환경오염과 파괴, 결국 사회 전체적으로 비용의 상승을 초래하고 있다고 비판하고 있다.

그러나 마케팅 활동에 대해 긍정적 관점은 마케팅활동은 소비자들이 원하는 것을 제공할 뿐이고, 소비자들의 충족되지 않은 욕구를 발견해 그들의 욕구를 충족시켜 줌으로써 소비자들의 삶의 질을 높이고 있다. 또한 마케팅 활동에 대한 평가로는 시장에 소비자들에 의해 이루어지며, 이들에 의해 수용되지 않으면 시장에서 사라짐으로써 그 활동의 정당성을 지지하고 있다.

하지만 마케팅활동에 의해 소비자들의 전통적인 생활양식이나 가치관이 변화될 수 있는 점이 인정된다. 특히 1980년대 이후 소비자들의 소득수준들이 급격히 향상되며 소비성향이 보다 물질 지향적으로 바뀌고, 소비자들은 단순히 의식주를 해결하기 위한 제품의 구매보다는 자아실현이나 자신의 지위를 강화시킬 목적으로 제품을 구매하는 경향이 증대되었다. 이러한 물질 지향적 소비성향은 우리의 전통적 생활양식과 가치관의 변화를 가져왔는데, 이 변화는 사회적 발전과 함께 자연스럽게 이루어진 측면도 있었지만 이 변화의 과정에는 기업의 마케팅 활동에 의해 보다 가속되었다는 것이다.

이에 따라 기업의 마케팅활동에 대한 평가는 사회적 규제 내지 사회적 책임의 관점에서 접근해야 한다는 주장이 제기되고 있다.

3) 마케팅의 특성

첫째, 마케팅을 교환을 창조하는 과정으로 보아 교환을 마케팅의 중심적 연구 대상으로 삼고, 문제해결을 지향하는 분야로 한다.

둘째, 교환 대상을 재화와 용역에 한정하지 않고 아이디어까지 포함한다. 경제사회 환경 변화에 따라 기술, 정보, 설계 등 지적 소유권의 범위에 포함한 교환 대상들이 많이 많아져 마케팅 대상도 확장되게 된다.

셋째, 마케팅 활동의 기본은 다양한 소비자의 욕구 충족에 있다.

넷째, 마케팅 활동 영역을 상품개발(product), 가격결정(price), 판매촉진(promotion), 상품 유통(place) 등으로 세분화하여 제시하고 있는데, 이는 Jerome McCarthy가 개발한 4P's의 개념과 일치한다.

다섯째, 마케팅의 영역을 경제적인 활동에서 사회적인 활동으로 확장해야 한다는 코틀러의 범위 확장을 수용하여 마케팅 대상을 경제적 교환 외에 사회적 교환 활동으로까지 확장하였다.[1]

2. 중소기업 마케팅 특성과 목표

1) 특 성

중소기업은 마케팅 활동을 위한 인력, 조직이 없는 경우가 많으므로 마케팅 업무를 효율적으로 수행하는데 어려움이 많다.

중소기업이 현장에서 마케팅 개념이 정착하지 못하는 이유는 다음과 같다.[2]

① 마케팅 개념을 단순한 영업으로 생각하는 경우가 많음

② 마케팅 조직이나 인적 자원의 한계 때문에 마케팅 활동을 체계적으로 수행하기가 어려움

③ 마케팅 활동을 수행하는데 필요한 비용의 부담을 느끼고 있음

④ 시장과 소비자에 관한 정보가 체계적이지 못하기 때문에 마케팅 활동을 적절하게 수행하지 못함

2) 목 표

첫째, 고객 니즈 조사를 수행 후 목표시장과 고객을 확정한 후 가장 적합한 마케팅 전략을 수립, 실천할 수 있는 구체적인 프로그램을 확정이다.

둘째, 마케팅 전략을 실행. 즉 SRP(판매 재활성화 전략), 4P Mix, 4C Mix 전략을 기업 실정에 맞게 적절하게 실행하여 고객 맞춤형 마케팅 효과를 높이도록 한다.

1) 고재준 외 6인, 마케팅, 범한, 2003.
2) 박상범, 중소기업경영론, 탑북스, 2021, p.218.

셋째, 목표가 계획대로 진행되고 있는지를 실시간 매출액, DB 등을 확인하는 통제 활동을 실시한다. 통제단계는 계획 대비 실적을 비교하는 과정이며, 가능한 계량화함이 필요하다.

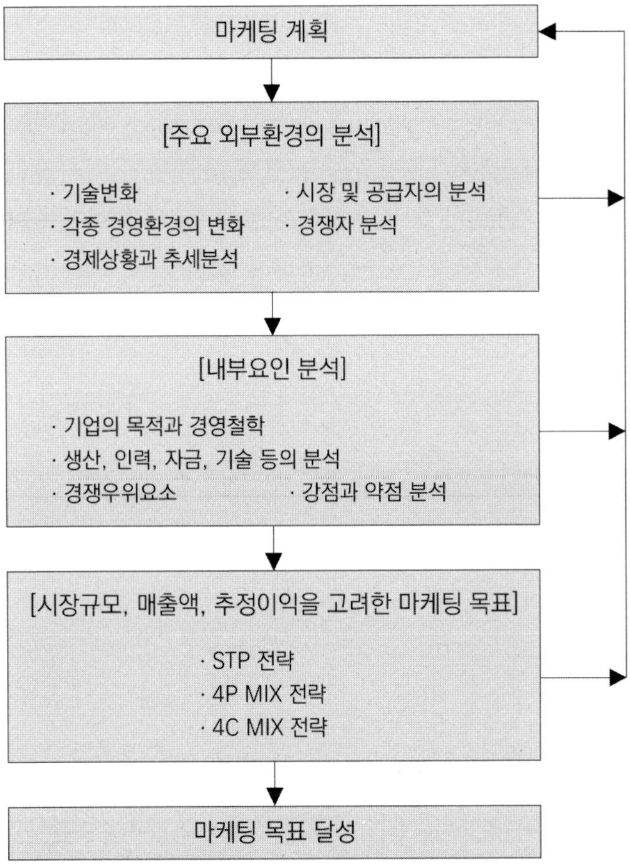

자료: 박상범, 중소기업경영론, 탑북스, pp.218~219.

[그림 14-1] 마케팅 목표의 수립 과정

3. 디지털 마케팅

고객들의 인터넷 이용이 크게 확산되면서 디지털 마케팅이 마케팅의 대세를 형성하고 있다. 즉 온라인 마케팅, 이메일 마케팅, 블로그 마케팅, 바이럴 마케팅[3)] 등이 이

3) 블로그나 케피를 통해 소비자들이 자발적으로 정보를 제공하여 기업이나 기업의 제품을 홍보할 수 있도록

에 해당한다. 또한 스마트폰의 등장으로 인터넷 사용자 수가 더욱 빠른 속도로 증가하고 있다. 사람들과 소통, 은행 업무, 모바일 쇼핑, 뉴스 검색과 영화 감상 등 거의 모든 일상생활을 스마트폰을 이용하는 포노 사피언스(Phono Sapiens)가 기하급수적으로 늘어나고 있는 것이다.

예를 들면, '풍년밥솥'으로 유명한 중견기업 PN 풍년은 종합 주방용품회사이다. 즉 고객이 원하는 콘텐츠를 조사한 후 SNS 채널을 활용해 자사 제품을 이용한 요리 레시피 및 압력솥 안전 캠페인 등 흥미로운 콘텐츠를 제공하는 데 주력하고 있다. 고객이 직접 이 기업의 제품을 사용하는 동영상을 촬영해 유튜브에 게시하는 VIP(Video in PN) 동영상 공모전을 개최해 SNS마케팅 효과를 극대화하였다. 또한 3개월 마다 PN 마니아를 선정해 제품 체험, 설문조사, 신제품 아이디어 제안 등의 활동을 맡기고 이들의 활동을 SNS마케팅에 적극 활용하고 있다.[4)]

제 2 절 마케팅 전략과 EC

1. 마케팅 전략

1) STP

기업에서 마케팅 효과를 극대화하기 위한 체계적으로 분석하는 방법으로서, 시장세분화(Segmentation), 목표시장의 선택(Targeting), 위치화(Positioning)를 의미한다. 즉, 시장을 어떻게 세분화할 것인가, 세분화한 시장 중에서 회사가 목표로 하는 고객을 누구로 정할 것인가, 소비자에게 제품을 어떻게 위치할 것인가를 전략적으로 접근시키는 것이다.

(1) 시장세분화

제품에 대한 니즈, 인구통계학적, 심리학적, 지리적 등 일정한 변수에 따라 집단으로 구분하여 전체 시장을 나누는 것이다.

유도하는 마케팅 방식으로 입소문 마케팅이라고도 한다.

4) 노규성, 디지털 대전환 시대의 전략경영 혁신, 북스타, p.346.

〈표 14-2〉 시장세분화 기준과 사례

세분화 변수	사 례
1. 지리적	① 미국의 맥스웰커피: 판매하는 제품의 맛을 지역적으로 다르게 함 ② 미샤: 오프라인 매장은 수도권을 중심으로 시작하여 주요한 상권에 위치, 지방은 유동인구가 많은 곳에 입지. 기타는 온라인으로 보완 ③ 캠벨: 스프맛을 지역에 다라 다르게 하고 몇 종류의 스프는 특정지역만 제공
2. 인구통계적	① 치킨회사: 연령대별로 치킨시장을 세분화하여 접근 ② 자동차: 소형은 20대, 준중형은 30대, 중형은 40대의 나이층을 겨냥 ③ 음료: 게토레이는 남성모델, 포카리스웨트는 여성모델을 기용
3. 심리분석적	① 외식산업: 핵가족화 및 맞벌이 부부의 확산으로 인한 외식의 선호가 증가하고 있으나 건강에 대한 관심이 높아져 위생적이고 고품질인 음식의 수요가 증가 ② 리복 운동화: 건강하고 날렵한 몸매를 위해 에어로빅을 하는 여성에 초점을 맞추어 크게 성공 ③ 자동차산업: 60년대만 하더라도 대형 픽업과 밴의 두 종류만이 경트럭 제품으로 만들어졌으나 오늘날은 대형, 중형, 콤팩트형의 픽업과 밴 그리고 SUV(Sport Utility Vehicles)로 세분되고 있을 만큼 다양하며, 대형 프리미업급 승용차는 상류층의 사람임을 표현하는 기능이 강함 ④ 농심 신라면: 다른 라면과 달리 매운 맛을 강조
4. 행태적	① 음료수: 사람이 많이 모이는 모임에는 2리터짜리 큰 병을 선호하고, 캠핑 등을 갈 경우 캔음료를 선호 ② 자동차: 독일과 일본 차는 유류가 적게 드는 소형자동차로 미국산 차와 차별화

자료: https://105years.tistory.com/627 [김진영의 105세 경영].

(2) 목표시장(targeting) 선정

세분화된 각각의 시장의 매력도를 고려하여 제품에 맞는 시장을 선정하는 것이다. 목표시장 선정 사례는 다음과 같다.[5)]

(가) BBQ

치킨에 대한 선호와 소비량이 상대적으로 높은 어린이, 청소년, 주부를 Main

5) https://105years.tistory.com/627 [김진영의 105세 경영].

Target으로 하고 기존의 치킨 외식 산업의 위생에 대한 불신으로 구매를 꺼려하는 그룹을 Sub Target으로 하여 위생적인 조리과정을 강조하여 구매로 이어질 수 있도록 한다.

(나) 나이키

프로 선수들과 프로가 주 타깃으로 하고 여가를 즐기기 위해 운동을 하는 사람들 간편함과 스타일을 중시하는 청소년들을 서브타깃으로 한다.

(3) 포지셔닝

세분화된 시장을 목표로 설정하여 제품을 어떠한 이미지로 각인시킬 것인가를 결정하는 활동이다.

소비자들 머릿속에 자사의 제품이나 브랜드가 포지셔닝이 되면 기업은 주기적으로 포지셔닝 상태를 확인해야 한다. 전 시간에 배운 지각도를 통해 소비자들이 자사의 제품, 브랜드를 어떻게 생각하는가 파악할 수 있다.

기업이 원했던 대로 포지셔닝이 잘 지속되고 있는지 파악해야 할 것이며, 만약 기업이 원하지 않는 방향으로 포지셔닝되었다면 재포지셔닝을 시도해야 할 것이다.

포지셔닝을 통해 강력한 브랜드를 구축해가는 작업은 대기업에서 주로 수행하였다. 하지만 중소기업의 경우에도 적절한 포지셔닝을 통해 경쟁우위를 달성할 수 있다.

※ 중소기업에서 포지셔닝 포인트

첫째, 소비자, 구매자에게 시연하여 보여줄 수 있어야 하고, 시용 기회를 제공하여 중소기업에 대해 가지고 있는 의구심을 해소시켜야 하고, 소비자 조사, 시장조사를 실시해야 한다.

둘째, 포지셔닝 시 한두 개의 브랜드에 집중해야 한다. 처음부터 여러 개의 브랜드에 대해 포지셔닝을 시도하는 것보다 한두 개의 브랜드를 성공적으로 포지셔닝하여 기업의 인지도를 넓힘이 중요하다.

셋째, 인터넷과 모바일을 적극 이용하여 마케팅 활동을 추구해야 한다. 이는 인터넷, 모바일의 경우 상대적으로 진입하기 쉽기 때문이다.

넷째, 브랜드명, 로고, 포장, 웹사이트 분위기 등의 브랜드 요소들을 일관성 있고 조화롭게 제공해야 한다. 즉 브랜드 요소들의 조화로운 통합을 성취해야 한다.

다섯째, 소비자들이 브랜드를 기억할 수 있도록 인물, 장소, 상징 등의 2차적 연상들을 적극적으로 활용해야 한다.

〈표 14-3〉 포지셔닝 유형별 사례

유 형	사 례
속성	자일리톨 껌: 충치 예방 볼보: 안전성
이미지	에이스침대: 과학적인 침대 포스코: 소리없이 세상을 움직이는 기업
사용상황과 목적	에버랜드: 다시 찾고 싶은 곳 이마트: Every Day Low Price
제품 사용자	벤츠: 초호화 부유층이 선호하는 외제 승용차 컨디션: 접대가 많은 비즈니스맨을 위한 드링크
경쟁제품	하이트: 100% 천연 암반수로 만든 맥주 엠파스: Yahoo에서도 못 찾으면 empas

자료: https://105years.tistory.com/627 [김진영의 105세 경영].

2) 4P 믹스

4P(Product, Price, Place, Promotion) 믹스전략이란 마케팅전략 방향성을 도출해 낸 이후, 마케팅 활동을 수행하는 과정으로 4가지 구매 기준의 내용을 의미한다.

STP전략을 통해 선정한 목표 시장에서 실질적인 마케팅 활동을 수행하고 기대하는 성과를 달성할 수 있도록 기업이 통제 가능한 전략계획을 실행하기 위해 사용하는 도구를 의미한다.

마케팅 믹스 전략을 개발하면, '고객에게 어떤 특성을 가진 제품을 어떤 가격으로 어떤 경로를 이용하여 어떤 판매 촉진 활동을 통해 전달할 것인가?'에 대한 종합적인 계획 수립이 가능하다.

(1) 제품전략

제품의 차별화 전략은 물리적 차별화, 서비스 차별화로 구분된다.

① 물리적 차별화: 자사 제품의 종류, 디자인, 기능, 성능, 품질, 내구성, 포장, 크기나 규격 등의 측면에서 타 제품과 다른 특징적인 요소를 가미하는 방법

② 서비스 차별화: 품질보증 서비스, 고객 상담, 고객 관리, A/S, 주문의 용이성 등의 서비스 측면에서 차별화를 시도하는 것

(2) 가격전략

가격전략은 제품의 적정 가격을 설정하고 할인 여부와 정도, 할부 기간 등과 같은 가격 정책에 대한 의사결정을 내리는 것을 의미한다.

원가기반 가격 결정(원가+이익 마진), 이익률과 손익분기점 결정, 시장 가격, 경매가격, 대체재 가격과의 비교, 가치기반 가격 설정 등을 통해 가격을 설정할 수 있다.

(3) 유통전략

기업의 제품을 고객이 원하는 시간과 장소에 고객이 원하는 수량을 제공할 수 있도록 고객에게 판매 또는 유통할 수 있는 지점을 결정하는 것이다.

제품이 고객에게 전달되는 유통 경로의 유형은 다음과 같다.

① 직접 유통방식: 기업이 생산한 제품을 직접 고객에게 판매하는 방식

② 간접 유통방식: 중간상이 개입하여 기업이 생산한 제품을 고객이 원하는 장소와 시간, 제품의 형태로 가공하여 대신 제공하는 방식

③ 혼합적 유통경로: 이상적인 방식으로 직접유통방식과 간접유통방식을 혼합

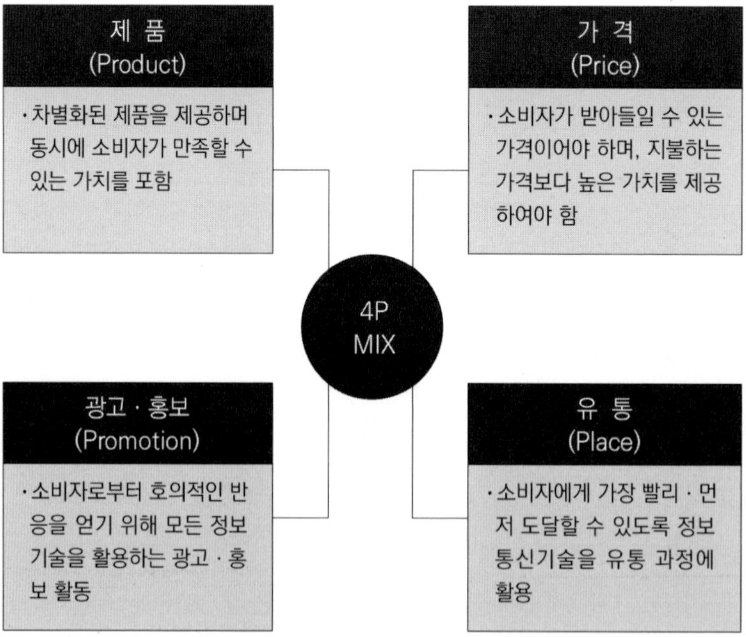

자료: 박상범, 중소기업경영론, 탑북스, p.222.

[그림 14-2] 4P 믹스

(4) 촉진전략

기업이 마케팅 목표를 달성하기 위하여 기업이나 제품에 대한 정보를 고객에게 의도적으로 전달하거나 구매를 유도하기 위한 방법을 결정하는 것이다.

즉, 광고, 판매촉진, PR, 인적판매, 직접 마케팅, 박람회 참가 등이 촉진 전략에 포함된다. 촉진 전략을 수립할 때는 고객이 개인 소비자인지 또는 기업 고객인지 여부를 잘 고려하여 결정하도록 한다.

3) 4C 믹스 전략

마케팅 분석방법의 효과를 높이기 위해 새로운 접근 방법으로, 기존의 생산자 위주에서 소비자 위주의 접근 방식으로 혁신이 이루어진다. 이러한 전략이 4C(Consumer, Cost, Convenience, Communication)로 소비자 중심의 관점을 강조한다.[6)]

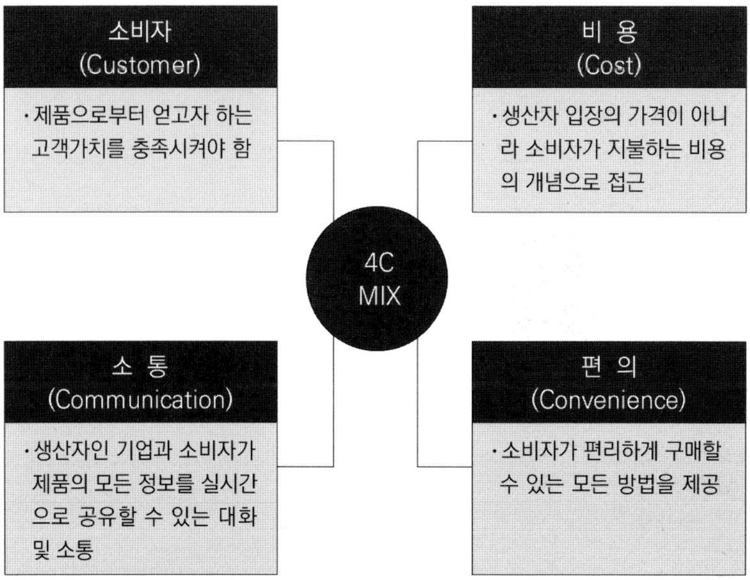

자료: 박상범, 중소기업경영론, 탑북스, p.227.

[그림 14-3] 4C 믹스

6) 박상범, 전게서, p.227.

2. EC(전자상거래)

1) 전자상거래 마케팅 의의와 필요성

Seth Godin과 같은 수많은 시장 리더의 콘텐츠에 대한 긍정적인 언급에도 불구하고 많은 비즈니스 리더가 여전히 콘텐츠 제작의 이점을 무시한다는 것이다. 자체 전자상거래 브랜드를 보유한 기업가들은 판매를 창출하기 위해 할 수 있는 가장 중요한 일은 유료 마케팅을 통해 광고하고 올바른 제품을 생산하는 것이라고 가정한다.

하지만 ecommerce 업체는 콘텐츠 마케팅이 다른 모든 마케팅 활동을 지원하는 촉매임을 인식하지 못한다. 올바른 콘텐츠로 전자상거래 회사 브랜드 이미지를 강화하고 트래픽을 늘리며 전환 가능성을 모두 한 단계로 높일 수 있다.

불과 1분 만에 현명한 고객은 앱에서 할인 코드에 액세스하고, 소셜 플랫폼의 인플루언서를 팔로우하고, Facebook 광고를 클릭, 홍보 이메일을 읽고, 쇼핑 시장을 비교하고, 수십억 달러를 온라인에서 지출하는 등의 작업을 수행하기도 한다.

2021년 이후의 전자상거래 마케팅 전략은 무엇일까?

인터넷은 마케팅 담당자에게 잠재 고객 및 기존 고객과 연결할 수있는 수많은 효과적인 수단을 제공한다. 예를 들어 고품질의 유익한 콘텐츠는 고객이 정보에 입각한 구매 결정을 내릴 수 있도록 지원함으로써 브랜드 충성도를 높일 수 있다.

결국 옴니 채널 마케팅은 비즈니스와 고객 사이에 새로운 커뮤니케이션 라인을 열 수 있다. 스마트 리타기팅 광고, 인플루언서 마케팅, 머신러닝 기술을 사용하여 데이터를 분석하고 예측 결정을 내릴 때도 마찬가지이다.[7)]

2) 전 략

(1) 콘텐츠 마케팅

인터넷은 바로 콘텐츠이다. 트위터의 재미있는 인터넷에서 그래픽을 압축하여 빠르게 전송하는 GIF에서부터 놀라운 기사와 생각을 자극하는 웹 세미나에 이르기까지 다양한 활용도가 있다. 따라서 소비자는 하루의 3분의 1 이상을 여러 장치에서 디지털 콘텐츠를 사용하게 된다.

---

7) 전자상거래 콘텐츠 마케팅 – 2021년 초심자 가이드(https://www.affde.com/).

(가) 콘텐츠 활용 방법

콘텐츠 마케팅에는 대상 청중을 끌어 들이고, 변환하고, 유지하는 디지털 자료(예를 들어, 비디오, 블로그 게시물, GIF 등)를 만드는 것이 포함된다. 이 전략은 잠재 고객에게 서비스·제품에 대해 교육하는 동시에 특정 주제의 사고 리더로서 브랜드를 확립한다. 즉, 잠재 고객에게 유익한 문제 해결 콘텐츠를 무료로 제공하고, 이를 통해 스스로 사고의 리더로 정립할 수 있으며, 전문 지식을 보여주므로 잠재 고객이 DIY[8]를 할 때마다 제품과 서비스가 확실한 대안이 될 것이다. 또한 콘텐츠 제작은 제품과 서비스를 홍보할 수 있는 무료 기회를 제공한다.

(나) 비즈니스에 콘텐츠 마케팅 적용

검색 엔진은 콘텐츠를 좋아한다. 콘텐츠는 Google에서 상위 3개 순위 요소 중 하나이다. 따라서 검색 수요가 높은 양질의 콘텐츠를 만드는 것은 이용자의 사이트로 정보의 이동량인 트래픽을 보내고, 제품에 대한 리드와 수요를 생성하도록 한다.

이렇게 하기 위해서는 검색량이 많은 초점 키워드를 찾고 그 주변의 콘텐츠를 개발하도록 한다. 한편 '대량'이라는 용어는 상대적임. 어떤 사람들에게는 월 1,000회의 검색이 가치가 있을 수 있지만 다른 사람들은 그러한 수치를 가치가 없다고 여기기도 한다.

(2) 추천 마케팅

추천 마케팅은 강력한 전자상거래 마케팅 전략이다. 우리는 경험을 공유하고 뭔가의 일부가 되거나 뭔가와 동일시되는 것을 좋아하는 사회적 생물이다. 즉 사랑하는 사람들이 끔찍한 경험을 피하고 다른 사람들이 훌륭한 경험을 제공하는 브랜드를 지원하도록 장려도 필요하다.

따라서 추천 마케팅의 혜택을 받으려면 추천과 입소문 프로세스에 영향을 주는 것을 고려하도록 한다. 더 많은 공유를 장려하고 보장하는 것은 긍정적이다.

(가) 전자상거래 비즈니스에 추천 마케팅 적용

추천 프로그램 앱을 설치하거나 소프트웨어 개발자가 전자상거래 사이트를 위한 친선 사절 소프트웨어를 사용자 지정하도록 하여 추천 프로그램을 설정한다. 그동안 프로그램이 올바른 인센티브를 제공하는지 확인하도록 한다.

예를 들어, 할인 쿠폰은 자주 필요한 제품에 사용할 수 있는 반면 현금 인센티브는

---

8) 가정용품을 제작·수리·장식을 직접 하는 것.

일회성 구매 유형의 제품과 서비스에 적합하다. 그 후 독자, 이메일 목록 및 소셜 친구에게 추천 프로그램을 광범위하게 홍보하도록 한다.

또한 틈새시장의 인플루언서와 협력한다. 즉, 인기 블로그, YouTube 채널 또는 영향력있는 소셜미디어 계정을 보유하고 있으며 타깃 인구 통계에 효과적으로 도달할 수 있는 사람들이다. 예를 들어, 식품 관련 제품을 판매하는 경우 육아, 다이어트 또는 라이프스타일 분야의 영향력 있는 사람들과 협력하는 것을 고려한다.

협업할 때 대상 고객이 어울리는 플랫폼에서 인플루언서를 확보하도록 한다. 이상적으로는 팔로워와 직접 참여하는 나노 인플루언서 및 마이크로 인플루언서를 선택한다.

(나) 옴니 채널 전자상거래 마케팅

ROI(투자수익률)가 가장 높은 채널을 결정하고, 이를 극대화하는 것은 바람직하지만 고객과 연결될 가능성이 제한적이게 된다. 따라서 옴니 채널 마케팅은 필수적이다.

여전히 의심스러운 경우 Adobe 설문 조사에 따르면 소비자의 59%는 구매하기 전에 마켓 플레이스에서 온라인 상점을 조사하고 비교한다. 그동안 48%는 브랜드 웹 사이트, 40%는 매장, 38%는 리뷰, 22%는 소셜 네트워킹 사이트, 19%는 비디오 채널을 시청하게 된다. 고객은 이미 옴니 채널이므로 전자상거래 사이트를 따라 잡아야 한다.

옴니 채널 마케팅은 존재하는 모든 마케팅 채널에 존재하는 것이 아니다. 대상 고객이 자주 방문하는 마케팅 채널에 집중하고 해당 플랫폼에서 온라인 가시성을 극대화하며 잠재 고객과 상호 작용할 기회를 만드는 것이다.

(다) 비즈니스에 다중 채널 마케팅 적용

제품을 출시할 때 인플루언서와 파트너 관계를 맺거나 YouTube 또는 Video에서 제품 데모, 이메일 캠페인 및 온라인 광고를 사용한다. 소비자가 본인 웹사이트를 클릭했다고 가정하면 블로그 게시물에서 유용한 팁, 질문에 답할 수 있는 온라인 채팅, 의심을 없애기 위한 비디오 추천을 찾아야 한다.

성공적인 교차 채널 마케팅을 보장하려면 대상 고객을 가능한 한 심층적으로 이해하도록 노력한다. AI 및 기계 학습 기반 알고리즘을 사용하여 소비자 행동과 관련된 데이터를 분석하고 집단행동을 예측하도록 한다.

그 후 각 잠재 고객에 맞게 홍보 메시지와 제품 추천을 개인화하고, 소비자의 42%는 관련 없는 정보와 제안을 제공할 때 싫증을 느끼게 된다.

따라서 이메일에서 고객의 이름으로 고객을 추천하고 생일 및 기타 특별한 날 프로모션 제안을 보내고 관련 제품 추천 팝업을 제공한 다음 개인화된 이메일, 비공개 채팅 또는 직접적인 소셜 미디어 메시징이 이어져야 한다.

또한 할인 쿠폰, 스마트 리타기팅된 광고, 개인화된 감사 동영상 또는 소셜미디어 외침으로 충성고객을 인정하도록 한다.

결국 전자상거래 마케팅전략은 광범위하며, 전자상거래 사이트에 적합한 것을 실험하고 발견하는 것은 노력 여하에 달려 있다. 하지만 실험은 바쁘고 시간이 많이 걸릴 수 있다.[9)]

3. CRM과 CEM

CRM(Customer Relationship Management)는 고객관계관리로 고객과 관련된 내외부 데이터를 통합적으로 관리하고 분석해 고객의 요구사항을 정확히 파악하고 이를 바탕으로 고객 특성에 맞게 마케팅 활동을 계획·지원·평가하는 과정이다.

즉 고객 관련 데이터를 기반으로 고객이 누구이며 어떻게 구성되어 있는지, 고객들이 무엇을 원하는지 파악하여 고객이 원하는 제품과 서비스를 지속적으로 제공함으로써 고객을 오래 유지시키고 이를 통해 고객의 평생 가치를 극대화하여 수익성을 높이는 통합된 고객관리 시스템인 것이다.

CEM(Customer Experience management)은 고객경험관리라 한다. 재화나 서비스의 정보탐색에서부터 구매, 사용, 사용 후 평가 단계에 이르기까지 고객이 기업의 브랜드와 직간접적으로 접촉하면서 생기는 경험을 차별적으로 제공하고 관리하는 마케팅 전략이다.

CEM의 핵심은 고객이 중요하게 생각하는 접점(TV, 인터넷, 매장, 친구 등)에서 기업과 고객이 긴밀한 유대관계를 맺는 방법이다. 예를 들면, AVIS 렌터카는 고객들이 자동차를 임대하는 과정을 분석하여 고객 경험을 획기적으로 개선하였다. 그 작업의 방법으로 고객들의 자동차 렌트 경험을 분석하였다. 이를 위해 우선 고객들의 자동차 렌트 과정을 100단계로 구분하고 각 단계별로 세밀하게 분석하였다. 예를 들면, 고객이 렌트하는데 걸리는 시간에 불만족해한다는 문제점을 발견하고 즉시 우대 서비스 프로그램을 개발하였다.[10)]

---

9) 2021년 이후의 전자상거래 마케팅 전략, https://www.affde.com
10) 노규성, 디지털 대전환 시대의 전략경영혁신, 북스타, 2022.

4. 플랫폼 요소

1) 의 의

플랫폼이란 역에서 기차를 타고 내리는 곳을 상상하게 된다. 즉 무언가 타고 내리는 승강장이다. 이와 같은 플랫폼은 사람들이 기차를 쉽게 이용하듯이 수요와 공급이 만나도록 하는 생태계를 형성해 주는 곳으로서 비즈니스 전략의 새로운 수단으로 급부상하고 있기 때문이다. 플랫폼이란 공급자, 수요자 등 복수 그룹이 참여하여 각 그룹이 얻고자 하는 가치를 공정한 거래를 통해 교환할 수 있도록 구축된 환경으로서 플랫폼 참여자들 간의 연결과 상호작용을 통해 진화하며, 모두에게 새로운 가치와 혜택을 제공해 줄 수 있는 상생의 생태계이다.[11)]

최근 혁신과 기업가정신을 가진 리더들이 NOAH 컨퍼런스에서 플랫폼 요소에 대해 발표한다. 여기서 질문은 "AppsFlyer를 성공하게 만든 요소는 무엇일까요? 또 회사들이 AppsFlyer를 선택하는 이유는 무엇일까요?"이다.

대답은 아주 단순하며, 마케팅 플랫폼 선택시 고려해야 하는 사항들에 대한 지침이 될 수 있다.[12)]

첫째, 데이터 정확성이다.

둘째, 플랫폼 데이터 다양성 및 확장성이다.

셋째, 고객 중심 → 비편향적(광고업계 내 어트리뷰션 외 다른 영역과 이해관계가 얽혀있지 않고 공정한 데이터 측정)이다.

넷째, 개인정보 보호 및 보안이다.

(1) 데이터 정확성

쓰레기가 들어가면 쓰레기가 나오게 된다. 마케팅 BI(Brand Identity)와 팀이 얼마나 능숙한지는 무관하다. 의사결정 시 고려하는 요소가 잘못되면 결과는 언제나 잘못될 것이다.

최근 마케팅에서 데이터 어트리뷰션은 모든 의사결정의 가장 기초적인 부분으로 바로 이와 같은 이유로 마케터는 본인도 알지 못한 채 나쁜 결정을 내리는 경우가 많다. 이는 두 가지 이유 때문으로 프로드(Fraud), 잘못된 속성이다.

---

11) 노규성, 디지털 대전환 시대의 전략경영혁신, 북스타, 2022.

12) Oren Kaniel, 비즈니스 성장에 필수적인 마케팅 플랫폼의 4가지 요소, Apr 21, 2019.

위의 두 요소 중 무언가가 잘못되더라도, 겉으로는 측정이 정확해보일 수 있고 제대로 된 결정을 내린 것 같은 착시를 불러일으킬 수 있다. 그러나 사실은 깨닫지 못하는 사이 사기성 트래픽을 구매하고 있을 수도 있다. 이렇게 잘못된 결정이 점점 더 큰 규모로 반복되면 막대한 마케팅 비용을 낭비하게 된다.

AppsFlyer는 어트리뷰션 데이터의 정확성을 높이기 위해, 그리고 프로드를 차단하기 위해 72%의 시장점유율을 기반으로 쌓은 방대한 데이터를 활용해 AI를 교육을 수행한다. 또한, 여러 파트너와 협업해 AppsFlyer 고객을 보호하기 위해 죄수의 딜레마를 해결할 수 있도록 시장점유율을 활용한다.

(2) 풍부한 플랫폼

프로드를 걸러 낸 정확한 어트리뷰션 데이터를 보유하는 것만으로는 충분하지 않다. 마케팅 과정에는 데이터를 분석하고 올바른 의사결정을 내리는 데 도움을 줄 알맞은 도구가 필요하다. 최근 몇 년 동안 Apps Flyer는 각종 데이터를 분석하고 올바른 의사결정을 내리는 데 필요한 수십 개의 제품과 수백 가지의 기능을 개발한다.

(3) 고객 중심 → 비편향적

AppsFlyer는 전 세계 수많은 마케터가 매일 사용하는 도구이다. 고객은 가장 중요한 자산인 데이터에 달려 있다. 이에 따라 편향되지 않고 고객과의 이해의 충돌을 피하는 것이 중요하다.

첫째, 광고주에게만 서비스를 판매하며, 생태계 전반을 건강하게 유지하기 위해 노력한다.

둘째, 다른 회사와 달리 프로필 및 페르소나를 구축하거나 고객의 데이터로 수익을 창출하지 않다.

즉, 고객을 우선시 하다 보면 결코 고객과 이해가 충돌하는 입장에 서게 되지 않다. 항상 고객을 위해 올바른 결정을 내리고 있는지 주기적으로 확인한다. 이를 통해 구매자와 판매자 측 모두의 신뢰를 얻을 수 있다.

(4) 개인정보 보호 및 보안

업계에서는 치명적인 보안 문제 및 프라이버시 침해가 발생하기도 함. 주요 문제 중 하나는 회사가 자체 시스템에 투자하지만 동일한 민감 정보에 접근할 수 있는 제3

자 벤더에게 같은 수준의 주의를 기울이지 않는 경우가 있다.

보안 및 프라이버시 관련 요구 사항은 끊임없이 변화하며 갈수록 엄격해지고 있다. 민감한 데이터에 접근할 수 있는 새로운 벤더와 일회성 정보 보안 프로세스를 수행하는 것만으로는 충분하지 않다. 벤더가 비즈니스 모델을 변경하거나, 수익 창출 전략을 변경하거나, 기존 계약과 고객에게 인수 또는 기존 계약과 고객을 획득하거나, CISO(최고 정보 보안 책임자)의 레이더 안에 들어가는 경우가 있으며, 이로 인해 상당한 위험을 야기할 수 있다.

내부적으로 취하는 보안 및 프라이버시 정책은 제3자 벤더의 요구에 반영되어야 한다.

보안 및 프라이버시는 당사자와 제3자에게 모두 동일해야 하며, 이 부분이 뒷문이 앞문만큼 안전한지 확인하는 유일한 방법이다.

2) 사례: 야놀자 놀이 플랫폼

여행가 플랫폼에서 빅테크 기업으로 전환되는 사례이다.

야놀자의 진가는 B2B(기업 간 거래) 영역에 있으며, 야놀자는 2017년 호텔 자산관리 시스템(PMS) 사업을 시작했다. PMS는 숙박예약, 식당 예약, 음식 주문 등 호텔 내에서 벌어지는 모든 일을 비대면으로 디지털화해 처리하는 시스템이다. PMS는 야놀자의 여행 숙박 플랫폼으로서의 노하우를 살릴 수 있었던 사업이었다. 현재 야놀자는 세계 2위 PMS 업체로서, 세계 2만 3,000개(2020년 기준) 숙박시설에 예약, 체크인 등 호텔 업무를 할 수 있는 소프트웨어를 공급하고 있다.

1위는 오라클로 숙박 시설 3만 8,000개를 PMS 파트너로 두고 있다. 야놀자가 바짝 뒤쫓고 있다. 업계에선 "야놀자가 오라클을 추월하는 것은 시간문제"라는 말이 나온다. IT업계 관계자는 "신속하게 서비스를 이용할 수 있는 클라우드 방식에서는 야놀자가 훨씬 기술력이 앞선다"며 "야놀자가 현재 급격하게 성장하는 PMS 시장에서 오라클을 넘어선 1위 사업자가 될 가능성이 높다"고 말했다.[13)]

13) 한국경제신문, 2021. 7. 16.

5. AI와 마케팅 전략

최근에는 많은 일상생활에서 개인화 서비스를 경험하게 되었다. 초기에는 전자상거래 기업들을 중심으로 인공지능(AI)을 활용하여 개인 맞춤화를 강화하고 기존 고객들과의 상호작용을 향상시키려는 움직임이 있었다. 이는 갈수록 경쟁이 치열해지면서 시장점유율과 충성도 제고가 중요해졌기 때문이다.

보스턴컨설팅그룹(BCG)에 의하면, 개인 맞춤 사용자 경험을 제공하는 브랜드는 수익이 6~10% 정도 증가하고, 제공하지 않은 브랜드에 비해 2~3배 빠르게 성장한 것으로 조사되었다.

인공지능은 개인 맞춤 상품의 추천 엔진을 구축하는 데 도움이 된다. 즉 고객의 속성 및 과거 구매 데이터를 통합적으로 분석하여 얻은 인사이트를 바탕으로 추천하기 때문이다. 이는 고객의 속성, 구매 여정, 온라인 행태와 상호작용, 구매 패턴 등 과거 고객 데이터를 모두 통합한다. 이와 같이 통합된 데이터를 이용하여 패턴을 분석하고 소비자의 미래 행동을 예측한다.[14)]

일반적으로 맞춤형 마케팅은 투자 대비 효과 등을 고려할 때 전자상거래 전문기업이나 일부 대기업을 중심으로 이루어진다고 보았다. 하지만 AI 기반 마케팅 플랫폼이 출현하면서 중소기업에서도 개인화 및 자동화 마케팅을 저렴한 비용으로 추진할 수 있게 되었다.

이에 따라 마케팅 담당자는 다양한 조건으로 목표 고객을 세분화하고 개인화된 콘텐츠와 상품 추천을 제공할 수 있으며 웹, 앱, 이메일, SMS(Short Message Service), 인스턴트 메시징 앱 등과 같은 다양한 채널을 활용하여 캠페인을 실행이 가능하게 되었다.[15)]

14) 노규성, 디지털 대전환 시대의 전략경영혁신, 북스타, 2022.
15) 노규성, 디지털 대전환 시대의 전략경영혁신, 북스타, 2022, pp.364~366.

참고문헌

강상기, 중소기업 AI전략 및 방향 수립을 위한 조언, 한국경제신문, 2021. 3. 18.

강재원, 중소기업 디지털 전환을 통한 경쟁력 제고, 중소기업연구원, 2019. 12. 31.

고재준 외 6인, 마케팅, 범한, 2003.

과학기술정보통신부, “IT 강국을 넘어 AI 강국으로!”, 2019. 12. 17.

과학기술정보통신부·인천테크노파크, 2020 중소기업 빅데이터 분석·활용 지원사업 우수 사례집, 2020. 12. 15.

곽수근·송혁준, 글로벌 회계원리, 신영사, 2013.

김구철 기자, ‘동작구, 상도전통시장에 스마트기술 도입’, 문화일보, 2021. 10. 15.

김기동·임태종, IFRS 회계원리, 샘앤북스, 2017.

김기룡 편저, 핵심 인사관리, KINNOF, 2018.

김기웅, 소상공인 디지털 전환 지원 방안 연구, 중소기업연구원, 2019. 12. 31.

김명호 외 2인, 실전재무비율, 서울의과학연구소, 2008.

김영재·김성국·김강식, 신인적자원관리, 탑북스, 2011, 2021.

김재필, ESG 혁명이 온다, 한스미디어, 2021. 4. 25.

김재필, ESG 혁명이 온다 2, 미래 전략과 7가지 트렌드 편, 한스미디어, 2021. 12. 22.

김주미, AI 기반 정책 수립에 관한 연구, 중소기업연구원, 2020. 12.

김준연, ‘전통산업의 디지털 전환: 기회인가, 위기인가? 디지털 전환의 개념, 유형 그리고 조건’, 월간 SW 중심사회, 2016년 9월호, 2016.

김진희, 헬로티, 2021. 9. 5.

노규성, 디지털 대전환 시대의 전략경영혁신, 북스타, 2022.

대한상의 ESG 뉴스레터, 대한상공회의소, 2021. 8.

로버트 캐플란·데이비드 노튼, 전략실행 프리미엄, 21세기북스, 2009. 6. 15.

류랑도, 성과관리, 쌤엔드파커스, 2021. 10. 15.

문승권 외, 디지털 혁신으로 이루는 미래 비젼, 북코리아, 2021.

문승권, ‘의료융합산업의 방향’, 고양일보, 2021. 5. 7.

박경규, 신인사관리, 홍문사, 2013, 2021.
박경록 외 3인, 스마트팩토리 운영전략과 이해, 한올, 2020.
박상범, 중소기업경영론, 탑북스, 2021.
박수진, 중소기업의 신용관리 전략, 정보통신신문, 2017. 12. 26.
배종석, 인적자원론, 홍문사, 2008. 3. 10.
백기복, 조직행동연구, 창민사, 2013. 8. 20.
백복현 외 3인, 재무제표분석과 기업가치평가, 박영사, 2011.
소기동 편저, 인사노무관리론, 법학사, 2008.
송성호, KIET 산업경제, 2012. 9.
오윤경 기자, '스마트팩토리를 가능하게 하는 기술들', ICNweb, 2021. 1. 18.
윤진호, IFRS 회계원리, 탑북스, 2010.
이기형, 쉽게 풀어쓴 회계원리, 교학사, 2008.
이상덕, AI와 제조업이 바라보는 스마트공장 고도화, 메타버스·SW 및 ICT융합기술 활용 산업 활성화 방안, 단국대·경기정보산업협회·경기 TP남동부사업단 공동 추계 세미나, 2021. 11. 1.
이영욱, 4차 산업혁명시대 우리나라 드론의 발전 방향, 융합보안 논문지 제18권 5호, 2018. 12.
이인호, 조직행동론, KINNOF, 2019.
이코노미 조선, 2017.
이효익·정병옥, IFRS 회계원리연습, 신영사, 2010.
인사혁신처, "공무원성과제도 어떻게 변해왔을까?" 2019. 1. 4.
임창희, 조직행동, 비앤엠북스, 2012.
전자상거래 콘텐츠 마케팅, 2021년 초심자 가이드(https://www.affde.com/).
전자신문, 2020. 5. 19, 2021. 7. 19.
정도진 외 4인, 생활속의 회계, 중앙대 출판부, 2016.
정성훈, "전략적 인재경영", 서울60+교육센터, 2021. 9. 24.
주영섭, 서울대 공학전문대학원 특임교수, GLOBAL HR FORUM, 2021 Digital Transformation, ESG, and Sustainable Future, Nov.10 (Wed.)－11(Thu.), Grand Walkerhill Seoul & Virtual Meeting
중소·중견기업 CEO를 위한 알기쉬운 ESG, 대한상공회의소, 2021. 7. 22.
중소기업 ESG 전문가 양성과정 교육교재, 한국경영기술지도사회, 2021. 12.
중소기업 ESG(CSR) 컨설팅 역량강화 교육교재, 서울60+교육센터, 2021. 10.
중소기업연구원, 중소기업 혁신 및 디지털화와 지원정책, Vol.2 No.6; 2019년 6월호. 2019. 10. 10.
중소기업을 위한 ESG 가이드, IBK 기업은행, 2021. 8. 30.
중소벤처기업부, 2021년도 중소·벤처기업 지원사업, 2021
중소벤처기업부·경기테크노파크, 2020 경기 남부 스마트공장 지원사업 참여 기업 구축·우수 사례집, 2020. 11. 30.

중소벤처기업연구원, '독일, 중소기업 비즈니스 프로세스의 디지털 전환 전략', 2021.
중소벤처기업연구원, 소상공인 디지털 전환 지원 방안 연구, 2020. 2. 24.
최계영, KISDI Premium Report, '4차 산업혁명과 ICT', 정보통신정책연구원, 2017. 2.
최중락, 인사관리 연습, 샘앤북스, 2017.
최진현·하연자, 재무회계원리, 신론사, 2013.
포스코경영연구원, 2017.
한국경제신문, 2021. 7. 16.
한국무역협회(국제무역통상연구원), 데이터(D.A.T.A): 클라우드를 활용한 제조기업 디지털 전환 전략, 2021.
한국정보화진흥원, 사물인터넷과 빅데이터 분석 기반의 스마트공장 구현 사례 및 시사점, 2016. 10. 10.
한국판 뉴딜 관계장관회의 20-3, 소상공인 디지털 전환 지원방안(소상공인 성장·혁신 방안 2.0), 2020. 9. 17.
(재)세종테크노파크(www.sjtp.or.kr)
2021년 이후의 전자상거래 마케팅 전략, https://www.affde.com
ESG 경영·평가 대응을 위한 ISO·IEC 국제표준 100선 가이드, 한국표준협회, 2021. 6. 23.
ESG 모범규준, 한국기업지배구조원, 2021. 8.
FineReport, 2021.
https://105years.tistory.com/627 [김진영의 105세 경영]
https://analytics.naver.com
https://linda302.tistory.com/9
K-ESG 가이드라인 v1.0(관계부처 합동), 산업통산자원부, 2021. 12.
KOTRA 해외시장뉴스, 디지털 전환에 성공한 美 기업들의 전략, 2121. 3. 16.
OECD(2019a), Productivity Growth In the Digital Age
OECD, SME and Entrepreneurship Outlook 2019. 5.
Oren Kaniel, 비즈니스 성장에 필수적인 마케팅 플랫폼의 4가지 요소, Apr 21, 2019.
Wikipedia, "SMART Criteria"

〈부록 1〉

취 업 규 칙(샘플)

제1장 총 칙

제1조(목적) 이 취업규칙은 ○○ 회사의 채용·복무 및 근로조건 등에 관한 사항을 정함을 목적으로 한다.

제2조(적용범위) ① 이 취업규칙(이하 "규칙"이라 한다)은 ○○ 회사에 근무하는 사원에게 적용한다. 다만, 일용근로자는 본 규칙의 적용을 제외하고 개별 근로계약서에 따른다.
② 사원의 복무 및 근로조건에 관하여 법령, 단체협약 또는 이 규칙 이외의 다른 회사규정에 별도로 정한 경우를 제외하고는 이 규칙이 정하는 바에 따른다.

제3조(사원의 정의) 이 규칙에서 "사원"이라 함은 회사와 근로계약을 체결한 사원을 말한다.

제4조(차별금지) 회사는 사원의 모집·채용, 임금·복리후생, 교육·훈련, 배치·전보·승진, 퇴직·해고·정년에 있어서 합리적인 이유 없이 성별, 연령, 신앙, 사회적 신분, 출신지역, 학력, 출신학교, 혼인·임신·출산 또는 병력(病歷) 등을 이유로 차별하지 않는다.

제2장 채용 및 근로계약

제5조(채용) ① 회사에 입사를 지원하는 자는 다음 각 호의 서류를 제출하여야 한다.
1. 이력서 1통
2. 자기소개서 1통
3. 기타 회사가 필요하다고 요청하는 서류

② 회사는 입사를 지원하는 자에게 신체적 조건(용모·키·체중 등), 출신지역·혼인여부·재산, 직계존비속 및 형제자매의 학력·직업·재산 등 직무수행에 필요하지 아니한 사항은 채용심사 등의 자료로 요구하지 않는다.

제6조(근로계약) ① 회사는 채용이 확정된 자와 근로계약을 체결할 때에는 다음 각 호의 내용을 해당자에게 명확히 제시한다.
1. 임금
2. 소정근로시간, 휴게시간
3. 휴일
4. 연차유급휴가
5. 취업의 장소 및 종사하여야 할 업무에 관한 사항

6. 근로계약기간(기간제사원에 한정한다)
7. 기타 근로기준법에서 정한사항

② 회사는 근로계약을 체결함과 동시에 다음 각 호의 내용을 적은 근로계약서 1부를 근로계약을 체결한 사원에게 내어 준다.

1. 임금의 구성항목, 계산방법, 지급방법
2. 소정근로시간, 휴게시간
3. 휴일
4. 연차유급휴가
5. 취업의 장소 및 종사하여야 할 업무에 관한 사항
6. 근로계약기간(기간제사원에 한정한다)

③ 회사는 근로계약 체결 시 제1항의 일부 내용을 대신하기 위한 것임을 명확히 밝히면서 해당 내용이 적시된 취업규칙을 제시할 수 있고, 제2항의 일부내용을 대신하기 위한 것임을 명확히 밝히면서 해당 내용이 적시된 취업규칙을 교부할 수 있다.

제7조(수습기간) ① 신규로 채용된 자는 최초로 근무를 개시한 날부터 3개월간을 계약기간을 둘 수 있다.

② 제1항의 수습기간은 근속연수에 포함한다.

제3장 복 무

제8조(복무의무) 사원은 다음 각 호의 사항을 준수하여야 한다.

1. 사원은 맡은바 직무를 충실히 수행하여야 한다.
2. 사원은 직무상 지득한 비밀을 엄수하고 회사기밀을 누설해서는 아니 된다.
3. 사원은 회사의 제반규정을 준수하고 상사의 정당한 직무상 지시에 따라야 한다.
4. 사원은 사원으로서 품위를 손상하거나 회사의 명예를 실추시키는 행위를 하여서는 아니 된다.
5. 출근·퇴근시간을 준수한다.
6. 근무시간 중에 임의로 근무 장소를 이탈하지 아니한다.
7. 회사의 허락 없이 다른 직무에 종사하지 아니한다.

제9조(출근, 결근) ① 사원은 업무시간 시작 전까지 출근하여 업무에 임할 준비를 하여 정상적인 업무수행에 차질이 없도록 하여야 한다.

② 질병이나 그 밖의 부득이한 사유로 결근하고자 하는 경우에는 사전에 소속부서의 장의 승인을 받아야 한다. 다만, 불가피한 사유로 사전에 승인을 받을 수 없는 경우에는 결근 당일에라도 그 사유를 명확히 하여 사후 승인을 받아야 하며 정당한 이유 없이 이러한 절차를 이행하지 아니한 경우 무단결근을 한 것으로 본다.

제10조(지각·조퇴 및 외출) ① 사원은 질병 그 밖의 부득이한 사유로 지각하게 되는 경우에는 사전에 부서의 장 또는 직근 상급자에게 알려야 하며, 부득이한 사정으로 사전에 알릴 수 없는 경우에는 사후에라도 지체없이 이 사실을 알려야 한다.
② 사원은 근로시간 중에는 사적인 용무를 이유로 근무 장소를 이탈할 수 없다. 다만, 질병이나 그 밖의 부득이한 사유가 있는 경우에는 소속부서의 장의 승인을 받아 조퇴 또는 외출할 수 있다.
③ 사원이 지각, 조퇴 또는 외출한 시간은 무급으로 처리함을 원칙으로 하며, 누계 시간이 4시간일 경우 반차를, 8시간일 경우 연차를 사용한 것으로 처리 할 수 있다.

제11조(공민권행사 및 공의 직무 수행) ① 회사는 사원이 근무시간 중 선거권, 그 밖의 공민권을 행사하거나 공(公)의 직무를 수행하기 위하여 필요한 시간을 청구할 경우 이를 거부할 수 없으며, 그 시간은 유급으로 처리한다.
② 회사는 제1항의 권리 행사나 공(公)의 직무를 수행하는데 지장이 없는 범위 내에서 사원이 청구한 시간을 변경할 수 있다.

제12조(출장) ① 회사는 업무수행을 위하여 필요한 경우 사원에게 출장을 명할 수 있다.
② 회사는 행선지별 여비, 숙박비, 현지교통비 등 출장 비용을 실비 범위 내에서 지급할 수 있다.

제4장 인 사

제1절 배치·전직 및 승진

제13조(배치, 전직, 승진) ① 회사는 사원의 능력, 적성, 경력 등을 고려하여 부서의 배치, 전직, 승진 등 인사발령을 하며, 사원은 정당한 사유 없이 이를 거부할 수 없다.
② 회사는 제1항에 따른 인사발령을 할 때 합리적인 이유 없이 남녀를 차별하지 아니한다.

제2절 휴직 및 복직

제14조(휴직사유 및 기간) 사원은 다음 각 호의 어느 하나에 해당하는 사유로 휴직을 원하는 경우 다음 각 호의 구분에 따른 기간을 고려하여 휴직을 시작하려는 날의 30일 전까지 회사에 휴직원을 제출하여야 한다. 이 경우 제4호에 따른 휴직 외에는 무급을 원칙으로 한다.
1. 업무상 부상 또는 상병으로 요양을 요할 때: 산재요양 승인기간
2. 업무 외 질병, 부상, 장애 등으로 장기 요양이 필요할 때: 30일의 범위 내에서 요양에 필요한 기간
3. 병역법에 따른 병역 복무를 마치기 위하여 징집 또는 소집된 경우: 징집 또는 소집기간
4. 회사가 지정하는 국내·외 연구기관 또는 교육기관 등에서 연수, 직무훈련 등을 하게 된 경우: 연수 등에 필요한 기간

5. 만 8세 이하 또는 초등학교 2학년 이하의 자녀(입양한 자녀를 포함한다)를 가진 사원이 그 자녀의 양육을 위하여 필요한 경우(이하 이에 따른 휴직을 “육아휴직”이라 한다): 1년 이내
6. 사원이 조부모, 부모, 배우자, 배우자의 부모, 자녀 또는 손자녀(이하 “가족”이라 한다)의 질병, 사고, 노령으로 인하여 그 가족을 돌보기 위하여 필요한 경우(이하 이에 따른 휴직을 “가족돌봄휴직”이라 한다): 연간 90일 이내, 1회 30일 이상
   단, 연간 90일 중 10일(관계법령에 따라 연장되는 경우 최장 20일, 25일까지 가능)은 하루 단위로 “가족돌봄휴가”로 사용할 수 있다.

제15조(휴직명령) ① 회사는 사원이 휴직원을 제출하면 이를 심사하여 휴직명령 여부를 결정하여 사원에게 서면으로 통보한다.
② 회사는 휴직사유가 육아에 해당하는 경우라도 육아휴직을 시작하려는 날의 전날까지 계속 근로한 기간이 6개월 미만인 경우에는 휴직명령을 하지 않을 수 있다.
③ 회사는 휴직사유가 가족돌봄에 해당하는 경우라도 다음 각 호의 어느 하나에 해당하는 경우에는 휴직명령을 하지 않을 수 있다. 다만, 이 경우 회사는 업무를 시작하고 마치는 시간의 조정, 연장근로의 제한 또는 근로시간의 단축·탄력적 운영 등 가족돌봄휴직을 신청한 사원을 지원하기 위하여 필요한 조치를 하도록 노력한다.

제16조(준수사항) ① 휴직자는 휴직기간 중 거주지의 변동 등의 사유가 있을 때에는 지체 없이 회사에 그 사실을 알려야 한다.
② 회사는 사원이 육아휴직하는 경우 고용보험법령이 정하는 육아휴직급여를 받을 수 있도록 증빙서류를 제공하는 등 적극 협조한다.

제17조(복직) ① 사원은 휴직기간 만료일 7일 전까지 복직원을 제출하여야 한다. 다만, 휴직기간의 연장이 필요한 경우에는 휴직기간 만료일 30일 전까지 그 사유를 명시하여 승인을 신청하여야 한다.
② 사원은 휴직기간 중 휴직사유가 소멸되었을 때에는 지체없이 복직원을 제출해야 한다.

제18조(근속기간의 계산 등) ① 휴직기간은 근속기간에 산입하되, 평균임금 산정기준이 되는 기간에서는 제외한다.
② 병역법에 따른 복무로 휴직사유로 휴직한 기간은 퇴직금 산정을 위한 계속근로기간에서 제외한다.

제5장 근로시간

제19조(근로시간) ① 1주간의 근로시간은 휴게시간을 제외하고 40시간으로 한다. 다만, 18세 미만인 사원의 경우 1주간의 근로시간은 휴게시간을 제외하고 35시간으로 한다.

② 1일의 근로시간은 휴게시간을 제외하고 8시간 이내로 하며 근로계약서에 정한 바에 따른다. 다만, 18세 미만 사원의 경우 1일의 근로시간은 휴게시간을 제외하고 7시간 이내로 하며 근로계약서에 정한 바에 따른다.

제20조(휴게) ① 휴게시간은 근로시간 중 12:00시부터 13:00시까지로 한다. 다만, 업무 사정에 따라 휴게시간을 달리 정하여 운영할 수 있다.
② 제1항 단서에 따라 휴게시간을 달리 정할 경우 회사는 해당되는 사원에게 미리 공지한다.

제21조(탄력적 근로시간제 및 선택적 근로시간제) 탄력적 근로시간제 및 선택적 근로시간제는 경영상 필요상황 발생 시 근로기준법에 정한 바에 따라 시행할 수 있다.

제22조(간주근로시간제) ① 사원이 출장, 파견 등의 이유로 근로시간의 일부 또는 전부를 사업장 밖에서 근로하여 근로시간을 산정하기 어려운 경우에는 소정근로시간을 근로한 것으로 본다.
② 사원이 출장, 파견 등의 업무를 수행하기 위하여 통상적으로 소정근로시간을 초과하여 근로할 필요가 있는 경우에는 그 업무의 수행에 통상 필요한 시간을 근로한 것으로 본다. 다만, 사원대표와 서면 합의를 통하여 이를 달리 정할 수 있다.

제23조(재량근로) 업무의 성질에 비추어 업무 수행 방법을 사원의 재량에 위임할 필요가 있는 업무로서 근로기준법 시행령에서 규정된 업무는 사원대표와 서면 합의로 정한 시간을 근로한 것으로 본다. 서면 합의 시 다음 각 호의 사항을 명시하여야 한다.
1. 대상 업무
2. 회사가 업무의 수행 수단 및 시간 배분 등에 관하여 사원에게 구체적인 지시를 하지 아니한다는 내용
3. 근로시간의 산정은 그 서면 합의로 정하는 바에 따른다는 내용

제24조(연장·야간 및 휴일근로) ① 연장근로는 1주간 12시간을 한도로 사원의 동의하에 실시할 수 있다. 다만, 18세 미만 사원은 1일 1시간, 1주일에 5시간을 한도로 사원의 동의하에 실시할 수 있고, 산후 1년이 지나지 아니한 여성사원에 대하여는 단체협약이 있는 경우라도 1일 2시간, 1주 6시간, 1년 150시간을 한도로 사원의 동의하에 실시할 수 있으며, 임신 중인 여성사원은 연장근로를 실시할 수 없다.
② 연장근로에 대하여는 통상임금의 100분의 50 이상을 가산하여 지급한다.

제25조(야간 및 휴일근로의 제한) ① 18세 이상의 여성 사원을 오후 10시부터 오전 6시까지 근로하게 하거나 휴일에 근로를 시킬 경우 당해 사원의 동의를 얻어 실시한다.
② 임산부와 18세 미만인 사원에 대하여는 오후 10시부터 오전 6시까지의 시간 및 휴일에 근로를 시키지 않는 것을 원칙으로 한다.

제26조(근로시간 및 휴게·휴일의 적용제외) ① 다음 각 호의 어느 하나에 해당하는 사원에 대하여

는 1주 40시간, 1일 8시간을 초과하여 연장근로하거나 휴일에 근로하더라도 연장근로 및 휴일근로 가산임금을 지급하지 않는다.
1. 감시·단속적 업무로서 고용노동부장관의 승인을 받은 경우
2. 관리·감독 업무 또는 기밀취급 업무에 종사하는 경우

제6장 휴일·휴가

제27조(유급휴일) ① 1주 동안 소정 근로일을 개근한 사원에 대하여는 일요일을 유급주휴일로 부여한다. 다만, 회사의 사정에 따라 유급주휴일을 다른날로 변경할 수 있다.
② 회사는 근로자에게 관공서의 공휴일에 관한 규정 제2조(1호 제외)에 따른 휴일을 유급으로 보장하여야 한다. 다만, 사원대표와 서면으로 합의한 경우 특정한 근로일로 대체할 수 있다.
③ 제2항의 규정은 다음 각 호의 구분에 따른 날부터 시행한다.
1. 상시근로자 30인 이상 사업 또는 사업장 : 2021.1.1.부터 적용
2. 상시근로자 5인 이상 사업 또는 사업장 : 2022.1.1.부터 적용

제28조(연차유급휴가) ① 1년간 80퍼센트 이상 출근한 사원에게는 15일의 유급휴가를 준다.
② 계속하여 근로한 기간이 1년 미만인 사원 또는 1년간 80퍼센트 미만 출근한 사원에게 1개월 개근 시 1일의 유급휴가를 준다.
③ 3년 이상 근속한 사원에 대하여는 제1항 규정에 따른 휴가에 최초 1년을 초과하는 계속 근로연수 매 2년에 대하여 1일을 가산한 유급휴가를 주며, 가산휴가를 포함한 총 휴가일수는 25일을 한도로 한다.

제29조(연차휴가의 사용) ① 사원의 연차유급휴가는 1년간 행사하지 아니하면 소멸된다. 다만, 회사의 귀책사유로 사용하지 못한 경우에는 그러하지 아니하다.
② 회사는 전 항에 따른 연차유급휴가의 사용을 촉진하기 위하여 근로기준법 제61조에 따른 조치를 취할 수 있다.
③ 사원이 연차휴가를 사용하고자 하는 경우 7일 전에 회사에 통보하여야 한다.

제30조(연차유급휴가의 대체) 회사는 사원대표와의 서면합의에 의하여 연차유급휴가일을 갈음하여 특정한 근로일에 사원을 휴무시킬 수 있다.

제31조(하기휴가) 회사는 사원에게 하기(夏期)휴가를 부여할 수 있다. 이 경우 휴가개시일 7일 전에 부서의 장에게 승인을 받아야 한다.

제32조(경조사 휴가) ① 회사는 다음 각 호의 어느 하나에 해당하는 범위에서 사원의 신청에 따라 유급의 경조사휴가를 부여한다.
1. 본인의 결혼: 5일

2. 배우자의 출산: 10일
3. 본인·배우자의 부모 또는 배우자의 사망: 4일
4. 본인·배우자의 조부모 또는 외조부모의 사망: 3일
5. 자녀 또는 그 자녀의 배우자의 사망: 3일
6. 본인·배우자의 형제·자매 사망 : 3일

제33조(생리휴가) 회사는 여성 사원이 청구하는 경우 월 1일의 무급생리휴가를 부여한다.

제34조(병가) ① 회사는 사원이 업무 외 질병·부상 등으로 병가를 신청하는 경우에는 연간 15일을 초과하지 않는 범위 내에서 병가를 허가할 수 있다. 이 경우 병가기간은 무급으로 한다.
② 상해나 질병 등으로 1주 이상 계속 결근 시에는 검진의사의 진단서를 첨부하여야 한다. 1주 미만 결근 시에는 병원, 약국 영수증 등 관련 증빙서류를 제출하여야 한다.

제35조(난임치료휴가) ① 회사는 사원이 인공수정 또는 체외수정 등 난임치료를 받기 위하여 휴가(이하 "난임치료휴가"라 한다)를 청구하는 경우에 연간 3일 이내의 휴가를 주어야 하며, 이 경우 최초 1일은 유급으로 한다. 다만, 해당 사원이 청구한 시기에 휴가를 주는 것이 정상적인 사업 운영에 중대한 지장을 초래하는 경우에는 사원과 협의하여 그 시기를 변경할 수 있다.
② 난임치료를 받기 위한 휴가를 신청하려는 사원은 난임치료휴가를 시작하려는 날의 3일 전까지 회사에 신청하여야 한다.

제7장 모성보호 및 일·가정 양립 지원

제36조(임산부의 보호) ① 임신 중의 여성 사원에게는 출산 전과 출산 후를 통하여 90일(한 번에 둘 이상 자녀를 임신한 경우에는 120일)의 출산전후휴가를 준다. 이 경우 반드시 출산 후에 45일(한 번에 둘 이상 자녀를 임신한 경우에는 60일) 이상 부여한다.
② 임신 중인 여성 사원이 유산의 경험 등 근로기준법 시행령 제43조제1항이 정하는 사유로 제1항의 휴가를 청구하는 경우 출산 전 어느 때라도 휴가를 나누어 사용할 수 있도록 한다. 이 경우 출산 후의 휴가 기간은 연속하여 45일(한 번에 둘 이상 자녀를 임신한 경우에는 60일) 이상이 되어야 한다.

제37조(태아검진 시간의 허용 등) ① 회사는 임신한 여성 사원이 모자보건법 제10조에 따른 임산부 정기건강진단을 받는데 필요한 시간을 청구하는 경우 이를 허용한다.
② 회사는 제1항에 따른 건강진단 시간을 이유로 사원의 임금을 삭감하지 아니한다.

제38조(육아기 근로시간 단축) ① 회사는 근로자가 만 8세 이하 또는 초등학교 2학년 이하의 자녀를 양육하기 위하여 근로시간의 단축(이하 "육아기 근로시간 단축"이라 한다)을 신청하는 경우에 이를 허용하여야 한다. 다만, 단축개시예정일의 전날까지 해당 사업에서 계속 근로한

기간이 6개월 미만인 경우, 대체인력 채용이 불가능한 경우, 정상적인 사업 운영에 중대한 지장을 초래하는 경우 등 남녀고용평등법 시행령 제15조의2에 해당하는 경우에는 그러하지 아니하다.
② 회사가 육아기 근로시간 단축을 허용하지 아니하는 경우에는 해당 사원에게 그 사유를 서면으로 통보하고 육아휴직을 사용하게 하거나 그 밖의 조치를 통하여 지원할 수 있는지를 해당 사원과 협의하여야 한다.

제39조(육아기 근로시간 단축 중 근로조건 등) ① 회사는 육아기 근로시간 단축을 하고 있는 사원에 대하여 근로시간에 비례하여 적용하는 경우 외에는 육아기 근로시간 단축을 이유로 그 근로조건을 불리하게 하지 아니한다.
② 육아기 근로시간 단축을 한 사원의 근로조건(육아기 근로시간 단축 후 근로시간을 포함한다)은 회사와 그 사원 간에 서면으로 정한다.

제40조(육아휴직과 육아기 근로시간 단축의 사용형태) 사원은 육아휴직이나 육아기 근로시간 단축을 하려는 경우에는 다음 각 호의 방법 중 하나를 선택하여 사용할 수 있다.
1. 근로자는 육아휴직을 2회에 한정하여 나누어 사용할 수 있다.
2. 근로자는 육아기 근로시간 단축을 나누어 사용할 수 있다.

제41조(육아시간) 생후 1년 미만의 아동이 있는 여성 사원의 청구가 있는 경우 본 규정 및 근로계약에 따른 휴게시간 외에 1일 2회 각 30분씩 유급 수유시간을 준다.

제42조(가족돌봄 등을 위한 근로시간 단축) ① 회사는 사원이 다음 각 호의 어느 하나에 해당하는 사유로 근로시간의 단축을 신청하는 경우에 이를 허용하여야 한다. 다만, 대체인력 채용이 불가능한 경우, 정상적인 사업 운영에 중대한 지장을 초래하는 경우 등 남녀고용평등법 시행령으로 정하는 경우에는 그러하지 아니하다.
1. 사원이 가족의 질병, 사고, 노령으로 인하여 그 가족을 돌보기 위한 경우
2. 사원 자신의 질병이나 사고로 인한 부상 등의 사유로 자신의 건강을 돌보기 위한 경우
3. 55세 이상의 사원이 은퇴를 준비하기 위한 경우
4. 사원의 학업을 위한 경우

제8장 임 금

제43조(임금의 구성항목) ① 사원에 대한 임금은 기본급 및 법정수당 등으로 구성한다.
② 근로시간을 초과하여 근로한 경우, 야간(22:00~06:00)에 근로한 경우, 휴일에 근로한 경우에는 가산임금을 지급한다.

제44조(임금의 계산 및 지급방법) ① 임금은 매월 초일부터 말일까지를 산정기간으로 하여 익월

의 10일 사원에게 직접 지급하거나 사원이 지정한 사원 명의의 예금계좌에 입금하여 지급한다. 다만, 지급일이 휴일인 경우에는 그 전일에 지급한다.

② 신규채용, 승진, 전보, 퇴직 등의 사유로 임금을 정산하는 경우에는 발령일을 기준으로 그 월액을 일할 계산하여 지급한다.

③ 회사는 임금지급시 소득세, 4대보험, 사원과 공제하기로 합의된 금품을 원천징수한다.

제45조(비상시 지급) 사원이 다음 각 호의 사유로 청구하는 경우에는 지급기일 전이라도 이미 제공한 근로에 대한 임금을 지급한다.

1. 사원 또는 그의 수입에 의하여 생활을 유지하는 자의 출산, 질병 또는 재해의 비용에 충당하는 경우
2. 사원 또는 그의 수입에 의하여 생활하는 자의 혼인 또는 사망 시 그 비용에 충당하는 경우
3. 사원이 부득이한 사정으로 1주일 이상 귀향하는 경우

제46조(휴업수당) ① 회사의 귀책사유로 휴업하는 경우에는 휴업기간 동안 사원에게 평균임금의 100분 70의 수당을 지급한다. 다만, 평균임금의 100분의 70에 해당하는 금액이 통상임금을 초과하는 경우에는 통상임금으로 지급한다.

② 회사는 부득이한 사유로 사업을 계속하는 것이 불가능한 경우에는 노동위원회의 승인을 받아 제1항에 정한 금액에 못 미치는 휴업수당을 지급할 수 있다.

제47조(상여금 지급) 회사는 경영상황에 따라 상여금을 지급할 수 있으며, 지급 당시 재직 중에 있는 사원에 한하여 지급할 수 있다.

제9장 퇴직·해고 등

제48조(퇴직 및 퇴직일) ① 회사는 사원이 다음 각 호의 어느 하나에 해당할 때에는 사원을 퇴직시킬 수 있다.

1. 본인이 퇴직을 원하는 경우
2. 사망하였을 경우
3. 정년에 도달하였을 경우
4. 근로계약기간이 만료된 경우
5. 해고가 결정된 경우

제49조(사직원 제출) ① 사원이 일신상의 사정으로 퇴직하고자 할 때에는 퇴직 희망일 30일 전에 사직원을 제출하여야 한다.

② 사원이 사직원을 제출하였더라도 수리될 때까지는 정상근무하고 업무인수인계를 완료하여야 한다.

③ 사직서 수리 전 무단퇴직으로 시설에 손해를 끼칠 경우 그로 인한 손해를 배상하여야 한다.

제50조(업무의 인계) 사원이 퇴직· 휴직 · 이동 시에는 그 담당업무의 서류, 비품 및 미결업무를 명시하고 그 처리방법을 기록한 업무인계인수서를 작성하여 후임자에게 인계하여야 한다.

제51조(해고) 사원이 다음 각 호의 경우와 같이 사회통념상 근로관계를 더 이상 존속하기 어렵다고 인정될 정당한 이유가 있는 경우 해고할 수 있다.

1. 신체 또는 정신상 장애로 직무를 감당할 수 없다고 인정되는 자
2. 수습기간 중 근무태도 등이 불량하여 채용이 부적당하다고 인정된 자
3. 사기 및 중요한 경력을 속이거나 부정한 방법으로 채용된 자
4. 근무성적, 능률이 불량한 자로서 취업이 부적당하다고 인정되며 개선의 가망이 없는 자
5. 1년에 징계처분을 3회 이상 받았거나, 3일 이상 계속하여 무단결근을 한 자, 또는 연간 10일 이상 무단결근한 자
6. 회사의 승인 없이 다른 사업장에 취업한 자(사업을 직접하는 경우 포함)
7. 고의 또는 중대한 과실로 회사의 물건 또는 기계, 기구 등을 파괴한 자
8. 회사의 공금을 유용, 착복, 배임하거나 물품을 무단유출한 자
9. 업무상의 기밀을 유출하여 회사에 손해를 끼친 자
10. 공갈, 협박 또는 폭행 등으로 업무집행을 방해한 자
11. 정당한 업무명령에 불복종한 자 또는 직장의 경영 질서를 문란하게 하는 자
12. 법령 또는 본 규칙에 의하지 아니하고 회사 내 불온문서를 배포하거나 시위·집회 등에 참여한 자
13. 사업운영상 감원이 필요한 경우
14. 고의 또는 중대한 과실로 안전보건상의 의무를 위반하여 회사에 재산상의 손해를 끼친 자
15. 회사 내 성희롱행위를 한 자로서 그 정도가 중대하거나 또는 반복하는 자
16. 휴직자로서 정당한 사유 없이 휴직기간 만료일 이후 까지 복직원을 제출하지 않은 자
17. 징계해고가 결정된 자
18. 형사상 금고 이상의 1심 유죄 판결을 받은 자
19. 입사시 제출서류(입사원서, 이력서, 주민등록등본, 각종증명서 등)를 허위로 기재한 자

제52조(해고의 제한) ① 사원이 업무상 부상 또는 질병의 요양을 위하여 휴업한 기간과 그 후 30일 동안은 해고하지 아니한다. 다만, 근로기준법 제84조에 따라 일시보상을 하였을 경우에는 해고할 수 있다.

② 산전(産前)·산후(産後)의 여성 사원이 근로기준법에 따라 휴업한 기간과 그 후 30일, 1년 이내 육아휴직 기간 동안은 해고하지 아니한다.

제53조(해고의 통지) ① 회사는 사원을 해고하는 경우에는 서면으로 그 사유 및 날짜를 기재하여 통지한다.

② 회사는 제1항에 따라 해고를 통지하는 경우 해고일로부터 적어도 30일 전에 해고예고를 하거나, 30일 전에 해고예고를 하지 아니하였을 때에는 30일분의 통상임금을 지급한다. 다만, 다음 각 호의 어느 하나에 해당하는 경우에는 그러하지 아니하다.

1. 사원이 계속 근로한 기간이 3개월 미만인 경우
2. 천재·사변, 그 밖의 부득이한 사유로 사업을 계속하는 것이 불가능한 경우
3. 사원이 고의로 사업에 막대한 지장을 초래하거나 재산상 손해를 끼친 경우로서 근로기준법 시행규칙 별표에 정하는 사유에 해당하는 자

③ 회사가 제2항에 따른 해고의 예고를 해고사유와 해고시기를 명시하여 서면으로 한 경우에는 제1항에 따른 통지를 한 것으로 본다.

제54조(정년) 정년은 만60세에 도달한 날로 한다.

제10장 퇴직급여

제55조(퇴직급여제도의 설정) ① 회사는 계속근로기간이 1년 미만이거나, 4주간을 평균하여 1주간의 소정근로시간이 15시간 미만인 사원을 제외하고 퇴직하는 사원에게 퇴직금을 지급한다.

② 회사는 근로자퇴직급여보장법 제4조에 따라 제1항의 퇴직금을 지급하는 대신 근로자 대표의 동의를 얻어 퇴직연금제도를 도입할 수 있다.

제56조(중간정산) 회사는 주택구입 등 근로자퇴직급여 보장법 시행령에서 정한 사유로 사원이 요구하는 경우에는 퇴직하기 전에 해당 사원의 계속근로기간에 대한 퇴직금을 미리 정산하여 지급할 수 있다. 이 경우 미리 정산하여 지급한 후의 퇴직금 산정을 위한 계속 근로기간은 정산시점부터 새로이 기산한다.

제11장 표창 및 징계

제57조(표창) 회사는 사원이 다음 각 호의 어느 하나에 해당하는 경우 표창할 수 있다.

1. 회사의 업무능률 향상에 현저한 공로가 인정된 자
2. 회사의 영업활동에 크게 기여한 자
3. 업무수행 성적이 우수한 자
4. 기타 표창의 필요가 인정되는 자

제58조(징계) 회사는 다음 각 호의 어느 하나에 해당하는 사원에 대하여 징계할 수 있다.

1. 부정 및 허위 등의 방법으로 채용된 자

2. 업무상 비밀 및 기밀을 누설하여 회사에 피해를 입힌 자
3. 회사의 명예 또는 신용에 손상을 입힌 자
4. 회사의 영업을 방해하는 언행을 한 자
5. 회사의 규율과 상사의 정당한 지시를 어겨 질서를 문란하게 한 자
6. 정당한 이유 없이 회사의 물품 및 금품을 반출한 자
7. 직무를 이용하여 부당한 이익을 취한 자
8. 회사가 정한 복무규정을 위반한 자
9. 지각, 조퇴가 빈번하여 출근성적이 극히 불량하다고 인정되는 자
10. 회사의 허가 없이 무단결근한 자 또는 상습적으로 무단결근한 자
11. 회사의 허가 없이 타 사업장의 업무에 종사한 자(사업을 직접하는 경우 포함)
12. 직무수행을 소홀히 하거나 근무태만으로 재해, 상해, 기타 사고를 발생케 하거나 손해를 끼쳤을 때
13. 직장 내 성희롱 행위를 한 자
14. 다른 사원 등에 대하여 직장 내 괴롭힘 행위를 한 자
15. 기타 법령 위반 등 이에 준하는 행위로 직장질서를 문란하게 한 자

제59조(징계의 종류) 사원에 대한 징계의 종류는 다음과 같다.
1. 견책: 해당 사원에 대하여 경위서를 받고 문서로 견책한다.
2. 감봉(감급): 1회에 평균임금 1일분의 2분의 1, 총액은 월 급여 총액의 10분의 1을 초과하지 않는 범위의 금액을 감액한다.
3. 정직: 중대 징계사유 발생자에 대하여 3월 이내로 하고, 그 기간 중에 직무에 종사하지 못하며 그 기간 동안 임금을 지급하지 아니한다.
4. 해고: 근로계약을 해지한다.

제60조(징계심의) ① 징계는 대표(또는 대표이사)의 결정에 따른다.
② 징계를 하는 때에는 징계사유를 조사한 서류와 입증자료 및 당사자의 진술 등 충분한 증거를 확보하여 공정하게 심의한다.
③ 징계를 하는 때에는 해당사원에게 소명할 기회를 부여할 수 있도록 한다.
④ 징계 대상자가 소명을 거부하는 경우 또는 소명을 포기 하는 의사를 표시하는 경우에는 소명 없이 징계의결할 수 있다.

제61조(징계결과 통보) 징계결과통보는 해당 사원에게 서면으로 한다.

제12장 교육

제62조(교육시간) 이 규칙에서 규정한 교육은 근무시간 중에 실시하는 것을 원칙으로 하고 교육을 받는 시간은 근로를 제공한 것으로 본다. 다만, 사원과 합의로 근무시간 외에 직무교육을 받도록 할 수 있으며 이 경우의 처우에 관하여는 교육의 장소·일정 등을 고려하여 따로 정한다.

제63조(직무교육) 회사는 사원의 직무능력 향상을 위하여 필요한 경우 직무교육을 시킬 수 있으며 사원은 교육과정에 성실히 임하여야 한다.

제64조(장애인 인식개선 교육) 회사는 1년에 1회 이상 장애의 정의 및 장애유형에 대한 이해, 직장 내 장애인의 인권, 장애인에 대한 차별금지 및 정당한 편의 제공, 장애인고용촉진 및 직업재활과 관련된 법과 제도 등을 내용으로 직장 내 장애인 인식개선 교육을 한다.

제65조(개인정보보호교육) ① 회사는 「개인정보보호법」에 따른 개인정보취급자인 사원에 대하여 정기적으로 개인정보 보호에 필요한 교육을 실시한다.
② 개인정보취급자인 사원은 제1항에 따른 교육을 받아야 한다.

제13장 직장 내 괴롭힘의 금지

제66조(직장 내 괴롭힘 행위의 금지) ① 직장 내 괴롭힘 행위란 사업주, 임원, 사원이 직장에서의 지위 또는 관계 등의 우위를 이용하여 업무상 적정범위를 넘어 다른 사원 등에게 신체적, 정신적 고통을 주거나 근무환경을 악화시키는 행위를 말한다.
② 누구든지 직장 내 괴롭힘 행위를 하여서는 아니 된다.

제67조(금지되는 직장 내 괴롭힘 행위) 회사에서 금지되는 직장 내 괴롭힘 행위는 다음 각 호와 같다.

1. 신체에 대하여 폭행하거나 협박하는 행위
2. 지속·반복적인 욕설이나 폭언
3. 다른 직원들 앞에서 또는 온라인상에서 모욕감을 주거나 개인사에 대한 소문을 퍼뜨리는 등 명예를 훼손하는 행위

제68조(직장 내 괴롭힘 예방교육) ① 회사는 직장 내 괴롭힘 예방을 위한 교육(이하 "직장 내 괴롭힘 예방교육"이라 한다)을 1년에 1회 이상 실시한다.
② 직장 내 괴롭힘 예방교육 시간은 1시간 이상으로 한다.
③ 직장 내 괴롭힘 예방교육의 내용은 다음 각 호와 같다.

1. 직장 내 괴롭힘 행위의 정의
2. 금지되는 직장 내 괴롭힘 행위
3. 직장 내 괴롭힘 상담절차

4. 직장 내 괴롭힘 사건처리절차
5. 직장 내 괴롭힘 피해자 보호를 위한 조치
6. 직장 내 괴롭힘 행위자에 대한 조치
7. 그 밖에 직장 내 괴롭힘 예방을 위한 내용

제69조(직장 내 괴롭힘 예방·대응 조직) 회사 내 인사부서에 직장 내 괴롭힘의 예방·대응 업무를 총괄하여 담당하는 직원(이하 "예방·대응 담당자"라 한다)을 1명 이상 둔다.

제70조(사건의 접수) ① 누구든지 직장 내 괴롭힘 발생 사실을 알게 된 경우 그 사실을 예방·대응 담당자에게 신고할 수 있다.
② 예방·대응 담당자는 제1항에 따른 신고가 있는 경우 또는 그 밖의 방법으로 직장 내 괴롭힘 발생 사실을 인지한 경우 사건을 접수한다.

제71조(사건의 조사) ① 회사는 직장 내 괴롭힘 신고를 접수하거나 직장 내 괴롭힘 발생 사실을 인지한 경우에는 지체 없이 그 사실 확인을 위한 조사를 실시한다.

제72조(피해자의 보호) ① 회사는 정식 조사기간 동안 피해자가 요청하는 경우에는 근무장소의 변경, 유급휴가 명령 등 피해자의 요청을 고려하여 적절한 조치를 한다. 이 경우 피해자의 의사에 반하는 조치를 하여서는 아니된다.
② 회사는 직장 내 괴롭힘이 인정된 경우 피해자가 요청하면 근무장소의 변경, 배치전환, 유급휴가의 명령 등 적절한 조치를 한다.
③ 회사는 신고인 및 피해자에게 해고나 그 밖의 불리한 처우를 하여서는 아니 된다.

제73조(직장 내 괴롭힘 사실의 확인 및 조치) 사업주는 직장 내 괴롭힘이 인정된 경우 지체 없이 행위자에 대하여 징계, 근무장소의 변경 등 필요한 조치를 한다.

제74조(고객의 폭언 등에 대한 조치) ① 고객을 응대하는 업무를 주로 하는 사원이 고객으로부터 폭언, 폭행 등을 당한 경우 회사는 해당 사원의 업무를 일시적으로 중단 또는 전환하거나 일정 시간 휴게시간을 연장, 건강장해 관련 치료 및 상담 지원, 고소 및 고발 또는 손해배상 청구 등을 하는데 필요한 조치 등을 취한다.

제14장 직장 내 성희롱의 금지 및 예방

제75조(직장 내 성희롱의 금지) 누구든지 직장 내 성희롱을 하여서는 아니 된다.

제76조(직장 내 성희롱 예방교육) ① 회사는 직장 내 성희롱 예방교육을 연 1회 이상 실시한다.
② 사업주 및 사원은 제1항에 따른 성희롱 예방교육을 받아야 한다.
③ 직장 내 성희롱 예방교육의 내용에는 다음 각 호가 포함되어야 한다.

1. 직장 내 성희롱에 관한 법령
2. 직장 내 성희롱 발생 시 처리절차와 조치기준
3. 직장 내 성희롱 피해 사원의 고충상담 및 구제절차
4. 그 밖에 직장 내 성희롱 예방에 필요한 사항

④ 회사는 성희롱 예방교육의 내용을 사원들이 자유롭게 열람할 수 있는 장소에 항상 게시하거나 갖추어 두어야 한다.

제77조(직장 내 성희롱 예방지침) ① 회사는 직장 내 성희롱 예방지침을 마련하고 사원이 자유롭게 열람할 수 있는 장소에 항상 게시하거나 갖추어 두어야 한다.

제78조(직장 내 성희롱 발생 시 조치) ① 회사는 직장 내 성희롱 발생 사실을 알게 된 경우에는 지체 없이 그 사실 확인을 위한 조사를 하여야 한다.

② 회사는 조사 기간 동안 피해사원 등을 보호하기 위하여 필요한 경우 해당 피해사원 등에 대하여 근무장소의 변경, 유급휴가 명령 등 적절한 조치를 하여야 한다. 이 경우 회사는 피해사원 등의 의사에 반하는 조치를 하여서는 아니 된다.

제79조(고객 등에 의한 성희롱 방지) ① 회사는 고객 등 업무와 밀접한 관련이 있는 자가 업무수행 과정에서 성적인 언동 등을 통하여 사원에게 성적 굴욕감 또는 혐오감 등을 느끼게 하여 해당 사원이 그로 인한 고충 해소를 요청할 경우 근무 장소 변경, 배치전환, 유급휴가의 명령 등 적절한 조치를 하여야 한다.

제15장 안전보건

제80조(안전보건 교육) 회사는 사원의 산업재해 예방을 위하여 안전 및 보건에 관한 정기교육, 채용 시의 교육, 작업내용 변경 시의 교육, 유해위험 작업에 사용 시 특별안전 교육 등 산업안전보건법령에 따른 제반 교육을 실시하며 사원은 이 교육에 성실하게 참여하여야 한다.

제81조(위험기계·기구의 방호조치) 회사는 유해하거나 위험한 작업을 필요로 하거나 동력을 작동하는 기계·기구에 대하여 유해·위험 방지를 위한 방호조치를 하여야 하며 사원은 다음 각 호의 위험기계·기구의 방호조치 사항을 준수하여야 한다.

제82조(보호구의 지급 및 착용) 회사는 사원이 유해·위험작업으로부터 보호 받을 수 있도록 보호구를 지급하여야 하며 사원은 작업시 회사에서 지급하는 보호구를 착용하여야 한다.

제83조(물질안전보건자료의 작성·비치) 회사는 사업장에서 사용하는 산업안전보건법 시행규칙에서 정하는 화학물질 및 화학물질을 함유한 제제에 대하여는 물질안전보건자료를 취급사원이 쉽게 볼 수 있는 장소에 게시하거나 갖추어야 한다.

제84조(작업환경측정) ① 회사는 산업안전보건법에 따라 해당 사업장은 작업환경측정을 실시하되, 원칙적으로 매 6개월에 1회 이상 정기적으로 실시한다.
② 제1항의 작업환경측정 시 사원대표의 요구가 있을 때에는 사원대표를 입회시킨다.
③ 회사는 작업환경측정의 결과를 사원에게 알려주며 그 결과에 따라 당해 시설 및 설비의 설치 또는 개선, 건강진단 등 적절한 조치를 한다.

제85조(건강진단) ① 회사는 사원의 건강보호·유지를 위하여 산업안전보건법 제129조에서 정하는 바에 따라 매년 1회 일반건강진단을 실시한다. 다만, 사무직은 매 2년에 1회 실시한다.
② 회사는 산업안전보건법 제130조 등이 정하는 바에 따라 필요한 경우 특수·배치전·수시·임시건강진단 등을 실시한다.
③ 사원은 회사가 실시하는 건강진단을 성실히 받아야 한다.

제86조(산업안전보건법 준수) ① 회사는 이 규칙에서 정하지 아니한 사항에 대하여는 산업안전보건법에 따라 산업재해 예방을 위한 기준을 지켜 사원의 신체적 피로와 정신적 스트레스 등에 의한 건강장해를 예방하고 안전 및 보건을 유지·증진시킨다.
② 사원은 산업안전보건법에서 정하는 사항과 그 외의 업무에 관련되는 안전보건에 관하여 상사로부터 지시받은 사항을 정확하게 이행하여야 한다.

제16장 재해보상

제87조(재해보상) ① 사원이 업무상 부상 또는 질병에 걸린 경우와 사망하였을 때의 보상은 산업재해보상보험법에 의한다.
② 산업재해보상보험법의 적용을 받지 않는 업무상 부상 또는 질병에 대하여는 근로기준법이 정하는 바에 따라 회사가 보상한다.

제88조(위로금) 회사는 사원이 업무상 재해(부상, 질병, 장해, 사망)를 입은 경우에는 회사의 재해보상 처리기준에 따라 위로금을 지급할 수 있으며, 회사는 위로금의 재원마련을 위해 보장성보험에 가입할 수 있다.

제89조(단체상해보험) ① 회사는 본 장(제16장 재해보상)에 근거한 보상을 위하여 단체상해 보험에 가입할 수 있으며, 단체상해 보험 가입 시 사원의 개별 동의 없이 사원의 전부 또는 일부를 피보험자로 하는 단체상해 보험계약을 할 수 있다.
② 제1항에 따른 단체상해보험을 가입할 경우 모든 보험료는 회사에서 납입하기로 하며, 상법 제735조의3에 의거(보험금 수익자를 피보험자 또는 그 상속인이 아닌 자로 지정할 수 있음) 보험금 수익자를 회사로 지정한다.

제17장 보칙

제90조(취업규칙의 비치) 회사는 이 규칙을 사업장 내의 사무실·휴게실 등에 비치하여 사원들이 자유롭게 열람할 수 있도록 한다.

제91조(취업규칙의 변경) 이 규칙을 변경할 때에는 사원의 과반수로 조직된 노동조합이 있는 경우 그 노동조합, 사원의 과반수로 조직된 노동조합이 없는 경우 사원의 과반수 의견을 청취한다. 다만, 규칙을 불리하게 변경하는 경우에는 동의를 받는다.

부 칙

제1조(시행일) 이 규칙은 2022 년 0월 0일부터 시행한다.

취업규칙 변경에 대한 열람 및 동의서

본인은 회사의 취업규칙을 열람하였습니다. 회사의 취업규칙 변경이 적정하다고 판단하며, 취업규칙 준수에 따른 일체의 이의가 없으므로 이에 동의하여 서명합니다.

의견청취 및 동의서 작성일 2022년 월 일

취업규칙 이외에도 급여대장, 4대보험 관리대장, 상여금 규칙, 퇴직금 규칙, 연봉제 운영규칙, 교육훈련비 규칙, 야간근무 규칙, 각종 수당 규칙, 연차유급휴가 관리 규칙 등이 구비되어야 한다.

중소기업 직원 법정의무교육

중소기업의 5대 법정의무교육은 산업안전보건교육, 성희롱 예방교육, 개인정보보호교육, 장애인인식개선교육, 퇴직연금교육이다.

산업안전보건교육의 제외 사업장은 컴퓨터나 소프트개발, 정보서비스, 금융및보험, 과학기술서비스업, 사회복지, 사업지원서비스, 사무직 근로자만 사용하는 사업장 등이 해당한다.

개인정보 보호 원칙

개인정보 보호법

제3조(개인정보 보호 원칙) ① 개인정보처리자는 개인정보의 처리 목적을 명확하게 하여야 하고 그 목적에 필요한 범위에서 최소한의 개인정보만을 적법하고 정당하게 수집하여야 한다.

② 개인정보처리자는 개인정보의 처리 목적에 필요한 범위에서 적합하게 개인정보를 처리하여야 하며, 그 목적 외의 용도로 활용하여서는 아니 된다.

③ 개인정보처리자는 개인정보의 처리 목적에 필요한 범위에서 개인정보의 정확성, 완전성 및

최신성이 보장되도록 하여야 한다.

④ 개인정보처리자는 개인정보의 처리 방법 및 종류 등에 따라 정보주체의 권리가 침해받을 가능성과 그 위험 정도를 고려하여 개인정보를 안전하게 관리하여야 한다.

⑤ 개인정보처리자는 개인정보 처리방침 등 개인정보의 처리에 관한 사항을 공개하여야 하며, 열람청구권 등 정보주체의 권리를 보장하여야 한다.

⑥ 개인정보처리자는 정보주체의 사생활 침해를 최소화하는 방법으로 개인정보를 처리하여야 한다.

⑦ 개인정보처리자는 개인정보를 익명 또는 가명으로 처리하여도 개인정보 수집목적을 달성할 수 있는 경우 익명처리가 가능한 경우에는 익명에 의하여, 익명처리로 목적을 달성할 수 없는 경우에는 가명에 의하여 처리될 수 있도록 하여야 한다.

⑧ 개인정보처리자는 이 법 및 관계 법령에서 규정하고 있는 책임과 의무를 준수하고 실천함으로써 정보주체의 신뢰를 얻기 위하여 노력하여야 한다.

〈부록 2〉

표준근로계약서(기간의 정함이 있는 경우)

___________(이하 "사업주"라 함)과(와) ___________(이하 "근로자"라 함)은 다음과 같이 근로계약을 체결한다.

1. 근로계약기간 : 년 월 일부터 년 월 일까지
2. 근 무 장 소 :
3. 업무의 내용 :
4. 소정근로시간 : ___시___분부터 ___시___분까지 (휴게시간 : 시 분~ 시 분)
5. 근무일/휴일 : 매주 ___일(또는 매일단위)근무, 주휴일 매주 ___요일
6. 임 금
   - 월(일, 시간)급 : ______________________원
   - 상여금 : 있음 ( ) __________________________원, 없음 ( )
   - 기타급여(제수당 등) : 있음 ( ), 없음 ( )
     · ______________________원, ______________________________원
     · ______________________원, ______________________________원
   - 임금지급일 : 매월(매주 또는 매일) _____일(휴일의 경우는 전일 지급)
   - 지급방법 : 근로자에게 직접지급( ), 근로자 명의 예금통장에 입금( )
7. 연차유급휴가
   - 연차유급휴가는 근로기준법에서 정하는 바에 따라 부여함
8. 사회보험 적용여부(해당란에 체크)
   □ 고용보험 □ 산재보험 □ 국민연금 □ 건강보험
9. 근로계약서 교부
   - 사업주는 근로계약을 체결함과 동시에 본 계약서를 사본하여 근로자의 교부요구와 관계없이 근로자에게 교부함(근로기준법 제17조 이행)
10. 근로계약, 취업규칙 등의 성실한 이행의무
   - 사업주와 근로자는 각자가 근로계약, 취업규칙, 단체협약을 지키고 성실하게 이행하여야 함
11. 기 타
   - 이 계약에 정함이 없는 사항은 근로기준법령에 의함

년 월 일

(사업주) 사업체명 : (전화 :)
주 소 :
대 표 자 : (서명)
(근로자) 주 소 :
연 락 처 :
성 명 : (서명)

〈부록 3〉

건설일용근로자 표준근로계약서

___________(이하 "사업주"라 함)과(와) ___________(이하 "근로자"라 함)은 다음과 같이 근로계약을 체결한다.

1. 근로계약기간 :   년   월   일부터   년   월   일까지
   ※ 근로계약기간을 정하지 않는 경우에는 "근로개시일"만 기재
2. 근 무 장 소 :
3. 업무의 내용(직종) :
4. 소정근로시간 : ____시____분부터 ____시____분까지 (휴게시간 : 시 분~ 시 분)
5. 근무일/휴일 : 매주 ___일(또는 매일단위)근무, 주휴일 매주 ___요일(해당자에 한함)
   ※ 주휴일은 1주간 소정근로일을 모두 근로한 경우에 주당 1일을 유급으로 부여
6. 임 금
   - 월(일, 시간)급 : ___________________원(해당사항에 ○표)
   - 상여금 : 있음 (   ) ____________________________원, 없음 (   )
   - 기타 제수당(시간외·야간·휴일근로수당 등):   원(내역별 기재)
     ·시간외 근로수당: _______________원(월   시간분)
     ·야 간 근로수당: _______________원(월   시간분)
     ·휴 일 근로수당: _______________원(월   시간분)
   - 임금지급일 : 매월(매주 또는 매일) _____일(휴일의 경우는 전일 지급)
   - 지급방법 : 근로자에게 직접지급(   ), 근로자 명의 예금통장에 입금(   )
7. 연차유급휴가
   - 연차유급휴가는 근로기준법에서 정하는 바에 따라 부여함
8. 사회보험 적용여부(해당란에 체크)
   □ 고용보험 □ 산재보험 □ 국민연금 □ 건강보험
9. 근로계약서 교부
   - "사업주"는 근로계약을 체결함과 동시에 본 계약서를 사본하여 "근로자"의 교부요구와 관계없이 "근로자"에게 교부함(근로기준법 제17조 이행)
10. 근로계약, 취업규칙 등의 성실한 이행의무
   - 사업주와 근로자는 각자가 근로계약, 취업규칙, 단체협약을 지키고 성실하게 이행하여야 함
11. 기 타
   - 이 계약에 정함이 없는 사항은 근로기준법령에 의함

년   월   일

(사업주) 사업체명 :   (전화 :   )
주   소 :
대 표 자 :   (서명)

(근로자) 주   소 :
연 락 처 :
성   명 :   (서명)

〈부록 4〉

단시간근로자 표준근로계약서

__________(이하 "사업주"라 함)과(와) __________(이하 "근로자"라 함)은 다음과 같이 근로계약을 체결한다.

1. 근로개시일 : 년 월 일부터
   ※ 근로계약기간을 정하는 경우에는 " 년 월 일부터 년 월 일까지" 등으로 기재
2. 근 무 장 소 :
3. 업무의 내용 :
4. 근로일 및 근로일별 근로시간

	( )요일	( )요일	( )요일	( )요일	( )요일	( )요일
근로시간	시간	시간	시간	시간	시간	시간
시업	시 분	시 분	시 분	시 분	시 분	시 분
종업	시 분	시 분	시 분	시 분	시 분	시 분
휴게 시간	시 분 ~ 시 분	시 분 ~ 시 분	시 분 ~ 시 분	시 분 ~ 시 분	시 분 ~ 시 분	시 분 ~ 시 분

ㅇ 주휴일 : 매주 ___요일

5. 임 금
   - 시간(일, 월)급 : ______________원(해당사항에 ○표)
   - 상여금 : 있음 ( ) __________________원, 없음 ( )
   - 기타급여(제수당 등) : 있음 : ________원(내역별 기재), 없음 ( ),
   - 초과근로에 대한 가산임금률 : _______%
     ※ 단시간근로자와 사용자 사이에 근로하기로 정한 시간을 초과하여 근로하면 법정 근로시간 내라도 통상임금의 100분의 50% 이상의 가산임금 지급('14.9.19. 시행)
   - 임금지급일 : 매월(매주 또는 매일) _____일(휴일의 경우는 전일 지급)
   - 지급방법 : 근로자에게 직접지급( ), 근로자 명의 예금통장에 입금( )
6. 연차유급휴가: 통상근로자의 근로시간에 비례하여 연차유급휴가 부여
7. 사회보험 적용여부(해당란에 체크)
   □ 고용보험 □ 산재보험 □ 국민연금 □ 건강보험
8. 근로계약서 교부
   - "사업주"는 근로계약을 체결함과 동시에 본 계약서를 사본하여 "근로자"의 교부요구와 관계없이 "근로자"에게 교부함(근로기준법 제17조 이행)

9. 근로계약, 취업규칙 등의 성실한 이행의무
   - 사업주와 근로자는 각자가 근로계약, 취업규칙, 단체협약을 지키고 성실하게 이행하여야 함

10. 기 타
   - 이 계약에 정함이 없는 사항은 근로기준법령에 의함

년 월 일

(사업주) 사업체명 : (전화 :)
주 소 :
대 표 자 : (서명)
(근로자) 주 소 :
연 락 처 :
성 명 : (서명)

〈부록 5〉

K-ESG 가이드라인 기본 진단항목 체계

영 역	범 주	분류기호	진단 항목
정보공시 (P) (5개 문항)	정보공시 형식	p-1-1	ESG 정보공시 방식
		p-1-2	ESG 정보공시 주기
		p-1-3	ESG 정보공시 범위
	정보공시 내용	p-2-1	ESG 핵심이슈 및 KPI
	정보공시 검증	p-3-1	ESG 정보공시 검증
환경 (E) (17개 문항)	환경경영 목표	E-1-1	환경경영 목표 수립
		E-1-2	환경경영 추진체계
	원부자재	E-2-1	원부자재 사용량
		E-2-2	재생 원부자재 비율
	온실가스	E-3-1	온실가스 배출량(Scope1 & Scope2)
		E-3-2	온실가스 배출량(Scope3)
		E-3-3	온실가스 배출량 검증
	에너지	E-4-1	에너지 사용량
		E-4-2	재생에너지 사용 비율
	용수	E-5-1	용수 사용량
		E-5-2	재사용 용수 비율
	폐기물	E-6-1	폐기물 배출량
		E-6-2	폐기물 재활용 비율
	오염물질	E-7-1	대기오염물질 배출량
		E-7-2	수질오염물질 배출량
	환경법/규제 위반	E-8-1	환경법/규제 위반
	환경 라벨링	E-9-1	친환경 인증 제품 및 서비스 비율

영 역	범 주	분류기호	진단 항목
사회 (S) (22개 문항)	목표	S-1-1	목표 수립 및 공시
	노동	S-2-1	신규 채용 및 고용 유지
		S-2-2	정규직 비율
		S-2-3	자발적 이직률
		S-2-4	교육훈련비
		S-2-5	복리후생비
		S-2-6	결사의 자유 보장
	다양성 및 양성평등	S-3-1	여성 구성원 비율
		S-3-2	여성 급여 비율(평균 급여액 대비)
		S-3-3	장애인 고용률
	산업안전	S-4-1	안전보건 추진체계
		S-4-2	산업재해율
	인권	S-5-1	인권정책 수립
		S-5-2	인권 리스크 평가
	동반성장	S-6-1	협력사 ESG 경영
		S-6-2	협력사 ESG 지원
		S-6-3	협력사 ESG 협약사항
	지역사회	S-7-1	전략적 사회공헌
	지역사회	S-7-2	구성원 봉사참여
	정보보호	S-8-1	정보보호 시스템 구축
		S-8-2	개인정보 침해 및 구제
	사회법/규제 위반	S-9-1	사회 법/규제 위반
지배구조 (G) (17개 문항)	이사회 구성	G-1-1	이사회 내 ESG 안건 상정
		G-1-2	사외이사 비율
		C-1-3	대표이사 이사회 의장 분리
		G-1-4	이사회 성별 다양성
		G-1-5	사외이사 전문성

영 역	범 주	분류기호	진단 항목
지배구조 (G) (17개 문항)	이사회 활동	G-2-1	전체 이사 출석률
		G-2-2	사내이사 출석률
		G-2-3	이사회 산하 위원회
		G-2-4	이사회 안건 처리
	주주권리	G-3-1	주주총회 소집 공고
		G-3-2	주주총회 집중일 이외 개최
		G-3-3	집중/전자/서면 투표제
		G-3-4	배당정책 및 이행
	윤리경영	G-4-1	윤리규범 위반사항 공시
	감사기구	G-5-1	내부감사부서 설치
		G-5-2	감사기구 전문성(감사기구 내 회계/재무 전문가)
	지배구조법/규제 위반	G-6-1	지배구조 법/규제 위반
4개 영역, 27개 범주, 61개 기본 진단 항목			

자료: 산업통상자원부, K-ESG 가이드라인, 2021. 12.

〈부록 6〉 중소기업기본법 시행령[별표 1]

주된 업종별 평균매출액등의 중소기업 규모 기준(제3조제1항제1호가목 관련)

<table>
<tr><th>해당 기업의 주된 업종</th><th>분류기호</th><th>규모 기준</th></tr>
<tr><td>1. 의복, 의복액세서리 및 모피제품 제조업</td><td>C14</td><td rowspan="6">평균매출액등
1,500억원 이하</td></tr>
<tr><td>2. 가죽, 가방 및 신발 제조업</td><td>C15</td></tr>
<tr><td>3. 펄프, 종이 및 종이제품 제조업</td><td>C17</td></tr>
<tr><td>4. 1차 금속 제조업</td><td>C24</td></tr>
<tr><td>5. 전기장비 제조업</td><td>C28</td></tr>
<tr><td>6. 가구 제조업</td><td>C32</td></tr>
<tr><td>7. 농업, 임업 및 어업</td><td>A</td><td rowspan="18">평균매출액등
1,000억원 이하</td></tr>
<tr><td>8. 광업</td><td>B</td></tr>
<tr><td>9. 식료품 제조업</td><td>C10</td></tr>
<tr><td>10. 담배 제조업</td><td>C12</td></tr>
<tr><td>11. 섬유제품 제조업(의복 제조업은 제외)</td><td>C13</td></tr>
<tr><td>12. 목재 및 나무제품 제조업(가구 제조업은 제외한다)</td><td>C16</td></tr>
<tr><td>13. 코크스, 연탄 및 석유정제품 제조업</td><td>C19</td></tr>
<tr><td>14. 화학물질 및 화학제품 제조업(의약품 제조업은 제외)</td><td>C20</td></tr>
<tr><td>15. 고무제품 및 플라스틱제품 제조업</td><td>C22</td></tr>
<tr><td>16. 금속가공제품 제조업(기계 및 가구 제조업은 제외)</td><td>C25</td></tr>
<tr><td>17. 전자부품, 컴퓨터, 영상, 음향 및 통신장비 제조업</td><td>C26</td></tr>
<tr><td>18. 그 밖의 기계 및 장비 제조업</td><td>C29</td></tr>
<tr><td>19. 자동차 및 트레일러 제조업</td><td>C30</td></tr>
<tr><td>20. 그 밖의 운송장비 제조업</td><td>C31</td></tr>
<tr><td>21. 전기, 가스, 증기 및 공기조절 공급업</td><td>D</td></tr>
<tr><td>22. 수도업</td><td>E36</td></tr>
<tr><td>23. 건설업</td><td>F</td></tr>
<tr><td>24. 도매 및 소매업</td><td>G</td></tr>
</table>

해당 기업의 주된 업종	분류기호	규모 기준
25. 음료 제조업	C11	평균매출액등 800억원 이하
26. 인쇄 및 기록매체 복제업	C18	
27. 의료용 물질 및 의약품 제조업	C21	
28. 비금속 광물제품 제조업	C23	
29. 의료, 정밀, 광학기기 및 시계 제조업	C27	
30. 그 밖의 제품 제조업	C33	
31. 수도, 하수 및 폐기물 처리, 원료재생업(수도업은 제외한다)	E (E36 제외)	
32. 운수 및 창고업	H	
33. 정보통신업	J	
34. 산업용 기계 및 장비 수리업	C34	평균매출액등 600억원 이하
35. 전문, 과학 및 기술 서비스업	M	
36. 사업시설관리, 사업지원 및 임대 서비스업(임대업은 제외)	N (N76 제외)	
37. 보건업 및 사회복지 서비스업	Q	
38. 예술, 스포츠 및 여가 관련 서비스업	R	
39. 수리(修理) 및 기타 개인 서비스업	S	
40. 숙박 및 음식점업	I	평균매출액등 400억원 이하
41. 금융 및 보험업	K	
42. 부동산업	L	
43. 임대업	N76	
44. 교육 서비스업	P	

찾아보기

[저자 약력]

문 승 권

서울대 보건대학원 보건학석사(보건행정학)
단국대 일반대학원 경영학석사(회계학)
광운대 대학원 경영학박사(재무관리)
다산경영정보연구원 원장
한국중소기업지원센터 전무이사
경영기술지도법인 (유)한국 이사
서울대학교 보건대학원 동창회 부회장
한국복지경영학회 부회장
한일경상학회 이사
전) 한국보건산업진흥원 책임연구원/벤처기업 평가위원
고려대 보건행정학과·신한대 글로벌통상경영학과 외래교수
선문대 경영학부·인천대 도시행정학과 겸임교수
한국종합경제연구원 연구위원

〈자격〉

경영지도사, 산업위험성평가사

〈수상〉

국회 과학기술정보방송통신위원장상, 경기도의회의장상

〈지서〉

감성경영 감성리더십(넥스비즈), 병원경영학(대학서림), TBI 실전기업경영분석(뉴미디어),
원무관리이론과 실무(법문사), NCS 병원회계(장솔출판사), ICT 초강국 건설전략(한국신성장산업연구원),
보건의료정책학(가톨릭관동대), 디지털혁신으로 이루는 미래 비전(북코리아),
디지털 대전환 시대의 융합성장 전략(스토리하우스)

김 광 동

서울시립대 도시과학대학원 행정학석사(지방자치 전공)
더리드경영컨설팅 대표(경영지도사)
중소벤처기업부 비즈니스지원단 전문위원(인사노무)
(주)웨슬리퀘스트(WESLEYQUEST) 전문위원
경영기술지도법인 (유)한국 이사
한국경영기술지도사회 중소기업 ESG경영 지원단
원데일리(One Daily) 논설위원
전) 동아그룹 동아생명보험㈜(1982)
지방공무원 행정직 7급 공채(1993), 춘천군 북산면 조교출장소(1994), 춘천시청(1995), 춘천시공무원 소양고사 1위(1997)
강원도공무원 소양고사 1위(1997), 강동구청(1999), 송파구청(2006)
송파구의회 행정보건위원회 전문위원(2014)
송파구청 안전담당관으로 정년퇴임(2015)

〈자격〉

경영지도사(35기, 인적자원관리)(2021), 행정사(2015), 갈등관리상담사 1급, 협상전문가 1급(한국조정중재협회)
공공기관 NCS 기반 전문면접관

〈수상〉

유공공무원 표창(서울특별시장)
정부모범공무원상 포장(국무총리)
대한민국 BSC 전략실행 대상(한국경제신문, 웨슬리퀘스트)
직무유공 공무원 표창(환경부장관, 서울특별시장, 강원도지사) 외

김 창 도

법학박사/행정학박사
아시아국제행정사 대표
사단법인 한국공공정책평가협회 서울시 공동회장
국가안보통일연구원 대외협력실장/수석 연구위원
한국중소기업 지원센터 전무이사
경영기술지도법인 (유)한국 법무실장
사단법인 경찰무도교육원 법률자문위원장
(주)서일워터플랜 부사장
한국행정학회 운영이사
한국정책학회 운영이사
한 아시아행정연구회 윤리위원장
민주평통자문회의 송파구협의회 부회장
전) 성균관대 행정대학원 총학생회장
　　한국유권자총연맹 사무총장
　　건설클레임연구소 총괄본부장
　　아시아기업경영학회 이사
　　지방공기업학회 이사

〈수상〉

대통령 표창 2회

하 연 자

국립경상대학교 회계학과(경영학사)
홍익대학교 국제경영대학원 경영학석사(회계학)
경상국립대학교 일반대학원 경영학박사(회계학)
현) 경상국립대학교 강사
　　국립경남과학기술대 강사
　　가천대 강사
전) 중앙대, 진주 국제대, 국립창원대, 세종대 강사

〈수상〉

최우수 강사상: 가천대/경상국립대/국립경남과학기술대

〈저서〉

초보자 창업자를 위한 회계원리와 실무, (주)광교이택스, 2008.2
IFRS 회계원리와 실무, (주)광교이택스, 김경수·하연자, 2010.2
재무회계원리, 신론사, 최진현·하연자, 2014.9
K-IFRS 회계원리, 신론사, 최진현·하연자, 2016.9

경영혁신전략을 위한

중소기업경영실무

초판발행 2022년 7월 31일

지은이 문승권 · 김광동 · 김창도 · 하연자
펴낸이 박노일

총괄기획 최준규
편 집 심성보 · 김인숙

펴낸곳 피앤씨미디어

경기도 고양시 일산동구 강송로 153 310-1501
등록 제396-2012-000203호
전 화 070)7550-3758 팩 스 02)718-8554
홈페이지 www.pncmedia.co.kr 이메일 pnc@pncmedia.co.kr
ISBN 979-11-5730-841-5 93320

정 가 27,000원